AF125161

ALMUTH KECK

Zeit für zeitlose
Törns

NOMADEN DER MEERE

novum ✦ pro

Dieses Buch ist auch als
e-book
erhältlich.

www.novumverlag.com

Bibliografische Information
der Deutschen Nationalbibliothek:

Die Deutsche Nationalbibliothek
verzeichnet diese Publikation in
der Deutschen Nationalbibliografie.
Detaillierte bibliografische Daten
sind im Internet über
http://www.d-nb.de abrufbar.

Gedruckt in der Europäischen Union
auf umweltfreundlichem, chlor- und
säurefrei gebleichtem Papier.

© 2024 novum Verlag

ISBN 978-3-99146-591-1
Lektorat: Melanie Gunz
Umschlag- & Innenabbildungen:
Almuth Keck
Umschlaggestaltung, Layout & Satz:
novum Verlag
Autorenfoto: Melanie Symes

Die von der Autorin zur Verfügung
gestellten Abbildungen wurden in der
bestmöglichen Qualität gedruckt.

www.novumverlag.com

Druckprodukt mit finanziellem
Klimabeitrag
ClimatePartner.com/16547-2311-1001

NAVIGARE NECESSE EST,
VIVERE NON EST NECESSE.[1]

Pompeius Magnus, 56 v. Chr.

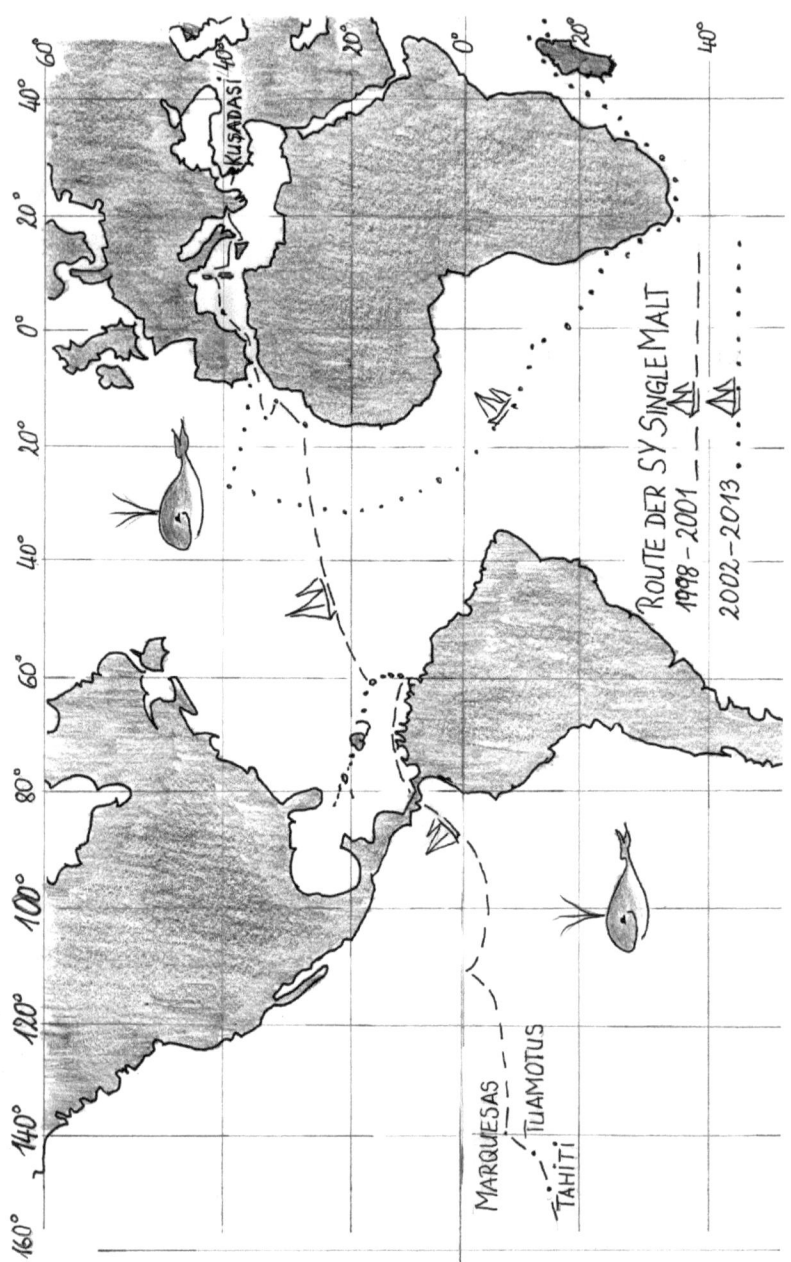

ROUTE DER SY SINGLE MALT
1998 – 2001
2002 – 2013

KUSADASI

MARQUESAS
TUAMOTUS
TAHITI

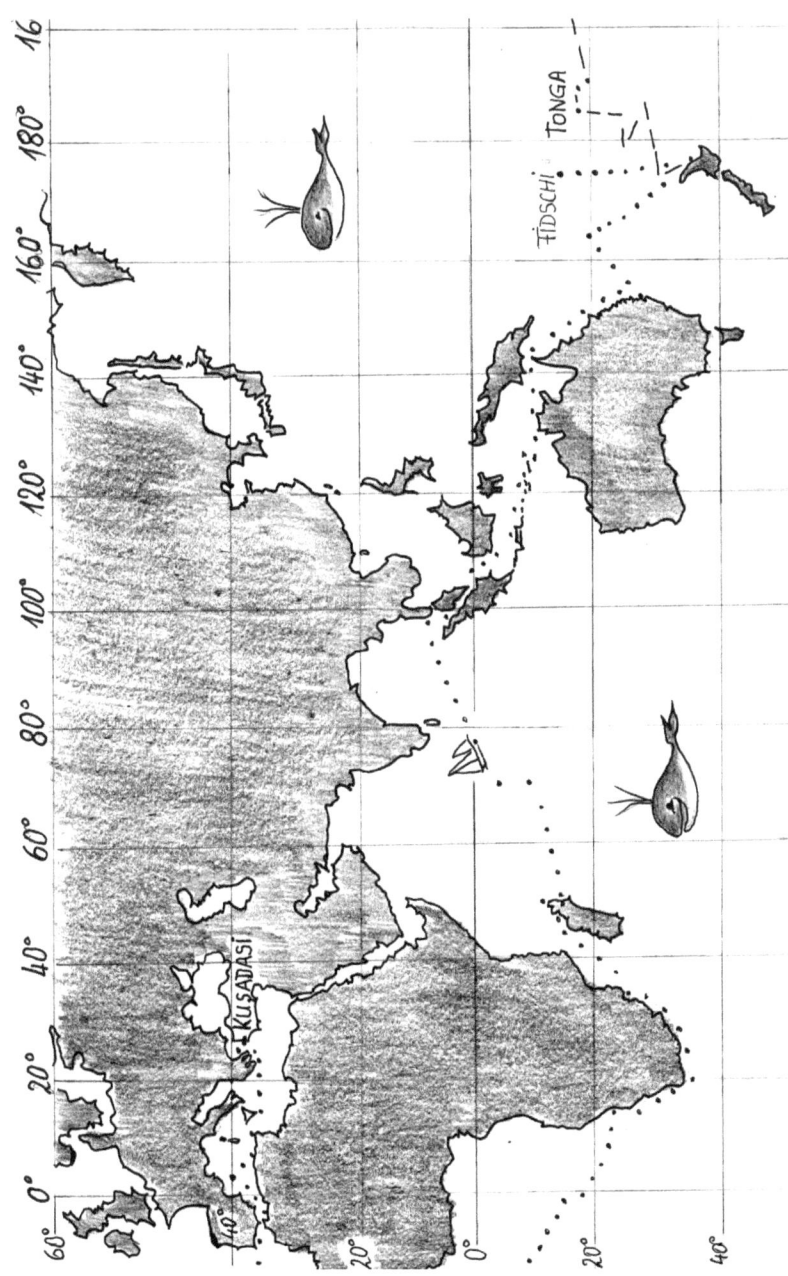

TONGA

FIDSCHI

KUSADASI

Zur Entstehung dieses Buches

Von Beginn unserer gemeinsamen Reise an verfassten Edi und ich immer wieder kleine Berichte über unsere Reiseabschnitte, die ich mit meinen Zeichnungen illustrierte. Wir versandten diese Berichte an Familie und Freunde, zeigten sie interessierten Menschen, die wir trafen, gaben Interviews und mit der Zeit wurden auch so einige Texte in Zeitschriften veröffentlicht.

Nicht im Traum wäre ich auf die Idee gekommen, ein Buch zu schreiben. Doch je mehr Menschen unsere Berichte lasen, unsere Interviews hörten und meine Zeichnungen sahen, desto öfter wurde ich aufgefordert: „Mach doch da ein Buch draus!"

Bekanntlich höhlt steter Tropfen den Stein, und so begann ein Abenteuer, das ganz anders war als meine zahlreichen Reiseerlebnisse. Das Ergebnis dieses Abenteuers halten Sie nun in den Händen, und ich hoffe, es bereitet Ihnen Freude.

Danksagung

Mein großer Dank geht an Kai Petra Stich, mit deren Hilfe ich das Manuskript meines Buches überarbeitete. Wie ich erhofft hatte, half sie mir sprachlich sehr weiter, hinterfragte Tätigkeiten, die mir als Seglerin derart alltäglich geworden waren, dass ich sie nicht mehr erwähnenswert fand und sie daher nicht beschrieben hatte, berichtigte allerlei Unstimmigkeiten und machte eben das, was man von einer guten Lektorin erwartet.

Womit ich jedoch gar nicht gerechnet hatte, war, dass sie mir half, dem Buch eine weitere Dimension zu verleihen. Zunächst hatte ich unsere Erlebnisse neutral beschrieben, interessante historische und andere Fakten mit eingebaut und meine Zeichnungen eingefügt. Das Ganze war im wahrsten Sinne des Wortes „gefühllos", denn ich wollte auf gar keinen Fall irgendwelche meiner Gefühle im Buch preisgeben.

Nachdem Kai Petra mir verständlich gemacht hatte, dass ein Buch durch die Schilderung der eigenen Gefühle viel lebendiger und interessanter wird, begann für uns beide eine herausfordernde Aufgabe: Sie durfte mir mit viel Diplomatie und Engelsgeduld die Gefühle aus lange vergangenen Zeiten entlocken. Ich durfte in mir nach Gefühlen suchen, die mich meine Erlebnisse noch einmal auf eine ganz neue Weise nacherleben ließen. Dafür bin ich zutiefst dankbar.

Meiner Ansicht nach hat dieses Werk durch Kai Petras unermüdliche Arbeit viel gewonnen, und ich bin sehr froh, dass sie so viel Zeit, Diplomatie und Geduld aufgebracht hat, mit mir dieses Buch zur Veröffentlichung zu bringen.

Innigen Dank spreche ich meinem großartigen Partner Eduard (Edi) Keck aus, der während der inzwischen 25 Jahre gemeinsamen Lebens auf der SINGLE MALT vom Fremden erst zum geschätzten Segelkameraden, dann zum Lebenspartner und nach 24 Jahren auf See zu meinem Ehemann wurde.

Dank ihm konnte ich meinen Lebenstraum erfüllen, um die Welt zu segeln. Kaum jemand hätte mich Landratte für lange Fahrten an Bord genommen. Kaum jemand hätte mich an Bord behalten, nachdem ich übereifrig versuchte, alles besser zu machen und uns dadurch mehrfach in brenzlige Situationen brachte.

Doch Edi nahm mich nicht nur ohne viele Diskussionen an Bord, er vermittelte mir auch alles, worauf es beim Fahrtensegeln ankommt: was beim Leben an Bord zu beachten ist, wie man navigiert, und natürlich wie man segelt. Und er brachte mich mit seinen umfassenden Kenntnissen und seinem kühlen Kopf wohlbehalten durch alle Unbilden – seien es die des Wetters, des Meeres, der Behörden oder des Lebens allgemein.

Mit ihm als Vorbild lernte ich auch, über meine Grenzen hinauszuwachsen, in schwierigen Situationen durchzuhalten und einfach weiterzumachen, selbst wenn ich mich am Ende meiner Kräfte glaubte. Überwundene Missgeschicke beschrieb Edi später mit seinem feinen Humor, sodass wir schlussendlich darüber scherzen konnten.

Edis Interesse verdanken das Buch und ich zahllose Besuche geschichtsträchtiger Orte, die Verfolgung der Spuren alter Seefahrer, das Kennenlernen so zahlreicher Kulturen und Länder und noch so viel mehr. Ohne ihn hätte es dieses Buch nie gegeben.

Als es allerdings darum ging, tatsächlich ein Buch über unsere Erlebnisse zu schreiben, machte er mir unmissverständlich klar, dass er damit nichts zu tun haben wollte. Er hätte „Besseres" zu tun. Umso dankbarer bin ich ihm für seine unermüdliche Unterstützung bei diesem Buchprojekt, das mir zur Herzensangelegenheit geworden war. Stunde um Stunde verbrachte er damit, mir geduldig zuzuhören, wie ich die Texte vorlas, mir Tipps zu geben, Dinge zu verbessern und Fehler auszumerzen. Und das, obwohl er bei meinen Schilderungen ja auch noch einiges abbekam!

Edi, du bist der wunderbarste Kamerad und Partner, den ich mir vorstellen kann. Vielen, vielen Dank, dass du da bist, mit mir durchs Leben gehst und mich selbst dann mehr als tatkräftig unterstützt, wenn ich – wie mit diesem Buch – auf „Abwegen" wandle.

Inhaltsverzeichnis

Teil I
Landratte trifft Seemann

Teil II
Mittelmeer
Von der Türkei nach Gibraltar

Teil III
Wir stechen in den Atlantik
Porto Santo und Madeira
Kanarische Inseln
Kapverden

Teil IV
Über den Atlantik in die Karibik
Von den Kapverden bis Antigua

Teil V
Karibik
Von Antigua bis Trinidad

Teil VI
Lateinamerika
Von Venezuela bis Panama

Teil VII
Südsee
Von Panama bis Tonga

Teil VIII
Neuseeland
Landurlaub

TEIL I

Landratte trifft Seemann

März 1998

1. Zufällige Begegnung in Bern mit unabsehbaren Folgen

Einige Jahrzehnte arbeitete ich in einem Beruf, den ich mochte. Als man mir (und vielen anderen Kollegen) aus unternehmenstechnischen Gründen den Vorruhestand anbot, zweifelte ich lange, weil ich gerne arbeitete. Außerdem hatte ich gehört, man würde „in ein Loch fallen", sich zu Tode langweilen und sich unnütz vorkommen.

Zudem lebte ich allein, was einen vorzeitigen Ruhestand unter diesen Gesichtspunkten noch bedrohlicher erscheinen ließ. Andererseits machten bereits länger bestehende Schmerzen, gegen die die Ärzte nichts tun konnten, ein Weiterarbeiten zur Qual, und ich hatte ja genügend Hobbys. So entschloss ich mich, das Angebot anzunehmen.

Meine gesundheitlichen Probleme nahm ich nicht einfach so hin. Da die westliche Medizin anscheinend ratlos war, ging ich zur Akupunktur, zum Heilpraktiker und zu einem Chiropraktiker, und machte trotz Schmerzen täglich meine Übungen – und siehe da: Nach einigen Jahren war ich schmerzfrei!

Unterdessen hielten mich viele Interessen beschäftigt – ich „litt" unter einem gesunden Freizeitstress. Dennoch fehlte mir etwas. Mein Unternehmungsgeist erwachte, und ich wollte einfach mal raus aus meinem Alltag. Nun war ich schon Rentnerin, hatte alle Zeit der Welt und wollte diese nicht einfach so mit Alltäglichem „vertrödeln". Ich entschied mich, nach und nach einige der europäischen Hauptstädte kennenzulernen. Einige hatte ich bereits besucht. Nun zog Bern meine Aufmerksamkeit auf sich, da die Stadt so gemütlich und bodenständig wirkte, gar nicht wie eine große Hauptstadt.

Anfang 1998 gab es das Internet mit all seinen Möglichkeiten noch nicht, weshalb ich mich allein durch Prospekte aus dem Reisebüro informierte. Ich entschied mich für die Reise nach Bern und reiste, um Hotelkosten zu sparen, mit dem Nachtzug.

Im März kam ich an einem Samstagmorgen, dem Markttag, in Bern an und deponierte meinen Koffer in einem Schließfach. Fröhlich schlenderte ich durch die Straßen mit den malerischen Lauben und über den Bundesplatz mit seinen bunten Marktständen.

Regnerisches, ungemütliches Wetter ließ mich bald ein Café aufsuchen. Dabei erinnerte ich mich an einen Rat meiner Mutter: Wenn man allein verreise und Gesellschaft haben wolle, reise man im Sommer an einen Strand oder im Winter in ein Skigebiet, wo man sich an den Sesselliften trifft, oder man suche ein voll besetztes Restaurant auf. Als Einzelperson würde man schon noch einen freien Platz finden und zwangsläufig mit den Tischnachbarn ins Gespräch kommen.

Ein winzig kleines Café, der „Batzen", in das ich durch das große Fenster hineinschauen konnte, war gut besucht. Ich trat ein und fragte, ob der eine Stuhl hier noch frei sei. Die erfreuliche, wenn auch knappe Antwort war ein „Ja", und so setzte ich mich und bestellte mir einen Cappuccino.

Wie erwartet gerieten mein Gegenüber und ich in ein Gespräch. Der Herr erzählte mir, er sei zwar aus Bern, halte sich jedoch meistens im Ausland auf, da er seit einigen Jahren auf seinem Segelboot lebte. „Ohhhh!", horchte ich auf und erinnerte mich an meine Teenagerzeit, als es um meine Berufswahl ging und ich meinem Vater erzählte, dass ich zur See fahren wolle.

„Mit deiner Ausbildung", hatte er sachlich erklärt, „kannst du nur als Stewardess gehen. Wenn jemand seekrank ist und sich übergibt, musst du das wegputzen!" Brrr! Bei dieser Vorstellung ekelte ich mich, und mir war klar, dass ich das nicht wollte und schon gar nicht konnte. Damit schob ich diesen Berufswunsch in die hinterste Kammer meines Gedächtnisses. Doch jetzt hatte sich die Tür zu diesem Kämmerlein wieder geöffnet.

Im Laufe des Gesprächs erzählte mir der Herr, seine Frau sei vor einigen Jahren gestorben. Er zitierte Schuberts Lied: „Allein seyn ist öde, wer kann sich da freun!" Sein Segelboot liege gegenwärtig in der Türkei, er würde in den nächsten Tagen dorthin fliegen und es bereit machen, um bald Segel zu setzen.

Schüchtern bekundete ich Interesse am Segeln. Als hätte ich einen Schalter umgelegt, schilderte der Herr mir wie umgewandelt in den schwärzesten Farben, dass, einmal unterwegs, erst sein Segelschiff, dann … sein Segelschiff, dann … wieder sein Segelboot das Wichtigste sei und erst irgendwann danach ich an die Reihe käme. Auch sei mit dem Segeln viel, viel Arbeit verbunden.

Und doch schien er an meiner Gesellschaft interessiert zu sein, denn wir tauschten unsere Interessen und Vorlieben aus: Wer isst gerne was; ob ich Fisch äße, viel oder wenig Fleisch, und ob ich rauchte. Schließlich kam die Frage auf, ob ich segeln könne. „Nein, hab ich noch nie gemacht!", war meine ehrliche Antwort. Dennoch schien Edi (wir waren inzwischen per Du, denn unter Seglern duzt man sich) an meinem Kommen interessiert zu sein und gab mir die Adresse der Marina in der Türkei, in der sein Boot lag.

Am folgenden Tag unternahmen wir trotz regnerischen Wetters einen Spaziergang entlang der Aare. Dieser reißende Fluss erinnerte mich an die Drau, einen Fluss in Österreich, den man mit einer Seilfähre überqueren konnte, was mich damals sehr beeindruckt hatte. Ohne zu diesem Thema etwas zu sagen, wanderten wir weiter bis … wir eine derartige Seilfähre erreichten.

Edi läutete eine Glocke, um die Fähre zu rufen, und nach einer Weile erschien am anderen Ufer ein Fährmann, der in seinen Kahn stieg und sich zu uns herübertreiben ließ. Wir setzten über und fanden am anderen Ufer ein kleines Restaurant, das „Fähre Beizli". Edi bemerkte, es sei soeben elf Uhr. Zu dieser Zeit nehme ein Berner einen Apéro; ob ich ihm dabei Gesellschaft leisten würde? Welch eine Frage! Gerne war ich für eine kleine Pause bereit und genoss mit ihm ein Dreierli Weißen – Weißwein serviert in einem kleinen Glaskrug.

Wir verbrachten noch eine schöne Zeit miteinander, doch bald schon nahte die Abfahrt meines Nachtzugs. Wir einigten uns, dass ich Edi bald in die Türkei folgen würde. „Es wäre gut, wenn du so bald wie möglich kämest, damit du siehst, welche Art

Arbeit auf dich zukommt. Dann kannst du dich entscheiden, ob du wirklich mitwillst." Zufrieden mit meinem Erlebnis und der Aussicht, bald segeln zu gehen, fuhr ich zurück nach Bremen.

2. Auf ins Ungewisse

Nur meinem engsten Bekanntenkreis erzählte ich von meinem Vorhaben, und dass ich wahrscheinlich etwas länger weg sein würde. Einer dieser Bekannten fragte am Ende unseres Telefongesprächs empört: „Wenn deiner alten Mutter etwas passiert, bist du nicht da. Und wenn etwas mit deinem behinderten Bruder ist, kannst du nicht helfen! Hast du dir das wirklich gut überlegt?"

In der Tat kam ich mir plötzlich schlecht vor. An solche Notfälle hatte ich keine Gedanken verschwendet. Ich wollte keine schlechte Tochter sein, genauso wenig eine schlechte Schwester.

Also rief ich Edi, der noch in der Schweiz weilte, umgehend an und sagte ab. Von ihm kamen nur knappe Reaktionen wie „Ja" und „Hm, hm". Keine Bemerkung, es sei schade, dass ich nicht käme, oder dass er sich gefreut hätte, Gesellschaft zu bekommen. So knapp? Das war schon etwas enttäuschend.

Bereits unmittelbar nachdem ich den Hörer aufgelegt hatte, war mir klar, dass es ein Fehler gewesen war, abzusagen. Viele Jahre hatte ich auf so eine Gelegenheit gewartet. Nun war sie zum Greifen nah, und ich hatte sie nicht angenommen! Ich Blödfrau! Doch nun konnte ich doch nicht wie eine Fahne im Wind sofort wieder anrufen und mein Gesagtes rückgängig machen. Was tun?

Ratlos besuchte ich meine Mutter und erzählte ihr bei einer Tasse Kaffee von meiner Reise am Wochenende in die Schweiz, meiner Begegnung mit dem Segler und der vertanen Gelegenheit, mit ihm segeln zu gehen. Nach kurzem Überlegen fragte sie mich: „Erinnerst du dich noch an unsere ausgiebigen Spaziergänge vor zehn Jahren am Werdersee entlang? Wir erreichten die Weser und – auf die Segel von kleinen Segelbooten weisend – hast du mir damals prophezeit: ‚Eines Tages werde ich mit einem Segelschiff um die Welt segeln!‘ Hast du das vergessen? – Du musst gehen!" Mir fiel ein Stein vom Herzen. Der Gedanke, eine schlechte Tochter oder Schwester zu sein, war wie weggeblasen.

Erleichtert und schnellstmöglich begab ich mich zum nächsten Reisebüro. Das konnte mir nur einen Flug bieten, der für mich viel zu teuer war. Daher klapperte ich alle Reisebüros in der Nähe ab und fragte nach einem Flug nach Izmir. Eine türkische Gesellschaft bot kurzfristig einen Flug an, der sogar zu meinem Geldbeutel passte, und den ich sofort buchte – nur den Hinflug, denn ich war mir sicher, für etwa zehn Jahre nichts mehr von der Heimat zu sehen, und stattdessen auf dem Meer und in fremden Landen zu weilen.

Edi war in der Zwischenzeit in die Türkei gereist und hatte mich vermutlich schon längst abgeschrieben, doch wir hatten vorsorglich unsere Adressen ausgetauscht. Also sandte ich ihm ein Telegramm in die Marina in Kuşadasi: „Abenteuerlust überwiegt, ankomme 20.03.1998, 23:55. Almuth." Bereits am nächsten Tag erhielt ich einen Anruf von Edi, der mir sachlich mitteilte, er würde mich in Izmir vom Flughafen abholen.

Da ich mir noch keine Gedanken gemacht hatte, wie ich von Izmir wohl weiter nach Kuşadasi gelangen könnte, war ich froh über diese Lösung und flog bereits wenige Tage später in die Ungewissheit. Würden Edi und ich uns überhaupt verstehen? Wie ist wohl das Leben auf einem Segelboot? Ich erinnerte mich an Bilder, auf denen „Segler" gemütlich im Cockpit zusammensaßen und etwas tranken.

In Izmir gelandet, wartete Edi wie versprochen auf mich, und ich erwartete eine normale und freundliche Begrüßung. Doch was hörte ich da? „Du bist zwei Stunden zu spät gelandet! Ich warte schon so lange in der Kälte, friere erbärmlich und muss zudem den Taxifahrer bezahlen!"

Erschrocken ob dieser vorwurfsvollen Worte, schaute ich mich nach einem Flugzeug um, das mich wieder zurückbringen würde. Nur schwarze Nacht – kein einziges Flugzeug weit und breit. Also wandte ich mich wieder Edi zu. Es hatte mir die Sprache verschlagen. Ich war ihm ausgeliefert.

Wie kam es zu dieser Situation? Das Flugzeug hatte eine Stunde Verspätung, und das Reisebüro hatte mir die Ankunftszeit in deutscher Zeit statt in der lokalen türkischen angegeben. Daher die zwei Stunden Unterschied. Nachdem Edi seinem Ärger Luft gemacht hatte, stellte er mir den Taxifahrer vor, der offenbar ein guter Bekannter von ihm war, und los ging die Fahrt nach Kuşadasi.

Während unserer Fahrt erzählte Edi mir, dass er mich in ein Hotel bringen würde, und dass am selben Tag – es war bereits etwa drei Uhr in der Früh – mit einigen Seglern ein Ausflug mit Besichtigungen und anderen Unternehmungen stattfinden würde. Ob ich Lust hätte, teilzunehmen. Kurz überlegte ich mir, dass ich schlafen könne, wenn ich tot sei, und sagte zu.

Um vier Uhr früh kamen wir im Hotel an, und ich bezog mein Zimmer, während Edi weiter zu seinem Boot fuhr.

Die Nacht war sehr kurz. Nach kaum drei Stunden Schlaf war ich um acht Uhr für den Ausflug bereit. Wie eine Schlafwandlerin kam ich mir vor, während ich die vielen Segler begrüßte, die – anders als Edi – alle sehr freundlich waren und sich wegen meiner Übernächtigung mitfühlend zeigten. Es ging direkt los und ich erlebte einen wirklich interessanten Tag.

Wir besichtigten eine Seidenfabrik, in der gezeigt wurde, wie die Fäden von Seidenraupenkokons abgewickelt, zu einem soliden Faden gedreht und daraus Stoffe gewebt wurden. An einem anderen Ort wurden Seile nach alter Tradition hergestellt. Wir besuchten Antikes wie Säulen, Tempel und Theater, die etwa 500 vor Christus entstanden waren. Natürlich fehlte auch ein gutes Essen nicht. Zwischendurch bekam ich Deckelschnecken, d. h. mir fielen die Augen zu, aber man weckte mich für jede weitere Attraktion.

Am späten Nachmittag kehrte unsere Gruppe zurück nach Kuşadasi. Nach diesen vielen Besichtigungen und Gesprächen mit meinen Mitreisenden war ich todmüde und wollte nur noch schlafen. Doch meine Neugier siegte, und bevor ich endlich ins Bett fiel, wollte ich das Boot sehen, das wahrscheinlich für die nächste Zeit mein Zuhause werden würde.

3. Besichtigung der SINGLE MALT

Wenn von Booten oder Schiffen die Rede ist, wird in weiblicher Form von ihnen gesprochen. Die SINGLE MALT – so der Name dieser Schönheit, vor der ich mich nun befand – stand auf dem Trockenen, aufrecht gehalten von Holzstützen, weil an ihrem Rumpf Arbeiten zu erledigen waren. Der Teil des Rumpfes, der im Wasser liegt, muss bei Booten anders behandelt werden als der Teil über Wasser, und er hat meist auch eine andere Farbe. Solche Dinge sollte ich demnächst lernen.

Um an Bord zu gelangen, musste ich eine Leiter mit rund elf weit auseinanderliegenden Sprossen hochklettern. „Schaffe ich das überhaupt? Kann ich so hohe Sprossen erklimmen? Falle ich da auch nicht runter? Wird mir auch nicht schwindelig da oben? Falls ja, kann Edi mich auffangen? Er steigt ja hinter mir die Leiter hoch!"

Diese Fragen schossen mir durch den Kopf, als ich mich auf die Leiter wagte. Aus Angst zu fallen, packte ich fest zu, zog mich Stück für Stück von Sprosse zu Sprosse, gelangte tatsächlich nach oben und war schließlich vollkommen aus der Puste. Aber immerhin: Geschafft!

Nun war da noch eine Hürde: Die Reling, ein fester Handlauf, der um das ganze Boot ging, und über den ich auch noch steigen musste. Gerade schwang ich ein Bein hinüber, musste dabei höllisch aufpassen, nicht die Balance zu verlieren und in die Tiefe zu stürzen, als ich in strengem Ton hörte: „Sofort die Schuhe ausziehen!", noch bevor ich überhaupt das Deck berührte. Nein, auch das noch! Nun kostete es mich noch mehr Konzentration, nicht das Gleichgewicht zu verlieren.

Ich gab keine gute Figur ab. Aber immerhin schaffte ich es, einen Schuh nach dem anderen auszuziehen und an Deck abzustellen, ohne in die Tiefe zu stürzen. Auf Socken stand ich endlich an Deck und

SINGLE MALT

kletterte schnell ins Cockpit, wo mich die Tiefe nicht so magisch anzog.

Das Cockpit interessierte mich wenig, da ich ja weder Ahnung von Instrumenten noch vom Segeln hatte. Außerdem war mir kalt, und so zog es mich in die windgeschützte Kabine. Vom Cockpit aus stieg ich zwei Stufen hinab ins Schiffsinnere, und Edi zeigte mir Haupt-, Vorder- und Achter- sowie die winzige WC-Kabine. Alles war recht klein, aber gemütlich.

Die Wände, der Tisch und die Schränke aus solidem Mahagoniholz waren auf Hochglanz poliert, die Abschlüsse der Wände mit erlesen geformten Holzleisten verschönert, altmodische Petroleumlampen hingen an den Wänden und die Decke war mit hellem, aufwändig punziertem Lederimitat beklebt – urgemütlich!

„Hier könnte ich mich wohlfühlen", dachte ich erfreut. Schränke und Türen hatten keine Türklinken, wie ich sie kannte. Wunderschön glatt polierte, abgerundete Holzkeile musste man entsprechend drehen, um eine Tür zu blockieren. Wow, so etwas hatte ich noch nie gesehen!

Es war alles anders als in einem Haus. Die Gänge so eng, dass man nur knapp aneinander vorbeikam. Zwischen Haupt- und Vorderkabine befand sich ein Schott, also ein Durchgang, der bei Eindringen von Wasser ins Schiff mit einer Tür verschlossen werden kann, um so die Gefahr eines Untergangs zu vermindern. Um dort hindurchzugehen, musste ich mich leicht bücken (ich bin mit meinen 1,76 m recht groß geraten).

Hinter diesem Durchgang nach vorne (also Richtung Bug, wie ich später lernte) lag links ein kleiner Raum hinter einer weniger dickwandigen Tür, in dem ein Waschbecken und das WC untergebracht waren. Rechts, von der schweren Tür des Schotts verdeckt, befand sich ein Kleiderschrank. Noch einen Durchgang weiter lag die Vorderkabine, mit je einer Koje (Bett) links und rechts, und darüber kleine Schränke mit Schiebetüren; alles in wunderschönem, polierten Mahagoni-Holz.

Um in die Achterkabine (die hinterste im Schiff, auch Eignerkabine genannt) zu gelangen, musste ich mich auch ein wenig ducken und durch einen etwa 1,5 m langen Durchgang gehen. Dort befand sich an jeder Seitenwand eine Koje. Zwischen den Kojen war an der Rückwand eine sorgfältig gearbeitete Tischplatte mit zwei Scharnieren angebracht, die bei Bedarf heruntergeklappt werden konnte und dadurch einen Tisch zwischen den Kojen bildete. Alternativ konnte dort ein weiteres Bett eingefügt werden.

Ich staunte, wie praktisch so vieles eingerichtet war. Die kleine Küche und den Kartentisch beachtete ich noch gar nicht, da so viele neue Eindrücke auf mich einprasselten, dass ich gar nicht alles aufnehmen konnte. In der folgenden Zeit erst erkannte ich, wie klein die Küche war: Eigentlich konnte nur eine Person darin werkeln.

Gleich neben dem Niedergang (den beiden Stufen vom Cockpit ins Schiffsinnere hinab) gab es eine kleine Spüle. Daneben, quer zum Schiffsrumpf, eine Arbeitsfläche von etwa 60 cm x 60 cm, die mit Holzleisten umrandet war, damit bei Schräglage nichts hinunterfallen konnte. Unter dieser Arbeitsplatte befand sich der Kühlschrank, den man nur von oben öffnen konnte. Dementsprechend musste zum Öffnen des Kühlschrankes zunächst die Arbeitsplatte angehoben werden.

Eine weitere kleinere Arbeitsfläche befand sich neben der ersten in der Ecke, und im Anschluss daran, also um die Ecke und an der Bordwand, der Gasherd mit 3 Flammen. Huch, der bewegte sich ja! „Der gimbelt", erklärte Edi mir. „Er ist also längs zum Schiff aufgehängt und schwingt bei Seegang vom Koch aus gesehen vor und zurück." Über der Herdplatte ließen sich mit dem Herd verbundene Stangen hin- und herschieben, um Töpfe einzuklemmen, damit sie nicht verrutschten oder vom Herd sprangen. Gleich neben der Küche wurde der Platz durch die Sitzecke begrenzt.

Ich war überwältigt von all dem Neuen und wusste nicht, ob es mir je gelänge, mich da einzuleben. Edi brachte mich zurück zum Hotel, wo ich völlig erledigt ins Bett fiel und traumlos schlief.

4. Aller Anfang ist schwer

Edi hatte mich eingeladen, am kommenden Morgen auszuschlafen und dann in die Werft zu kommen. Beim Erwachen sah ich vom Bett aus den geröteten Morgenhimmel, öffnete die Balkontüre, genoss den schönen Ausblick auf das Meer ... und schlief wieder ein. Endlich wieder erwacht, genoss ich in aller Ruhe ein ausgiebiges Frühstück vom Buffet mit seiner reichhaltigen Auswahl an allem, was das Herz begehrte.

Derart gut gestärkt spazierte ich zur Marina, wo Edi schon mit Wasserstrahl und geeigneten Hilfsmitteln am unteren Teil des Rumpfes schmirgelte und mir fröhlich zurief, dass er bereits seit 6 Uhr an der Arbeit sei. Oho, dachte ich, braucht er so viel weniger Schlaf als ich? Ob ich doch wohl etwas früher hätte erscheinen sollen? Nun ja, daran konnte ich jetzt nichts mehr ändern.

Edi erteilte mir in den folgenden Tagen verschiedene Aufträge, so z. B. den Anker zu schmirgeln und zu streichen. Seinerseits wachste er in einem der nächsten Arbeitsgänge am Rumpf oberhalb der Wasserlinie immer wieder kleine Flächen ein, um sie danach auf Hochglanz zu polieren. Mir fiel die Aufgabe zu, mich als Handlanger zu bewähren und ihn auf ausgelassene, noch matte Stellen aufmerksam zu machen, wo er „Ferien" gemacht hatte, wie er sagte.

Glücklicherweise waren mir Werkzeugbezeichnungen wie „Engländer", „Schraubzwinge", „Inbus-Schlüssel" usw. geläufig, sodass ich mir recht nützlich vorkam. Andererseits ging es bei diesen Arbeiten sehr ernst zu. Kein Spaß, kein Lachen lockerte die Stimmung auf, und so schrieb ich einer Freundin, dass ich am liebsten wieder nach Hause reisen würde, jedoch entschlossen sei, mich erst nach dem ersten Segeltörn zu entscheiden, ob ich an Bord bleiben würde.

Mittwochs fand in der Innenstadt von Kuşadasi ein Markt statt. Für den Transport der Segler dorthin, stellte die Marina einen Traktor samt einem mit harten Bänken ausgestatteten Anhänger bereit. Nach einer abenteuerlichen Fahrt mit diesem „Marktexpress" erreichten wir unser Einkaufsziel.

An zahlreichen Ständen wurden mannigfaltige Gemüse, Früchte und Blumen feilgeboten, ferner Gewürze, lebendes Geflügel, aber auch Köpfe und Innereien von Tieren lagen säuberlich in Reih und Glied zum Verkauf bereit. An weiteren Ständen gab es Gebäck und kleine Speisen, darunter eine Art Pfannkuchen.

Edi war offensichtlich selbst mit den seltsamsten Angeboten vertraut, feilschte sogar auf Türkisch mit den Händlern, kaufte wilden Spargel sowie Artischocken, die als ganze Pflanze mit vielen kleinen Knospen an den Zweigen verkauft wurden. „Kann man das alles essen? Und schmeckt das überhaupt gut?", fragte ich mich.

Am Abend zeigte Edi mir, wie der wilde Spargel zurechtgemacht, „gerüstet" wird, wie er dazu sagte. Gleiches geschah mit den Artischocken, einem Gemüse, das ich noch nie zuvor gegessen hatte. Er schnitt die harten Stellen entlang der Stiele ab und überließ mir die Feinarbeit, also die letzten harten Fasern abzuschneiden. Die Stiele sind nicht einfach nur essbar, sondern schmecken hervorragend.

Edi war zuständig für das Kochen und das Abwaschen; zu meinen Aufgaben gehörte das Rüsten, Abtrocknen und das Verpacken des Geschirrs in Stoffsäcke, damit es auf See nicht klapperte, und schließlich das Einräumen in die Schränke. Nach des Tages Müh begleitete er mich zum Hotel, wo ich mich müde in mein Zimmer begab und Edi sich in der Bar vor dem Rückweg zur Werft einen „Nightcap" (zu Deutsch: Schlummertrunk) in Form eines Rakis oder ähnlichem genehmigte.

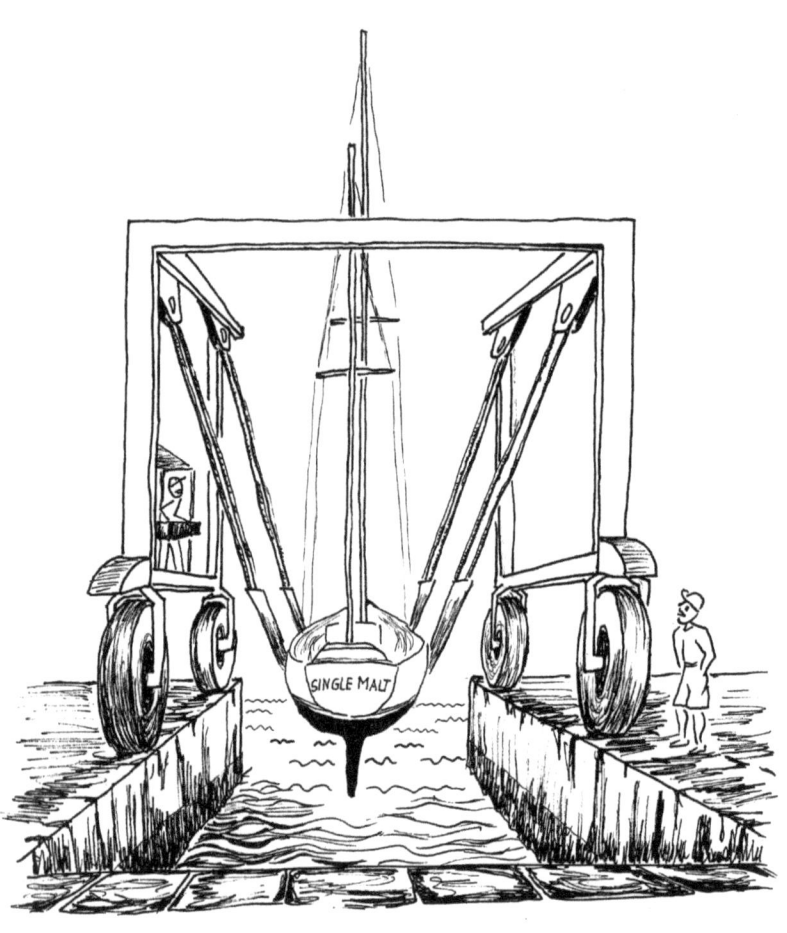

Nach etwa 14 Tagen war die SINGLE MALT bereit eingewassert zu werden. Ein Portalkran, wegen der Masten in U-Form gebaut, fuhr über das Boot. Zwei starke Gurte wurden um den Rumpf gelegt, strammgezogen, das Boot vorsichtig angehoben. Langsam rollte der Krahn mit seiner Fracht zu einem Becken mit ausreichender Breite. Vorsichtig wurde die SINGLE MALT, zunächst hoch über dem Wasser schwebend, abgesenkt, bis sie schwamm.

Edi und ich kletterten an Bord und fuhren zum Steg, wo uns einige Segler erwarteten, die uns beim Festmachen des Schiffes halfen. Nun stand mir der Sinn nach einem Kaffee im Cockpit, doch nein, zuerst mussten der Strom- und der Wasseranschluss am Schiff angebracht sowie weitere Arbeiten erledigt werden. So wurde es ohne einen Kaffee Abend, und wir machten uns ans Kochen.

Nach einem gemütlichen Abendessen informierte Edi mich, dass die Bugkabine für mich bereit sei und ich am nächsten Tag auf das Schiff umziehen könne. So geschah es, und fast wie in Trance zog ich in die Bugkabine ein; konnte keinen Gedanken fassen; wusste nicht, ob ich mich freuen sollte oder nicht. Die Ungewissheit übermannte mich, und ich konnte nur abwarten und weitermachen wie bisher, das Neue auf mich zukommen lassen und durch das Machen lernen, lernen, lernen.

5. Was tust Du eigentlich den ganzen Tag?

Edi war offenbar von Freunden gefragt worden: „Was tust du eigentlich den ganzen Tag?" So schrieb er seinen Freunden einen Brief, in dem er von seinen Arbeiten an Bord erzählte. Darin erwähnte er elektrische und elektronische Geräte wie Autohelm, Autopilot, Koden und GPS, die für mich noch ein Buch mit sieben Siegeln waren. Er berichtete von neuen Ersatzteilen, die wieder und wieder nicht funktionierten, über ein neues Segel und nicht zuletzt über Probleme mit der Toilette.

Auch mir erzählte Edi bis in alle Einzelheiten von seinem Ärger und ließ währenddessen seinem Zorn freien Lauf, sodass ich mich fast schuldig fühlte und ganz still zuhörte. Edi behauptete, er müsse auf diese Weise seinen Ärger loswerden, es habe nichts mit mir zu tun.

Mit der Zeit würde ich die Funktionen der Geräte schon noch kennenlernen, aber vorerst schaute ich Edi und die Geräte wohl nicht gerade intelligent an. Obwohl Edi selbst sicher nicht darüber lachen konnte, musste ich bei der Schilderung seiner Gesundheit in einem seiner Briefe unfreiwillig schmunzeln:

Zitat:
„Im Prinzip geht es mir gut. Auch mein Handgelenk (Sportunfall in jungen Jahren) bereitet mir trotz der Arbeit am Schiff wenig Sorgen. Doch noch während sich das Schiff an Land befand, litt ich während zweier Wochen unter einer höchst unangenehmen Darmgrippe, die ich schlussendlich mit Antibiotika bekämpfen musste. Die Bordtoilette war nicht benutzbar, weil das Schiff auf dem Trockenen lag. Als wäre das noch nicht schlimm genug, sozusagen als Krönung meines Problems, wurden die WC-Anlagen in der Marina gerade umgebaut und Not-Toiletten aufgestellt, zu denen der Weg drei Mal so lang war wie vorher ..."

Mein Schmunzeln wurde noch breiter, als ich weiterlas:

Zitat:
„Inzwischen bin ich auch in der Lage, bezüglich Maul- und Klauenseuche aus erster Hand zu berichten! Kürzlich erwachte ich mit einem fürchterlichen Schmerz: Hatte ich mir auf die Zunge gebissen? Der ganze Mund tat mir weh, als hätte ich mindestens 2,5 Liter kochendes Wasser getrunken. Um eine halbe Banane zu essen, brauchte ich zehn bis fünfzehn Minuten und hatte mir damit vorerst genügend Schmerzen angetan.

Es wurde nicht besser! Vor Schmerzen sah ich das Feuer im Elsass [Bedeutung: höllisch schmerzhaft; geht wahrscheinlich zurück auf den Krieg, als der Elsass bombardiert wurde und das Feuer bis in die Schweiz zu sehen war], weshalb ich den Rat einer bekannten Apothekerin suchte. Von ihr erhielt ich ein Mittel, mit dem ich regelmäßig den Mund einpinseln musste.

Dabei erinnerte ich mich an die Pythonschlange, die ich Peter [Anmerkung der Autorin: Edis einstiger Schulkamerad, der Biologielehrer wurde] einmal aus Ghana für seine Schule mitgebracht hatte. Dort lebte sie friedlich, bis sie plötzlich an Mundfäule erkrank-

te. Trotz intensiver Pflege durch die Schüler unter Peters kundiger Leitung ging sie ein.

Für mich befürchtete ich ein ähnliches Schicksal, besonders, als mein Mund zusätzlich zum Schmerz so zu brennen begann, als würde ich laufend Salzsäure trinken. Also suchte ich einen Arzt auf. Versorgt mit vielen Medikamenten, einem neuen Termin und einigen guten Ratschlägen (weder heiße noch kalte Speisen oder Getränke zu mir nehmen, keinen Alkohol trinken, nach dem Zähneputzen mit einem Medikament gurgeln), begab ich mich zurück auf mein Schiff.

Diese Ratschläge des Arztes waren eigentlich überflüssig, denn meine „Salzsäure" war für mich schon genug. Für nichts in der Welt wäre ich mit einer Zahnbürste auch nur in die Nähe meines Mundes gelangt. Meine täglichen zwei halben Bananen genügten mir vollauf.

Einige Tage später hatte der Schmerz noch immer nicht nachgelassen. Daher ging ich erneut zu Dr. Mustafa, der mich daraufhin in ein Privatspital zu einem Spezialisten brachte. Heute, Sonntag, konnte ich bereits zwei (!) Bananen zu mir nehmen.

Meine Maul- und Klauenseuche, die ich nur solchen Personen zur Nachahmung empfehle, die unbedingt Gewicht verlieren wollen, scheint sich also langsam zu bessern. Deshalb schreibe ich jetzt. Das ist mehr, als ich in den letzten Tagen tun konnte. Meine Zähne sind durch das Pinseln und Gurgeln dunkler geworden, und ich hoffe, dass Ihr mich trotzdem eines Tages wiedererkennen werdet."

Diese Art Humor hatte Edi bisher vor mir verborgen. Ob das an der Anspannung lag, das Boot für die Ausfahrt fertigzumachen? Mussten so viele Reparaturen ausgeführt oder Instrumente nachgerüstet werden? Das würde ich mit der Zeit schon noch herausfinden.

6. Vor Glück schweben

Während seines „Nightcaps" ein paar Tage zuvor war Edi im Hotel an der Bar erzählt worden, dass an dem Abend, nachdem ich auf das Schiff umgezogen war, eine Veranstaltung für türkische Lehrerinnen stattfinden würde, unter anderem mit Bauchtanzeinlagen, und auch wir seien dazu eingeladen.

Wegen des regnerischen und kalten Wetters machten wir uns in dicker, warmer Kleidung auf den Weg dorthin. Die Frauen hießen uns willkommen und wiesen uns freundlich Plätze zu. Nach einigen Reden in türkischer Sprache begann der festliche Teil. Die Musik begann zu spielen, und eine junge Bauchtänzerin in hübschem Kostüm trat ein, sich im Rhythmus der Musik bewegend.

Ich war begeistert, so etwas erleben zu dürfen, zappelte vor Aufregung auf dem Stuhl hin und her und reckte meinen Hals, damit ich diese schöne Frau auch sah. Sie tanzte auf uns zu, und Edi schwitzte Blut und Wasser aus Angst, sie könnte ihn zum Tanz auffordern. Es sei üblich, einen ungelenken Gast zum Spaß des Publikums zum Mittanzen aufzufordern, und er könne doch überhaupt nicht tanzen, beichtete er mir später.

Die junge Dame forderte stattdessen mich auf, ihr zu den Musikern zu folgen. Dort schwenkte sie ihre Hüften, zeigte mir einige Figuren und ermunterte mich, diese nachzutanzen, was mir mühelos gelang. Nach einigen Übungen schien sie ratlos zu sein, und daher zeigte ich ihr eine weitere Figur. Die hübsche Bauchtänzerin legte erschrocken einen Finger an den Mund, hauchte ein entsetztes „Ohh" und schwebte aus dem Saal.

Woher hätte sie auch wissen können, dass ich bereits Bauchtanzunterricht genommen und einige Auftritte in Gesellschaften hinter mir hatte? Ich war so aufgeregt vor Freude, dass ich in dem Moment gar nicht merkte, dass ich dieser Bauchtänzerin nicht nur die Schau gestohlen hatte, sondern auch die Einnahmen, denn es ist üblich, den Tänzerinnen Geldscheine

zuzustecken, während sie tanzen. Heute tut es mir leid, so un-
überlegt gehandelt zu haben.

Wiederholt wurde ich von den Lehrerinnen ermuntert, mit
ihnen zu tanzen, was ich nur zu gerne tat. Am Ende des Abends
wurde jeder der Frauen eine Rose übergeben, und zu meinem
Erstaunen wurde auch ich nach vorne gebeten und erhielt eine
Baccara-Rose. Glücklich über diese unerwartete Geste kehrte
ich zu Edi zurück, der es sich nicht nehmen ließ, mir eine weitere Rose zu schenken. Ein Bekannter von Edi, der soeben in den
Saal gekommen war, tat es ihm gleich. Mit drei Rosen kehrte
ich vor Glück schwebend zur SINGLE MALT zurück.

7. Edi schenkt mir ein Bauchtanzkostüm

Eines Tages, nachdem wir unsere Einkäufe erledigt hatten, begann es heftig zu regnen, so dass wir bei Mehmed, einem Tep-
pichhändler und gutem, alten Bekannten Edis, Unterschlupf
suchten. Aus einem der Nachbargeschäfte ertönte zufällig Musik, und Edi ermunterte Mehmed, die Musiker zu uns in sein
Geschäft zu bitten. Tatsächlich kamen sie und begannen zu
musizieren.

Edi bedurfte keiner großen Überredungskunst, mich zum
Tanzen zu veranlassen, und schon bald bewegte ich meine Hüften und Arme im Takt der Musik. Ein Passant, der dem Geschehen zugeschaut hatte, erkundigte sich bei Edi, ob ich Bauch-
tanzlehrerin sei. „Nein, nur begeisterte Tänzerin", erwiderte
er. Mehmed und Edi tuschelten miteinander, aber ihre Heim-
lichkeiten blieben mir verborgen.

Wenige Tage später suchten wir ein Geschäft für Bauch-
tanzkostüme auf, wo ich mir eine passende Ausstattung aus-

suchen durfte, die meinen Wünschen entsprechend angepasst und ergänzt wurde. Bei dieser Gelegenheit erfuhr ich zu meiner Überraschung, dass Mehmed drei Musiker für einen Abend in seine kleine Filiale in der Marina bestellt hatte und ich dort auftreten sollte. Das hatten die beiden also zu Tuscheln gehabt!

Besagter Abend kam, und wir fanden uns nach einem ausgiebigen Lammessen unter einer großen, 800 Jahre alten Platane in Mehmeds Laden ein. Einige potentielle Käufer sahen sich gerade Teppiche an, als die bestellten Musiker ins Geschäft kamen und zu spielen begannen.

Ich zog mein neues Bauchtanzkostüm mit glitzernden Pailletten an und begann zu tanzen – erst noch zaghaft, doch dann schaute ich in die Augen der Zuschauer und der Musiker, in denen ich Überraschung und Freude sah. Ein Funken der Begeisterung sprang von den Musikern und Gästen auf mich über. Edi lachte vor Freude, Mehmed klatschte im Takt in die Hände, sang ausgelassen zur Musik, und auch die türkischen Frauen schienen sich über die unverhoffte Darbietung zu freuen.

Nach einigen Tänzen bedeutete mir der Trommler, mich zurückzulehnen und auf den Boden zu gehen. Langsam, die Hüfte schwingend und mit charmanten Armbewegungen, ging ich auf die Knie und lehnte mich so weit zurück, dass meine Schultern den Boden berührten. Der Trommler legte sein Instrument auf meinen Bauch und trommelte wie verrückt.

Aus dieser Lage, auf Knien und Schultern liegend, war es nicht einfach, wieder hochzukommen und dabei eine gute Figur zu machen. Durch Wellenbewegungen mit den Armen versuchte ich, meine Schwerfälligkeit zu überspielen. Als ich wieder stand, steckten mir die Gäste Geldscheine zu, vorsichtig darauf achtend, meine Haut nicht mit ihren Händen zu berühren. Am Ende der Darstellung reichte ich das Geld an die Musiker weiter, die tagsüber anscheinend als Schuhputzer arbeiteten.

Nun, das war wirklich ein besonderes Erlebnis für mich, das ich wohl nie vergessen werde und das mich vor Freude fast platzen ließ. Dazu kam, dass ich Edi endlich einmal ausgelassen hatte lachen sehen, was mir zuvor noch nicht vergönnt war. Das machte ihn mir endlich mal richtig sympathisch.

8. Zusammenraufen

Meine Tage als Handlanger verliefen eintönig. Wenn wir uns überhaupt unterhielten, ging es nur um die notwendigen Dinge, und die Gespräche verliefen ausschließlich sachlich. Zwar war ich es durch meine Kindheit gewohnt, wenig Beachtung zu bekommen, weil mein behinderter Bruder sehr viel Aufmerksamkeit brauchte, aber diese Sachlichkeit und Nüchternheit von Edi, die er außer bei der Bauchtanzaufführung immer an den Tag legte, gefielen mir gar nicht. Ich fühlte mich wie ein funktionierendes Werkzeug.

So sollte das Seglerleben mit Edi sein? Immer mehr schlich sich Enttäuschung in meine Gefühle. Trotzdem nahm ich mir vor, die Zähne zusammenzubeißen und durchzuhalten, bis wir mindestens einmal gesegelt wären. Dann würde ich mich endgültig entscheiden, ob ich bliebe oder nach Hause flöge.

Da ich nun auf Edis Boot wohnte, waren wir fast die ganze Zeit zusammen. Während einiger Nachmittagsstunden besuchte Edi allein die mit ihm befreundeten Segler Ella und Helmut. Nach seiner Rückkehr entschuldigte er sich für seine lange Abwesenheit und berichtete von der Unterhaltung mit den beiden. Sie hätten ihn gefragt, ob er mir mitgeteilt habe, dass er über meine Gesellschaft an Bord froh sei, und dass er meine Mitarbeit schätze.

Das hatte er natürlich nicht, und deswegen fühlte ich mich wie ein Neutrum an Bord. Auf diese Weise erfuhr ich wenigstens, dass ich gern gesehen war. Damit hatte Edi mir seines Erachtens wohl genug gesagt, denn weiter äußerte er sich nicht dazu und wurde auch nicht gesprächiger. Das sollte erst viele Monate später passieren.

Unser Zusammenraufen erfolgte mit der Zeit, langsam und über lange Diskussionen. Zunächst einmal mussten wir lernen, uns zu verständigen, denn Hochdeutsch und Schweizerdeutsch sind zwei verschiedene Sprachen. Tatsächlich gibt es nicht einmal ein einheitliches Schweizerdeutsch. Stattdessen findet man verschiedene Arten von „Schweizerdeutsch", z. B. Berndeutsch, Basler- und Züridütsch, so wie es in Deutschland ja auch Dialekte von Region zu Region gibt.

Edi sprach zwar immer Hochdeutsch mit mir, doch seine Aussprache des Hochdeutschen war natürlich unverkennbar mit der des Berndeutschen gefärbt, sodass ich lange dachte, Edi würde in seiner Heimatsprache mit mir reden.

Erst als ich ihn nach langer Zeit in der Schweiz besuchte und dort seinem Freundeskreis vorgestellt wurde, stellte ich fest, dass Berndeutsch wirklich eine ganz andere Sprache ist, die ich nicht verstand. Es dauerte lange, bis ich sie verstehen gelernt hatte, natürlich auch, weil wir selten und immer nur kurz in die Schweiz flogen. Zudem sind die Schweizer derart höflich, dass sie sofort in die Sprache des Gegenübers wechseln, sobald sie hören, dass dieser aus Deutschland oder Frankreich kommt.

Ein schönes Beispiel sowohl unserer sprachlichen als auch unserer sonstigen Verständigungsschwierigkeiten ist unser Verständnis des Wortes „Pfanne": Für mich gab es die Bratpfanne, vielleicht noch die Bettpfanne. Edi nutzte dieses Wort nicht nur für Bratpfannen, sondern sagte auch Pfanne, wenn er einen Kochtopf meinte.

Außerdem teilte er mir mit, dass er bei dem Wort „Topf" an Blumentopf, Nachttopf oder die Topfkollekte in der Kirche dachte. Sehr viel später erst fiel mir bei genauem Hinschauen ein schalkhaftes Blitzen in seinen Augen auf; so versteckt brachte er seinen Humor an.

Mit der Zeit lernte ich, besser zwischen ernsten und humorvollen Kommentaren Edis zu unterscheiden. Besonders in den ersten Jahren nahm ich jedoch viele der lustig gemeinten Kommentare ernst, weil ich sie einfach nicht als solche erkannte. Mehr als einmal hätte ich Edi ob seiner haarsträubenden Aussagen gern sitzen gelassen. Doch dazu später mehr.

Jedenfalls war und ist es noch heute ein wirkliches Problem für mich, wenn Edi mich bittet, eine Pfanne hervorzuholen. Es gab (und gibt) durchaus Momente, in denen ich mir dumm vorkam und nicht gerade vor Glück schwebte. Allerdings schmunzle ich heute über diese „Sorgen".

Viele Jahre später wurden wir gefragt, wann wir uns denn – nach unseren anfänglichen Schwierigkeiten – endlich ineinander verliebt hätten. Gab es nicht ein plötzliches Erkennen der großen Liebe und ein Dahinschmelzen mit inniger Umarmung? Nein, das gab es nicht. Edi war froh, Gesellschaft zu haben; ich war froh, meinen Lebenstraum, das Segeln, zu verwirklichen und hatte damit zu tun, mich an das enge Bordleben zu gewöhnen, Edi näher kennenzulernen und Vertrauen zu ihm zu gewinnen.

Es dauerte einige Zeit, bis ich spürte, dass ich volles Vertrauen zu ihm haben und mich voll auf ihn verlassen konnte. Ich war tatsächlich sein Mittelpunkt (neben der SINGLE MALT natürlich)! Erst mit der Zeit erkannte ich, was für einen großartigen Kameraden ich an meiner Seite hatte, und welch breites Wissen in ihm steckte.

Immer wieder wunderte es mich, dass er nicht an erster Stelle stehen wollte, sondern mich vorschickte, um auszukundschaften, nachzufragen, ein- und auszuklarieren. Ein ehemaliger Generalstabsoffizier eben. Aber die Aufgaben eines solchen Offiziers (wie zum Beispiel das Delegieren) kannte ich nicht, nicht einmal diese Bezeichnung. Daher verstand ich das nicht gleich.

Auch besprach er alles mit mir: „Wohin segeln wir?" „Welche Orte und Länder laufen wir als nächste an?" „Welche von den nächsten Buchten würdest du am liebsten besuchen?" Und er erklärte, welche davon er empfehlen würde und warum sie sicherer seien. Er sah (und sieht!) mich offensichtlich als gleichberechtigten Partner, und mir geht es mit ihm ebenso. Wir waren irgendwann zusammengewachsen wie ein Team, zufrieden mit der Gesellschaft des anderen, und eines Tages fanden wir uns einfach auch als Paar.

9. „Kartoffeln machen dick und dumm"

Während unserer vielen gemeinsamen Tage und Wochen an Bord, sei es vor Anker oder auf Fahrt, überlegten wir täglich, welches Gemüse aus unserem Vorrat es nötig hatte, gekocht zu werden. Das Nachtessen war und ist unsere Hauptmahlzeit, damit wir am Mittag mehr Zeit für anderes haben, und damit der Magen für den, der die Nachtwache übernimmt, gut gefüllt ist, was nebenbei auch die Moral hebt.

Nach der Entscheidung, welches Gemüse gekocht würde, kam natürlich die Frage auf: „Und was gibt es dazu?" Ich, aus Bremen stammend, wo zu jeder Speise Kartoffeln gegessen werden, schlug diese natürlich vor. „Kartoffeln machen dick und dumm!", vernahm ich von Edi, wobei er das „D" von „dick" und „dumm" lustvoll betonte.

Hörte ich richtig? Stimmte das? Also, dick bin ich wirklich nicht! Und dumm? Mein Vater hatte mir zwar einmal gesagt, ich sei doof. Er als Autoritätsperson, der keinen Widerspruch und keine Kritik duldete, war eine Sache. Aber nun hier? Vielleicht war ich dumm, mir das anzuhören und das alles mitzumachen. Meinem behinderten Bruder gegenüber musste ich immer Verständnis zeigen und ruhig sein. Aber hier? Ich war ratlos und stumm.

Ich überlegte: Wir waren unterwegs; aussteigen konnte ich nicht; außerdem gefiel mir eigentlich das Leben an Bord. Edi wiederholte mit großem Vergnügen diesen Ausspruch: „Kartoffeln machen **d**ick und **d**umm!" Das war mir neu, und ich verstand die Welt nicht mehr. Ich war in der Nachkriegszeit mit Kartoffeln groß geworden. Es hieß damals: „Iss dich an Kartoffeln satt." Mir war zum Heulen zumute.

Warum fragte er mich erst und kochte dann doch etwas anderes? Es gab anstatt Kartoffeln entweder Reis, Bulgur, Couscous oder Nudeln. Beleidigt nahm ich mir vor, nie wieder Kartoffeln als Beilage vorzuschlagen. Zu sehr war ich betroffen, als dass ich auf die Idee gekommen wäre, Edi könnte das scherzhaft gemeint haben. Noch weniger war ich in der Lage, das schelmenhafte Funkeln in seinen Augen zu bemerken.

Nudeln waren das nächste Thema, über das Edi sich lustig machte. Er erklärte: „Nudeln sind eine von vielen Formen der „Teigwaren"!" Wieder kam ich mir dumm vor. Ich kannte Kuchenteig, Blätterteig, Mürbeteig und Brotteig – das waren Teigwaren für mich. Was Edi als „eine besondere Form von Teigwaren" bezeichnete, waren für mich Nudeln. Diese unterteilte ich – wie es in Bremen üblich war – in Hörnchen, Spiralen, Spaghetti, Sternchen, Muscheln und was es sonst noch an Nudelformen gab.

Nur Leute, die von wo anders herkamen und sich als etwas Besseres fühlten (so mein Eindruck), sprachen vielleicht von Teigwaren. Nun ja, ich war ja lernfähig. Wie froh war ich, wenn ich norddeutsche Segler traf, die ebenso wie ich den Ausdruck Nudeln gebrauchten, worauf ich Edi selbstverständlich triumphierend aufmerksam machte!

Es gab noch andere Themen, mit denen wir unsere Schwierigkeiten hatten. Beispielsweise verstand Edi nicht, dass man sich scheiden lassen würde. Er kannte seine Frau seit dem Kindergarten, und seine Ehe war sehr glücklich. Nie hätte er sich scheiden lassen. Im Gegenteil: Er verurteilte eine Scheidung sogar.

Meine Ehe hatte nicht funktioniert, und so ließen mein damaliger Mann und ich uns nach 18 Jahren scheiden. Um zu erklären, warum meine Ehe schiefgegangen war, versuchte ich, ihm Situationen zu beschreiben, die zur Trennung geführt hatten.

Daraufhin pries Edi seine Frau jedes Mal, zählte auf, was sie alles gekonnt und gemacht habe; mehrere Sprachen fließend sprechen, dazu in der jeweiligen Sprache stenografieren, sie sei eine hervorragende Gastgeberin gewesen … die Liste der lobenswerten Fähigkeiten und Eigenschaften war schier endlos. Das alles hob nicht gerade mein Selbstwertgefühl. Irgendwann konnte ich diese Loblieder nicht mehr hören und ließ vom Thema ab.

Mit der Zeit lernte ich, Edis provokante „Scherze" als solche zu erkennen und mich damit zu arrangieren. Es dauerte lange, doch irgendwann hatte ich sogar Spaß an seinen Wortspielen. Heute blödeln wir mit allen möglichen Wörtern und Wortverdrehungen herum und amüsieren uns köstlich darüber.

Im Gegenzug musste Edi mit dem Gedanken leben, dass ich geschieden war, und mich nehmen, wie ich war. Offenbar konnte er das, denn ich bin immer noch an Bord!

10. Ausflug in die Antike

Sie werden vielleicht bemerken, dass ich zahlreiche schweizerische Ausdrücke von Edi übernommen habe, was nach so vielen Jahren des Zusammenlebens nicht verwunderlich ist: im Folgenden z. B. das Wort „Unterhaltsarbeiten", das im Hochdeutschen wohl „Wartungsarbeiten" heißt, sowie den Ausdruck „bis anhin", zu Deutsch „bis dato" bzw. „bis dahin".

Die Unterhaltsarbeiten auf der SINGLE MALT waren abgeschlossen, und wir hätten eigentlich lossegeln können. Edi schlug jedoch vor, ein Auto zu mieten und die Umgebung anzusehen. Als Beifahrerin hätte ich die Straßenkarte lesen und Edi durch die Gegend navigieren sollen, doch mir wurde dabei schlecht.

Also saß ich am Steuer und fuhr uns zu den Ruinen von Ephesos, einer Stadt, die um 500 v. Chr. ihre Blütezeit erlebt hatte. Damals war sie eine reiche Hafenstadt mit zahlreichen Geschäften, großen Märkten und dem beeindruckenden Artemis-Tempel (dem größten Tempel der Antike, der eines der sieben Weltwunder ist). Heute liegen die Ruinen rund 20 km vom Meer entfernt – der Hafen und die Bucht sind längst versandet.

Wir begannen mit einem Spaziergang durch die Ruinen des berühmten Tempels der Artemis und genossen die historische Atmosphäre – trotz der für mich nahezu unvorstellbaren Hitze von über 30 Grad, die ich kaum aushielt. Die Arena wirkte aufgeräumt, die Sitzreihen waren im Halbrund terrassenähnlich angeordnet. Zwischen den Sitzen, bestehend aus einfachen Steinblöcken, wuchsen Gräser und Kräuter so hoch, dass die Steine darin zu versinken schienen.

Ganz unten in der ersten Reihe der Arena fiel mir eine Art Thron auf. „Der muss für eine ganz wichtige Person gewesen sein", dachte ich mir, denn er hatte eine Rücken- und zwei Armlehnen. Davon wollte ich unbedingt ein Foto haben, natürlich mit mir darauf. Also bat ich Edi, eines zu machen. „Wie sich damals eine solch hoch geehrte Persönlichkeit wohl auf diesem Sitz gefühlt hat?", überlegte ich.

Mit diesem Gedanken ließ ich mich auf die Sitzfläche fallen und sprang fast im selben Augenblick wie von der Tarantel gestochen wieder auf. Mein lang gezogenes „Auuuuuu!" klang fast wie von einem Hund, der den Mond anheult. Die Sonne hatte den Stein derart erhitzt, dass man darauf Spiegeleier hätte braten können. Wäre ich nicht so blitzartig wieder hochgeschnellt, hätte ich mir mein Gesäß und meine Oberschenkel verbrannt. Erschrocken rieb ich beides, um das Gefühl loszuwerden, mich gerade auf eine heiße Bratpfanne gesetzt zu haben. Unter diesen Umständen konnte ich auf eine solche Ehrung definitiv verzichten!

Edi schaute mich verständnislos an und forderte mich mit einem unwirschen „Nun mach schon, wir wollen hier doch keine Wurzeln schlagen!" auf, mich endlich auf den Thron zu setzen. Kurzentschlossen kramte ich ein Tuch aus meiner Tasche, faltete es mehrere Male, legte es auf die vordere Kante der Sitzfläche, setzte mich vorsichtig darauf und versuchte, entspannt in die Linse zu lächeln. Mit mäßigem Erfolg, wie ich nach ein paar Tagen feststellte, als das Foto entwickelt war.

Welch einen großen Vorteil die heutigen digitalen Kameras haben, die die Fotos umgehend zeigen! Damals musste der Fotofilm erst in ein Fotogeschäft gebracht werden, wo zunächst die Negative entwickelt wurden, von denen man dann Abzüge auf Fotopapier machen (lassen) konnte. So dauerte es mehrere Tage, bis ich das Ergebnis vor Augen hatte. Natürlich konnte ich nun nichts mehr daran ändern. „Naja, besser ein unentspanntes als gar kein Foto", tröstete ich mich.

Doch zurück zu unserem geschichtlichen Ausflug. Wir verließen den Tempel und schlenderten durch die Ruinenstadt. Irgendwo entdeckte ich eine antike Toilettenanlage: Eine lange Marmortafel mit einer Reihe zunehmend größer werdender, runder Ausschnitte. Anfangs wunderte ich mich, doch dann wurde mir deren Sinn klar: Sie waren dem Alter der Benutzer bzw. der Größe ihrer Hinterteile angepasst. Und nicht nur das: Wie ich hörte, wurden den Herrschaften die Sitze von ihren Untertanen angewärmt, bevor sie ihre Notdurft erledigten.

In der Stadt befand sich auch ein Theater mit außergewöhnlich guter Akustik: Eine von mir angestimmte Melodie war bis auf die letzten Ränge problemlos hörbar.

Als wir genug von Ephesos hatten, fuhren weiter zu den Ruinen des ehemaligen Magnesia, die am Fluss Mäander (türkisch: Menderes) liegen. Hier begleitete uns auf unserem Besichtigungs-Spaziergang der Duft blühender Kräuter, wie ich ihn bis anhin noch nicht erlebt hatte. Schafe grasten zwischen antiken Säulenbruchstücken, auf denen Eidechsen herumhuschten; in einem Tümpel quakten Frösche; eine richtige Idylle, allerdings mit vielen Disteln, die meine Beine arg zerkratzten – ich trug dummerweise kurze Hosen.

Aus dem Schatten eines großen Baumes trat ein Wächter in Uniform hervor und nahm uns Eintrittsgeld ab. Als wir uns nach der Besichtigung von ihm verabschieden wollten, lag er in tiefem Schlaf auf einer Holzpritsche und schnarchte laut. Über ihm hingen ein gefüllter Korb, aus dem eine Flasche Wein ragte, und ein prall gefüllter Sack mit seiner Mahlzeit.

Mein besonderes Interesse galt den Käfern, die uns über den Weg liefen. Jeweils zwei Käfer rollten gemeinsam und mühevoll mit unbekanntem Ziel und wechselnder Richtung eine Kugel. Sie kletterten auf die Kugel, die dadurch zu rollen begann, und purzelten auf den Rücken. Mit zappelnden Beinchen brachten sie sich wieder in die richtige Lage und machten sich unermüdlich, mit unerklärlichem Eifer erneut an die Arbeit.

Es war mir nicht ersichtlich, woraus diese Kugeln bestanden – aus Ziegendreck? Es lag reichlich davon in der Gegend herum. Ich bemühte mich, keine dieser Kugeln, deren Zweck mir unbekannt blieb, zu zertreten.

(Anmerkung: Als mir diese kleinen Kerlchen über den Weg rollten, gab es noch kein Internet. Daher tappte ich diesbezüglich lange im Dunkeln. Heute weiß ich, dass die Kugeln tatsächlich aus Dung bestehen, und je nach Art der Käfer entweder als Nahrung für ihren Nachwuchs bzw. die erwachsenen Tiere selbst dienen. Daher stammt auch der Name dieser Tiergruppe: Mistkäfer.)

Für den nächsten Tag hatten wir uns Labranda als Ziel vorgenommen – wieder ein Ort mit antiken Säulen, die wir allerdings nicht zu sehen bekommen sollten. Der letzte Teil der Straße führte steil in Serpentinen bergan und wurde zu einem einspurigen Kiesweg. Wegen der Trockenheit wirbelten wir dichten Staub auf. Unverhofft tauchte ein großes, tiefes Loch vor uns in der Straße auf, sodass wir mit unserem kleinen Wagen nicht mehr weiterfahren konnten.

Genau zu diesem Zeitpunkt näherten sich hinter uns zwei Baufahrzeuge, die wegen ihrer Größe keinerlei Probleme mit den schlechten Straßenverhältnissen hatten. Mir wurde ganz mulmig. Was tun? Glücklicherweise befand sich etwas unterhalb von uns eine Ausweichbucht, wo die freundlichen Fahrer mit ihren schweren Lastwagen warteten, sodass wir in Ruhe wenden und zurückfahren konnten.

Bei so viel Staub in der Luft und der sengenden Hitze waren wir durstig geworden und wollten uns mit einem Ayran (Joghurt mit Salz gewürzt und mit Wasser vermischt) erfrischen. In einer kleinen Ortschaft stieg ich aus, um mich zu erkundigen, ob es hier ein Restaurant gäbe. Als ich die steile Abzweigung zum Ort hochging, schallte eine Stimme aus der Höhe auf Englisch herunter: „Kann ich helfen? Was suchen Sie?" Ein Lehrer mit lärmenden Kindern hatte offenbar gerade Pause.

„Wir suchen ein Restaurant, um Ayran zu trinken", war meine Antwort. „Tjaaa", ertönte es gedehnt, „eine Gaststätte gibt es hier nicht, aber Ayran können Sie bekommen." Mein Mann solle das Auto auf dem Schulhof parken und auch heraufkommen. Der Einfachheit halber ließ ich den Herrn in dem Glauben, wir seien verheiratet, da es mir völlig unwichtig erschien.

Der Lehrer beauftragte zwei seiner Schülerinnen, Joghurt, Salz, Wasser, Gläser und eine Gabel zu bringen und bereitete das Getränk persönlich für uns zu, während wir im Schatten eines alten Baumes saßen.

Die Mädchen umringten uns ganz aufgeregt ob dieser Abwechslung und probierten ihre Englischkenntnisse an uns aus, indem sie fragten: „How are you?", „My name is ..." und „What is your name?" Sie waren ganz glücklich, dass ich sie verstand und auf ihre Fragen antworten konnte. Ein Mädchen las mir aus ihrem Lesebuch von Atatürk vor. Zwar verstand ich nichts davon, lobte es aber trotzdem. Andere hatten Blumensträuße aus Mohnblumen und Kamille gepflückt, die sie mir schenkten – ich war gerührt.

Nach unserer Erfrischung wurde uns die Schule gezeigt, die aus nur einem Klassenzimmer bestand. Hier wurden von der ersten bis zur fünften Klasse alle Kinder gleichzeitig unterrichtet. In der Mitte des Raumes befand sich ein alter gusseiserner Ofen samt langem Rohr zur Außenwand.

An den Wänden hingen ein Bild von Atatürk und selbst gefertigte Zeittafeln für den Geschichtsunterricht. Das Jahr Null war in der Mitte angelegt, und beidseitig davon waren Zeitspannen von je 100 Jahren gekennzeichnet. Darauf wurden wichtige Geschehnisse durch einfache Bastelarbeiten kenntlich gemacht, beispielsweise die Seefahrten von Magellan durch ein aus Papier gefaltetes Schiff.

Im Vorraum stand ein Karren aus Pappe, den die Kinder selbst gebaut hatten. Auf diese Weise erarbeiteten sie sich geschichtliches Wissen. Ich war beeindruckt, mit welch einfachen Mitteln der Lehrer Wissen vermittelte und den Unterricht gestaltete. Als wir uns schließlich verabschiedeten, hatte der Lehrer feuchte Augen, die Kinder winkten fröhlich, und ich schwenkte meine vielen hübschen Blumensträuße. Das war für uns alle ein besonderes Erlebnis.

TEIL II

Mittelmeer

Von der Türkei nach Gibraltar

Mai bis August 1998

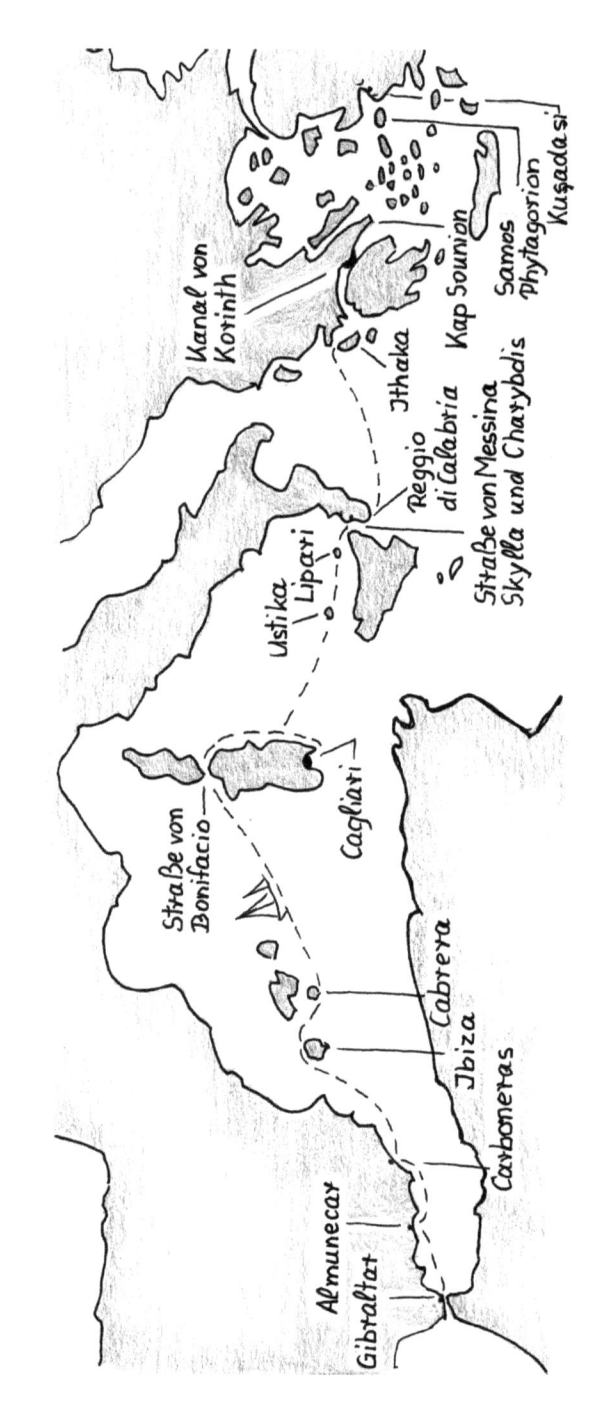

Kanal von Korinth

Ithaka

Reggio di Calabria

Kap Sounion

Samos Phytagorion

Kuşadası

Straße von Messina Skylla und Charybdis

Ustika

Lipari

Straße von Bonifacio

Cagliari

Cabrera

Jbiza

Carbometas

Almunecar

Gibraltar

11. Es geht los, wir stechen in See

Mai 1998

Endlich: Im Mai kam der Tag, an dem wir den Motor starteten, die Leinen lösten und aufs offene Meer hinausfuhren. Ich wollte die Ausfahrt genießen, die ich mir romantisch vorstellte, wehmütig auf Kuşadası zurückblicken, in Gedanken das Lied anstimmen: „Auf Wiedersehn, auf Wiedersehn, bleib nicht so lange fort ...". Doch es kam anders: Die Fender mussten verstaut, Leinen zu Babilis (s. nautische Begriffe) zusammengelegt und in einer der Backskisten am Bug untergebracht werden.

Vollauf mit meinen Pflichten beschäftigt und darauf konzentriert, auf dem hin und her, auf und ab schwankenden Deck nicht hinzufallen, ging ich an Deck umher, nahm jede Möglichkeit wahr, mich festzuhalten, und wenn das Schiff von einer Welle gehoben wurde, zwang es mich entweder in die Knie, oder – noch schlimmer – ich saß unverhofft auf meinem Allerwertesten. Wie peinlich! Nachdem alles auftragsgemäß ausgeführt war, ging ich zufrieden ins Cockpit.

Nun wollte ich mich von der Arbeit erholen, doch schon wieder erhielt ich eine neue Aufgabe: Segel setzen! Nur kurz nahm ich mir Zeit, das Deck und die Segel der SINGLE MALT genauer anzuschauen. Das Boot war eine Ketch, hatte also zwei Masten, wobei der vordere, „Großmast" genannt, mit seinen 14 m höher war als der hintere, Besanmast genannt. Unser Cockpit nannte sich Center-Cockpit, weil es im Zentrum des Schiffes lag, in unserem Fall vor dem Besanmast.

Im Cockpit dieses Schiffsmodells sitzt man gut geschützt unter einem festen Dach mit einem kleinen, stabilen Fenster nach oben, durch das die Stellung der Genua, des Groß-Segels und des Windanzeigers oben auf der Mastspitze zu sehen sind. Auch nach vorne ist das Cockpit mit zwei soliden Fenstern ausgestattet, die fast über die gesamte Breite des Bootes reichen und fest mit dem Dach verbunden sind.

An den Seiten lassen sich flexible Plastikfenster mit Druckknöpfen befestigen, für den Fall, dass einem das Wetter zu ungemütlich wird. Alles in allem ist man in diesem Cockpit sehr gut geschützt vor Sonne, Wind, Regen und Spritzwasser. Das ist eine tolle Sache, deren Bedeutung mir erst mit der Zeit voll bewusst wurde.

Nun zu den Segeln. Ich staunte, wie einfach das vordere Segel, die Genua, auszufahren war. Sie wurde in ihrer vollen Höhe auf eine Stange gewickelt gelagert, die mit dem unteren Ende vorne am Bug, mit dem anderen Ende oben an der Spitze des Großmastes befestigt war. Am unteren Ende dieser Stange befand sich ein Motor, der die Stange drehte und den man vom Cockpit aus bedienen konnte.

Jetzt, bei Bedarf, brauchte ich nur einen kleinen Gummihebel im Cockpit zu betätigen, und die Stange drehte sich, wodurch sie die Genua abwickelte. Es funktionierte! An dem Zipfel des Segels, der als erstes abgewickelt wurde, dem Schothorn, war mit einem sicheren Knoten eine Leine, eine sogenannte Schot, befestigt.

Am freien Ende dieser Leine zog Edi, damit das Segel nicht wie ein loses Bettlaken flatterte, sondern stramm im Wind stand. Dieses Leinenende wickelte er um ein trommelähnliches Gebilde, eine Winsch, und sicherte es, damit es sich nicht löste, nicht „rausrauschte", wie er es nannte.

Dank der gesetzten Segel lief das Boot nun etwas ruhiger. Bis dahin hatte die elektrische Selbststeuerung den Kurs gehalten. Jetzt, in der Straße von Samos, war der Wind böiger geworden, und ich sollte das Steuer von Hand übernehmen und per Kompass einen bestimmten Kurs steuern. Ich setzte mich hinter das Steuerrad, mit dem sich das Schiff ganz ähnlich wie ein Auto steuern ließ, und gab mir redlich Mühe, geradeaus zu fahren.

Dafür kurbelte ich wie verrückt am Steuer hin und her, um meine Aufgabe gewissenhaft auszuführen. Nach einer Weile bemerkte Edi trocken: „Ich sagte nicht, du sollst deine Unterschrift aufs Meer schreiben ...". „Stimmt ja gar nicht! Menschenskinder, mach das doch selbst besser!", dachte ich empört. „Ich steuere das erste Mal in meinem Leben ein Segelboot und habe keinen einzigen Kreis aufs Meer geschrieben!"

Ich ärgerte mich so, dass ich vor Wut schäumte und Edi sicher den aufsteigenden Dampf aus meinem Kopf gesehen hätte, wenn er genau hingeschaut hätte. Am liebsten wäre ich direkt ausgestiegen.

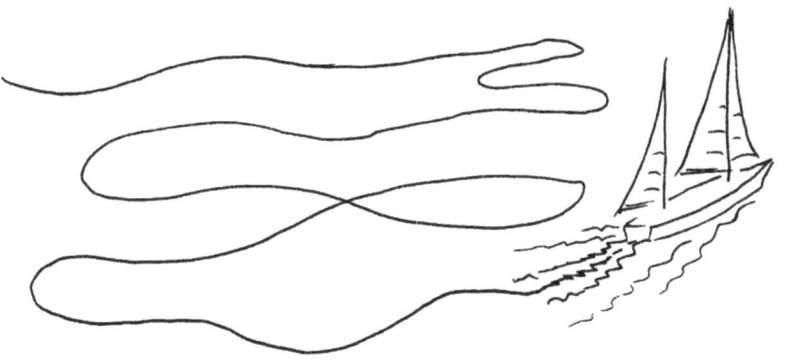

12. Griechenland

Mai und Juni 1998

Ankern und Landgang auf griechischen Inseln

Schon nach wenigen Stunden hatten wir griechisches Hoheitsgebiet erreicht und mussten zusätzlich zu unserer Nationalflagge bereits vor unserer Ankunft an Land auch die griechische Höflichkeits-Flagge setzen. Außerdem wird zum Einklarieren – der Erledigung der Einreise-, Zoll- und Gesundheitsformalitäten – allgemein die gelbe Q-Flagge (Quarantäne-Flagge) gesetzt, die besagt: „An Bord ist alles gesund – Ich bitte um freie Verkehrserlaubnis". Sie wird nach dem Einklarieren wieder heruntergenommen.

Aber erst einmal kam die Frage auf, ob wir im Hafen festmachen oder vor dem Hafen ankern sollten. Edi wusste, dass die Berufs- und Charterskipper in diesem Hafen oft rücksichtslos waren, sodass gelegentlich ein Anker ausgerissen wurde und somit ein Schiff haltlos trieb. Deshalb ankerten wir vor dem Hafen, wo man ebenfalls recht geschützt lag.

Für das Ankermanöver wurde der mit einer langen Schraube gesicherte Anker gelöst und ausgeworfen. Schon plumpste er ins Wasser, die daran befestigte Kette rasselnd hinter sich herziehend, bis er den Grund erreicht hatte. Während Edi langsam rückwärts fuhr, ließ er so lange Kette auslaufen, bis genügend davon am Meeresboden lag, um ein sicheres und angenehmes Ankern zu gewährleisten.

Dann zog er die Bremse der Ankerwinde an, wartete, bis sich die Kette streckte, und fuhr mit voller Motorkraft zurück. Er „grub den Anker ein", erklärte Edi. Nun musste ich mit dem Fuß an der Kette fühlen, ob sie rumpelte und sich bewegte. Nein, sie war stramm wie die Sehne einer Armbrust. Zudem sollte ich mir ein Haus oder etwas Ähnliches an Land ansehen und feststellen, ob es sich vor dem Hintergrund verschob. Nein, alles blieb, wo es war. Nun war Edi zufrieden, denn er wusste, dass der Anker jetzt selbst bei starkem Wind halten würde.

Nachdem das Boot nun sicher vor Anker lag (die Sicherheit des Bootes ist oberstes Gebot, hatte Edi mir ja schon beim Kennenlernen gesagt), musste unser Beiboot (auch Dingi genannt) bereit gemacht werden, um an Land gehen zu können – welch ein Unterfangen!

Auf dem Achterdeck lag ein schweres Paket, das wir auspackten. Zum Vorschein kam unser Dingi – vorerst noch ein verschnürtes Päckchen. Sorgsam falteten wir es auseinander. Es besaß drei Luftkammern, die wir mit einer elektrischen Pumpe füllten, bis sie relativ prall waren. Um den endgültig notwendigen Druck aufzubauen, nutzten wir eine Handpumpe, die wie eine Luftpumpe für Fahrradreifen funktionierte.

Ruder wurden an beiden Seiten befestigt und das Boot zu Wasser gelassen. Den Painter, also die Leine, mit der das Boot festgemacht wird, durfte ich ums Verrecken nicht loslassen, denn sonst wäre das Boot samt Leine von dannen getrieben.

Der Painter wurde nun so an der Reling festgebunden, dass das Dingi parallel zum Schiffsrumpf lag. Edi stieg in das Dingi hinein und schraubte den Außenbordmotor ab, der an einem Holzbrett an der Reling unseres Segelbootes befestigt war. Der Motor wurde an einen Flaschenzug gehängt, mit dessen Hilfe ich ihn zum Dingi hinunterlassen musste. Edi nahm ihn in Empfang und schraubte ihn am Heck des Dingis fest. Ich atmete auf: Fertig! – Fertig?

Bevor wir an Land gehen konnten, mussten die Papiere zum Einklarieren, Schuhe, Handtasche, Geld und unsere Kamera wasserdicht verpackt werden, und wir mussten uns landfein anziehen. Da wir an einem Sandstrand anlanden würden, steckten wir noch schnell einen Lappen ein, um die Füße nach dem Anlanden vom Sand zu befreien, bevor wir die Socken und Schuhe anzogen.

Der erste Segeltag meines Lebens hatte uns hierher nach Samos geführt, zu einer der zahlreichen griechischen Inseln, und nun fuhren wir mit dem kleinen Dingi in den Hafen Pythagoreion ein, benannt nach seinem berühmten ehemaligen Einwohner Pythagoras. Wir sollten also auf Pythagoras Spuren wandeln.

Ich war so begeistert, ja fast ehrfürchtig, historischen Boden betreten zu dürfen, dass alle Zweifel, ob ich überhaupt an Bord bleiben wollte, verflogen waren. Auch der Ärger über Edis fiese Bemerkung zum Thema „Unterschrift aufs Meer schreiben" war verflogen. Neues wartete auf mich!

Auf unserer Fahrt von der SINGLE MALT zum Ufer bot sich uns ein wundervoller Anblick: Ein gemütliches Dorf mit blühenden Büschen farbenfroher Bougainvilleas schmiegte sich um die Bucht. Trotz aller Idylle klarierten wir natürlich als Erstes in Griechenland ein. Das hieß: erst bei der Polizei anmelden, anschließend beim Zoll und zuletzt beim Hafenamt, wo wir eine Gebühr bezahlten. Danach erst hielten wir uns legal in Griechenland auf.

Nach getaner Pflicht setzten wir uns am Hafen vor ein Lokal und verleibten uns griechische Atmosphäre ein – Edi in Form eines Ouzos, ich mit einem Frappé, einem aufgeschäumten Kaffee. Ich bewunderte die griechischen, blendend weißen Hausfassaden, nur unterbrochen von Fenstern und den rankenden Bougainvilleas in ihren leuchtenden Farben.

Endlich kehrte mal Ruhe ein. Alles Nötige war getan, und wir konnten über dies und das sprechen. Aber ich war so voll von dem Erlebten, meinem ersten Törn auf dem Meer, den vielen Aufgaben, die Edi mir gegeben hatte, dem Ankern und dem Einklarieren, dass ich fast still meinen Kaffee trank.

Für ein griechisches Mahl kauften wir Brot, dazu Joghurt und eine Gurke ein, woraus Edi an Bord Tsatsiki bereitete. Köstlich! Wir tranken dazu weißen griechischen Wein, einen Retsina. In dieser Wärme, mit einem feinen Luftzug in dieser fremdländischen Umgebung, schmeckte es besonders gut.

Der Efalipinio-Tunnel

An einem der nächsten Tage besichtigten wir etwas außerhalb von Pythagoreion den etwa 1500 m langen Efalipinio-Tunnel, der um 500 v. Chr. für die damalige Wasserversorgung gebaut wurde und gleichzeitig als Fluchtweg für die Bewohner von Pythagoreion diente. Er gilt als erster Tunnel, dessen Bau von beiden Seiten her begonnen wurde. Tatsächlich trafen die Bauleute in der Tunnelmitte mit lediglich 1 m Höhen- und 3 m

Seitenunterschied aufeinander; für die damalige Zeit eine erstaunliche Leistung!

Wieder einmal nahte die Apéro-Zeit (Aperitif-Zeit). Durch hohes Gras und Disteln eilte Edi mir leichtfüßig voraus, querfeldein den Berg hinunter. Plötzlich – ein Schreckensschrei! Edi war auf eine Schlange getreten, die vermutlich ebenso erschrocken war wie er und ihn glücklicherweise nicht biss. Nachdem wir uns von diesem Schock ein wenig erholt hatten, schlängelte sich das arme Tier anscheinend unverletzt davon. Wir machten uns auf den Weg zu unserem nun nicht nur wohlverdienten, sondern auf den Schreck auch ausgesprochen hilfreichen Aperitif.

Die Insel Patmos und ein Fässchen Wein

Eines Abends ankerten wir in der ruhigen Bucht Grikou auf der Ostseite der Insel Patmos. Hinter der Bucht erhob sich ein steiler Hügel, auf dem das burgähnliche, etwa tausendeinhundertjährige griechisch-orthodoxe Kloster Agios Ioannis emporragte.

Heftiger Regen begrüßte uns am nächsten Morgen. So ein Pech – hatten wir uns doch vorgenommen, den mühsamen Weg zu dem auf etwa 260 m Höhe liegenden Kloster hinaufzusteigen. Glücklicherweise hörte der Regen pünktlich mit unserem Frühstück auf, und wir konnten unser Vorhaben in Angriff nehmen.

Die Straße zum Kloster wand sich in langen Serpentinen den Berg hinauf. Ungeduldig wählten wir den steilen, beschwerlichen Pfad, um schneller ans Ziel zu gelangen. Vor dem Kloster angelangt, war ich noch außer Atem, als wir mit Schrecken feststellten, dass wir unsere Portemonnaies nicht bei uns hatten. Was nun?

Über den steilen Weg zurück zum Boot, um Geld zu holen, mit neuerlichem Anstieg zum Kloster? Nein, bloß das nicht! Da erinnerte ich mich, dass ich als Notgroschen immer einen Geldschein in der Seitentasche bei mir trage, den wir nun am Kiosk gegen griechische Drachmen wechseln konnten. Glück gehabt.

Im Kloster mit seinen alten, dicken Mauern schlenderten wir durch die verwinkelten Innenhöfe und gelangten in die Kapelle, wo wir uns an die Dunkelheit gewöhnen mussten, ehe wir den Prunk erkennen konnten: Gemälde in mächtigen Rahmen mit goldenen, filigranen Mustern; an der Decke Kronleuchter mit Armen wie geflügelte Drachen, mal mit nur einem, mal mit mehreren furchterregenden Köpfen, die scheinbar Gift, Galle und Feuer spuckten.

Handgeschriebene, mit farbigen Bildern ausgeschmückte Bücher, die Buchdeckel mit silbergearbeiteten Dekorationen verziert, lagen aus. Auch fein und zierlich handbestickte, alte Gewänder gab es – bei deren Herstellung dürfte es sich um Lebenswerke gehandelt haben. Mich beeindruckte die so sorgfältig mit viel Geduld ausgeführte Handarbeit sehr.

Nach dem Besuch der Kapelle, spazierten wir hinunter nach Skala, der Hauptstadt der Insel. Dort entdeckten wir in einem Geschäft ein mit Rotwein gefülltes Kunststoff-Fass. Uns gefiel das zünftige Aussehen, und an Bord wäre es praktisch – bei Bedarf würde es sich immer wieder auffüllen lassen. Allein die Vorstellung, den langen Rückweg mit fünf Litern Wein in einem Fass anzutreten, hielt uns davon ab, das Fässchen mitzunehmen.

Zu unserer Freude entdeckten wir bald darauf einen Bus, der zu dem Dorf fuhr, bei dem wir ankerten. So eilten wir kurz vor Abfahrt des Busses zu dem Geschäft zurück und kauften das begehrte Fässchen – das einzige im Angebot. Es sollte uns viele Jahre dienen.

Zurück an Bord nahmen wir eine Dusche: Den mit Wasser gefüllten Camping-Duschsack hatten wir zuvor mit der schwarzen Seite nach oben auf das Deck gelegt, so dass die Sonne das Wasser erwärmen konnte – eine einfache und praktische Einrichtung. Mal wieder staunte ich – diesmal darüber, mit wie wenig Aufwand wir an warmes Wasser kamen.

Meine erste Fahrt in der Nacht

Nichtsahnend trödelte ich am Abend vor mich hin, als Edi für mich unerwartet vorschlug, noch am selben Abend auszulaufen. Was? Abends? Obwohl Edi nur gefragt hatte, spürte ich, dass er keinen Widerspruch dulden würde. Nun gut. Es wurde klar Schiff gemacht, das Dingi gut festgebunden, der Motor – wie vor jeder Fahrt – überprüft und der Anker gelichtet.

Draußen blies ein angenehmer Wind, sodass wir unter Segel gut vorankamen. Berauschend, eine solche Abendstimmung unter Segel. Der Himmel erglühte, die Wolken verbrannten fast im Abendrot, und dann, allmählich, verblasste der Himmel und wurde immer dunkler. Ab und zu blinkte zwischen den Wolken ein Stern. Atemberaubend schön! Meine erste Nachtfahrt!

Der Wind blieb konstant, und die Selbststeuerung hielt den Kurs. Edi kochte Nescafé und reichte dazu Gebäck. Mit der Zeit verschwand die Insel in der Dunkelheit, und wir waren allein mit dem dunklen Meer und dem Sternenhimmel. Irgendwann wurde ich müde und legte mich schlafen.

Als Edi mich um ein Uhr weckte und abgelöst werden wollte, ging gerade der Mond auf. Edi zeigte mir, welche Leuchtfeuer wir rechts liegen lassen würden, und instruierte mich, eventuell aufkreuzende Schiffe gut zu beobachten und ihn rechtzeitig zu wecken, falls etwas unklar sein sollte. Dann legte er sich in die Koje.

Während ich so allein im Cockpit saß, beobachtete ich die Gischt, die im Mondlicht am Bug wie ein Feuerwerk hochspritzte – die Zeit verging wie im Flug. Ein hellerleuchtetes Schiff kreuzte weit vor uns unseren Weg. Dann fuhren wir an einer langgezogenen Insel entlang, die ich nur an den erleuchteten Häusern und den Straßenlaternen erkannte. Gegen vier Uhr früh begann die Morgendämmerung, und eine Insel zeichnete sich am Horizont immer deutlicher ab.

Ich war von dieser Nachtfahrt so begeistert, dass ich meine Eindrücke in einem kurzen Gedicht festhielt:

Das Feuerwerk

Durch schwarzdunkle Nacht
fährt eine einsame Segelyacht
auf einer Seite rotes Licht
auf and'rer grün ist Pflicht
reitet von Welle zu Welle
über ihr nur Sternenhelle
durchpflügt das Meer von Wogen gehoben
um wieder tief ins Tal zu stoben
schleudert hoch, peitscht auf die Gischt
wie ein Feuerwerk, das gleich erlischt
mal rot, mal grün die Funken stieben
kaum da, schon wieder verschieden
der Bug sich sträubend
das Nass verstäubend
tanzt rauf und runter
übermütig, fast munter
die Wassertropfen hell erglüh'n
wie Blumen voll erblüh'n

die funkelnde, aufgehende Pracht
immer wieder verschluckt von der Nacht
nicht müde wird der Augen Blicke
wartend, hoffend, sich neu entzücke
Morgengrauen lässt die Finsternis verwischen
und die Leuchtblumenfarben verlischen.

Griechische Gastfreundschaft

Am Nachmittag des folgenden Tags erreichten wir die Panoramabucht von Mykonos. Edi beobachtete, wie ein Fischer einlief, und wollte versuchen, bei ihm etwas frischen Fisch zu kaufen. Also ankerten wir schnell und machten in aller Eile das Beiboot klar – leider vergeblich, wie sich herausstellte, denn der Fischer hatte nichts gefangen.

Einmal mit dem Beiboot unterwegs, entschieden wir uns, in einer Taverne einzukehren, doch alle waren geschlossen. Wir waren leider zu früh in der Jahreszeit auf Mykonos. Doch in einem Lokal sahen wir Bewegung; eine Frau war am Putzen, und auf sie steuerten wir zu.

Auf unseren Bericht hin, dass wir die ganze Nacht unterwegs gewesen seien und gerne eine Erfrischung gehabt hätten, bestätigte sie, dass noch alles geschlossen sei und nichts verkauft würde. Sie verschwand und kehrte mit einer kleinen Flasche Ouzo samt Wasser zurück, die sie für uns auf den Tisch stellte. „Pollà efcharistó!" – „Vielen Dank!" sagten wir fast sprachlos ob dieser netten Geste, ließen uns das Getränk besonders gut schmecken und schauten dabei auf die Bucht, in der die SINGLE MALT einsam vor Anker lag.

Delos, eine antike Inselstadt

Wir segelten weiter und erreichten um fünf Uhr früh Delos, eine antike Inselstadt aus dem 7. Jahrhundert v. Chr., die über

Jahrhunderte sowohl ein geistiges als auch ein wichtiges Handelszentrum war. Noch heute sind von dieser Stadt Mauerreste, Säulen und Mosaike erhalten, sowie je eine kopflose Statue von Cleopatra und Caesar. Letztere sind allerdings ca. 600 Jahre jünger als die antiken Gemäuer der Stadt.

Fast jedes Haus besaß damals eine Zisterne für die Wasserversorgung. Wir konnten an vielen Stellen noch die tief eingeschliffenen Rillen an den Rändern der Zisternen erkennen, die vom Verlauf der Seile zeugen, an denen die schweren Wassereimer hochgezogen wurden.

Unter den drohenden Blicken steinerner Löwen spazierten wir weiter und erreichten einen heiligen, heute fast ausgetrockneten See mit einer Palme in der Mitte, an dem sich inzwischen Schlangen wohlfühlten.

Über sehr lange Zeit wurden zahlreiche antike Schätze von dieser Insel gestohlen. Einen großen Teil davon kann man heute in Museen außerhalb Griechenlands besichtigen. Aus diesem Grund ist das Ankern über Nacht vor der Insel verboten. Wir lichteten also unseren Anker und machten uns auf zu neuen Ufern.

Kythnos und ein warmes Bad

Nur wenige Tage später suchten wir einen Ankerplatz vor Kythnos auf. Edi kannte diesen Ort bereits, was er mir jedoch nicht verriet. Kaum geankert, hatte er es eilig und trieb mich an, mit dem Beiboot zum Strand zu fahren. Nach kurzer Fahrt trugen wir unser Dingi über eine rund 10 m breite Landenge und setzten es dahinter wieder ins Wasser.

Wir steuerten ein hinter einem Riff verstecktes steiniges Ufergebiet an – der erste Strand, der ein wundervoller Sandstrand war, hatte mir besser gefallen, und ich sah keinen Grund, an diese steinige Stelle zu fahren. Etwa zwei Meter vom Ufer entfernt machte Edi mich auf ein Rinnsal aufmerksam. „Tauch mal deinen Fuß hinein!" Ich tat, wie mir geheißen. – „Heiß! Eine

heiße Quelle!", rief ich erschrocken aus und zog meine Zehen-
spitzen schnellstens zurück aus dem Wasser.

Wir trugen das Dingi ein wenig den Strand hoch und schoben
mit Hilfe von flachen Steinen mühsam Sand und Geröll zur Seite, um eine Mulde zu bilden, in der sich das heiße Wasser sammeln sollte. Immer wieder rutschte Material zurück. Edi war
lange nicht zufrieden. Mir rann der Schweiß in der sengenden
Hitze aus allen Poren, und ich hätte am liebsten aufgegeben.
    Trotz der brennenden Sonne arbeitete Edi unermüdlich,
wenn auch schwitzend, weiter, bis er glücklich und die Mulde
so groß war, dass wir uns hineinlegen konnten. Im ersten Moment war es fast zu heiß, doch schnell gewöhnten wir uns an
die Temperatur und empfanden sie als angenehm. Lange lagen
wir, die Zeit vergessend, im warmen Wasser und blickten die
Berge hinauf, wo ein Schäfer in der Ferne auf einem Esel ritt.
Ab und zu hielt er an und stieg ab, um Mauern auszubessern.

Nach unserer Rückkehr kümmerten wir uns um die SINGLE
MALT. Der Schiffsrumpf war durch Abgase des Motors ver-
schmutzt und wirkte neben dem Auspuff wie eine dunkle Wolke. Und das nach so kurzer Zeit! Seis drum, er wurde vom Dingi
aus von Edi gereinigt, eingewachst und poliert. Auch die Wasserlinie musste von Algen und Muscheln befreit werden.
    Ich hatte dabei die Aufgabe, das Dingi neben dem Boot zu sta-
bilisieren, damit Edi sich auf die Reinigung konzentrieren konnte. Das war für keinen von uns eine leichte Aufgabe, besonders
bei Wellengang. Da Edi zum Saubermachen Druck auf den Rumpf
ausüben musste, wurde das Dingi vom Rumpf weggedrückt. Entsprechend musste ich Gegendruck ausüben. Wenn Edi Pause
machte, schlug sein Kopf an den Rumpf. Das machte ihn nicht
gerade fröhlich. Andererseits behauptet er, ein „Berner Grind"
(Berner Kopf) sei so hart, dass ihm das nichts anhaben könne.

Bei unserem nächsten Landgang stiegen wir zu einer kleinen
Kapelle auf einen nahegelegenen Hügel – sie war geschlossen.

Edi zog am Strang einer Glocke, die die Stille durchbrach und mich mehr erschreckte als die Ziegen, die uns skeptisch beäugten. Ansonsten passierte nichts. Ein Ziegenhirt wohnte offenbar hier in der Einsamkeit in seiner einfachen Hütte. Doch außer einem Hund, der im Schatten unter einer Plane döste und sich an uns nicht störte, war anscheinend niemand zu Hause.

Wir freuten uns noch eine Weile an dem weiten Rundblick in die anderen Buchten, ehe wir wieder abstiegen, um noch einmal ein warmes Bad in unserer Mulde am Strand zu nehmen. Am Abend erlebten wir einen farbenfrohen Sonnenuntergang, beobachteten, wie sich der Himmel von Gelb nach Rot verfärbte, während über den Isthmus, der schmalen Verbindung zwischen zwei Inseln, Esel schlenderten, die sich wie Schattenspiele vor dem Himmel abhoben.

Ein romantischer Abschluss unseres Aufenthalts in dieser Bucht, denn am nächsten Morgen sollte es weitergehen.

Kap Sounion und der Poseidon-Tempel

Kommst du an Leonnas steiler Küste einst vorbei,
hörst du aus tiefster Brandung noch des Seemanns Todesschrei.
Aus dem Gedicht „The Shipwreck" von William Falconer, verfasst nach
dem Schiffbruch der „BRITANNIA" bei Kap Sounion im Jahre 1762, den
er als einer von drei Geretteten überstand.

Mitten in der Nacht lichteten wir Anker und fuhren bei völliger Flaute unter Motor in nördlicher Richtung nach Kap Sounion. Es war meine Wache, als ich Backbord vor uns ein großes Schiff sah. Ich beobachtete die Situation genau und wartete auf eine Veränderung des Winkels zwischen den Schiffen. Die Peilung blieb unverändert.

Ich hatte gelernt, dass eine gleichbleibende Peilung bedeutet, dass sich das andere Schiff in unsere Richtung bewegt und wir auf Kollisionskurs sind. Also weckte ich Edi. Er blickte nur kurz auf den Kompass und stellte fest, dass wir vom Kurs abgekommen und langsam im Kreis gefahren waren. Anscheinend war die Selbststeuerung kaputtgegangen. „Nein, sowas! Das hätte mir doch auch auffallen müssen!", ärgerte ich mich über mich selbst.

Es war schon ein komischer Zufall, dass die fortwährende (und von mir unbemerkte) Kursänderung der SINGLE MALT genau mit der Bewegung des anderen Schiffes zusammenpasste. Lustigerweise wirkte es dadurch für mich die ganze Zeit so, als würde das andere Schiff auf uns zukommen. (In der Dunkelheit sind Entfernungen sehr schlecht abzuschätzen.) Stattdessen hielt es seinen Kurs und fuhr am Horizont entlang. Immerhin – keine Kollisionsgefahr.

Wegen der defekten elektrischen Steueranlage ging ich davon aus, dass von nun an von Hand gesteuert werden musste. Doch Edi holte aus einer Kiste eine kleine Reserve-Selbststeuerung hervor, montierte sie kurzerhand, setzte sie in Betrieb, und sie funktionierte. Welch erfreuliche Überraschung!

Während der weiteren Fahrt Richtung Kap Sounion war Edi tief in Gedanken versunken. Er hatte die nun defekte Steueranlage erst kürzlich in London gekauft und in Kuşadası auf der SINGLE MALT, als diese noch auf dem Trockenen aufgebockt stand, mit mir zusammen eingebaut. Ein Funktionstest verlief damals erfolglos, was Edi natürlich sofort beanstandete.

Daher hatte der englische Hersteller zwei Spezialisten aus Marmaris nach Kuşadası geschickt, die die Montage überprüft, sie als professionell bezeichnet und daraufhin den Kurscomputer ausgewechselt hatten. Und jetzt auf See funktionierte die zweite neue Anlage wieder nicht. So viel Pech hintereinander konnte es doch gar nicht geben! Edi kochte innerlich vor Wut.

Das Ankern am frühen Morgen beim Kap Sounion verlief aus meiner Sicht schon recht geübt, wie ich zufrieden feststellte, und wir fuhren mit unserem Beiboot an Land. Von einer Telefonkabine aus rief Edi die Firma an und machte keinen Hehl aus seinem Unmut – oder besser gesagt: aus seiner Wut. Sachlich und bestimmt lehnte er die Fahrt zur Firmenvertretung in Piräus ab, weil wir dort kaum einen Liegeplatz finden würden.

Er gab der Firma 48 Stunden Zeit, ihre Spezialisten aus Piräus zu uns in eine Bucht westlich Kap Sounions zu senden, andernfalls würde er in den einschlägigen Publikationen über die Versäumnisse der Firma schreiben. Das wirkte. Was mir wie ein Wunder erschien, geschah: 44 Stunden nach dem Telefonat kontrollierten Spezialisten die Anlage an Bord, stellten fest: „Fachmännisch eingebaut", und wechselten ohne große Diskussion den Kurscomputer erneut aus. Wir atmeten auf und hofften, jetzt ohne Ausfälle weiterzukommen.

Von Weitem schon hatten wir den Poseidontempel hoch oben auf dem Kap Sounion gesehen – auf drei Seiten ist dieser Fels mit dem geschichtsträchtigen Tempel von Wasser umgeben. Er soll bereits in der Odyssee von Homer erwähnt worden sein. Nun hatten wir Zeit, hinaufzusteigen und ihn genauer zu betrachten.

Die alten Säulen des Tempels erstrahlten im Licht der Morgensonne. Weit unter uns lag die SINGLE MALT, die aus dieser Entfernung wie eine Nussschale wirkte. Wir schlenderten um den Tempel herum, wodurch sich uns wunderschöne Ausblicke auf die umgebenden Inseln im Ägäischen Meer boten.

In den vielen Felsspalten trotzten Gräser und Kräuter wie Kamille der Trockenheit und verbreiteten einen betörenden Duft nach Frühling, den ich tief einatmete. Ab und zu entdeckte ich eine Mohnblume mit ihren rot leuchtenden Blütenblättern, die im Windhauch zitterten, sowie eine Echse, die sich in der Sonne wärmte und – durch meinen Schatten erschreckt – davonhuschte.

Zunächst vergeblich suchten wir nach einem Felseinschnitt, der in früheren Zeiten von Sklaven in den Berg getrieben und in dem eine Werft angelegt worden war. Dort lagen damals Kriegsschiffe in Reserve, bereit, Angriffe vom Meer her abzuwehren. Erst später, von unserem Ankerplatz aus, entdeckten wir diesen Felseinschnitt. Unter welchen Bedingungen damals wohl die Sklaven diese schwere Arbeit erledigten?

Kap Sounion liegt etwas südlich von Athen, und damit nicht allzu weit entfernt von dem kleinen Ort Nea Kifisia, in dem ein Freund Edis namens Markos Vorrias wohnte. In jungen Jahren (1953) waren die beiden Seekadetten in der englischen Seefahrtschule Southampton. Sie konnten in ihrem Urlaub nicht nach Hause fahren und hatten sich daher ein kleines Segelboot für einen Segeltörn gemietet. Alte Erinnerungen wurden in Edi wach, und so fuhren wir an einem Sonntagmorgen mit dem Bus über Athen nach Neo Kifisia.

Wir wurden herzlich von Markos und seiner Frau Despina aufgenommen und fürstlich bewirtet. Während Edi mit Markos fachsimpelte, zeigte Despina mir ihren Garten mit den vielen Olivenbäumen, deren Früchte sie selbst einlegte. Eine rechte Mühsal: Jede Olive wird drei Mal eingeschnitten, um das Eindringen der Gewürze zu ermöglichen; dann werden die behandelten Früchte fünfzehn Tage lang in Wasser eingelegt, das täglich gewechselt wird; schließlich kocht man sie in einer Mischung aus Salzwasser und Zitronensaft auf.

Als wir uns am Ende des Tages trennten, gab Despina uns ein großes Glas gefüllt mit den mühevoll behandelten, köstlichen Oliven mit. Lange zehrten wir davon und erinnerten uns dabei an Despina und Markos.

Spät erreichten wir unsere SINGLE MALT und fielen in unsere Kojen. Am nächsten Morgen verhieß uns die Wettervorhersage auffrischenden Wind. Daher suchten wir einen geschützteren Ankerplatz auf. Ein Fischer sah uns einfahren, winkte uns von seinem Boot aus zu und bedeutete uns, dass wir an einer freien, fest verankerten Boje festmachen dürften.

Edi fuhr mit dem Dingi zu ihm hinüber, dankte für den Hinweis und brachte dem Mann Brot, Feta und Wein aus unseren Vorräten. Der alte Fischer freute sich so sehr über den unerwarteten Besuch, dass er Edi auf Griechisch mit vielen Gebärden von seinen Gebrechen erzählte, von einer misslungenen Operation und dass er jetzt nicht mehr gehen könne. Dann verschwand er im Bootsinneren und erschien gleich darauf wieder mit einem großen Stück eines Rochens, das er wusch und Edi in die Hand drückte.

Am nächsten Tag segelten wir bereits eine Etappe weiter und ankerten in der Bucht Palaia Epidauros. Dort bereitete Edi das Stück Rochen des Fischers mit Dillsauce zu. Noch nie zuvor hatte ich Rochen gegessen und genauso wenig einen auf diese Art zubereiteten Fisch – es schmeckte ausgezeichnet, und in Gedanken waren wir bei dem einsamen Fischer.

Epidauros: Ein antikes Theater und ein folgenschwerer Fluch

Frühmorgens fuhren wir mit dem Bus nach Epidauros, um das große, 15.000 Zuschauer fassende, antike Theater zu besuchen. Noch heute finden dort Veranstaltungen statt, und mit Stolz wird erzählt, dass hier immer noch berühmte Sängerinnen und Sänger auftreten. Die Akustik faszinierte mich tatsächlich. Als ich einen Ton von mir gab, klang es, als würde ich mich in einem Tonstudio befinden.

Nur so aus Neugier versuchte ich es mit einem Lied. Am nächsten Tag erzählte mir eine Frau, sie sei ebenfalls dort gewesen und hätte sich zu einer Gruppe mit Fremdenführer gesellt. Dieser habe, als „jemand" zu singen begann, seine Ausführungen unterbrochen und der Gruppe die Gelegenheit gegeben, zuzuhören. Na sowas! Oh Gott! Ich errötete bei dem Gedanken daran, dass ich so viele Zuhörer hatte. Dabei hatte ich gedacht, Edi und ich seien allein in dem riesigen Theater!

An mehreren Stellen des Theaters waren Steinmetze mit Ausbesserungsarbeiten beschäftigt. Mit speziellen Geräten vermaßen sie Abdrücke zerbrochener Steine, um genaue Gegenstücke anfertigen zu können und die defekten Steine wieder zu vervollständigen. Welch mühevolle Arbeit in dieser erbarmungslosen Hitze.

Mir war schon im Schatten fast unerträglich heiß, ganz zu schweigen von der Hitze in der Sonne. Unter meinem Hut, der mich vor der Sonne schützte, schwitzte ich so, dass mir der Schweiß ins Gesicht lief. War ich froh, nicht auch noch arbeiten zu müssen!

Eine Sage, die ich dort las, beeindruckte mich besonders: Apoll hatte die thessalische Königstochter Koronis beim Baden im See Beobels beobachtet und sich in sie verliebt. Die beiden wurden ein Liebespaar. Während Koronis' Aufenthalt im delphischen Heiligtum, ließ Apoll sie durch einen weißen Raben bewachen, dem es allerdings nicht gelang, einen menschlichen Liebhaber von ihrem Bett fernzuhalten.

Des Rabens Bericht über dieses Geschehen hatte üble Folgen: Ein Fluch des wütenden Apoll färbte den Raben schwarz, und seither tragen alle Raben ein schwarzes Gefieder. Apoll berichtete die Schande seiner Schwester Artemis, welche die hochschwangere Koronis durch mehrere Pfeilschüsse tötete.

Die Leiche der Untreuen lag schon zur Verbrennung aufgebahrt, als Apoll – von plötzlicher Reue befallen – von Hermes assistiert den Leib der Toten öffnete und ein lebendes Kind, Asklepios, zur Welt brachte – wohl der erste dokumentierte „Kaiserschnitt" der abendländischen Geschichte.

Der Kanal von Korinth

Das Aufstehen fiel mir am frühen Morgen des 30. Mai nicht leicht, doch wir planten, möglichst früh durch den Kanal von Korinth zu fahren, damit auf der anderen Seite genügend Zeit blieb, um den nächsten Hafen (Galaxidhi) zu erreichen. Also quälte ich mich aus der Koje, und wir segelten in aller Herrgottsfrühe von Epidauros Richtung Norden zur Einfahrt des Kanals von Korinth.

Auch andere Segelboote hatten sich bereits zu früher Stunde vor der Kanaleinfahrt eingefunden und warteten ebenfalls auf die Durchfahrt. Sobald alle Formalitäten erledigt waren, ging die blaue Flagge hoch, die anzeigte, dass die Durchfahrt frei war, und der kleine Konvoi setzte sich in Bewegung. An beiden Enden des Kanals befanden sich Brücken, die unter lautem Knattern unter den Wasserspiegel abgesenkt wurden und somit die Durchfahrt der Schiffe ermöglichten.

Hier und dort waren an den Wänden Ringe und Halterungen für Bagger und Werkboote angebracht, die für den dauernd erforderlichen Kanalunterhalt sorgten. Von irgendwoher aus der Höhe riefen uns Arbeiter zu, und ich grüßte mit einem lauten „Kalimera" (griechisch für „Guten Morgen") zurück. An der höchsten Stelle der steil neben uns aufragenden Felswände führten zwei weitere Brücken über den Kanal, von wo eine Schulklasse und Passanten in die Tiefe schauten und uns winkend zuriefen.

Die beidseitigen Felswände wurden allmählich niedriger, und die leicht abfallende Schichtung des Gesteins vermittelte den Eindruck, man fahre bergauf. Ohne anzuhalten konnten wir den Kanal verlassen – die Brücke bei der Ausfahrt war bereits vollkommen abgesenkt. „Geschafft", atmeten wir auf. Die steilen Wände hatten mir doch etwas Angst gemacht.

Nur wenige Tage nach unserer Durchfahrt hörten wir von einem Erdrutsch, der den Kanal für einige Tage versperrte. Da hatten wir wohl nochmal Glück. Auch hätte ich nie gedacht, je diesen wichtigen Kanal selbst mit einem Boot zu durchfahren, und war davon tief beeindruckt.

Einem langen Trichter gleich öffnete sich der Golf von Korinth vor uns. Wir hielten uns steuerbords und fuhren an der Küste entlang Richtung Norden. Unter Segel kamen wir zwar gut voran, erreichten unser Ziel Galaxidhi aber erst am Abend, als es bereits dunkel wurde. Bei Nacht wollten wir jedoch nicht in den Hafen einfahren und ließen uns daher auf dem Meer treiben. Edi hielt dies für unbedenklich, zumal wir uns nicht in der Nähe eines Schifffahrtsweges befanden.

Das weiße Masttoplicht wurde eingeschaltet, und stündlich ließ Edi sich von unserem Wecker aus dem Schlaf reißen, um Ausschau zu halten und die Position zu überprüfen. Schließlich wollten wir nicht irgendwo aufs Land getrieben werden – denn wir drifteten beträchtlich.

Zwar hörte ich das Rasseln des Weckers, brauchte mich aber nicht darum zu kümmern, da Edi ja aufstand. Genüsslich drehte ich mich jedes Mal auf die andere Seite und schlief weiter.

Delphi

Im Morgengrauen starteten wir den Motor und liefen in Galaxidhi ein, warfen Anker und machten das Bootsheck am Pier fest. Unser Nachbar, ein Australier, bot uns an, über sein Boot an Land zu gehen, was uns das Aufblasen des Beiboots und somit viel Arbeit ersparte.

Mit einem Taxi fuhren wir nach Delphi, wo wir den Apollo-Tempel besuchten. Der Sage nach saß das Orakel von Delphi hier über einer Felsspalte, aus der zur Zeit der alten Griechen Dämpfe emporstiegen, die der darüber weilenden Person zum Weissagen verhalfen.

Verheerende Erdbeben haben leider viel von dieser Tempelstadt zerstört. Dennoch wirken die Ruinen an dem steilen Hang noch heute sehr eindrucksvoll. Komplizierte Fresken, steinerne Friese, Säulen und Werkzeuge, sowie ein Wagenlenker aus Bronze aus der Tempelstadt sind in einem Museum wettergeschützt ausgestellt.

Während eines Spaziergangs durch den Ort ließ uns laute Musik ein Fest vermuten und neugierig werden. Wir schauten in den Festsaal hinein und wurden spontan hineingebeten. Die Gäste tanzten Sirtaki, immer wieder neue Kreise bildend, etliche Männer auch einzeln, erst sich langsam drehend, dann sich plötzlich bückend mit der Hand den Boden berührend und immer schneller werdend. Jeder hatte seine eigene Ausdrucksform entwickelt, die vom Publikum mit begeistertem Applaus gewürdigt wurde.

Als wir unser Konsumiertes, Ouzo und Frappé, bezahlen wollten, hieß es, wir seien eingeladen. Unglaublich, diese tolle Gastfreundschaft! So etwas ist mir in Deutschland nie passiert.

Was hast Du eigentlich beruflich gemacht, Edi?

Der Wind wehte uns weiter Richtung Westen, und immer wieder fanden wir einen geschützten Ankerplatz oder einen kleinen Hafen, in dem wir anlegen konnten. Gelegentlich trafen wir andere Segler, mit denen wir in gemütlicher Runde zusammensaßen. Einmal waren dies die beiden Schweizer Segler Helena und Bruno von der SY HELENA zwo.

Es wurde über technische Probleme an Bord gesprochen, von denen jeder genügend zu berichten hatte. Mal war es ein Motor, der stotterte, mal waren es elektrische Leitungen, die schmorten, oder eine Toilette, die nicht mehr funktionierte, weil die Leitung verstopft war. Letzteres Problem kam bei Seglern leider häufig vor.

Beim Erklären seiner technischen Probleme war Edi einmal derart ins Detail gegangen, dass er gefragt wurde, ob er denn Ingenieur gewesen sei, oder was er ansonsten beruflich gemacht hätte. Daraufhin begann er zu erzählen.

Gern wäre Edi, aus Bern stammend, Schiffbauingenieur geworden. Da in den europäischen Ländern zur damaligen Zeit alles zerbombt in Trümmern und die ganze Wirtschaft lahm lag, hätte er in den USA studieren müssen. Diese finanzielle Last hätten seine Eltern niemals tragen können. So suchte er sich schon als 14-Jähriger einen anderen Weg. Er hatte bereits ein Segelboot anhand von Plänen gebaut und sich dazu alle Einzelheiten selbst angeeignet. Es lag auf der Hand, dass es ihn zur See zog.

Edi ging noch aufs Gymnasium, als er sich bei der englischen Gesandtschaft in Bern nach Ausbildungsmöglichkeiten bei der englischen Handelsmarine erkundigte. Dem Direktor der „School of Navigation Warsash" (University of Southampton) musste diese Anfrage vorgelegt worden sein, denn Edi wurde verständigt, dass dieser Direktor zufällig demnächst Urlaub in der Schweiz machen würde. Ihm wurde vorgeschlagen, seine Eltern sollten den Direktor mit Frau zu einem Essen einladen.

Edi brauchte einige Tage, ehe er den Mut fand, seine nichts-ahnenden Eltern in seine Pläne einzuweihen. Ohne irgendwelche Vorwürfe oder Fragen nahmen die Eltern das zur Kenntnis und luden die Engländer samt Dolmetscher (denn Englisch sprachen sie nicht) zu einem Essen in ein Restaurant ein. Sie waren sich sogar sympathisch, und während späterer Aufenthalte in der Schweiz trafen sie sich immer wieder.

Der Direktor war offenbar angetan von Edi. Es wurde vereinbart, dass der junge Edi, bevor er die „School of Navigation" besuchte, bei der Schwester des Direktors während einiger Monate sein Englisch festigen sollte, damit er der Ausbildung in der Schule folgen könne.

Die Ausbildung umfasste ein Jahr theoretische und praktische Ausbildung im „Junior Department" der School of Navigation, gefolgt von dreieinhalb Jahren als Kadett auf englischen Handelsschiffen und anschließend die Vorbereitung auf die Prüfung zum zweiten Seeoffizier im „Senior Department" der School of Navigation. So verließ Edi vorzeitig das Gymnasium und ging nach England.

Während seiner Ausbildungszeit hielt Edi den Kontakt mit seinen Eltern mit Briefen aufrecht, die er ihnen ab und zu schrieb; Internet gab es noch lange nicht. Die Briefpost war damals ziemlich lange unterwegs und musste Edi häufig nachgeschickt werden, da er bereits unterwegs zum nächsten Hafen war. So erhielt er ab und zu mal einen Brief von seinen Eltern, oft mit großer Verspätung.

Eines Tages erreichte ihn in irgendeinem Hafen, verständlicherweise mit Verspätung, die Einberufung zur Rekrutenschule, die jeder Schweizer absolvieren musste. Die englische Reederei bot ihm zwar an, sie würde ihm helfen, englischer Staatsbürger zu werden, aber Edi fühlte sich als Schweizer und wollte seine Nationalität um nichts auf der Welt aufgeben.

Nach erfolgreicher Prüfung zum 2. Seeoffizier reiste er zurück in die Schweiz und absolvierte pflichtgemäß die Rekrutenschule. Er wurde zur Weiterausbildung zum Unteroffizier ausgewählt und musste deshalb 21 zusätzliche Wochen Dienst leisten. Es war damals nicht möglich das abzulehnen.

Von Kursen bei der Englischen Kriegsmarine (RN) wusste er um die Position der Unteroffiziere: sie liegt zwischen Hammer und Amboss. Deshalb meldete er sich für die Weiterausbildung zum Offizier an, bestand die Aufnahmeprüfungen und absolvierte daraufhin die Offiziersschule und später eine Rekrutenschule als Leutnant. An Seefahrt war aus diesen Gründen nicht zu denken.

Um in den Zeiten zwischen den militärischen Ausbildungen nicht untätig herumzusitzen, meldete er sich bei der Swiss Air, wo er für die operationelle Flugvorbereitung ausgebildet wurde. So kam es, dass er nicht nur in der Schweiz tätig war, sondern auch ein Jahr in Irland, einige Zeit im Libanon und Ägypten und später ein Jahr in Ghana eingesetzt wurde.

Jährlich hatte er seine militärischen Wiederholungskurse zu absolvieren, wurde mit der Zeit Oberleutnant und erhielt den Vorschlag zur Weiterausbildung zum Hauptmann. Während dieser letzteren Ausbildung wurde er gefragt, ob er nicht Berufsoffizier werden wolle, was er nach reiflichen Überlegungen auch tat.

Natürlich dachte Edi immer mal wieder sehnsüchtig an seine Leidenschaft für die See. Doch das Leben hatte offensichtlich erst einmal andere Pläne mit ihm. Die letzten Jahre seiner beruflichen Tätigkeit verbrachte er von 1983 bis 1987 als Verteidigungsattaché in Polen und der DDR, und anschließend bis 1991 in Schweden, Finnland, Norwegen und Dänemark.

Über all diese Zeit verlor Edi das Segeln nie ganz aus den Augen. Sein erstes eigenes Segelboot überführte er 1968 mit seiner jungen Familie von England via Holland und im Schlepp den Rhein hinauf in die Schweiz. Da er seine Ferien nicht immer mit seiner Familie verbringen konnte, segelte er gelegentlich als Navigator auf den englischen Schulschiffen SIR WINSTON CHURCHILL und MALCOLM MILLER.

1991 hatte Edi sich vorzeitig in den Ruhestand versetzen lassen, weil er schon lange im Voraus geplant hatte, mit seiner Frau auf der SINGLE MALT auf „große Fahrt" zu gehen. Leider erkrankte seine Frau zu diesem Zeitpunkt ernsthaft, sodass er seine Pläne vollständig ändern musste. Edi segelte die SINGLE MALT von Schweden über Norwegen, Schottland, Irland, Frankreich, Spanien und Portugal ins Mittelmeer, von wo aus es für seine Frau einfacher war, für Behandlungen in die Schweiz zu reisen.

Sie verstarb 1995, was für ihn ein besonders harter Schicksalsschlag war, denn er kannte seine Frau seit Kindertagen. Sie waren schon damals Hand in Hand zusammen zum Kindergarten gegangen. Für ihn war eine Welt zusammengebrochen, und die nächsten Jahre verbrachte er meistens allein im östlichen Mittelmeer, bis er 1998 zufällig mich kennenlernte.

Und du, Almuth, was hast du gemacht?

Auch ich wurde von Helena und Bruno nach meinem Werdegang gefragt. So erzählte ich zunächst die Kurzversion: In Bremen aufgewachsen und zur Schule gegangen. Dort trat ich auch in die Fußstapfen meines Vaters, ging also zum Fernmeldeamt, das viele Jahr später in „Telekom" umbenannt wurde.

Etwa alle 6 Jahre die Abteilung/Dienststelle gewechselt, um etwas Neues kennenzulernen. So blieb die Arbeit interessant. Aus betrieblichen Gründen frühberentet und daraufhin Edi kennengelernt. Seitdem mit ihm auf der SINGLE MALT unterwegs.

Nach diesem kurzen und recht unpersönlichen Überblick ermunterte Edi mich: „Erzähl doch von deiner Flucht". Erstaunt fragte ich in die Runde: „Wirklich? Interessiert euch das?" Die beiden bejahten meine Frage und so begann ich, einen Teil meiner Geschichte zu erzählen.

Vor unserer Zeit in Bremen lebte meine Mutter mit meinem Bruder, meiner Großmutter und mir in ihrer Heimatstadt Aussig an der Elbe (damals Tschechoslowakei). Gelegentlich flog sie mit einer Ju-52 nach Agram (im damaligen Jugoslawien), um meinen Vater, der dort als Funker eingesetzt war, zu besuchen. Es kam die Zeit, in der ihre tschechischen Nachbarn sie warnten: „Was?! Sie als Deutsche sind noch immer hier? Die Russen kommen; sie müssen weg!"

Natürlich ist es nicht einfach, Hab und Gut liegen zu lassen und zu fliehen, doch eines Tages spürte meine Mutter, dass es ernst wurde, packte einige wenige, aber wichtige Habseligkeiten zusammen, zog mehrere Kleidungsstücke übereinander an, damit sie sie nicht in einer Tasche tragen musste und begab sich nur wenige Tage vor dem Einmarsch der Russen mit uns Kindern auf den langen Weg über das ausgebombte Dresden nach Bremen.

Zunächst flohen wir per Eisenbahn. An der Grenze zu Deutschland wurden wir Kinder und die Großmutter nicht behelligt, doch meine Mutter musste sich ausziehen, die übereinander angelegten Kleidungsstücke zurücklassen und durfte nur das Nötigste anbehalten. Sie kam sich nackt und elend vor.

In Deutschland gab es keine Fahrkarten zu kaufen, und wir fuhren schwarz, wie alle, die auf dem Weg irgendwohin waren, in mit Menschen vollgepropften Kohlenwaggons auf der staubigen Kohle hockend. Andere saßen aus Platzgründen auf den Puffern, was lebensgefährlich war, denn wenn sie einschliefen, fielen sie auf die Gleise.

Wir schliefen während der Flucht in Eisenbahnwaggons, in zerbombten Bahnhofshallen oder, wenn wir Glück hatten, in einer Turnhalle, deren Wände noch standen, auf den blanken Böden. Wenn wir ganz viel Glück hatten, erhielten wir sogar Betten und eine warme Mahlzeit, blieben eine kurze Zeit und hofften auf einen anderen Zug, der uns weitertransportieren würde.

Flüchtlinge, die in Kohlewaggons unterwegs waren, hatten sich oft mit anderen abgesprochen. Dort, wo wegen ansteigender Strecke der Zug langsamer fuhr, schaufelten sie Kohle aus dem Zug. Die anderen warteten bereits, um diese Kohle in Säcke oder auf Schubkarren zu schaufeln und möglichst schnell das Weite zu suchen.

Einmal war auch Mutter unter den Kohledieben, denn sie brauchte Brennmaterial zum Kochen. Sie fragte ihre Mitmenschen, wo man denn Kohle kaufen könne. „Kaufen?", wurde sie vorwurfsvoll gefragt. „Wir klauen hier!" Plötzlich erschien ein Polizist, und alle um Mutter herum liefen davon. Sie blieb wie versteinert stehen.

Der Polizist fragte nach ihrem Namen und der Adresse. Wie ich annehme, sagte sie ihm, sie sei auf der Durchreise nach Bremen und habe keine feste Adresse, weil ja alles zerbombt sei – oder etwas Ähnliches. Jedenfalls ließ er sie laufen, und sie hörte nie wieder etwas von dieser Angelegenheit.

Endlich erreichten wir Kortenbeck, einen kleinen Ort an der Grenze zwischen der russisch besetzten Zone und der englischen (etwa 190 km östlich von Bremen), wo meine Mutter mit dem Vater einen Treffpunkt vereinbart hatte – sofern sie überleben würden.

Über diese Grenze machte Mutter sich eines Tages bei Nacht und Nebel allein auf den Weg nach Bremen, um sich im Postamt zu erkundigen, ob dort inzwischen mein Vater angekommen sei. Dies wurde bejaht, was an ein Wunder grenzte, denn er hatte den langen Weg von Agram nach Bremen schaffen müssen. (Darüber hat er nie gesprochen.)

In Bremen war das ganze Stadtviertel, in dem sein Elternhaus stand, zerbombt und dem Erdboden gleich gemacht worden. Vaters Mutter war mit dem Leben davongekommen und froh, Unterkunft bei einer Bekannten gefunden zu haben. Deren Adresse erhielt meine Mutter. Sie befand sich ganz in der Nähe des Postamtes, weshalb sie direkt dorthin ging und läutete.

Die Schwiegermutter öffnete und rief entsetzt aus: „Wie siehst du denn aus?" Hatte sie eine modisch und sauber gekleidete Schwiegertochter erwartet? Konnte sie sich nicht denken, dass sie unter schwierigsten Umständen geflüchtet war und zwischen Trümmern geschlafen hatte?

Mutter nahm sich vor zu verschwinden, wenn mein Vater ebenso reagieren würde. Offenbar hat er sich anders verhalten, denn sie beantragten eine Wohnung, und ihnen wurde eine bei einer Bauernfamilie in Leeste, einem Dorf bei Bremen, zugewiesen. Diese Leute waren verständlicherweise gar nicht glücklich über diesen Zuwachs, denn sie musste zusammenrücken und uns, dem „zugereisten Gesindel" und ihrer Meinung nach den „Nazis" Platz machen.

Ein festes Zuhause von anderthalb Zimmern zu erhalten, war für uns bereits eine große Verbesserung. Das größere Zimmer musste alles Nötige aufnehmen: ein Bett, Tisch und Stühle, einen antiken Schrank, den Mutter gegen einen Brillantring eingetauscht hatte, und einen großen Ofen, der mit Holz und/oder Kohle zu beheizen war. Letzterer diente sommers wie winters als Heizung, Kochherd und Backofen. In dem halben Zimmer hatte knapp ein Etagenbett für uns Kinder und ein Stuhl Platz.

Mein Bruder war geh- und sprachbehindert. Damit er besser gehen konnte, wurde er operiert, und dabei wurden die Sehnen seiner Beine in den Kniekehlen verlängert. Ein Jahr lang lag er in einem Gipsbett, das von der Hüfte bis zu den Unterschenkeln reichte. Im zweiten Jahr mussten die Beine jeden Abend in angepasste Gipsbetten gewickelt und gepresst werden, damit sich seine Muskeln während der Nacht nicht wieder zusammenziehen konnten.

Geduldig schaute ich dabei zu und wartete darauf, auch einmal etwas Aufmerksamkeit zu erhalten, aber Mutter war zu müde, um das zu erkennen. Für mich war das schwer, denn ich musste schon auf der langen Flucht – verständlicherweise – immer ruhig und still sein, durfte nie Aufmerksamkeit beanspruchen.

Ein sehr kalter Winter mit viel Schnee brauste über uns hinweg, und Weihnachten nahte. Am Heiligen Abend gingen wir in die Kirche zur Weihnachtsmesse. Auf dem Rückweg dachte meine Mutter traurig: „Und das soll unser Heiliger Abend gewesen sein ...!? Kein Geschenk? Nichts zu essen?"

Als wir uns unserer kleinen Wohnung näherten, wunderte sie sich, dass Licht in den Fenstern zu sehen war. Das konnte doch nicht sein! Mutter und Vater versuchten, durch die mit Eisblumen verzierten Fenster zu schauen, doch sie mussten hineingehen, um die Ursache des Lichts zu sehen.

Ein Weihnachtsbaum mit Kerzen stand im Zimmer, darunter waren Speck und Schinken, Würste, Butter und weitere Lebensmittel ausgebreitet. Für mich lag eine Puppe dort. Dass sie alt war, der gesprungene Kopf aus Porzellan mit Metallklammern zusammengehalten wurde, tat meiner Liebe zu ihr keinen Abbruch. So zeigten die Bauern mit uns „Hergelaufenen" doch etwas Mitgefühl und bescherten uns ein wunderschönes Weihnachtsfest mit vollen Mägen.

Die restliche Zeit litten wir – wie so viele Menschen zu der Zeit – Hunger. Wegen meines ständig knurrenden Magens schlich ich mich regelmäßig über den Hof zu den Schweinen, denn die wurden mit Kartoffeln gefüttert, wenn auch den weniger guten.

Doch ich suchte mir die besten aus, hockte mich neben den Verschlag und aß sie genüsslich ... bis meine Mutter mich dabei entdeckte und das ab sofort verhinderte. Sie hatte sich gewundert, dass ich zu den Mahlzeiten fast nichts mehr aß. Trotz dieser Erfahrungen liebe ich Kartoffeln noch heute!

Einige Jahre später wurde mein Vater wieder bei der Post in Bremen eingestellt, und Ende 1949 fand er dort eine Vierzimmerwohnung. Unsere wenigen Habseligkeiten wurden in einem Paketwagen der Post nach Bremen transportiert, und wir zogen glücklich in unsere neue Wohnung ein. Endlich wieder ein eigenes Heim!

Aus praktischen und finanziellen Gründen trug ich damals die ausrangierten Schuhe meines Bruders, der, da gehbehindert, nur in festen, über die Fußgelenke reichenden Schnürschuhen gehen konnte, die ihm Halt gaben. Irgendwann sagte ich zu Mutter, dass mir diese Schuhe gar nicht mehr gefielen, und tatsächlich durfte ich mir nun, da mein Vater wieder mehr verdiente, neue in einem Schuhgeschäft aussuchen! Sensationell! Das hatte ich nicht erwartet. Ich war überglücklich!

Der Abend, den wir mit Helena und Bruno verlebten, war unterhaltsam und lang. Daher lagen wir noch im Tiefschlaf, als uns lautes Hupen ganz in der Nähe aus dem Schlaf riss. Wir stürzten ins Cockpit und sahen, wie unsere beiden Seglerfreunde mit ihrem Boot eine Extrarunde um uns herum drehten, um sich zu verabschieden. Es sollte etliche Jahre dauern, bis wir uns wieder treffen sollten – auf der anderen Seite des Planeten!

Todesängste auf einem klapprigen Motorrad

Hell ging auf der Stern, wie so oft in entschwundenen Jahren.
Er, der begleitet die dämmernde Eos seit uralten Zeiten.
Scheint sein Licht heut, ist getan die Reise auf schäumenden Wogen:
Leidgeprüft nähert Odysseus der Heimat sich, nähert sich Ithaka.

Homer. Odyssee XIII, 93ff.

Langsam näherten wir uns Ithaka, der sagenumwobenen Heimat des listenreichen Odysseus. Der Dunst gab die Insel mehr und mehr frei und enthüllte die grünkargen, steilen Berghänge, auf denen die Straße mit ihren Serpentinen ein Zick-Zack-Muster zeichnete. Beim Anblick dieses schönen, auf die Berge gezeichneten Musters ahnte ich noch nicht, dass ich dort bald Todesängste ausstehen würde.

In Vathy, der Hauptstadt der Insel, mieteten wir ein Motorrad – hätte ich dem bloß nicht zugestimmt! Bevor wir losfuhren, mussten erst die lockeren Muttern des Vorderrads angezogen werden, was mich schon stutzig machte, und Edi bedurfte einer gewissen Gewöhnung an das Fahrzeug. Zudem waren Kupplung und Getriebe nicht in Ordnung, denn bei jedem Gangwechsel ruckte das Motorrad so heftig, dass ich Gefahr lief, kopfüber nach vorne abzusteigen.

Auch war ich, aus dem Flachland kommend, das Befahren von Serpentinen nicht gewohnt. Edi warnte mich jedes Mal, bevor er bremste und die nächste Haarnadelkurve nahm. Zu diesem Manöver gehörte natürlich, dass Edi einen Gang tiefer schalten musste, wobei es ohrenbetäubend knallte, so als wäre ein Pistolenschuss abgefeuert worden. Todesängste stand ich aus!

Nach einer Weile fragte Edi sogar, ob ich noch da sei, weil ich so still war – da vor Angst fast erstarrt. Es dauerte lange, bis ich mich entspannen konnte. Nur allmählich bemerkte ich, dass ich ja weder vom Motorrad katapultiert wurde, noch auf die Straße schlitterte oder sogar den Abgrund hinunter zu Tode stürzte.

Endlich konnte ich entspannen und mich so auch meiner Umgebung widmen. Nun nahm ich die Buchten, Olivenbäume, Rosen und Artischocken wahr, die von kräftigem Salbeigeruch begleitet wurden. Letzterer trug Ithaka den Namen Salbeiinsel ein.

Wir besuchten Kirchen, Klöster, verträumte Dörfer, das historische Museum, einen Vermessungspunkt, verwöhnten uns zwischendurch mit kühlem Frappé, und immer wieder kamen wir an alten Gemäuern aus längst vergangenen Zeiten vorbei.

Am Ende des Tages stellte ich fest, dass wir doch – trotz meiner anfänglichen Ängste – einen angenehmen und interessanten Ausflug erlebt hatten und der Tag für mich unvergesslich geworden war.

Der Schiffssegen hängt schief

Wieder auf See, war unser nächstes Ziel der idyllische kleine Ort Phiskardho auf Kefalonia, die letzte der griechischen Inseln, die wir vor Italien anlaufen wollten. Die Bucht war so voll mit Charterbooten, dass wir für die SINGLE MALT keinen Platz mehr fanden. Wir mussten auf der gegenüberliegenden Seite der Bucht ankern, und ein Segler eines Katamarans half uns, Leinen vom Heck aus an den Felsen festzumachen.

An Bord ging jeder von uns seinen Interessen nach. Ich schrieb fleißig auf Edis Computer an unserem Reisebericht. Wir hatten nur den einen, und damals war das schon eine tolle Errungenschaft. Während einer Pause ließ ich das Geschriebene von Edi durchlesen.

Mit Schrecken stellte er fest, dass die Leiste mit den Symbolen verschwunden war und sich auch nach langem Suchen nicht wiederfinden ließ. „Was hast du bloß gemacht?", schimpfte Edi los und ließ seinem Ärger mal wieder freien Lauf. Nichts hatte ich gemacht! Auf einmal war die Symbolleiste weg!

Na toll, nun hing der Schiffssegen schief. Edi war klar, dass ihm bei der Wiederherstellung der Computerleiste kein Mensch helfen konnte und er wohl die ganze Nacht eine Lösung suchen würde, denn er erhebt den Anspruch an sich, nicht eher zu ruhen, als bis ein Problem gelöst ist.

Den ganzen Tag hatten wir unseren Hunger lediglich mit trockenem Weißbrot gestillt, was ja nicht gerade zu guter Laune beiträgt, sondern alles viel schlimmer aussehen lässt, als es wirklich ist. Wir beschlossen, auswärts essen zu gehen, da wir endlich mal einen Tapetenwechsel brauchten.

Nach dem Übersetzen an Land befestigten wir das Dingi an porösen, scharfkantigen Felsen, über die wir anschließend unter knochenbrecherischer Gefahr klettern mussten. Das hob die Stimmung auch nicht gerade.

Während wir am Ufer der Bucht entlangspazierten, war Edi tief in Gedanken versunken und dachte über das Computerproblem nach. Selbst das Essen, das wir in einem schönen kleinen Restaurant zu uns nahmen, konnte er kaum genießen, obwohl ich ihm klarzumachen versuchte, dass es sich ja nicht um einen Beinbruch handle. Doch für Edi schien das etwas ähnlich Schreckliches zu sein.

Aber wir hatten Glück: Im Ort wurde uns ein junger Mann empfohlen, der sich mit dem betreffenden Computer-Programm auskannte, und spontan zu uns an Bord kam. Dort stellte er zwar fest, dass er die deutschen Ausdrücke nicht verstand, aber nachdem Edi sie ins Englische übersetzt hatte, stellte sich heraus, dass lediglich der richtige Tastendruck die verschwundenen Zeichen wieder erscheinen ließ. – Ich atmete auf, und der Schiffssegen wurde mit einem Gläschen Wein wieder geradegerückt.

Schiffsroutine und Glasen

So ganz nebenbei erlernte ich die Einteilung der Mahlzeiten und der Wachen, wie Edi sie für sich (und damit auch für mich) vornahm. Wenn wir unterwegs waren, begannen wir unsere Tagesplanung um 16 Uhr mit unserem Apéro, währenddessen Edi von mir wissen wollte, welches Gemüse aus unserem Vorrat gekocht werden müsse, bevor es welk würde. Das teilte ich ihm mit, sodass er sich die Art des Kochens und Würzens überlegen konnte.

Die Mahlzeit am Abend war für uns an Bord die wichtigste, da die lange Nacht mit Wachegehen vor uns lag, und wir die mit einer guten Mahlzeit gefüllt angehen wollten. Diese Mahlzeit nannte Edi Nachtessen.

Nach dem Nachtessen fühlte jeder von uns in sich hinein, ob und wie müde er war. Derjenige von uns, der munterer war, übernahm die erste Wache. Generell machte jeder so lange wie möglich Wache und weckte den anderen erst, wenn er wirklich müde wurde. So kam jeder zu so viel Schlaf am Stück wie möglich und war für seine Runde relativ ausgeruht.

Auf die Dauer spielte sich eine Routine ein, die bei jeder längeren Fahrt anders war. Natürlich passierte ab und zu etwas Außergewöhnliches, das unsere Routine durcheinanderbrachte, so z.B., wenn eine Leine gerissen war, Segel gerefft werden mussten oder ein ungewöhnliches Geräusch auftauchte, dem wir lieber nachgehen wollten. Vorsicht ist schließlich die Mutter der Porzellankiste. Wenn die jeweilige Situation gemeistert war, überlegten wir neu, wer schlafen gehen und wer Wache halten würde.

Morgens war Edi zum Frühstück mit einer Frucht und etwas Joghurt zufrieden, doch ich brauchte auch noch Brot mit Butter bestrichen, und wenn möglich mit Wurst belegt. Um 11 Uhr gab es unweigerlich einen Apéro, unabhängig davon, ob einer von uns nach der Nachtwache vormittags schlief, denn sein

Apéro war Edi heilig. In der Schweiz trinkt man Weißwein zum Apéro, an Bord kann es auch Gin-Tonic oder Cola-Rum sein.

Die Zubereitung des Apéro war meine Aufgabe, und ich hielt die Alkoholmenge gering. Während des Tages gab es an Bord ansonsten nur einen kleinen Snack, wie zum Beispiel eine Dose Fisch, Spargel oder was immer wir dahatten. Ich aß dazu noch Brot – falls vorhanden – und Wurst oder Käse.

Falls ich diejenige war, die morgens schlief, weckte Edi mich exakt um 11 Uhr mit „6 Glasen" und freute sich diebisch darüber, mich bei dieser Art Unpünktlichkeit erwischt zu haben. Ich musste schmunzeln und konnte dem „Lausbub" Edi natürlich nicht böse sein, denn ich hatte ja genug geschlafen.

Der Ausdruck „Glasen" stammt aus der Zeit vor der Erfindung des Chronometers, als man die Zeitbestimmung auf Schiffen mit Hilfe von gläsernen Sanduhren (Stundengläsern) vornahm. Es wurde ein Halbstundenglas und – da alle vier Stunden Wachwechsel war – ein Vierstundenglas verwendet.

Das Umdrehen der Sanduhr wurde durch den „Glasenschlag" angezeigt: Bei jedem Wenden des Halbstundenglases wurde die Schiffsglocke angeschlagen. Zu Beginn der Wache einmal, beim ersten Wenden zweimal, usw., bis das Vierstundenglas ebenfalls gewendet wurde, ergo bis achtmal.

An Bord von großen Schiffen wird der Glasenschlag heute noch verwendet, sodass man beim Schlagen der Glasen (der Uhrzeit) genau hört, wie lange man noch auf die Ablösung warten muss. Edi hatte mir die Glasenzeit folgendermaßen erklärt: Um halb eins schlägt sie einmal, um drei sechs Mal und um zwölf acht Mal. „Das ist ja ein Durcheinander", war ich empört. „Das versteht ja kein Mensch!"

Nun erklärte er es besser: „Ab halb eins, halb fünf und halb neun schlägt sie alle halbe Stunde einmal mehr, bis sie acht Mal schlägt. Das ist um vier, acht und zwölf Uhr, und dann fängt's wieder von vorne mit einem Schlag an." Wieder einmal eine gute Möglichkeit, an unserer Kommunikation zu arbeiten.

Als Edi noch beruflich zur See fuhr, wurden die Glasen auf der Brücke noch regelmäßig geschlagen, und einmal, als Edi auf dem Schiff das jüngste Crewmitglied war, durfte er um Mitternacht an Silvester 1953 das alte Jahr mit 8 Glasen ausläuten und das neue Jahr mit 8 Glasen einläuten – ein wichtiger Moment.

Als wir 2015 in Gambia zu Silvester auf einem Fluss ankerten, machten wir das genauso. Allerdings verstärkten wir den Schall der Schiffsglocke mit unserem Lautsprecher, damit es schön weit hallte.

Wir haben uns so an die Glasen gewöhnt, dass sowohl auf unserem Boot als auch in unserer Wohnung in der Schweiz regelmäßig eine Schiffsuhr die Glasen schlägt. Daran orientieren wir uns, und damit haben wir auch ein Stück behagliche Gewohnheit, die uns zu Wasser genauso wie zu Lande begleitet.

13. Wasser, soweit das Auge reicht

Juni 1998

Nach einigen Tagen in Phiskardho hatten wir alles Nötige an Bord für die Weiterfahrt geregelt. Der Computer war repariert, der Proviant aufgefüllt, und in unserem gemeinsamen Brief an unsere Freunde hatten wir alle letzten Erlebnisse geschildert.

Wir wollten weiter gen Westen segeln, und Edi erkundigte sich täglich mehrmals bei der Meteostation nach dem neusten Wetterbericht, ohne eine Antwort zu erhalten. Wie immer wollte er auf Nummer sicher gehen, damit wir nicht in einen Sturm hineinfuhren. Auch zog es ihn weiter, weil wir noch eine lange Strecke durch das Mittelmeer vor uns hatten und diese vor dem Einsetzen der Herbststürme (ungefähr im September) zurücklegen wollten, um die Gefahren der Stürme zu meiden.

Überdrüssig des Wartens auf einen Wetterbericht, der aus unerklärlichen Gründen ausblieb, verließen wir Kefalonia am 9. Juni, ohne zu wissen, welches Wetter uns draußen auf dem Meer wohl erwarten würde.

Während der beiden folgenden Tage war der Wind sehr unzuverlässig und kam meistens von vorne, sodass wir das „eiserne Segel", also den Motor, starteten. In der darauffolgenden Nacht streifte uns ein Gewitter, das uns zwar für kurze Zeit guten Wind zum Segeln bescherte, doch in Edi die Sorge um unsere elektrischen und elektronischen Geräte weckte, die bei Blitzeinschlag verschmoren würden.

Vorsichtshalber schaltete er die Geräte aus, zog die Stecker heraus, soweit das möglich war, und packte Handgeräte in Kochtöpfe. Ja, das klingt seltsam, doch ein Kochtopf wirkt wie ein faradayscher Käfig. Dadurch sind die Geräte vor Blitzschlag geschützt. Auf diese Weise abgesichert, konnten wir in Ruhe das Schauspiel der Blitze genießen, die am Horizont den Himmel erhellten.

Edi teilte mir in jenen Tagen die angenehme Zeit nach dem Nachtessen bis 24 Uhr für den Wachdienst zu, und ich erlebte Sonnenuntergänge, beobachtete Mond und Sterne, die sich fortwährend verändernden Stimmungen des Meeres und hielt dabei regelmäßig Ausschau. Anschließend war für mich bis etwa fünf Uhr „Horchdienst" am Kissen angesagt, und wenn ich danach wieder auf Wache war, sah ich die schönsten Sonnenaufgänge.

Zwei Tage lang sahen wir „weder Schiff noch Maus", wie Edi sich ausdrückte. Er stellte Ausdrücke gern um, sagte z. B. „Es sieht aus wie bei Schmidts unterm Bett" anstatt „wie bei Hempels unterm Sofa" und „weg wie Hempels Katze" anstatt „... ab wie Schmidts Katze". Im obigen Fall musste der Ausdruck „mit Mann und Maus untergangen" herhalten.

Wir sahen also weder Schiff noch Maus, sondern nur Wasser, Himmel, Sonne, Mond und Sterne, und ich hatte das Gefühl, irgendwann Amerika oder andere, noch unbekannte Landmassen zu entdecken. Ständig hielt einer von uns Ausschau, und wir näherten uns dem Süden Italiens und der Straße von Messina, wo wir entweder Saline Joniche oder Reggio di Calabria anzulaufen gedachten.

14. Italien

Juni 1998

Die Bronzestatuen von Riace

Festland in Sicht! – Freude herrschte! Wir kamen gut voran, umrundeten den Stiefel Italiens an seiner Südspitze und fuhren in die Straße von Messina, wo wir in Reggio di Calabria in eine Marina einliefen.

Hier erlebte ich abermals eine neue Art, das Schiff zu vertäuen. Wir hatten Bug voraus festgemacht, und es war für mich „Sportskanone" eine besondere Herausforderung, von Bord zu gehen: Ich kletterte am Bug über Klampen und Seile und schließlich über die Reling, die schräg nach außenbords geneigt war.

Auf der Bordkante stehend, mich an die Reling klammernd, setzte ich einen Fuß auf eine Festmacherleine, um das Boot näher zum Pier zu bringen. Durch mein Gewicht senkte sich die Leine ab, und das Schiff näherte sich wie gewünscht dem Pier. Soweit alles nach Plan.

Inzwischen hatte sich der Festmacher jedoch dank meines Gewichts so weit abgesenkt, dass ich – immer noch einen Fuß auf dem Festmacher, den anderen wenig hilfreich in der Luft – mit lang ausgestreckten Armen hilflos an der Reling hing wie ein Mehlsack. Weder hatte ich die Kraft, mich zurück auf das Deck zu ziehen, noch die Möglichkeit, einen Schritt auf das rettende Land zu machen. Edi konnte man zugutehalten, dass er keine Miene verzog und die ganze Zeit relativ erfolgreich versuchte, seinen ernsthaften Gesichtsausdruck zu bewahren.

Nach einer gefühlten Ewigkeit schwang das Schiff wieder zurück und spannte den Festmacher, was mir Gelegenheit bot, mich wieder auf die äußerste Kante des Bugs zu stellen, mich an die Reling zu klammern und zurück an Bord zu klettern. Edi seinerseits schwang sich mit Leichtigkeit an Land, zog das Boot nahe an den Pier und ermöglichte es mir, ebenfalls von Bord zu steigen. So hätte er ja von Anfang an vorgehen können!

Nun ja. Immerhin hatte ich – wenn auch nicht gerade elegant – italienischen Boden erreicht. Nach den üblichen Einreiseformalitäten nahm Edi die Gelegenheit wahr, mir die berühmten Bronzestatuen von Riace zu zeigen. Sie wurden im Jahre 1972 von Fischern in lediglich 8 m Tiefe auf dem Meeresgrund unweit von Sibari entdeckt. Es handelt sich um bedeutende Zeugnisse der griechischen Bronzegießkunst aus der Zeit um 450 vor Christus.

Bronze korrodiert im Gegensatz zu Eisen nur wenig in Salzwasser. Bei der Restaurierung mussten allerdings Ablagerungen von Muscheln entfernt werden. Die Körperhaltung der beiden Figuren ließ erkennen, dass sie ursprünglich vermutlich hölzerne Schilde trugen. Augen, Mund und Zähne heben sich farblich von der dunklen Bronze ab. Heute lassen sich die überlebensgroßen, nackten und muskelbepackten Figuren in einem erdbebensicheren Museum bewundern.

Nach so viel antiker Schönheit holten wir uns mit einer mit viel Knoblauch gewürzten Pizza und einem Glas Rotwein in die heutige Zeit zurück.

In den folgenden drei Tagen suchte Edi wiederholt das Hafenamt auf, um den aktuellen Wetterbericht zu erhalten. Es gab damals noch keine mit Computer erstellten Wetterprognosen. Die erstellten Vorhersagen wurden per Hand aufgezeichnet.

Immer wieder wurde Edi auf den nächsten Tag vertröstet. Endlich, und nach beharrlichem Fragen, erhielt er wenigstens eine Tidentabelle für die Straße von Messina; zwar auf Italienisch, aber mit etwas Fantasie konnte er feststellen, dass die Tiden mit seiner eigenen Berechnung einigermaßen übereinstimmten.

Edi überlegte: „Um 10 Uhr sollten wir die Straße von Messina mit der Strömung durchfahren haben, weil danach die Richtung der Strömung umschlägt und sie gegen uns läuft. In dieser Gegend bedeutete das immerhin eine Gegenströmung von bis zu fünf Knoten." Aus diesem Grund legten wir schließlich ohne Wetterbericht um 7 Uhr ab.

„Sie läuft doch lammfromm!"

Auf der Seekarte waren im Bereich der Meerenge Wirbel eingezeichnet, die den heutigen, gut motorisierten Schiffen kaum mehr gefährlich werden können; aber wir mit unserem kleinen

Boot mussten aufpassen. Bei Flaute und unter Motor näherten wir uns diesen Stellen. Vor uns kräuselte sich das Wasser unregelmäßig, anders als unter dem Einfluss des Windes, darum herum war die See spiegelglatt.

Je näher wir kamen, desto wilder brodelte die Wasseroberfläche. Edi wollte es wissen und fuhr genau über einen dieser Strudel hinweg. Der Bug wurde weit zu einer Seite gerissen, sodass wir quer standen. Nur durch kräftiges Gegensteuern ließ sich der Kurs halten. Doch immer wieder wurde der Bug durch einen Strudel zu einer Seite gedrückt, sodass wir Mühe hatten, das Boot wieder in die richtige Richtung zu bringen.

Für mich war die Kraft des Wassers faszinierend. Ich war tief beeindruckt und dachte an die ersten Segelboote, die durch diese Straße fuhren, und die damals keine so gute Steuerung und schon gar keinen Motor hatten, der da hätte helfen können. Sie brauchten Wind, um überhaupt voranzukommen und waren diesen Kräften fast hilflos ausgesetzt.

Vergil (70 bis 19 v. Chr.) beschreibt diese Durchfahrt im 3. Buch Äneis (Die Erzählungen der Irrfahrten) wie folgt:

> *Zur Rechten hält die arge Scylla ihre Hunde,*
> *zur Linken droht Charybdis mit umschäumtem Munde;*
> *in ihren Wirbel saugt sie gierig ein den Strom der Stunde,*
> *und aus dem tiefsten Grunde*
> *speit sie ihn von Wut erfüllt,*
> *erheben sich die Wogen, um des Himmels Schild*
> *zu netzen. Scylla aber, eh' sie es verschlingt,*
> *reißt in den Strudel jenes Schiff, das sinkt,*
> *zerschlägt es auf den Felsen.*

Nachdem Scylla unsere SINGLE MALT dankenswerterweise verschont hatte, ließen wir Messina auf unserer Backbordseite liegen und fuhren unbehelligt weiter in Richtung des Fischerdorfes Scylla. Überragt von einem alten Kastell, lag der kleine Ort in einer offenen Bucht an einem steilwandigen Vorgebirge des Appennino Calabrese. Das Dorf sah malerisch aus, und wir wollten davor ankern.

Damals fanden wir in dieser Bucht lediglich die Ruine einer alten Mole vor, die keinerlei Schutz vor Wind und Wellen bot. Wir näherten uns der Bucht und hielten nach einem geeigneten Ankerplatz Ausschau, als im VHF-Radio eine „Gale Warning" ausgestrahlt wurde. Das Wort „Gale" kannte ich nicht.

Wortlos verschwand Edi unter Deck, kam mit einem Pflaster zurück, das er mir sorgfältig hinters Ohr klebte. Plötzlich so liebevoll? Und was sollte das? Auf meine Verwunderung über dieses Verhalten hin erklärte er mir, dass es sich bei der Radionachricht um eine Sturmwarnung mit Westwind der Stärke 7 bis 8 handelte und das Pflaster ein Mittel gegen Seekrankheit sei.

Zudem könne die Bucht für uns zur Mausefalle werden, weil der Wind in die Bucht bliese und uns aufs Land drücken könne. In dem Fall würde das Schiff an den Riffen zerschellen und schließlich untergehen. Von uns würde nicht viel übrigbleiben. Na, das waren ja Aussichten!

Voller Bangen sah ich dem Sturm entgegen und wurde sehr still. Eigentlich war ich innerlich wie erstarrt, denn ich wusste nicht genau, was auf mich zukommen würde; wusste nicht, wie sich ein Sturm auf das Boot auswirken würde. Selbst ein Schiffbruch mit den eventuellen Folgen war für mich unvorstellbar. Aussteigen konnte ich jetzt nicht!

Edi kam folgendes Gedicht in den Sinn, das meiner Angst gut Ausdruck verlieh:

> *Der Lotse Paulinus rief erschreckt:*
> *„Welch Sturm aus jener Wolke,*
> *die den Himmel deckt,*
> *sagt meine Ahnung mir voraus ..."*
>
> Vergil (70 bis 19 v. Chr.) im 3. Buch Äneis
> (Die Erzählungen der Irrfahrten)

Edi überlegte laut: „Nach Reggio zurückfahren steht wegen der wenigen, vermutlich voll belegten Liegeplätze in der Marina nicht zur Diskussion, und einen anderen, nahe gelegenen Hafen gibt es an dieser Lee-Küste nicht. Die sicherste Lösung ist, so weit wie möglich von der Küste wegzusegeln. Der Sturm wird nicht ewig dauern." – Allerdings ließ er auch nicht lange auf sich warten.

Wir kreuzten gegen Wind und Wellen an. So hohe Wellen hatte ich noch nie gesehen – außer vielleicht im Film. Beim Fernsehen saß ich jedoch warm und sicher zu Hause im Sessel. Jetzt aber lag die SINGLE MALT schräg, bäumte sich gegen die steilen Wellen auf, und der Bug fiel wieder ins tiefe Wellental hinunter, wobei das Wasser zu beiden Seiten aufspritzte. Der Bug bohrte sich in die nächste anrollende Welle hinein, das Wasser rauschte und spritzte über das Deck bis über das Cockpit und platschte hinter mir hinunter.

Ich saß zwar trocken, aber mittendrin im Geschehen. Die Wellen waren so steil, kamen von der Seite auf uns zu, sodass ich Angst hatte, dass das Boot kentern könnte. Oh Gott! So viel Wasser um mich herum! Im Cockpit befand sich eine Stütze vom Deck bis zum Dach hinauf, an der der Sitz hinter dem Steuerrad festgeschraubt war. An diese Stange klammerte ich mich vor lauter Angst, bis meine Finger weiß wurden und mir die Hände schmerzten.

Edi dagegen hielt sich unten in der gemütlichen Kabine auf, als würde ihn der Sturm gar nicht kümmern, schaute ab und zu fröhlich und entspannt aus der Kabine zu mir herauf, reichte mir etwas zu Knabbern und versuchte mich mit den Worten zu beruhigen: „Sie läuft doch lammfromm!“ Das war das erste Mal, dass ich ihn fröhlich erlebte – und das trotz dieses Sturms, bei dem ich Blut und Wasser schwitzte! – Verkehrte Welt!

Offensichtlich hatte er keine Angst, und ich versuchte zu entspannen und die Finger von der Stange zu lösen. Doch schon im nächsten Moment kam die nächste Welle auf uns zu, und meine Finger krampften sich wieder an der Stange fest. Es fiel mir unglaublich schwer, mich auf meine Aufgabe – Ausschau halten – zu konzentrieren. Während die automatische Steuerung den Kurs hielt, tat ich mein Bestes. Edi verließ sich auf mich, und ich war fest entschlossen, ihn nicht zu enttäuschen.

Später machte Edi sich sogar ans Kochen – ich wäre mit trockenem Brot zufrieden gewesen. Der kardanisch aufgehängte Herd schwang wild hin und her, doch Edi klemmte den Topf mit seitlich verschiebbaren Stangen fest. Gelegentlich hob Edi den Deckel ab, rührte die Speise einhändig mit dem Kochlöffel um und hielt sich mit der anderen Hand irgendwie fest – wahrlich, eine artistische Leistung! Sein Kommentar: Er müsse lediglich aufpassen, nicht selbst in den Kochtopf geworfen zu werden. Nein sowas, jetzt bei diesem Wetter war er heiter und scherzte!

Im Laufe des Nachmittags, bei unverändert heftigen Wetterbedingungen, tauchte am Horizont ein Berg auf – der Stromboli. Niemals hätte ich mir ausgemalt, diesem Vulkan nahe zu kommen, schon gar nicht unter derartigen Umständen. Wir segelten in einer Entfernung von etwa fünf Meilen am Stromboli vorbei. Als es dunkel wurde, drehten wir bei, ließen uns treiben und schliefen, so gut das bei diesem Auf und Ab ging.

Mein Kopf rollte mit jeder Bewegung des Bootes hin und her, was mich vom Schlafen abhielt. Ich war todmüde! Mit Kissen verkeilte ich schließlich meinen Kopf so, dass er still lag, und endlich fiel ich in den Schlaf. Edi kontrollierte stündlich unsere Position, um sich dann beruhigt wieder in die Koje zu legen.

Ungefähr um drei Uhr früh war der Sturm offenbar ein wenig abgeklungen. Edi weckte mich und teilte mir mit, dass wir weitersegeln könnten. „Waaaas? Ich dachte ich könnte ausschlafen!" Es half nichts. Raus aus den Kissen, und los gings! Wir waren etwa fünfzehn Meilen nach Osten abgetrieben, also zurück an die italienische Küste. Aber wir waren ja weit genug hinausgesegelt, sodass wir sicher waren.

Edi brachte uns wieder auf Kurs, und wir segelten am Wind in südlicher Richtung. Ein Frachtschiff kreuzte unsere Route; auf der Brücke hatte man uns offensichtlich bemerkt, denn das Schiff fuhr in großem Bogen um uns herum. Wir tanzten wie ein Korken auf den Wellen, und ich staunte, dass wir uns tatsächlich in die gewünschte Richtung bewegten.

Mit der Zeit ließ der Wind etwas weiter nach, die Wellen wurden länger, und ich begann Freude zu empfinden, wie wir durch das Wasser zischten, sah, dass wir vorankamen, dass bei jeder Krängung die Gischt besonders malerisch hoch spritzte.

Am späten Nachmittag bei nahender Dunkelheit erreichten wir die Insel Lipari, und ich war froh, mich trotz Müdigkeit in aller Herrgottsfrühe aus der Koje geschält zu haben und jetzt als Belohnung den ruhigen Hafen noch heute zu erreichen.

Heiß, heiß, heißer!

Nach dieser wilden Fahrt durch den Sturm, auf der ich so große Angst ausgestanden hatte, lag ich am nächsten Morgen noch in tiefem Schlaf und wollte meine Ruhe haben, während Edi unternehmungslustig Lipari erkundete. Erst gegen Abend gelang es ihm, mich zu einem Landgang zu überreden, indem er mir die beste Pizza der Welt versprach. Tatsächlich war sie sehr gut, und wir sparten uns das Rüsten, Kochen und Abwaschen. Ein Urlaubstag!

An einem der nächsten Tage planten wir einen Ausflug. Um die Mittagshitze zu meiden, wollten wir frühzeitig mit dem Bus zum Ausgangspunkt unserer Wanderung nach San Calogero fahren. Doch gerade in dem Moment, als wir von Bord gehen wollten, wurden wir gebeten, die SINGLE MALT zu verlegen, weil ein Boot der Marine erwartet und dieses an diesem Teil der Mauer anlegen würde.

Wegen unseres Manövers (Leinen lösen, Boot verlegen und an neuem Ort wieder festmachen) mussten wir einen späteren Bus nehmen und erreichten San Calogero in der prallen Mittagssonne, genau zu der heißen Zeit, die wir hatten meiden wollen. Nun, wir nahmen die Ereignisse, wie sie kamen, und schauten uns dort erst einmal die natürliche Therme di San Calogero aus der ersten Mykenerzeit (1500 v. Chr.) an.

Aus der Quelle dieser Therme fließt noch heute so heißes Wasser, dass ich mir beinahe die Finger verbrühte. Zur Mykenerzeit überdachte man die heiße Quelle mit einer igluähnlichen Kuppel aus Steinen, was auch die Badenden vor der Sonne schützte. Doch die Zeit hinterließ ihre Spuren an der Konstruktion, welche bei unserem Besuch keine vollständige Kuppel mehr war.

Noch immer brütete die Hitze. Trotzdem begannen wir unsere Wanderung am Ufer entlang mit Blick auf den fernen Stromboli und die benachbarten Inseln Salina, Filicudi, Alicudi und Panarea mit Isola Basiluzzo und Isola Lisca Bianca, die mir bis dahin alle unbekannt waren. Die wunderbare Aussicht auf die Inseln und das Meer, die uns auf dem ganzen Weg begleitete, ließ mich die Hitze eine Weile vergessen. Doch die Sonne prallte erbarmungslos auf uns nieder.

Edi hatte klugerweise seinen Hut aufgesetzt. Ich hatte das bisher vermieden, weil ich darunter noch mehr schwitzte als ohne. Plötzlich schwankte der steinige Weg unter meinen Füßen, mir wurde übel und ich musste mich am Horizont orientieren, um das Gleichgewicht zu halten. Endlich setzte auch ich meinen Hut auf. Lag es an der Hitze oder war es noch Seekrankheit, die meine Übelkeit verursachte? In diesem Moment war mir das ziemlich egal.

Immer weiter ging es bergauf. Meine Beine waren schwer wie Blei. Alle paar Meter blieb ich nach Luft schnappend stehen und erholte mich ein wenig im kühlenden Wind. Was für eine Rackerei! Zu allem Überfluss trieb Edi mich ungeduldig an, denn er war einen steten und strammen Schritt gewohnt und schien keinerlei Probleme zu haben.

Irgendwie erreichte auch ich den nächsten Ort (Quattropani), wo wir unseren Durst löschten und einige salzige Oliven aßen. Edi bemerkte vorwurfsvoll, dass diese Wanderung für ihn wirklich sehr anstrengend gewesen sei, weil er immer wieder hatte anhalten und auf mich warten müssen. Dieser Egoist! Und für mich? Hatte er sich überhaupt irgendwelche Gedanken gemacht, warum ich alle paar Meter stehen bleiben musste? Ich kochte vor Wut, war jedoch zu erschöpft, um ihm meine Meinung zu sagen. Außerdem hätte das an dem Geschehenen ja auch nichts mehr verändert.

Weniger anstrengend, und vor allem sehr kurz, gestaltete sich anderntags der Besuch in einem Museum, da wir dort kurz vor dessen Schließung ankamen. Die Dame am Eingang hatte Erbarmen mit uns, und wir durften noch schnell hineinhuschen. Im Eildurchgang sahen wir die alten Amphoren von der Insel Filicudi (190 bis 170 v. Chr.), Keramiken, Schalen und Weinamphoren des Wracks von Capistello (3. Jh. v. Chr.) sowie Masken von Komödiendarstellern.

Erstaunlich! Schon damals gab es also Schausteller zum Zeitvertreib. Das alles beeindruckte mich zwar sehr, doch bei der herrschenden Hitze um die 30 Grad zog ich es vor, im Schatten eines Baumes, möglichst in einem kühlenden Luftzug bei einem kalten Getränk zu sitzen. Dafür hatten wir jetzt ausgiebig Zeit und nutzten diese genüsslich.

Gerade als wir wieder zurück an Bord kamen, legten Franzosen neben uns an, die erzählten, sie hätten einem Fischer in Not geholfen. In welcher Art sie geholfen hatten, verstand ich nicht, da ich kein Französisch spreche. Aber sie hatten zum Dank einen Thunfisch geschenkt bekommen, den sie uns gaben, da sie auswärts essen gehen wollten.

Edi, der Smutje, wusste damit umzugehen. Ich musste den Fisch filetieren, Edi dünstete ihn mit liparischem Weißwein und bereitete eine Petersiliensoße zu. Leider war er ein bisschen trocken geraten (der Fisch, nicht Edi), aber mit der guten Soße war er trotzdem einfach lecker.

Schwefel, Matsch und Tinte

Wir segelten am folgenden Tag zur Nachbarinsel Vulcano, südlich von Lipari, die, wie der Name sagt, vulkanischen Ursprungs ist und erst 183 v. Chr. dem Meer „entstieg". Dass eine Insel einfach aus dem Meer auftaucht, fand ich schon faszinierend genug, aber es kam noch besser.

Nach der kurzen Fahrt zwischen den Inseln konnten wir schon bald in einer schönen Bucht vor Vulcano baden. Dieses Vergnügen war zwar etwas eingeschränkt, denn die Luft stank hier nach Schwefel, doch entpuppte sich der Schwefelgehalt des Meerwassers als wahrer Segen: Der Schwefel tötete die Algen ab, die sich bei uns am Schiffsrumpf wohlfühlten und uns beim Segeln bremsten! Nach einigen Stunden sahen wir den Erfolg: Voilà! Die Algen waren verschwunden, und das Unterwasserschiff sah aus wie neu.

An Land gerudert staunte ich: Wir betraten nicht etwa schönen gelben, sondern vulkanschwarzen Sandstrand. Bei meiner Wanderung auf Lipari hatte ich mir eine Blase an der Ferse gelaufen, in die jetzt diese kleinen schwarzen Sandkörnchen hineinrutschten und mich später plagten, als ich Schuhe anzog.

Entlang des Strandes standen neue, moderne Hotels und etliche Ferienhäuser. Ein Stückchen weiter befand sich ein kleinerer Vulkan, der durch einen Isthmus mit der Insel verbunden war. In der gegenüberliegenden Bucht, auf der anderen Seite des Isthmus, bemerkten wir Anlegestellen für Fähren und Ausflugsboote.

In einem milchig weißen Tümpel etwas oberhalb des Strandes, der von schwefelgelbem Sand umrahmt war, saßen Menschen mit lehmigen Gesichtern. „Das soll gesund sein? Das stinkt ja wie faule Eier, und darin hocken die auch noch und schmieren sich mit dem Lehm voll!" Ich war angeekelt.

Doch ich wollte es wissen und tauchte wenigstens meine Füße vorsichtig hinein, wurde mutiger und ging einen Schritt weiter. Das Wasser war angenehm warm. Die unterirdischen Thermalquellen und Fumarolen können es bis zu 100 Grad aufheizen. Huhuhu, das kitzelte unter den Füßen! Es sprudelte, pufte und blubberte. Überall stiegen Blasen auf. Der Boden war glitschig, und ich fürchtete auszurutschen. Daher beließ ich es lieber nur beim Fußbad und zog mich zurück.

Nur wenig höher befanden sich poröse Steine, aus denen Schwefeldämpfe herauspufften, als wären kleine Lokomotiven darunter versteckt. Es wirkte unheimlich. Später las ich, die Gase sowie das Wasser seien gesund und gut gegen Rheuma, Nieren- und Hautleiden. Beruhigt stellte ich fest, dass Edi und ich so eine stinkige Kur nicht nötig hatten, und so kehrten wir gerne an Bord zurück. Schon bald darauf setzten wir Segel.

Neben der Insel standen steil aufragende Schlote im Wasser. Das war einst glühende Lava, nun zu härtestem Stein erkaltet. Noch lange konnten wir nicht nur Vulcano sondern auch die anderen Inseln sehen. Aus der Ferne erkannte ich, dass in manchem vorhandenen Krater ein weiterer Ausbruch stattgefunden haben musste.

Auf unserer Weiterfahrt fuhren wir zwischen den beiden westlichsten Inseln des kleinen Archipels – Filicudi und Alicudi – hindurch, von wo aus wir noch einmal den Stromboli erblicken konnten, bevor es Richtung Westen weiterging.

Unterwegs ließen wir immer unser Funkgerät eingeschaltet. So auch jetzt, als ich glaubte, nicht richtig zu hören. „Gale warning!" Inzwischen wusste ich ja, dass das eine Sturmwarnung war. „Oh, bitte nicht nochmal!", dachte ich. Aber was blieb uns übrig?

Alles wurde besonders ordentlich in die Schränke verstaut und unser in Lipari frisch erstandener Topf mit Basilikum auf eine Antirutsch-Matte gestellt. Es stellte sich heraus, dass dieser Sturm südlich von Sizilien zu erwarten war und wir uns nördlich dieser Insel befanden. Daher bekamen wir nur Wellen, aber wenig Wind zu spüren. Gerade nochmal daran vorbeigeschrammt! Erleichtert atmete ich auf.

Nach einer recht ruhigen Nacht gelangten wir zur Isola di Ustica mit ihren schroffen, unüberwindbaren Ufern. Seit der römischen Herrschaft heißt die Insel wegen des schwarzen Lavagesteins „Ustica" (vom lateinischen „ustum" für „verbrannt").

Die Römer sollen dort einst (4. Jh. v. Chr.) ein karthagisches Heer von 6000 Mann, das sie besiegt hatten, ausgesetzt und dem Hungertod preisgegeben haben, weshalb die Griechen die Insel „Osteodes" („Beinhaus") nannten. Die Zeit hat dieses Grauen verwischt. Wir konnten in dem kleinen Hafen festmachen und fanden eine kleine, verträumte Insel mit etwa tausenddreihundert Einwohnern vor.

Ein Einwanderer aus Deutschland erzählte uns im Plauderton, dass Inzucht hier üblich sei – stirbt der Vater, so heirate die Mutter den Sohn, sogar Geschwister heirateten untereinander. Ich hörte mir das nur mit großen Augen an und glaubte, er erzähle mir Märchen. Offenbar bemerkte er meine Skepsis, denn er fügte hinzu, das sei wegen der wenigen Inselbewohner nicht nur auf dieser Insel so üblich.

Uns war aufgefallen, dass viele Hauswände mit wunderschönen, bunten Gemälden geschmückt waren. Der Einwanderer erzählte uns, man habe Wettbewerbe für bemalte Hauswände ausgeschrieben, wahrscheinlich um dem Ort ein fröhlicheres Aussehen zu geben.

Tatsächlich blieb ich vor fast jedem Bild bewundernd stehen: überdimensioniert gemalte Seepferdchen, Tintenfische und vieles mehr. Doch Edi wurde ungeduldig, denn er war hungrig. So suchten wir ein kleines Restaurant auf, um den Tag mit einem schönen Abendessen und einem Gläschen Wein ausklingen zu lassen.

Am Nachbartisch aß ein Herr eine seltsame Speise: Spaghetti mit einer schwarzen Soße. „Was kann das bloß sein?", überlegten wir und fragten den Herrn. Offen für ein Gespräch erzählte er, dass er Arzt sei, und um seine Patienten zu sehen, alle paar Wochen auf diese Insel käme.

Dann würde er sich diese Spezialität bestellen: Spaghetti, oder manchmal Reis, mit Tintenfischsoße, die tatsächlich aus der Tinte des Tintenfischs hergestellt wird. Es gäbe diese Soße zwar eingefroren zu kaufen, aber die würde lange nicht so gut schmecken, wie die aus frischer Tintenfischtinte. Die Wirtin hatte unser Gespräch mitbekommen und brachte uns zum Probieren Reis mit dieser speziellen frischen Tintensoße. Ein Leckerbissen! Wir bestellten uns eine Portion.

Bevor wir Segel in Richtung Sardinien setzten, war eine kurze Schiffsreinigung nötig. „Woher kommt bloß der ganze Staub in den Kabinen? Wir sind doch rundum von Wasser umgeben!" Erst Jahre später kamen wir drauf: Der Wind transportiert nämlich Sand von der Sahara über weite Distanzen in ferne Länder. Der Sand sinkt dann irgendwo ab, in diesem Fall auf unserem Schiff.

15. Besuch auf Sardinien

Juni und August 1998

Nach unserer fleißigen Putzaktion waren wir zwei Tage und Nächte auf See, als wir eines frühen Morgens die ersten Lichter von Sardinien aufblitzen sahen und bald Porto Corallo erreichten, einen kleinen Ort im Südosten der Insel. Laut unserem Seehandbuch sollte uns ein alter Fischerhafen erwarten, doch wir staunten schon, als wir uns der unerwartet modernen, sehr hohen Hafenmauer näherten und dann in einen neuen Hafen einfuhren.

Festmachen konnten wir an einer der Molen (Mauern), von denen allerdings keine fertiggestellt war. Fein säuberlich waren oben auf den Molen Kanäle angelegt, in die eigentlich die Kabel für Elektrizität und Schläuche für Wasser gelegt werden sollten. Stattdessen lagen darin noch Steine und Schutt herum. Nicht einmal abgedeckt hatte man diese Kanäle, weshalb wir aufpassen mussten, nicht hineinzufallen.

Den Grund für diese Nachlässigkeit erfuhren wir bald: Der damals zuständige Bürgermeister war mit dem verantwortlichen Baumeister und dem restlichen Geld der EU spurlos verschwunden. Damit hatten die beiden wohl für den Rest Ihres Lebens ausgesorgt.

Gleich neben dem Hafen befand sich ein großer Camping-
platz mit einem Mini-Markt, Duschgelegenheit und sogar Waschmaschinen. Diese Gelegenheit, mal wieder zu waschen, wollten
wir wahrnehmen. So sortierten wir gewissenhaft unsere Wäsche nach 40°, 60° und 90° und schleppten sie in Rucksäcken
zur Waschmaschine, nur um dort zu erfahren, dass lediglich
eine Waschtemperatur möglich sei.

„Welche denn?", fragten wir ahnungslos. „Kalt", war die
knappe Antwort. Wir fielen aus allen Wolken, denn das war
für uns unvorstellbar. Allerdings sollten wir bald feststellen,
dass es auch in den Marinas, die wir künftig anlaufen würden,
nur Kaltwäschen gab.

Wir erwarteten den Besuch von Edis Tochter mit ihren beiden
kleinen Söhnen sowie einer Familienfreundin. Die kleine Gruppe sollte in Cagliari, der etwa 70 km entfernten Hauptstadt Sardiniens, mit dem Flugzeug ankommen. Edi schlug vor, sie per
Bus abzuholen, doch ich, unschuldig – oder besser gesagt – un-
wissend, wie ich damals war, fragte verwundert: „Warum denn
nicht mit dem Boot nach Cagliari fahren und sie dort an Bord
nehmen?" Offenbar hatte ich Edi schon allein mit der Frage
überzeugt, und wir setzten Segel. Verlässliche Wetterberichte wie heutzutage – über zwanzig Jahre später – gab es zu der
Zeit nicht. Also fuhren wir los.

Der Westwind nahm stetig zu, und als wir das Kap an der
Südostseite der Insel umrundeten, änderte sich unser Kurs aus-
gerechnet Richtung West. Also pfiff uns starker Wind entgegen, gegen den wir direkt ankämpfen mussten, um nach Cagliari zu gelangen – natürlich unter Motor.

Auf den Wellenkämmen entstand Gischt, die über das Deck
geblasen wurde. Zu allem Überfluss begann es auch noch zu
regnen, und bei diesem fürchterlichen Wetter mussten wir die
Hafeneinfahrt von Cagliari suchen, obwohl wir kaum etwas sehen konnten – fast ein Ding der Unmöglichkeit.

Ich drückte mein Fernglas gegen meine Brille, dass meine
Nase schmerzte. Der Regen prasselte in mein Gesicht und tropf-

te in meinen Ausschnitt. Das war unangenehm, aber ich hatte keine Zeit, das zu ändern. Auch Edi hielt konzentriert Ausschau und rief mir nach einer Weile zu: „Wir müssen umkehren. Einfahrt verpasst!" Wir wendeten und hatten den Wind und den Regen damit im Rücken. Endlich erkannten wir die Hafeneinfahrt und konnten einfahren.

Im Hafenbecken war das Wasser zwar ruhiger, der Regen hatte aufgehört, doch der Wind blies nach wie vor in voller Stärke. Einen Liegeplatz konnten wir nirgends erblicken. Schließlich machten wir zwischen zwei halbversunkenen, rostigen Wracks fest. Die Fender (wir hatten alle ausgebracht) wurden vom Winddruck fast plattgedrückt. Ich nahm mir vor, „nie wieder" den Vorschlag zu machen, Gäste mit der SINGLE MALT abzuholen!

Noch erschöpft von der Fahrt und ohne Pause, denn unser Besuch kam am selben Tag an, kauften wir noch schnell Lebensmittel ein, dann machte Edi sich mit einem Taxi auf den Weg zum Flughafen. Während er die Gäste abholte, verstaute ich das Eingekaufte und machte sauber. Fertig! Alles sah ordentlich aus.

Ich setzte mich auf das WC und wollte mich einen Moment erholen. Da klopfte es an Bord, und Kinderrufen war zu hören. Sie waren schon da! Ich holte tief Luft, und ohne Verschnaufpause ging es weiter. Ich hieß die Angekommenen willkommen.

Niemanden aus Edis Familie oder von seinen Freunden kannte ich bisher, daher fiel die Begrüßung und das Kennenlernen erstmal vorsichtig aus. Die Kinder erforschten in Sekundenschnelle die Kabinen, und eines von ihnen kam triumphierend mit einer Flasche Single Malt aus der Achterkabine hervor. Die habe es gefunden ... Oh je! Ja, die hatte ich hinter einem Kissen versteckt, und nun schämte ich mich für die Unordnung.

Hier im Hafen war es so ungemütlich, dass wir uns möglichst schnell eine ruhigere Bucht zum Ankern suchen wollten. So blieb den Gästen nur wenig Zeit sich einzurichten. Doch die Eile lohnte sich. Mit dem Wind von hinten war die Fahrt sogar

gemütlich. Bequem kamen wir um das Kap herum und ankerten bald in einer der Buchten, besser geschützt vor dem Wind
und in schöner Umgebung.

Am ersten Abend waren wir alle müde und gingen früh in die
Kojen. Die SINGLE MALT schaukelte und ruckte so stark, dass
das ältere der beiden Kinder aus der Koje fiel. Aus tiefstem
Schlaf gerissen und so hart auf den Planken gelandet, schrie
der Junge erschrocken los.

Doch er hatte sich nicht verletzt und konnte beruhigt werden. Wir waren selbst überrascht über die Heftigkeit der Bewegungen des Schiffes, und brachten nach diesem Zwischenfall Leebretter an den Kojen an, so dass keines der Kinder mehr
hinausgeworfen werden konnte.

Beim Zusammensitzen und den täglichen Arbeiten wie Rüsten,
Kochen, Essen und Abwaschen lernten wir uns nun kennen,
und es wurde lebendig gemütlich. Lebendig wegen der Kinder
und wegen des Großvaters Edi, der außer sich vor Freude war,
mit den Kindern tobte und der Wildeste der drei war. Von dem
wüsten Wetter spürten sie kaum etwas. Ebenso bemerkten sie
kaum, wie sich in der aufspritzenden Gischt wunderschöne Regenbögen bildeten.

Eines Nachts, während unseres wohlverdienten Schlafs,
fühlten sich die Bewegungen unseres Bootes plötzlich irgendwie anders an. Es ist schwer zu beschreiben, aber dank unserer Erfahrung spürten wir die Veränderung und wurden wach.

Der Sache mussten wir auf jeden Fall nachgehen und gingen
an Deck, schauten in die Dunkelheit und erkannten einige Um-
risse der Bucht und einige Fischerboote. Veränderte sich unsere
Position? Drifteten wir? Entfernten wir uns vom Land? In der
Dunkelheit kann man Entfernungen sehr schlecht abschätzen.

Unser Bug tanzte auf und ab, die SINGLE MALT schwojte
hin und her, Wasser spritzte aufs Deck, und endlich erkannten
wir die Landzungen, die eigentlich hinter uns liegen sollten,
sich jetzt aber zu beiden Seiten von uns befanden. Der Anker

hielt nicht mehr, pflügte über den Meeresgrund, und wir trieben hinaus aufs Meer. „Neu ankern!", war uns beiden klar. Edi ließ den Motor an, und ich nahm wie gewohnt mit Hilfe der Ankerwinde den Anker hoch.

Wir fuhren wieder tiefer in die Bucht hinein – etwa an den Platz, an dem wir vorher lagen – warfen den Anker und ließen dieses Mal mehr Kette raus, die ja durch ihr Gewicht abfedernd wirkt und so dem Boot mehr Halt gibt. Noch eine Weile beobachteten wir das Verhalten des Bootes, waren zufrieden damit und konnten wieder in unsere Kojen gehen.

Wir waren froh, dass unsere Besucher sich nicht hatten stören lassen, obwohl sie den Lärm gehört hatten. Am nächsten Morgen sahen wir, dass eines der Fischerboote gesunken war, und beobachteten, wie zwei weitere von Fischern ans Ufer gerettet wurden.

Die Fischer begaben sich dabei in Lebensgefahr. Ich hatte beim Zuschauen Angst, sie könnten zwischen den Rümpfen und den Felsen zerquetscht werden. Aber die Existenz der Fischer hing von ihren Booten ab, weshalb sie ihre Gesundheit, ja schlussendlich ihr Leben riskierten.

Bei ruhigem Wetter würden sie auch versuchen, das gesunkene Boot zu bergen und zu reparieren. Aber erst einmal retteten sie das, was möglich war. Ein hartes Leben, das die Fischer führten. Ich kam mir dagegen richtig schäbig vor, nicht helfen zu können und mich zum Vergnügen auf einer Yacht aufzuhalten.

Als der Wind nach einigen Tagen nachließ, segelten wir zurück nach Porto Calero, unternahmen einige Ausflüge, folgten einer Einladung eines Fischers zum Grillen am Strand und boten Wein aus unserem Fass an, das wir mitgebracht hatten. Wir alle genossen diese gemeinsamen Tage, und es war schön, einen Teil von Edis Familie näher kennenzulernen.

Grundsätzlich war es eine harmonische Zeit. Wir saßen versammelt im Cockpit, unterhielten uns, und Edi stellte seinen Enkelkindern Rechenaufgaben und umgekehrt. Wenn sie Edi Aufgaben stellten, antwortete der – was ist anderes von diesem

Lausbub zu erwarten – falsch. Dementsprechend waren entsetzte Ausrufe die Folge, und der Opa wurde korrigiert. Während ich am Abend mit einem der Kinder Schach spielte, staunte ich, wie gut der Junge das schon konnte.

Wenn die Familie und auch ich bereits in unseren Kojen lagen, ließ Edi den Tag mit der Familienfreundin im Cockpit mit einem Gläschen guten Whisky ausklingen. Eigentlich stellt man sich so etwas ja in freundschaftlicher Atmosphäre vor. Aber das war in diesem Fall gar nicht so. Heftige Streitgespräche fanden statt, bei denen Edi sich gegen unhaltbare Vorwürfe verteidigen musste.

Vom Cockpit aus führt bekanntlich eine kleine Luke zur Achterkabine, in der ich lag und dem unschönen Gespräch ungewollt zuhören musste. Dabei fühlte ich mich gar nicht wohl und litt mit Edi. Es war unglaublich, was für Themen aus längst vergessenen Zeiten auf den Tisch kamen, als sei sie über irgendetwas verärgert und würde krampfhaft versuchen, Edi aus der Reserve zu locken.

Jedenfalls bedauerte ich den armen Edi, der sachlich in seiner Art all die hervorgeholten Vorwürfe richtigstellte. Gleichzeitig bewunderte ich ihn für seine scheinbare Gelassenheit. Ich auf meiner Seite sagte mir: Die Zeit mit dieser streitsüchtigen Frau halte ich durch bis sie wegfährt, dann kehrt ja wieder Friede an Bord ein.

Trotz dieser Streitgespräche endete dieser ansonsten schöne Urlaub viel zu schnell. Edi verlängerte daher die Zeit mit seiner Familie, indem er mit in die Schweiz flog. Ich nutzte die Zeit für einen Besuch in Bremen, wo ich meine Freunde und Familie besuchte und die Annehmlichkeiten des Lebens an Land genoss.

Auf den Spuren Admiral Nelsons

Vom Festland zurückgekehrt setzten wir unsere Fahrt bald fort und segelten gemütlich Richtung Norden bis zur Nordostspitze Sardiniens. Danach führte unser Kurs durch den schmalen

„Passo delle Bisce" in das landschaftlich schöne, jedoch wegen der vielen Riffe und gefürchteten Starkwinde gefährliche Gebiet der Straße von Bonifacio (zwischen Korsika und Sardinien). Hier befanden wir uns in geschichtsträchtigen Gewässern. Admiral Nelson verbrachte hier mit seiner Flotte eine anstrengende Weile in kriegerischen Zeiten (s. Textbox).

Admiral Nelson

Im Rahmen der kriegerischen Auseinandersetzungen zwischen England und Frankreich um 1800 herum, kontrollierten während vieler Jahre englische Kriegsschiffe den im Winter gefürchteten stürmischen Golf von Lyon, um den Ausbruch der französischen Kriegsflotte aus Toulon zu verhindern. (Ähnliches geschah auch jahrein, jahraus vor Brest.)

Im Jahre 1803 übernahm Admiral Nelson mit seiner Flotte diese Aufgabe. Als Basis wählte er den Agincourt Sound, eine Inselgruppe in der Straße von Bonifacio mit etlichen sicheren Ankerbuchten. Dort ließ er ununterbrochen Übungen durchführen, um die Schiffe und deren Mannschaften gefechtsbereit zu halten, während kleine, wendige Kriegsschiffe (Fregatten) im Golf von Lyon kreuzten, um ggf. einen Ausbruch der Franzosen zu melden.

Bei schwerem Wetter am 19. Januar 1803 erreichten ihn zwei dieser Fregatten und meldeten, dass die französische Flotte ausgelaufen sei. Innerhalb kürzester Zeit lichteten Nelsons Schiffe Anker und verließen die Straße von Bonifacio Richtung Osten. Da Nelson annahm, dass die Franzosen wie bereits zuvor wieder ins östliche Mittelmeer vorstoßen würden, wollte er der französischen Flotte zwischen Sardinien und Nordafrika auflauern. Er konnte nicht wis-

sen, dass die Franzosen andere Pläne hatten. Letztere scheiterten jedoch: Wegen erheblicher Schäden infolge schweren Unwetters mussten die Franzosen nach Toulon zurückkehren, sodass es nicht zu einer Seeschlacht kam.

Gut zwei Jahre später, am 18. April 1805, erfuhr Nelson von einem Handelssegler, dass die französische Flotte wiederum ausgelaufen und unterwegs nach Westen sei. Unverzüglich nahm Nelson die Verfolgung auf, nicht wissend, ob es die Absicht der Franzosen war, in den englischen Kanal zu gelangen oder die englischen Westindischen Inseln (heute Karibische Inseln) anzugreifen. Er entschied sich, Richtung Karibik zu segeln.

Unterdessen hatte Napoleon jedoch seine Pläne geändert und sowohl die tatsächlich nach Westindien ausgesandte als auch eine bereits dort stationierte französische Flotte zurück nach Frankreich beordert. Dies erfuhr Nelson erst, als er in der Karibik ankam. Er war natürlich unzufrieden, dass ihm die Franzosen wiederum entkommen konnten und entschied sich, nach Gibraltar zurückzufahren. Dort schrieb er am 20.06.1805: „Zum ersten Mal an Land. Es fehlten zehn Tage, dann wären es zwei Jahre an Bord gewesen."

Nach einem kurzen Aufenthalt fuhr er zurück nach England, das er am 19.08.1805 erreichte. Vom 20.08. bis zum 13.09. hatte er theoretisch Urlaub und hätte eigentlich Ruhe benötigt, doch er musste immer wieder zu Besprechungen nach London reisen.

Bereits am 15.09. fuhr Nelson mit seiner Flotte von England Richtung Cadiz (im südwestlichen Spanien) und nahm auf dem Weg die vor Brest kreuzenden englischen Schiffe in seine Flotte auf. Die Franzosen wähnten Nelson noch immer in England, liefen deshalb aus und vereinigten sich mit den Spaniern, um auf die Engländer zu warten. Sie waren mehr als er-

staunt, als sie am frühen Morgen des 21.10.1805 die sich ihnen nähernden Engländer erblickten.

Trotz der französisch-spanischen Überzahl an Schiffen, ließ Nelson seine Kapitäne nach einem wohldurchdachten und für die damalige Zeit unorthodoxen Plan angreifen. Sie errangen einen überwältigenden Sieg, bei dem Admiral Nelson jedoch sein Leben verlor. Immerhin festigte England durch diese Schlacht bei Trafalgar seine Seeherrschaft.

Sehr viel friedvoller als Nelson und – im Gegensatz zu ihm – mit genauen Seekarten ausgestattet, erreichten wir mit unserer SINGLE MALT Porto Palma, eine Bucht auf der Isola Caprera, wo nicht nur Nelson einst mit seiner Flotte lag, sondern auch Garibaldi, ein italienischer General, Patriot und Republikaner, seine letzten Lebensjahre im Exil (bis 1882) verbrachte.

Unsere Nacht vor Anker verlief ruhig. Als letzten Hafen auf Sardinien liefen wir Stintino an, einen kleinen Ort an der Nordwestspitze Sardiniens. Damals war der kleine Hafen dort ideal für unseren kurzen Stopp, bei dem wir uns mit Lebensmitteln für die nächste Etappe eindeckten, die uns Richtung Westen hinausführte.

Wir nahmen uns Zeit, auf der Terrasse einer kleinen, gemütlichen Gaststätte mit Blick auf das Wasser etwas zu trinken. Für mich ist jeder Besuch einer Gaststätte etwas Außergewöhnliches und Großartiges. Ich komme mir dann sehr wohlhabend vor und genieße es sehr. Es erscheint mir oft unvorstellbar, an so einem abgelegenen Ort zu sein, von dem ich vorher nicht einmal wusste, dass er existierte – geschweige denn, dass ich ihn je besuchen würde.

Genau erinnere ich mich noch an die einfachen Holzsäulen, die das Plastikdach trugen, die einfachen Tische und Stühle und den Blick auf das Meer. Da saß ich mit Edi und war glücklich – einer der vielen unvergesslichen Momente auf unserer Reise.

Spannende Durchfahrten und
ein geheimnisvolles Flugzeug

Nachdem wir Anker gelichtet hatten, durchfuhren wir zunächst die Fornelli-Passage, einen sehr engen und teilweise nur 3 m tiefen Durchgang zwischen Felsen hindurch, die nur teilweise über Wasser zu sehen waren. Der Kurs für die sichere Durchfahrt war durch Baken markiert. Diese standen mit großem Abstand hintereinander an Land und auf Felsen, die hintere Bake höher als die vordere. Um sicher durch den Engpass zu gelangen, mussten wir so fahren, dass diese Markierungen vom Boot aus gesehen nahtlos übereinander lagen.

Als wir die Passage erfolgreich hinter uns gebracht hatten, kam raumer Wind auf, und Edi schlug vor, den Blister zu setzen.

Diesen Blister, ein leichtes Segel, das ich noch nicht kannte, zauberte Edi aus der tiefen Segelkiste hervor. Ich staunte, wie dieser Blister vor der Genua und oben am Mast angebracht wurde. Als er sich entfaltete, wurde er immer größer und größer, bis er vom Wind prall gefüllt war und das blauweiße Muster im Sonnenlicht erstrahlte. Ein toller Anblick und ein schönes Gefühl, wie ruhig das Schiff mit bis zu acht Knoten durch das Wasser glitt.

Aber das war Edi nicht genug! Er holte einen weiteren, etwas kleineren Blister, aus der Segelkiste hervor, der am Besanmast angeschlagen wurde. Während des ganzen Tages und der nachfolgenden Nacht konnten wir diese leichten und bei schwachem Wind leistungsfähigen Segel stehen lassen.

Endlich konnte ich mich einmal im Cockpit zurücklehnen und die Fahrt genießen, den Wellen nachschauen und die Wolken beobachten. Die Formen der Wolken änderten sich ständig, und ich erkannte seltsame Fabelwesen darin. Ja, so hatte ich mir das Segeln eigentlich vorgestellt.

Abends überflog uns in geringer Höhe (etwa dreißig Meter) ein zweimotoriges Turboprop-Flugzeug, eine militärische Überwachungsmaschine. Sie umkreiste uns mehrmals. Dieser „Besuch" war etwas Besonderes für uns, da uns nicht jeden Tag ein Flugzeug umkreiste. Wir überlegten, ob sie uns wohl umflogen, weil wir so ein schönes Bild mit den beiden Blistern abgaben, oder ob sie kontrollieren wollten, ob wir legal oder etwa als Drogen-Schmuggler unterwegs waren.

Edi riet mir, die Schweizer Flagge zum Zeichen unserer ehrlichen Absichten am Heck so zu halten, dass sie aus der Luft gut zu erkennen sei. Dazu winkten wir munter und gingen davon aus, dass die SINGLE MALT mit ihren geblähten Blistersegeln und „einem weißen Knochen im Maul", der Bugwelle, aus der Luft gut aussah.

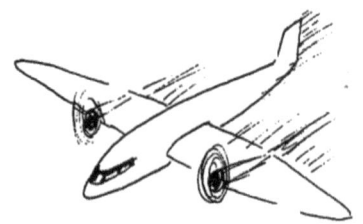

16. Spanien

August 1998

Etwa zweieinhalb Tage nachdem wir in Stintino Anker gelichtet hatten, erreichten wir die kleine, felsige Inselgruppe Cabrera, die südlich von Mallorca liegt – nicht zu verwechseln mit der Isola Caprera, die wir bei Sardinien besuchten. Der Archipel wurde 1991 zum Nationalpark erklärt. Um den Meeresgrund unbeschadet zu erhalten, dürfen Privatboote dort heute nicht mehr ankern.

Mit einer in Palma (de Mallorca) erhältlichen Bewilligung darf man im kleinen Hafen festmachen; auch Landspaziergänge sind nur mit Genehmigung erlaubt, und die Besucherzahlen sind beschränkt. Da wir keine Genehmigung hatten, fuhren wir weiter, doch Edi konnte es sich nicht verkneifen, zwischen der Südostspitze der Hauptinsel und einer vorgelagerten, noch kleineren Insel durchzufahren.

Der Meeresgrund bestand aus hellem Sand, beidseitig gesäumt von steilen Felsen, und ich hatte die Aufgabe, am Bug stehend auf Untiefen aufmerksam zu machen. Edi behauptete, sein Adrenalin würde ihm zu den Ohren herauslaufen, da er so gespannt sei, ob die Durchfahrt gut ginge. Sie ging gut.

Mit nur wenigen Zentimetern Wasser unter dem Kiel glitten wir darüber hinweg.

Weiter ging es durch die dunkle Nacht über das offene Meer Richtung Westen, und am Morgen umfuhren wir Tagomago, eine Ibiza nordöstlich vorgelagerte winzige Insel mit einem Leuchtturm.

Gegen Mittag steuerten wir die von einem schneckenförmig verdrehten Felsen „bewachte" Bucht Cala Benirras im Nordwesten Ibizas an und ankerten dort. Viele Boote lagen bereits hier. Weitere kamen nach uns dazu und ankerten derart nahe, dass wir, um Berührung und Schäden zu vermeiden, dauernd aufpassen und uns von den anderen Booten abstoßen mussten.

Am späten Abend dröhnten laute Trommelklänge zu uns herüber; es fand offenbar ein Strandfest statt. Wegen der hinter uns liegenden durchwachten Nächte und der nahebei geankerten Boote waren wir wenig unternehmungslustig und widmeten uns lieber dem „Kissenhorchdienst", um am nächsten Morgen wieder startbereit zu sein.

Beim ersten Büchsenlicht verließen wir diese Bucht. Der kleine steile Felsen bei der Einfahrt sah jetzt von dieser Seite wie ein Schneckenhaus aus. Bevor wir Kurs auf das spanische Festland anlegten, musste Edi erneut eine „Adrenalinübung" einlegen: Zwischen der Insel Conejera und Ibiza liegt ein schmaler Durchgang mit geringer Tiefe – auch hier wollte Edi unbedingt durch!

Schon von Weitem sah ich die flache Stelle; der Grund stieg rasch an, und ich hielt den Atem an; kaum ein Meter Wasser unter dem Kiel! Beeindruckt schaute ich an den hohen, fast senkrechten Felsen zu beiden Seiten hoch und … wir waren durch! Puh! Ich war so erleichtert, dass mir ein Stein in der Größe eines Felsbrockens vom Herzen fiel!

Abenteuer mit Blistersegeln

Vorwärtsgetrieben durch unsere beiden Blistersegel kamen wir flott voran, und der Autopilot hielt seit seiner Reparatur bei Sounion getreulich den Kurs. Wir wandten Ibiza das Heck zu, und allmählich legte sich blauer Dunst über die Insel, ehe sie hinter dem Horizont verschwand.

Der Wind drehte ein wenig und kam noch mehr von achtern. Für die Nacht holten wir das hintere Blistersegel ein, sodass das vordere sich besser blähen konnte. Erst zu später Stunde kam Edi zur Ruhe und legte sich todmüde in die Koje.

Beunruhigt beobachtete ich den Blister; er stand nicht still, wie es normal wäre, sondern flatterte; irgendetwas stimmte nicht. Ich wollte genau sehen, was sich an Deck mit dem Segel tat und schaltete dafür das Decklicht ein. Jetzt erkannte ich mit Entsetzen, dass sich das Segel um die eingerollte Genua gewickelt hatte. Das war gar nicht gut!

Edi hatte noch keine 10 Minuten in der Koje gelegen, als ich ihn rufen musste. Der Wind hatte etwas zugelegt und zerrte immer mehr an dem verwickelten Segel. Es flatterte und schlug so heftig, dass es zu zerreißen drohte. „Erst das Großsegel setzen", kommandierte Edi, „damit der Blister etwas in den Windschatten gerät und leichter entwirrbar ist!"

Die Großschot hatte ich auf die Winsch gelegt, jedoch, weil es so schnell gehen musste, nicht gesichert, und jeder Segler kann sich denken, was passieren musste: Der Baum schlug auf die andere Seite des Schiffes, und durch die Wucht rauschte diese Schot von der Winsch herunter und heraus aus den Blöcken. Bloß nicht daran denken, dass Edi vom Baum hätte getroffen werden können, sodass er eine Gehirnerschütterung bekommen hätte, oder sogar von Deck und über Bord hätte geschlagen werden können!

Doch wir hatten keine Zeit für solche Gedanken oder womöglich Vorwürfe. Zuerst musste das Problem gelöst werden. Edi kletterte auf das Cockpitdach und brachte die Großschot wieder in Ordnung – nicht bei bester Laune und mit wenig Lob für meine „Glanzleistung"!

Dann konnten wir uns dem ersten Problem, dem verwickelten Blister, widmen und fuhren einmal im Kreis, um ihn abzuwickeln. Doch der Wind überlistete uns. Anstatt die Verwicklung zu lösen, drehte er den Blister noch einmal um die Genua. Wir waren manövrierunfähig.

Edi bestimmte, dass das Segel gekappt werden müsse und fragte nach dem Bootsmannstuhl. Ich weigerte mich, den zu holen, denn ich war entsetzt! Wie sollte ich Edi in tiefer Nacht und bei heftigem Wellengang mit der Winsch am Mast hochziehen und wieder herunterlassen, und das auf die Gefahr hin, dass sich das Fall (in diesem Fall die Leine, an der Edi hängen würde) verklemmen könnte?

Es fiel mir ein Ereignis ein, von dem Edi mir berichtet hatte: Während eine Seglerin ihren im Bootsmannstuhl am Mast hängenden Mann herunterlassen wollte, verklemmte sich das Fall derart fest, dass weder Auf- noch Abwärtsbewegungen möglich waren. Weil es Tage dauerte, bis sie Land erreichten, verstarb der bedauernswerte Mann in seiner misslichen Lage.

Diese Möglichkeit konnte ich auf keinen Fall zulassen. Es gab zwar eine Lösung, diese verklemmte Leine zu lösen, jedoch hätte ich die lieber in Ruhe und bei Tag geübt. Daher hockte ich verzweifelt am Bug, sandte Stoßgebete „nach oben", hoffte auf ein Wunder oder eine andere praktikable Lösung und starrte auf die Verwicklung. Plötzlich ließ der Wind etwas nach, und das Segel löste sich von selbst!

Edi grub schon selbst in der Kiste im Cockpit nach dem Bootsmannstuhl, als ich ihm vom Bug zuschrie, noch einmal einen Kreis zu fahren, und dann noch einen zweiten. Das Segel wickelte sich ab, wir entwirrten die Schoten (Leinen) und holten das Objekt unserer Sorgen heil herunter.

Nicht Steine, sondern Felsbrocken fielen uns von der Seele; die erlebte Aufregung ließ uns keine Ruhe mehr finden, und außerdem graute bereits der Morgen. Anstatt uns in die Koje zu legen, startete Edi den Motor und wir fuhren weiter.

Als der Tag anbrach, hatte der Wind wieder aufgefrischt, und Edi machte den Vorschlag, die Genua mit einer Art Spibaum auszubaumen. Für mich ein unfassbares Ansinnen. Nach den vielen Komplikationen in der Nacht sehnte ich mich nach Ruhe und wollte nur unter Motor fahren. Edi seinerseits dachte schon wieder daran, Segel zu setzen? Doch was bedeutete Ausbaumen überhaupt? Nun, das erfuhr ich umgehend.

Seitlich am Mast und quer zum Schiff wurde

ein sogenannter Baum (ein Aluminiumrohr) angebracht und mit vier Leinen abgespannt – eine nach oben, eine nach unten sowie je eine nach vorne und nach hinten. Am äußeren Ende des Baumes wurde die Schot des Genuasegels durch eine Umlenkrolle (Block) geführt und damit das Segel strammgezogen.

Die Wirkung war eindrücklich: Trotz geringem Wind bewegten wir uns gut voran – bei 6 Knoten scheinbarem Wind machten wir etwa 5 Knoten Fahrt – und Wellen, die uns gebremst hätten, gab es erfreulicherweise fast keine. So fuhren wir ruhig dahin, holten abwechselnd Schlaf nach und liefen nach einer weiteren Nacht beim Fischerhafen von Carboneras das spanische Festland an.

Auf den Leim gegangen

Der kleine Ort Carboneras liegt an der Südküste Spaniens im Mittelmeer zwischen Cartagena und Almeria. Unserem alten Nachschlagewerk gemäß erwarteten wir eine Ankerbucht und staunten, als wir von Weitem eine neue, lange Hafenmole erblickten. Fischerboote fuhren ein und aus; wir tasteten uns langsam in den Hafen, wo uns ein Fischer bedeutete, bei ihm längsseits zu gehen. Er war uns beim Festmachen behilflich.

Unseren Spaziergang in den Ort verbanden wir mit Einkäufen – frischer Proviant wird immer gebraucht. Für den Abend hatte Edi allerdings schon angekündigt, dass er als Koch streiken werde. Entsprechend hatten wir uns bereits ein Lokal ausgesucht und freuten uns auf Paella, als ein junger Spanier uns fragte, ob wir Fisch kaufen möchten. Eigentlich nicht.

Trotzdem erkundigten wir uns nach seinem Angebot. Er nannte Garnelen, auch Langusten, und bot an, für uns zu kochen und alle Zutaten einschließlich Wein mitzubringen. Wir erinnerten uns an den freundlichen Fischer Gigi in Porto Corallo, der auch für uns gekocht und alle Zutaten mitgebracht hatte. Arglos wie wir waren, stimmten wir dem Angebot zu, fanden es aber seltsam, dass das Ganze gleichentags und nicht erst am folgenden stattfinden sollte. Als er zudem Geld für die Besorgungen haben wollte, kamen erste Zweifel auf und auch die Frage, ob wir diesen Mann wohl je wiedersehen würden?

Wir bekamen weder ihn noch das Geld je wieder zu Gesicht, und waren betroffen ob unserer Dummheit. Trotzdem gönnten wir uns eine Paella, die wunderbar schmeckte und uns über unser Missgeschick hinwegtröstete. Doch der erste Eindruck von Spanien war nicht der allerbeste!

Mitten in der Nacht riss mich naher Motorenlärm aus tiefem Schlaf. Dermaßen unsanft geweckt und noch gar nicht richtig wach, hechtete ich zur Luke, schlug meinen Kopf heftig an und sah ein erschreckend nahes Dampferlicht. „Ediiiii, ein Schiff!!!“, schrie ich, eine Kollision mit zersplitterndem Boot erwartend. Nichts geschah.

Erstaunt stellte ich fest, dass sich die Entfernung zum Licht nicht veränderte – das Schiff kam gar nicht näher. Allmählich dämmerte mir, dass wir im Hafen lagen und nicht unterwegs waren. Der Nachbar hatte lediglich den Motor seines Kühlaggregats gestartet, wie das bei Fischerbooten vor dem Auslaufen üblich ist.

Nach einem ruhigen Tag zog es uns gegen Abend westwärts weiter. Während wir an der Küste entlangsegelten, ließ die Abendsonne den Himmel glühen, und als sie langsam unterging, waren wir mit der Welt und den Spaniern wieder versöhnt.

Kein Anschluss unter dieser Nummer

Unser nächster Ankerplatz lag in der Bucht vor Almuñecar, von wo aus Edi telefonisch Ersatzteile bestellen wollte. Endlos wählte er in einer Telefonkabine die zehn Ziffern für die Vertretung der Firma, mit der er zu sprechen wünschte; immer wieder sagte ihm die automatische Ansage, er habe die falsche Nummer gewählt.

Mal wütend, mal resigniert, dann wieder hoffnungsvoll drückte Edi wieder und wieder die Tasten, bis endlich eine Verbindung zustande kam – allerdings nur bis zur Zentrale der angewählten Firma. Es ertönte läppische Musik, unterbrochen von einer automatischen Stimme, die um Geduld bat – die Gebühreneinheiten rauschten nur so durch, und die Verbindung brach wieder zusammen.

Also durfte Edi die ganze Übung nochmals von vorne beginnen; während vier Stunden Wählarbeit hatte Edi vier „erfolgreiche" Verbindungen aufbauen können, allerdings ohne eine Möglichkeit, die erforderlichen Ersatzteile zu bestellen.

Enttäuscht schlenderten wir zurück zum Dingi am Strand, das ganz woanders lag, als wir es hinterlassen hatten. Ein Spanier eilte herbei und erzählte uns, hohe Wellen hätten es weggetrieben, er habe es zurückgeholt und höher auf den Strand gezogen. Wir bedankten uns überschwänglich! Waren wir doch heilfroh, unser Dingi noch zu haben, denn ohne hätten wir, wenn vor Anker, nicht trocken an Land gehen können. Es gibt auch nette Spanier!

Als wir uns der SINGLE MALT näherten, sah Edi durch das glasklare Wasser, dass etwas um die Schraube gewickelt war. Eine lange Anglerleine hatte sich dort verfangen. Nach der enttäuschenden Telefonübung, bei der wir nur Geld „verbrannt" und nichts erreicht hatten, nun auch noch das! Im Dingi sitzend versuchte Edi mit dem Bootshaken die Schraube freizulegen, während ich das Beiboot stabilisierte.

Die Wellen waren zwar nicht besonders hoch, hoben aber das Heck genügend an, dass es in jedem Wellental heftig auf das Wasser klatschte. Es war, als würde man mit einer flachen Hand auf die Oberfläche schlagen, um Edi nasszuspritzen. Edi, der das Meerwasser meidet wie der Teufel das Weihwasser, rief empört: „Pass doch auf!"

Einige meiner Leser werden sich vermutlich wundern, wieso jemand, der einen Großteil seines Lebens auf dem Meer verbringt, eine solche Abneigung gegen Meerwasser hat. Nun, hat er nicht. Er macht sich nur einen Spaß daraus, so zu tun, und freut sich an den verständnislos schauenden Gesichtern. Das entstand ursprünglich daraus, dass er sich für viel Geld mit Schlechtwetterkleidung ausstaffierte, und daraufhin nicht einsehen wollte, warum er dann nass werden sollte. Das ist eben Edi.

Nach einigen Versuchen sahen wir ein Knäuel Anglerleine davontreiben, doch Edi wollte sich überzeugen, dass keine Leinenreste mehr vorhanden waren. Trotz seiner Abneigung gegen Meerwasser war er bereit, alles für das Schiff und somit für unsere Sicherheit zu tun! Widerwillig beschloss er, in das verhasste Nass zu steigen.

Just in diesem Augenblick kam ein Taucher dahergeschwommen. Er hatte uns beobachtet, tauchte und stellte fest, dass die Schraube tatsächlich frei war. Besonders Edi war ausgesprochen erleichtert und dankbar für diese „Rettung", und so luden wir diesen Taucher an Bord zu einem Gläschen Wein ein. Es stellte sich heraus, dass er als Professor an einer Krebsklinik in Grenada arbeitete und in der Freizeit begeisterter Segler und Taucher war.

17. Gibraltar

August und September 1998

„Who goes there?" – Wer geht dort?

Die letzte Etappe nach Gibraltar lag nun vor uns. Nach einer Tages- und Nachtfahrt erkannten wir von Weitem den steilen und imposanten Felsen von Gibraltar. Am 26. August 1998 liefen wir in die Bucht von Gibraltar ein und fanden zuhinterst in der Bucht den einfachen Yachthafen, in dem wir gut zwei Wochen liegen sollten. Wiederum befanden wir uns in geschichtsträchtigem Gebiet, in dem es viel zu sehen gab.

Gibraltar, ein strategisch wichtiger Punkt

Die wegen der starken Strömungen und heftigen Winde nicht ungefährliche Meerenge von Gibraltar beeindruckte die frühen Seefahrer und ließ sie in alten Sagen und Geschichten immer wieder auftauchen.

Etwa 1700 v. Chr., erschienen hier die Mykener, später die tüchtigen Seefahrer der Phönizier, dann die Griechen und schließlich die Römer. Im Jahre 711 n. Chr. landete hier der Araberführer Tariq ibn Ziyad, schlug die Westgoten in der Schlacht am Rio Guadalete und eroberte die Iberische Halbinsel. Zu Ehren dieses Feldherrn wurde der Felsen, der erste Brückenkopf der Araber auf dem europäischen Festland, „Djebl-al-Tariq" (zu Deutsch: Berg des Tariq) genannt.

Als die Engländer etwa 1000 Jahre später, im Jahre 1704, den Felsen eroberten, passten sie dessen Namen kurzerhand an ihre Sprache an, weil sie den arabischen Namen kaum aussprechen konnten. So wurde aus „Djebl-al-Tariq" „Gibraltar".

Die Engländer errichteten über lange Zeit sehr eindrückliche Festungsanlagen, die heute noch zu besichtigen sind. Gibraltar war auch in der Zeit der beiden Weltkriege ein wichtiger Stützpunkt für die Briten, denn während dieser Zeit hatten sie darin ein Lazarett eingerichtet. Einer Sage nach soll Gibraltar britisch bleiben, solange Affen auf dem Felsen leben, und deren hat es zurzeit sehr viele.

Im Jahre 1848 wurde hier ein Schädel gefunden, dem vorerst niemand große Beachtung schenkte. Das änderte sich, als sich acht Jahre später in einem Steinbruch im Neandertal vergleichbare Funde als Hinweise auf einen Urzeitmenschen, den Neandertaler, erwiesen.

Bequemerweise fuhren wir mit der Seilbahn zur „Krete" (ein Schweizer Ausdruck für „Grat" oder „Bergkamm") hinauf, wo sich uns ein atemberaubender Ausblick auf die Straße von Gibraltar sowie aufs Mittelmeer bot. Vom Grat führte ein Weg hinunter zur „St. Michaels Cave", einer riesigen Tropfsteinhöhle, die wir natürlich besichtigten. Raffiniert versteckt verbreiteten farbige Scheinwerfer ein romantisches Licht und brachten die Stalaktiten und Stalagmiten richtig zur Geltung.

Tiefer und tiefer stiegen wir hinunter, immer wieder an neuen Nischen und Nebenhöhlen vorbei, bis wir eine gewaltige Höhle erreichten, die ebenso mit Licht in märchenhafte Farben getaucht war. In Reih und Glied standen hier Stühle für Konzerte. Von einem Tonträger ertönte dezent leise klassische Musik. Das mutete so verzaubernd an, dass ich mir wünschte, hier eines Tages ein Konzert zu hören. Vierzehn Jahre später ging dieser Wunsch tatsächlich in Erfüllung.

Wir gelangten wieder ans Tageslicht und erreichten nach einer rechten Wanderung den „Great Siege"-Tunnel, den wir natürlich auch besuchten. Im Eingang stand eine lebensgroße Puppe in Uniform, erstaunlich freundlich dreinschauend. Ein hoher (ich konnte aufrecht gehen) und etwa drei Meter breiter Stollen führte in den Berg hinein, wo uns angenehm kühle Luft umfing.

Von dem Gang zweigten Nebenhöhlen, sogenannte Kasematten, ab. In einer davon war lautes Gehämmer zu hören. Hier veranschaulichten lebensgroße Puppen in Arbeitermontur, wie früher mit einfachsten Werkzeugen diese Stollen in den Berg getrieben wurden.

Jede Kasematte hatte fenstergroße Löcher, die einen weiten Blick auf das tief unter uns liegende Spanien freigaben. Vor den Öffnungen waren Kanonen schussbereit aufgestellt – heutzutage allerdings nur zur Schau, da sie Gott sei Dank nicht mehr erforderlich sind.

Aus einer anderen Kasematte wurden wir angebrüllt: „Who goes there?" (Wer geht da?) Es klang eigentlich mehr wie Hundegebell. Ich machte vor Schreck einen Satz zurück und riss Edi dabei fast um. Der Blick in diesen Raum gab eine Soldatenfigur frei, und nach genauerem Hinschauen konnten wir einen Bewegungsmelder erkennen, der dieses Gebrüll in Gang setzte. Na, das war ein Schreck!

Nach unserem interessanten und eindrucksvollen Ausflug holte uns der Alltag ein. Mal wieder musste unser Computer repariert werden. Doch auf dem Weg zum Spezialisten wurde es wieder interessant, denn wir kamen an drei alten, noch heute genutzten Trockendocks der Royal Navy vorbei. Wie in alten Zeiten waren die Wände in der Form eines Schiffsrumpfes erbaut und mit hohen Stufen versehen, die wohl die Arbeit am Schiff erleichtern sollten. Das Ganze war komplett mit Ziegeln ausgekleidet.

„Bleibst du nun oder haust du ab?"

Inzwischen hatte ich einige Monate mit dem ernsten Edi durchgehalten und das Bordleben kennengelernt. Mein Lernprozess beinhaltete so manche Tücken, denn ich habe ja auch einen

Kopf und denke damit. Edis Erklärungen waren ausführlich und gut, doch gab es so manche Situation, in der ich es noch besser machen wollte.

Dieses „besser" lag meistens nahe an einer Katastrophe. Fast wären dadurch Klampen aus dem Deck ausgerissen, Löcher in den Rumpf gestoßen, Leinen gerissen und sogar Edi über Bord katapultiert worden. Der Schiffssegen hing danach jedes Mal schief. Edi verstand die Welt nicht mehr; hatte er doch so gut erklärt! Kleinlaut berichtete ich nach solchen Fast-Katastrophen, dass ich es doch besser hatte machen wollen!

Trotz dieser meiner „Verfehlungen", stellte Edi mir eines Abends beim Nachtessen die entscheidende Frage: „Bleibst du nun oder haust du ab?" Ich war völlig überrumpelt – hatte ich doch gar nicht an Abhauen gedacht! „Warum denn diese Frage?", stieß ich völlig überrascht hervor. Seine Antwort offenbarte einen ganz einfachen Grund:

„Falls du bleibst, hätten wir drei Möglichkeiten: zurück ins Mittelmeer fahren, die nördlichen europäischen Länder besuchen, oder in den Atlantik aufbrechen." Er wollte also mit mir die Möglichkeiten besprechen, so ich denn bleiben wollte. „Falls wir uns für den Atlantik entscheiden, würden wir lange nicht zurückkommen", fuhr er fort. Meine Antwort kam fast ein wenig entrüstet: „Was denkst du denn?!?! Ich will um die Welt segeln! Ich habe Zeit für zeitlose Törns!"

Damit war anscheinend entschieden, dass wir über den Atlantik segeln würden. Keine Diskussion, keine weiteren Überlegungen. Edi nahm das einfach so hin, zeigte aber trotz meiner positiven Antwort für die lange Reise weder ein Lächeln noch Freude.

Stattdessen meinte er überlegend: „Ja, wenn das so ist, muss ich noch so einiges kaufen und einrichten. Wenn ich allein wäre und Schiffbruch erleiden und ertrinken würde, kümmerte sich kein Mensch darum. Aber wenn du mitkommst, bin ich für dich und deine Sicherheit verantwortlich!" „Was? Für mich musste er viel Geld ausgeben?", dachte ich, schnappte erschrocken nach Luft, sagte aber nichts dazu. Es war mir ganz recht, dass er an meine Sicherheit dachte, denn ertrinken wollte ich nicht.

So beschaffte er beispielsweise einen EPIRB (Emergency-Position-Indicating-Radio-Beacon), ein Gerät, das im Falle eines Schiffbruchs die Daten wie Schiffsname, Position und die Namen der zu verständigenden Angehörigen über Satelliten an eine Küstenfunkstelle sendet. Auch ein Kurzwellen-Wetter-Fax-Gerät baute er ein, damit wir unterwegs Wetterkarten empfangen konnten.

Irgendwie war ich enttäuscht. Keinerlei Anzeichen dafür, dass er sich freute, mich dabeizuhaben – oder dass er mich überhaupt dabeihaben wollte. Und nun fühlte ich mich auch noch schuldig, dass er meinetwegen so hohe Ausgaben hatte.

Auch hier zeigte sich wieder, dass Edi sehr pragmatisch dachte und kaum Emotionen zeigte. Erst viel später sagte er Dinge zu mir wie: „Ich halt's noch aus mit dir!" oder „Du darfst (an Bord) bleiben!" Ich hatte mit der Zeit erkannt, dass das aus seinem Munde einer ganz besonderen Liebeserklärung gleichkam. Noch viel später wurden solche Aussagen zu Scherzen zwischen uns. Heute würde mir eine herkömmliche, übliche Erklärung der Zuneigung von ihm tatsächlich fremd vorkommen.

Dem Zusammenbruch nahe

Wenn wir gelegentlich Spanien besuchten, mussten wir jeweils bei sengender Hitze den weiten Weg über einen Flugplatz gehen. Wegen des regen Flugverkehrs waren die Schranken vor der Piste häufig geschlossen, was bedeutete, in der brütenden Sonne zu warten. War die Grenze endlich erreicht, wurden wir Grenzgänger in ein Gebäude und dort durch enge Korridore geführt und mussten unsere Ausweise zeigen. Genauso wurde auf der spanischen Seite vorgegangen.

Die andalusische Stadt La Línea de la Concepción gefiel uns; eine typisch spanische Stadt mit einigen Lebensmittelgeschäften und einer großen Markthalle. Letztere machte mit der großen Auswahl an frischen Waren einschließlich Fischen besonders Edi Freude. Hier kamen wir auch mit einem Herrn ins Gespräch, der seit zehn Jahren in La Línea wohnte und uns empfahl, die Stadt Ronda zu besuchen.

Zunächst galt es jedoch noch einige Arbeiten an der SINGLE MALT zu erledigen. Nicht bei allen Installationsarbeiten konnte Edi einen Handlanger gebrauchen, und schließlich musste sich auch einer von uns um die Beschaffung des Proviants kümmern.

Weil Angebot und Auswahl auf der spanischen Seite reichhaltiger waren als in Gibraltar, begab ich mich wieder einmal zu Fuß auf den weiten Weg über den Flugplatz und über die Grenze nach La Línea. Durch Zufall hatten wir bei einem Spaziergang dort in einem kleinen Geschäft den guten und günstigen Rotwein „Elegido" in Ein-Liter-Flaschen entdeckt.

Da ich meine Sache gut machen wollte, kaufte ich neben Gemüse und Früchten etwa 12 Flaschen von diesem Wein, ohne an das Gewicht des Einkaufs zu denken. Als mir bewusst wurde, wie schwer das alles war, dachte ich mir: „Es wird schon gehen ..." Ja, es ging schon. Was blieb mir auch anderes übrig?

Das zerbrechliche Gut im Rucksack (man bedenke das Gewicht von zwölf gefüllten Literflaschen), das Gemüse und die Früchte auf Taschen verteilt, kam ich zur Grenze. Um zu vermeiden, dass der Zoll auf die beachtliche Weinmenge aufmerksam wurde, bemühte ich mich, möglichst leichtfüßig an den Beamten vorbeizugehen. Und sie ließen mich tatsächlich unbehelligt durchgehen.

Der Weg war weit, die brütende Hitze machte ihn noch länger, und die Last auf meinem Rücken drückte zunehmend, sodass ich fast zusammenbrach. Ich konnte nicht einmal mehr den Randstein zum Fußweg hochsteigen und ging deshalb auf der Fahrbahn.

Bei der SINGLE MALT angekommen klopfte ich, damit Edi mir beim Überladen helfen könne. Edi trat aus der Kabine hervor, kam zum Bug und streckte mir seine Arme entgegen, um mir meine Last abzunehmen. Schon längst hatte ich – bevor ich zusammenbrach – die Einkäufe auf den Boden gestellt. Meine Kräfte waren völlig erschöpft; keine Tasche, geschweige denn den Rucksack mit den vielen Weinflaschen, konnte ich über das Wasser und die Reling aufs Schiff hieven.

Ein Segler erkannte meine missliche Lage und eilte mir zu Hilfe. Als wären die Taschen und der Rucksack leicht wie Federn, hob er diese an und reichte sie Edi über die Reling.

Nachdem die Einkäufe endlich an Bord und ins Cockpit gebracht waren, verstaute ich sie mit Edis Hilfe, wobei er mir die schweren Sachen reichte. Er löcherte mich mit Fragen nach meinen „Tagteuern" – eine von Edis scherzhaften Wortverbesserungen.

Obwohl Abenteuer nichts mit dem Abend zu tun haben, machte er aus dem „Aben" einen Morgen, Tag oder eine Nacht, je nach Tageszeit des Erlebnisses. Diesmal war es also ein Tagteuer. Ausführlich musste ich ihm meine Erlebnisse berichten, und er amüsierte sich köstlich über meine Schilderung, wie leichtfüßig ich am Zoll vorbeiging …

Ein Ausflug nach Ronda (Spanien)

Als die Unterhaltsarbeiten am Schiff erledigt waren, wir all das von mir herangeschleppte Gemüse und die sonstigen Frischwaren verarbeitet und gegessen hatten, folgten wir dem Rat des Herrn vom Markt. An einem der folgenden Tage fuhren wir mit einem Linienbus etwa eine halbe Stunde zum nächsten Ort, wo wir den Zug nach Ronda bestiegen.

Die gut zweistündige Fahrt mit dieser alten englischen, bestens gepflegten Eisenbahn war ein echtes Erlebnis. Die alten Bahnhöfe mit ihren gefliesten Wänden, den soliden hölzernen Türen, den typischen Bahnhofsuhren und den gusseisernen Pfeilern, die die Dächer stützen, waren nach alter Sitte mit Ornamenten verziert und wirkten nostalgisch und gemütlich.

Auf der Strecke änderte sich die Landschaft, war erst flach und dürr, später hügelig mit sattem Grün an den Bachrändern und schließlich gebirgig. Der Zug schlängelte sich in Serpentinen hoch nach Ronda, der ersten Hauptstadt der Araber nach ihrer Eroberung der iberischen Halbinsel.

In Ronda bestaunten wir nicht nur die auf etwa 300 m hohen Felsen erbaute, mit dicken Mauern befestigte, antike Stadt, sondern auch die furchterregend steilen Schluchten und die vor Jahrhunderten aus Stein gebaute Brücke, die über die tiefen Abgründe hinweg die Stadtteile miteinander verband.

Offensichtlich war für den Abend ein Stierkampf geplant, denn Spanierinnen in rüschenverzierten Kleidern und prachtvollen Trachten stolzierten umher. Wir setzten uns in ein Straßencafé und nahmen uns Zeit, all diese Eindrücke des spanischen Flairs bei einem Glas Wein auf uns wirken zu lassen. Wunderschön und reich dekorierte Pferde zogen eine ebenso fantasievoll ausgestattete Kutsche durch die Straßen, aus Lastwagen wurden rassige Pferde ausgeladen, und Polizei flanierte beobachtend.

So nebenbei blätterte Edi in der Menükarte und fragte mich schließlich: „Was hältst du davon, wenn wir Langustenarme bestellen?" „Hm, da ist ja nur ein wenig dran zu essen, aber ja, warum nicht?" Edi übernahm die Bestellung. Als das Essen serviert wurden, ergriff er wie selbstverständlich das mitgelieferte Werkzeug (eine Zange und eine Art Häkelnadel) und knackte die Schalen der Arme auf. Edi kam mir in diesem Moment richtig weltmännisch vor. Er machte dies wohl nicht zum ersten Mal, zog das Fleisch heraus und, hmm, ließen wir es uns schmecken!

Nur selten gönnten wir uns Zeit für derartige Mußestunden, weil an Bord eigentlich immer etwas zu tun war. Wenn sich eine solche Gelegenheit ergab, nahmen wir diese umso tiefer wahr, lebten den Moment und genossen ihn nach allen Regeln der Kunst. Als wir am Abend wieder zurück nach Gibraltar fuhren, waren wir rundum zufrieden und konnten an die Planung der nächsten Route denken.

TEIL III

Wir stechen in den Atlantik

Porto Santo und Madeira
Kanarische Inseln
Kapverden

September bis Dezember 1998

Gibraltar

Madeira— ⦿ ·—Porto Santo

La Graciosa

Lanzarote

La Gomera

São Antonio
São Vicente/Mindelo
São Nicolao

18. Meine erste Begegnung mit dem Atlantik

September 1998

„Leinen los!" hieß es mal wieder. Erst segelten wir mit strammem Wind von Gibraltar westwärts nah an Spaniens Küste entlang, bevor wir die Schifffahrtsstraße von Gibraltar im rechten Winkel kreuzten. Im rechten Winkel, um die Straße in möglichst kurzer Zeit zu überqueren und damit der Berufsschifffahrt nicht in die Quere zu kommen. Alles ging gut, und wir legten Kurs an Richtung Porto Santo, einer kleinen Insel, die Madeira vorgelagert ist.

Wir wollten uns erst an den Atlantik mit seinen immer höher und steiler werdenden Wellen gewöhnen und hatten den Autopilot für uns „arbeiten" lassen. Der bewährte sich großartig, tat seinen Dienst wie erwartet. Plötzlich ein lautes Knirschen, als würde etwas zermahlen! Krrrrrk! Knirsch! Wir brauchten nicht lange zu suchen, sondern hörten sofort, dass das vom Autopiloten kam. Das Getriebe war defekt.

Sofort schalteten wir den Autopiloten aus, um den Schaden so gering wie möglich zu halten. Ich übernahm das Steuern und Edi überlegte. Eine kleinere, elektrische Ersatzselbststeuerung sei zu schwach und zu träge bei diesen hohen Wellen.

Die Windsteuerung hatten wir noch nicht in Betrieb genommen, weil eine kleine Reparatur anlag. Daran machte Edi sich jetzt und stellte sie der Windrichtung entsprechend ein – dafür kniete er am Heck, schaute nach hinten, den Kopf nach unten gebeugt und arbeitete mit beiden Händen. Mich wunderte, dass ihm dabei nicht schlecht wurde.

Meine größte Sorge war jedoch, er könnte über Bord gehen. Immer wieder schaute ich zurück und vergewisserte mich, dass er noch da war. Was könnte ich im schlimmsten Fall tun? Wenn er über Bord fiele, könnte ich ihn dann in diesen etwa vier Meter hohen Wellen finden und wieder an Bord nehmen?

Da glitt der Bootshaken über Bord! Das war zwar ein Schreck, doch wichtig war nur, dass Edi noch an Bord war. Ein Bootshaken war zu verschmerzen und konnte ersetzt werden. Ich atmete erleichtert auf. Die Windsteuerung wurde erfolgreich repariert und eingesetzt.

Wir konnten wieder Kurs auf Porto Santo anlegen, und ich ging unter Deck in die Kabine, um unseren Apéro zu machen. Das Hantieren unter Deck gefiel meinem Magen gar nicht, doch sobald ich ins Cockpit zurückkehrte, beruhigte er sich wieder. Anders war es nach unserem Nachtessen. Mein Magen rebellierte heftig, und das Essen, das mir so gut geschmeckt hatte, ging den gleichen Weg zurück, den es hineingenommen hatte – ich fütterte die Fische.

Natürlich hatte ich schon längst Übung darin, auf die Windrichtung zu achten, damit ich das Essen nicht gegen den Wind von mir gab, denn dann würde mir alles um die Nase fliegen. Nein, nach oben ins Cockpit hetzend versicherte ich mich, woher der Wind kam, eilte weiter an die Leeseite und erleichterte mich dort. Da hing ich nun schlapp über die Reling, fühlte mich elend und dachte so bei mir: „ … und doch liebe ich das Meer!"

Eigenartigerweise erhole ich mich nach dem Fischefüttern immer recht schnell. Nach nur etwa einem Tag hatte ich bereits „Seebeine" entwickelt und konnte alles an Bord machen, ohne dass mir übel wurde oder ich anderweitige Probleme bekam.

So zogen die Tage inmitten des scheinbar endlosen Blaus dahin, und ich konnte sie durch meine neugewonnenen Seebeine in vollen Zügen genießen.

19. Porto Santo und Madeira

September 1998

Fünf Nächte später erreichten wir Porto Santo und ankerten im geräumigen Hafenbecken. Es gab dort zwar zwei, drei kurze Stege, doch waren diese komplett mit kleinen Booten von Einheimischen belegt. Jedoch war weit und breit kein anderes Segelboot zu sehen. Also suchten wir uns einen Ankerplatz.

Als die SINGLE MALT sicher vor Anker lag, setzen wir uns schweißgebadet vor Anstrengung und Hitze auf das Deck und machten uns stumm mit der neuen Umgebung vertraut.

Plötzlich reichte Edi mir seine Hand, die ich voller Verwunderung ergriff. Was führte er im Schilde? Mit einem ehrlichen „Herzlichen Glückwunsch zur ersten Blauwasserfahrt!", gratulierte er mir. „Hmm, wieso? Weshalb das? Das Mittelmeer ist doch auch blau!", erwiderte ich verwundert. „Unter Blauwasser versteht man den Ozean", erklärte Edi mir. Sollte ich mir geehrt vorkommen? Ich war zu erschöpft für solch edle Gefühle.

Wenig später kam ein Holzkahn auf uns zu getuckert. „Willkommen auf Porto Santo!", begrüßte uns ein Mann, hielt sich längsseits fest und informierte uns über Dusch- und Waschgelegenheiten, sowie über die sonstigen Möglichkeiten im Hafen. „Das ist mal eine freundliche Begrüßung", freuten wir uns.

Allerdings saßen wir da, zwei erschöpfte Häufchen Mensch, hatten uns zwar auf das Duschen gefreut, konnten uns aber einfach nicht aufraffen. Jetzt noch das Dingi hervorholen, aufpumpen, Holzboden reindrücken (der aufblasbare Fußboden konnte in Gibraltar nicht repariert werden, da der spezielle Kleber ausgegangen war), den Motor von der Reling lösen, zum Dingi runterlassen und am Heck anbringen, Paddel runterreichen (für den Fall, dass der Motor ausfällt), Duschzeug, Handtücher und Schuhe hervorholen, an Land fahren und Anlegeplatz suchen. Nein! Das war uns in jenem Moment zu viel Arbeit.

Wir hatten mit einer warmen Dusche an Land gerechnet und daher den Duschsack nicht in die Sonne gelegt. Jetzt nahmen wir eine kalte Dusche im Cockpit aus dem Campingduschsack – besser als nichts. Nach dem Essen eines schnell erwärmten Restes fielen wir müde in unsere Kojen und schliefen wie in einer Ohnmacht.

Porto Santo und Kolumbus

Porto Santo, eine kleine Insel etwa 40 km nordöstlich von Madeira, ist wenig fruchtbar, da hier im Gegensatz zu Madeira das Wasser fehlt. Trotzdem wird Wein (ein sehr starker!) sowie Getreide angebaut; daher stehen hier auch etliche Windmühlen, von denen einige noch heute in Gebrauch sind.

Wandelten wir im Mittelmeer auf Odysseus' Spuren, bewegten wir uns jetzt auf Columbus' Pfaden, denn hier lebte er von 1476 bis 1478, um das Meer, die Winde und das Wetter zu studieren. Er hatte geheiratet und bereitete sich auf seine Entdeckungsreisen vor. Vielleicht hatte er von anderen Seefahrern bereits erfahren, dass es viel weiter westlich weitere Inseln zu finden gab?

Viele Geheimnisse umgeben diesen Mann. Weder konnte man seine Verwandtschaft noch seine Herkunft herausfinden. Auch über die Bedeutung der Kürzel unter seiner Unterschrift herrscht bis heute völlige Unklarheit. Er besaß mit Sicherheit eine gute Ausbildung und konnte sich an verschiedenen Höfen frei bewegen, was zu der damaligen Zeit nur für die Wenigsten zutraf.

Auf einem unserer ersten Landgänge stiegen wir von unserem Dingi wie üblich an Land. Als wir es an einem Pfahl festbanden, sprach uns ein Herr an und erklärte, dass er Stützpunktleiter vom deutschen TransOcean-Verein (TO-Verein) sei. Er begrüßte uns auf „seiner" Insel, auf der er schon lange lebte, und sagte, er freue sich immer wieder, Segler zu treffen. Wir waren bereits Mitglieder in diesem Verein, jedoch bisher auf keinen Stützpunktleiter gestoßen.

Dieser Herr erneuerte täglich einen Aushang an einem Brett mit aktuellen Wetterkarten und stand uns auch sonst mit Rat und Tat zur Seite. Zudem ließ er uns wissen, dass in Funchal, der Hauptstadt der Nachbarinsel Madeira, die Marina klein und überfüllt sei.

Dort lägen Segelboote zumeist nicht einzeln an Anlegestellen, sondern in Päckchen nebeneinander, jedes Boot am Nachbarboot festgemacht. Wollte man von Bord gehen, müsse man dafür über mehrere Boote klettern, je nachdem, an welcher Stelle in der Reihe der Boote man festgemacht war. Fahre eines der innen liegenden aus, müssten alle außen liegenden an Bord sein und beim Verschieben mitwirken.

Diese Mühe wollten wir uns sparen und fuhren mit einer Fähre für einige Tage nach Madeira hinüber, um dort die Insel zu erwandern. Mehrere unserer Wanderungen verliefen entlang der dort typischen Wasserkanäle, von denen es auf dieser Insel viele gibt. Diese sogenannten Levadas erstrecken sich insgesamt über weit mehr als tausend Kilometer. Sie wurden über Jahrhunderte gebaut und immer wieder ergänzt.

Eine besonders abenteuerliche Wanderung begann für uns am Encumeada, einem Pass gut 1000 m über dem Meer. Auf der Talseite des hier knapp einen Meter breiten Kanals befand sich ein schmaler Streifen, der ein idealer Wanderweg war. Allerdings sollte man für eine solche Wanderung auf jeden Fall schwindelfrei sein.

Mir wurde manches Mal ganz komisch – auf einer Seite das fließende Wasser, auf der anderen drohte der steile Abgrund. Es beruhigte mich bereits, wenn am Abhang etwas Gebüsch stand, das mir eine gewisse Sicherheit gab – würde ich doch beim Sturz etwas weicher aufschlagen. Welch schwacher Trost! Oder sollte ich das Galgenhumor nennen?

Die Ausblicke auf die Berge und in die Täler, aber auch die reiche Blütenpracht, waren großartig. Zweimal widmete ich mich wohl zu sehr diesen schönen Ausblicken und fiel der Länge nach auf diesem schmalen Pfad hin.

Edi reagierte blitzschnell! Ich lag noch nicht, da war er schon zu mir zurückgesprungen, hatte meine Hand ergriffen und war bereit, mich vor dem Absturz in die Tiefe zu bewahren. Ich kam

mit nur leicht aufgeschürften Knien davon. Nicht auszudenken, wäre ich nur ein paar Zentimeter weiter Richtung Abgrund gefallen! Man hätte mich einige Hundert Meter tiefer auf den Felsen wiedersuchen müssen.

Für weitere Aufregung sorgten die Tunnel, durch die nicht nur das Wasser floss, sondern auch die engen Pfade führten. Wir hatten vorgesorgt und eine Taschenlampe gekauft, mit der Edi sicheren Schrittes voranging. Klar, dass Edi sicheren Schrittes vorangehen konnte, denn er hatte die Taschenlampe und sein Teil des Weges war beleuchtet. Ich tappte durch die Dunkelheit hinter ihm her wie eine Blindschleiche.

Es dauerte eine Weile, bis ich den Dreh fand: Im Gleichschritt mit Edi trottete ich – eine Hand an seinen Gürtel geklammert – hinter ihm her; allerdings mit gekrümmtem Rücken, um meinen Kopf nicht an den Felsen anzuschlagen. Ich hatte Angst, bei einem Fehltritt ins Wasser zu fallen. Stattdessen stieß ich unverhofft mit der Schulter gegen einen Felsvorsprung, verlor das Gleichgewicht und wäre um Haaresbreite doch noch im Wasser gelandet. Aber was ist ein Leben ohne Abenteuer?

Einige Tage hintereinander hatten wir ausgiebige und anstrengende Wanderungen unternommen, waren die Berge rauf und wieder runtergewandert. Das ging nicht nur auf die Knie, sondern war – trotz all der uns umgebenden Schönheit – auch ansonsten anstrengend. Während ich nur noch in Funchal auf einer Bank sitzen und meine Ruhe haben wollte, wäre Edi gerne zu einem Kap gewandert. Ich streikte. „Nein, ohne mich!", teilte ich ihm bestimmt mit. „Gerne kannst du alleine gehen. Ich brauche Erholung!"

Das Ende vom Lied: Edi leistete mir beim Faulenzen Gesellschaft, und wir verlebten einen herrlich gemütlichen Tag. Es war Edis Geburtstag, zu dem ich ihm ein Gedicht geschrieben hatte. Da wir jetzt ja zu zweit an Bord waren, schlug ich ihm darin scherzhaft vor, die SINGLE MALT umzutaufen in DOUBLE MALT.

Wir feierten den Tag in aller Stille, nur zu zweit, bei gutem Essen und Wein. Die anstrengende Wanderung zum Cabo Girão, dem zweithöchsten Kap Europas (580 m ü. M.), die Edi für den Vortag vorgeschlagen hatte, unternahmen wir am folgenden Tag. Unsere Ferien vom Boot neigten sich dem Ende zu, und nach einer Woche auf Madeira fuhren wir mit der Fähre zurück nach Porto Santo.

Als wir einige Tage später Porto Santo verließen, verabschiedete sich der TransOcean-Stützpunktleiter von uns statt mit dem typischen Seglerspruch „Immer eine Handbreit Wasser unter dem Kiel" mit: „Immer eine Handbreit Wasser unter der Mastspitze!"

Etwas verdutzt schauten wir wohl drein, denn er fuhr fort: „So lässt es sich leichter durchkentern", und setzte hinterher: „Und sollte dies nicht eintreffen, dann immer weniger als eine Handbreit Wasser in der Bilge!" Na, das waren ja schöne Aussichten! Wir schmunzelten über diesen witzigen Abschiedsgruß.

Sofort nach unserer Ausfahrt aus dem Hafen setzten wir Segel und freuten uns, wieder unterwegs zu sein. In diesem ruhigen Moment, wo alles gut lief, kam uns plötzlich in den Sinn, dass wir ja gar nicht ausklariert hatten. Umkehren wollten wir auf keinen Fall. Da kam uns der Stützpunktleiter in den Sinn. Noch hatten wir Verbindung über UKW und konnten ihn über Funk rufen. Wir schilderten ihm unsere Lage, und er versicherte uns, er würde das regeln. Beruhigt, rechtlich alles in Ordnung zu wissen, segelten wir weiter.

20. Die Kanarischen Inseln

Oktober und November 1998

La Graciosa

Die kleine, karge Insel La Graciosa, die nördlich von Lanzarote liegt und nur durch eine enge Durchfahrt von ihr getrennt ist, besuchten wir als erste der Kanarischen Inseln. Wir machten an einem einfachen Steg im Hafen des verschlafenen Dorfes Caleta del Sebo fest.

Die Kanaren

Als die Spanier auf den Kanarischen Inseln ankamen, lebte auf diesen Inseln eine Urbevölkerung, die „Guanchen". Es wird angenommen, dass diese Urbevölkerung möglicherweise von den alten Ägyptern abstammt. Vielleicht haben auch die Phönizier, ein ausgezeichnetes Seefahrervolk, diese Inseln vor über 3000 Jahren besucht.

Die zahlreichen Reisenden, die hier gelandet waren – darunter auch ein spanischer Kapitän, der nach einem Schiffbruch auf Lanzarote im 14. Jh. durch die Eingeborenen freundlich aufgenommen wurde – berichteten nur von besten Erinnerungen an die Einheimischen.

Die Eroberung der Inseln durch die Spanier, bei der die Guanchen ausgerottet wurden, begann 1402. La Gomera wurde erst 1488 unterworfen – kurz vor der Entdeckung der neuen Welt durch Kolumbus. Die kleine grüne Insel La Palma hielt bis 1493 stand, und es dauerte weitere zwei Jahre, bis es den Spaniern gelang, auch Teneriffa einzunehmen.

Wir mieteten uns Fahrräder, die wir erst auf die Funktion der Bremsen und Gänge überprüften, da uns unsere Todesängste auf dem verkehrsuntüchtigen Motorrad auf Ithaka noch ausgezeichnet im Gedächtnis waren und wir keinerlei Wunsch auf Wiederholung hegten. Doch hier war alles bestens!

So konnten wir ordentlich in die Pedale treten und die abenteuerlichen Sandwege befahren. Querrillen ließen uns vom Sattel abheben und hopp, hopp, hopp, wieder schmerzhaft auf unseren Gesäßen landen. Teile der Strecken waren mit Wüstensand bedeckt, den der Wind von der Sahara herübergeweht hatte.

Diese dicke Sandschicht zwang uns hin und wieder zum Absteigen und Schieben, um ein unfreiwilliges Absteigen über den

Lenker zu vermeiden. Es gab auch Gegenden mit schroffem Lavagestein, das unsere Fahrt behinderte und auf uns wirkte, als wären wir auf dem unwegsamen Mond gelandet.

An hellgelben Sandstränden entdeckten wir Strandgut, einen in der Brandung ächzenden, gestrandeten Container, der trotz seiner Stabilität von der Gewalt des Meeres völlig verformt war, und eine riesige alte Festmachertonne, die still vor sich hin rostete. Wir wollten uns lieber nicht ausmalen, was passieren würde, wenn wir unterwegs mit der SINGLE MALT auf derartiges Treibgut stoßen würden.

Weiter befuhren wir Dünen mit unzähligen kleinen Unebenheiten. Was für seltsame Pflanzen standen denn da am Wegesrand? Hatten die weiße Blüten? Beim genauen Hinschauen entdeckten wir an ausgedörrten Zweigen, dicht an dicht, von der Sonne gebleichte Schneckenhäuser, die an vertrockneten, leergefressenen Pflanzenstielen klebten. Anfänglich glaubten wir tatsächlich, seltene Blüten vor uns zu haben. Unglaublich!

Eine Siedlung kam in Sicht. Vorfreude! „Wo ein Ort ist, gibt's auch eine „Beiz" (schweizerisch für „Restaurant")", dachten wir.

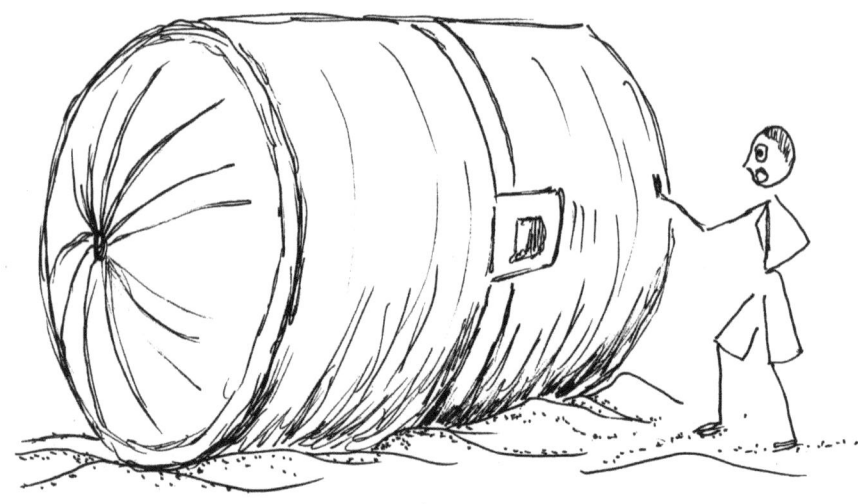

Zu früh gefreut – einsam und menschenleer waren die gepflegten Häuser und keine „Beiz" weit und breit. Halb verdurstet
erreichten wir nach einem schönen, langen und interessanten
Ausflug unsere SINGLE MALT und konnten endlich unseren
Durst an Bord löschen.

Lanzarote

Laut unserem neuen Handbuch (von 1998) gab es auf Lanzarote keinen einzigen Sportboothafen, weshalb wir einen Ausflug mit einer Fähre dorthin unternahmen. Die Fähre brachte
uns nach Orzola, dem Hafen im Nordosten der Insel, von wo
aus wir mit einem Linienbus weiterfuhren nach Arrecife, der
Hauptstadt der Insel.

Wir schlenderten gemütlich durch den Ort und ließen die
vielfältigen Eindrücke auf uns wirken. Dort fanden wir die
Festung „Castillo de San Gabriel", die in der Bucht, von Wasser umspült, im 16. Jahrhundert als Schutz vor Piraten gebaut
wurde. Über einen Damm mit einer alten Zugbrücke gelangten
wir dort hin und betrachteten die alten Kanonen davor, die be-

sonders Edis Aufmerksamkeit auf sich zogen. (Edi besitzt doch tatsächlich ein Modell einer alten, schwedischen Schiffs-Kanone zu Hause, die er „zur Freude" der Nachbarn am Nationalfeiertag der Schweiz und zu Silvester mit Schwarzpulver lädt und zündet, wenn er in der Schweiz ist!) Diese Festung hatte einen fast rechteckigen Grundriss mit schlichten hohen Mauern. Auf einer davon stand ein Türmchen mit einer Glocke, die wahrscheinlich bei einem Angriff von Piraten als Alarm geläutet wurde.

Wir spazierten zurück in die Stadt, kamen durch eine Fußgängerzone und gelangten zu dem See „Charco San Gines". Dort legten wir eine Pause in einem der gemütlichen kleinen Bistros am Rande des Sees ein. Am Nebentisch saß ein deutsches Ehepaar, mit dem wir ein paar Worte wechselten.

Es stellte sich heraus, dass es mit seiner Motoryacht in Puerto Calero lag, einem neuen Hafen, der in unserem Seehandbuch noch nicht verzeichnet war. Ja, es sei auch noch Platz für uns vorhanden. Schnell tauschten wir die nötigen Informationen aus, verabschiedeten uns und hofften auf ein baldiges Wiedersehen hier auf Lanzarote.

Nur wenige Tage später liefen wir in Puerto Calero ein, einer neuen, eleganten Marina, die am Ufer in regelmäßigen Abständen golden glänzende Poller zum Festmachen hatte. Allerdings waren diese Poller nur Dekoration und wurden regelmäßig poliert. Von Zeit zu Zeit hörten wir dumpfe Detonationen, und kurz darauf rieselte schwarzer Sand über unser Schiff. Es wurde uns erklärt, dass die Marina noch lange nicht fertig ausgebaut sei, und dass deshalb im nördlichen Teil Lavafelsmaterial weggesprengt werden müsse.

Tatsächlich trafen wir Irmgard und Werner, von der Motoryacht TETHYS wie erhofft wieder. Sie zeigten uns mit ihrem Auto die Insel mit allem Sehenswerten.

Lanzarote

Wie auf Graciosa gibt es auch auf Lanzarote kein Wasser. Praktisch alles Wasser, das hier benötigt wird, wurde von regelmäßig verkehrenden Tankschiffen hierher transportiert. Die unwirtliche Insel mit ihren über dreihundert erloschenen Vulkanen gleicht über weite Gebiete einer Mondlandschaft.

Über die Jahrhunderte gab es viele Vulkanausbrüche, die das Erscheinungsbild der Insel prägten. Besonders gewaltige Ausbrüche zwischen 1730 und 1736 zerstörten die fruchtbarsten Gebiete auf der Insel und stellten für die Bevölkerung eine enorme Herausforderung dar.

Während unseres Besuches beobachteten wir fasziniert, wie in dieser Umgebung Landwirtschaft betrieben wurde. Um Gemüse anpflanzen zu können, legte man trichterförmige Mulden mit etwa anderthalb Meter Tiefe an und bettete sie mit Vulkanasche aus. Auf der Windseite der Mulden errichtete man Mauern aus schwarzen Lavabrocken, die die Pflanzen vor dem trockenen Wind schützten.

So gelang nicht nur das Anbauen von Kartoffeln, Zwiebeln, Mais, Tomaten, Gurken usw., sondern auch von Wein, der hier auch heute noch gut gedeiht und viel angebaut wird. Die Reben kriechen am Boden der schwarzen Mulden entlang und werden nicht hochgebunden. Das Geheimnis liegt in der porösen Vulkanasche (Lapilli picon), die während der Nacht Feuchtigkeit aus der Luft aufnimmt und diese an die Wurzeln weiterleitet (Trockenanbau).

Auf Lanzarote wird auch der Opuntia-Kaktus (Feigenkaktus) angebaut. Dies nicht etwa wegen seiner schönen Blüten oder der leckeren Früchte, sondern wegen der auf ihm lebenden Cochenilleschildlaus (rote Schildlaus).

Dieser Schädling entpuppte sich in einer Zeit, in der man kaum rote Farbstoffe herstellen konnte, als wahrer Segen, denn aus dem Körper der Weibchen lässt sich ein roter Farbstoff herstellen, das sogenannte Karminrot. (Dies wird noch heute z. B. in Lebensmitteln und Kosmetik verwendet, wie Campari, Süßigkeiten, Lippenstifte, Shampoos usw.)

Heutzutage (1998) wird auf dieser Insel vor allem wegen der zahlreichen Touristen viel Wasser gebraucht, welches aus modernen Entsalzungsanlagen stammt; pro hundert Liter Wasser werden dabei acht Liter Dieselöl verbrannt. Ob die Touristen wohl daran denken, wenn sie ausgiebig duschen und das Wasser während des Zähneputzens laufen lassen?

Der berühmteste Sohn der Insel ist wohl der 1992 verstorbene Künstler César Manrique Cabrera. Nachdem er sich insbesondere in den USA einen Namen gemacht hatte, prägte er den Ausbau und das Bild „seiner" Insel. Auf Fahrten mit unseren Freunden Irmgard und Werner waren uns bereits fünf bis sieben Meter hohe Windspiele aufgefallen, die seiner Hand entsprangen.

In mannigfaltigen Formen, drei- und rechteckige oder halbkreisförmige Schalen in verschiedenen Größen über-, untereinander und gegenläufig angeordnet, sich im Kreis drehend, vom Wind in Bewegung gesetzt, waren sie an vielen Stellen zu finden. Etliche Male kamen wir an einem riesengroßen Kaktus vorbei, ehe wir realisierten, dass auch der kein echter, sondern ein Werk dieses Künstlers war.

Besonders faszinierte mich Cabreras Domizil: Sechs Lavablasen hatte er zu einer Wohnstatt gestaltet, indem er diese durch Gänge und Treppen miteinander verband und eingestürzte Höhlen für Lichteinfall nutzte, um kleine Gärten anzulegen. An höchster Stelle befand sich ein großes Zimmer mit einem Ausblick auf ein Lavafeld, das durch ein Fenster hereinzufließen schien.

Die meisten Wände bestanden aus roher, schwarzer Lava. Die Böden der Gänge sowie die Treppen waren weiß gestrichen, so dass das Innere hell wirkte. So großartig diese Architektur auch war, so fragten wir uns doch, ob man sich darin wohlfühlen konnte.

Ebenso weltentrückt sah die einstmalige Wohnung des inzwischen verstorbenen Filmschauspielers Omar Sharif aus, die sich hochgelegen an einen Abgrund aus Lava anschmiegte. Der untere Teil, gefüllt mit bizarren Kunstwerken von Manrique, wird heute als Restaurant genutzt und ist daher für Besucher zugänglich.

Lanzarote hatte noch weitere exotische Seltenheiten zu bieten, so z. B. schlangenförmige Höhlen von über acht Kilometer Länge, durch die einst glühende Lava floss. Diese erstreckten sich noch mindestens weitere anderthalb Kilometer ins Meer hinaus. Hier wurde ein Weltrekord in der Unterwasser-Höhlenforschung aufgestellt. Diese Höhlen dienten einst der Inselbevölkerung als sicherer Unterschlupf gegen Überfälle von Piraten, denen die Insel in den vergangenen Jahrhunderten ausgeliefert war.

Eine andere Höhle, in der die Decke eingestürzt war, nutzte man für den Bau eines raffinierten Restaurants. Die Ausstattung mit groben, schlichten Möbeln erinnerte uns an einen Zeichentrickfilm, der im Steinzeitalter mit Fred Feuerstein spielte.

Treppen wanden sich abwärts zu einem unterirdischen Gewässer, das mit dem Meer verbunden war, und das mit den Gezeiten stieg und fiel. Die Beleuchtung der schwarzen Lavawände und Nischen erzeugte eine geheimnisvolle Atmosphäre. Dieser See, der Tausende von Jahren im Dunkeln lag und erst durch den Deckeneinsturz ans Licht kam, war von kleinen weißen, blinden Krebsen besiedelt, die einmalig auf der Welt sind.

Nach so vielen Höhlenbesichtigungen gönnten wir uns von dem dreihundert Meter über dem Meer gelegenen Aussichtspunkt „Mirador del Rio" einen Blick auf die Insel Graciosa mit dem Hafen, in dem wir noch wenige Tage zuvor gelegen hatten.

Und noch eine Entdeckung wartete auf uns: Auf dem riesigen Lavagebiet von Timanfaya, einem Nationalpark auf Lanzarote mit seinen vielen ruhenden Vulkanen, bekamen wir warme Füße, da das Gestein schon wenige Zentimeter unter der Oberfläche heiß ist. Herrjeh, war das alles interessant!

Voll von diesen Eindrücken machten wir für knapp drei Wochen Heimaturlaub (ich in Bremen; Edi in Bolligen) und ließen die SINGLE MALT im Hafen von Puerto Calero liegen.

Am 10. November 1998 kehrte ich zurück, während Edi einen Tag später schwer bepackt wie ein Weihnachtsmann eintrudelte. Aus seinen prall gefüllten Taschen zauberte er lauter Köstlichkeiten hervor, von geräuchertem Speck und Schweizer Wurstspezialitäten bis hin zu getrockneten Wildpilzen, Schweizer Rösti und Fondue.

Dann musste ich die Augen schließen und an etwas riechen. „Was ist denn das Muffiges?" Ein Schraubglas gefüllt mit Reis, in dem etwas Schwarzes, Schrumpeliges lag, etwa so groß wie ein Hühnerei. „Ist das auch zum Essen?" „Jaahh", erklärte Edi mit leuchtenden, blauen Augen, „das ist ein echter Trüffel!"

Hmm, gehört hatte ich schon von Trüffeln, die sehr teuer sein und in Frankreich von Schweinen gesucht werden sollten. So einer lag da im Glas? Trüffel-Leberwurst hatte ich schon gegessen, und die war sehr gut. Aber was macht man sonst damit?

Edi kochte damit ein Risotto, für das ich auftragsgemäß den Trüffel ganz klein schneiden musste, damit seine Oberfläche möglichst groß wurde und das spezielle Aroma abgeben konnte. Der Trüffel selbst wird nicht gekocht, sondern kurz vor dem Essen unter die fertige, heiße Speise gerührt, lernte ich. Mit so etwas Feinem und einem guten Tropfen Wein dazu feierten wir unser Wiedersehen!

La Gomera – Wo ist dein Pass?

Einige Tage später verließen wir diese östlichste der Kanarischen Inseln und nahmen Kurs auf La Gomera, eine der westlichen Inseln dieser Gruppe. Wir erreichten La Gomera ohne besondere Vorkommnisse und machten in der kleinen Marina des Hafens San Sebastian fest.

Wie uns erzählt wurde, hatte ein Sturm einen großen Teil dieser Marina zerstört, doch wies der Hafenmeister uns einen heil gebliebenen Steg zu. Viele Jahre später besuchten wir diese Insel wieder und sahen, dass die Hafenmole wegen der großen Fähren verlängert worden und aus der bescheidenen Marina eine große geworden war.

Kolumbus und La Gomera

In San Sebastian auf La Gomera weilte für kurze Zeit Kolumbus, während seine Schiffe auf Gran Canaria für die große Expedition nach Westen umgerüstet wurden. Hier lernte er auch die spanische Schönheit Beatriz de Bobadilla, Witwe des ermordeten ersten Grafen von Gomera, kennen und freundete sich mit ihr an.

Nicht nur 1492, sondern auch 1493 und 1498 verbrachte er hier seine Freizeit, bevor er Segel für die Fahrt zur neuen Welt setzte. Vor seinem ersten großen Aufbruch nach Westen wurde in der kleinen Kirche von San Sebastian – die auch wir besuchten – eine Messe für ihn gehalten.

Auf dem kleinen wöchentlichen Markt in San Sebastian entdeckten wir einen Stand, der deutsches Brot verkaufte! Herrlich! Endlich gab es wieder richtig was zum Kauen! Sauerteigbrot in Kastenform und ein Hefebrot wurden an Bord gleich angeschnitten und probiert. Hmm! Lecker! Wir waren uns einig, uns mit genügend solcher Brote einzudecken, bevor wir weitersegelten.

Als wir diesen Plan schließlich in die Tat umsetzten, entdeckten wir sogar eine Linzer Torte, die letzte! Noch jemand wollte diese haben, und so teilten wir sie. Sie wurde nicht alt. Eine Maus (nämlich ich) machte sich in Windeseile darüber her und vernaschte den größten Teil. Edi fand nur noch einen kleinen Brocken davor. Fast tat er mir leid, aber die Torte war einfach zu gut.

Ich schrieb gerade an unserem Tagebuch, als Edi die Crewliste vorbereitete und dazu unbedingt meinen Pass brauchte. Bis jetzt, innerhalb Europas, hatte mein Personalausweis genügt. Doch die Kapverden, die unser nächstes Ziel sein sollten, verlangten für die Einreise laut unserem Handbuch den Reisepass. Weder in meiner Handtasche noch im Rucksack konnte ich diesen finden.

Verzweifelt suchte ich in allen möglichen und unmöglichen Taschen und Schränken. Mein Pass! Nicht an Bord!? Wo hat sich der bloß versteckt? Lag der etwa zu Hause in Bremen? So etwas kann MIR doch nicht passieren! In Filmen kommen solche Situationen vor, aber im richtigen Leben? Leider anscheinend doch.

Was tun? Ich war mir nicht sicher, wo genau er in meiner Wohnung liegen konnte. Meine dreiundachtzig Jahre alte Mutter konnte ich nicht suchen lassen. Außerdem wäre ein Kurierdienst zu unsicher. Wir hatten Geschichten gehört, in denen Kunden wochenlang auf ihre Sendung warteten, weil die beim Zoll lag. Ich musste handeln!

Gleich am nächsten Morgen, zufällig ein Sonntag, fuhr ich in aller Herrgotts Frühe mit der ersten Fähre nach Teneriffa, um von dort aus nach Bremen zu fliegen. Noch vor wenigen Tagen hatten wir diese Enge zwischen den Inseln mit dem Segelboot durchfahren. Doch nach sentimentalen Gedanken war mir in jenem Moment ganz und gar nicht zumute.

Am Flughafen waren alle Schalter und Reisebüros geschlossen – Sonntag eben. Ich konnte nichts ausrichten und überlegte: „Ehe ich mich die ganze Nacht wie ein Penner auf dem Flughafen herumtreibe, fahre ich lieber wieder zurück zur SINGLE MALT." Gesagt, getan.

Wieder zurück auf La Gomera klopfte ich ans Boot, und als Edi aus der Kabine kam, starrte er mich an, als hätte er einen Geist vor sich. Verständlich, wähnte er mich doch in einem Flugzeug in der Luft. „... und wenn's nach London oder Warschau wäre", sagte er. Schlussendlich erkannte er mich doch als lebend Fleisch und Blut und nahm mich gnädig auf.

Die Nacht war kurz, denn am nächsten Tag pendelte ich schon um sieben Uhr früh wieder mit der Fähre nach Teneriffa. Die Geschäfte und Reisebüros würden erst um neun Uhr öffnen, erklärte mir eine Frau, die ich willkürlich angesprochen hatte. Welch ein Zufall – sie sprach Deutsch! Sie empfahl mir ein Reisebüro, in dem mir eine Deutsche sicher helfen könne.

Tatsächlich fand die Beraterin im Reisebüro noch einen freien Platz im nächsten Flugzeug! Um elf Uhr saß ich bereits in der Maschine auf dem Weg nach Düsseldorf. Von Düsseldorf fuhr ich mit dem Zug nach Bremen. Das vermisste und so dringend benötigte Stück, der Reisepass, lag unschuldig wartend auf meinem Schreibtisch. Wie konnte ich den nur vergessen? Was war passiert?

Mein Plan war damals, mit dem Taxi zum Flughafen zu fahren. Stattdessen war meine Freundin überraschend mit ihrem Auto gekommen, um mich zum Flughafen zu bringen. Sie kam ziemlich früh, um dem Taxi zuvorzukommen.

Da kein Parkplatz in der engen Straße vor dem Haus frei war, musste sie auf der einspurigen Fahrbahn halten, stieg aus und klingelte an der Haustür; weitere Autos stauten sich hinter ihr an, hupten ungeduldig und drängten auf freie Durchfahrt. In aller Eile schnappte ich damals mein Gepäck und stieg in ihr Auto ein. Mein Reisepass blieb in der Hast liegen.

Nun hatte ich genügend Zeit, das vergessene Stück einzupacken. Ich bestellte Pizza, rief meine Mutter und meinen Bruder an, und lud sie zu mir ein. Welch eine Überraschung und Wiedersehensfreude mit den Daheimgebliebenen! Drei Stunden waren mir in Bremen vergönnt. Gemeinsam verspeisten wir die Pizzas, und schon wieder mussten wir Abschied nehmen. Frisch gestärkt ging es auf dem gleichen Wege zurück.

Um Mitternacht fuhr mein Zug ab. In Düsseldorf hatte ich besten Anschluss und gegen Morgen des nächsten Tages landete ich auf Teneriffa. Endlich auf der Fähre, mit der ich bereits drei Fahrten zurückgelegt hatte, begrüßte ich eine junge Señora, mit der ich mich schon angefreundet hatte, als eine Durchsage kam: „Frau Otterstedt, bitte auf die Brücke kommen."

„Hör ich richtig?", fragte ich mich verwundert, tat es aber als Einbildung ab. Nach einer Weile wurde die Durchsage wiederholt, ich solle zur Brücke kommen. Eine Stewardess kam gerade an mir vorbei. Ich hielt sie an und sagte ihr, dass ich die Person sei, die zur Brücke hinaufkommen solle. Sie führte mich die Treppen nach oben, und ich wurde gebeten einzutreten.

Der Kapitän und seine Offiziere begrüßten mich freundlich mit Handschlag, sagten mir, ich sei über Funk gerufen worden und gaben mir ein Mikrofon in die Hand. Es war keine Zeit zu überlegen, wer in aller Welt mich hier über Funk sprechen wollte, und so meldete ich mich einfach. Am anderen Ende hörte ich Edis Stimme.

Er hieß mich willkommen und gratulierte mir zur schnellen Rückkehr. Hatte er doch schon mit dem „Schlimmsten" gerechnet, nämlich dass kein Flug frei sei und er mich erst auf den Kap Verden wieder einsammeln könne. Das hätte bedeutet, dass er eine Strecke, für die man etwa eine Woche brauchte, allein hätte segeln müssen. Gott sei Dank war nun die Crew ja wieder vollzählig, und Edi war offensichtlich erleichtert. Ich war vor Freude ganz gerührt, schluckte aber meine aufkommenden Freudentränen herunter.

Der Kapitän und seine Offiziere wollten natürlich wissen, was dieser Funkruf für eine Bewandtnis habe, wer mich da wohl habe sprechen wollen. Gerne erzählte ich, dass ich mit Edi auf einem Segelschiff lebe. Sie staunten, dass unsere „Mannschaft" aus nur zwei Personen bestand, und dass wir Tag und Nacht auf Wache seien und navigierten.

Mit Wünschen für guten Wind stieg ich von Bord und traf Edi, der mich so fest drückte, dass mir fast die Luft wegblieb. Solche Zuneigungsbekundungen war ich von meinem sachlichen, trockenen und doch eher zugeknöpftem Edi gar nicht gewöhnt. Umso mehr freute ich mich über seine Reaktion!

In der vorangegangenen Nacht hatte ich vor Aufregung kein Auge zugemacht, denn ich war noch aufgekratzt von meiner Reise – eben mal nach Bremen und zurück. So war an Schlaf nicht zu denken, und ich war gerade dabei, Edi von meinen Erlebnissen zu berichten, als es „Tock, tock, tock!" laut und vernehmlich ans Boot klopfte. Besuch!

Ein deutsches Ehepaar, das Edi vor vielen Jahren in Schweden getroffen hatte, stand auf dem Steg. Die beiden, Karin und Gustav, besaßen einmal ein Schiff des gleichen Typs, eine Sharki von Amel, und waren jetzt auf dieser Insel mit ihrem Wohnmobil unterwegs.

Als ehemalige Segler schauten sie sich natürlich in jedem Hafen nach einem ihnen bekannten Schiff um. Auf diese Weise entdeckten sie die SINGLE MALT. Es war kurzweilig, mit ihnen zu plaudern, und erst weit nach Mitternacht gingen sie von Bord mit der Vereinbarung, gemeinsam einen Ausflug über die Insel zu unternehmen.

Dieser Ausflug fand schon bald darauf statt, und wir nahmen dabei erfreut zur Kenntnis, dass La Gomera, südwestlich von Teneriffa gelegen, noch wenig unter Massentourismus gelitten hatte. Auch war es damals für diese Insel, die westlich der Sahara liegt und auf der ich Hitze wie in der Sahara erwartete, recht frisch. Der Wind ließ die am Thermometer gezeigten zwanzig Grad noch kühler wirken.

Besonders überrascht waren wir, als wir mit dem Auto tausend Meter Höhe erreichten und dort dichte Nebelschwaden in Fetzen über die Grate fegten, Gipfel gespenstisch einhüllten und nur für kurze Momente den Blick zu den Höhen freigaben. Trotz warmer Pullover und Anoraks fröstelten wir dort oben im Nationalpark Garajonay, der die meiste Zeit des Jahres mit einer dichten Wolkendecke bedeckt und ein echter Regen-Urwald ist.

Trotz seiner scheinbaren Eintönigkeit beherbergt dieser Wald eine Vielzahl unterschiedlicher Pflanzengesellschaften. In den feuchteren und geschützten Tälern, die nach Norden verlaufen, erreicht er seinen vielfältigsten und üppigsten Bewuchs, der zum Teil aus Lorbeerwald, zum Teil aus Heidemischwald mit der Baumheide (*Erica arborea*) und vielen weiteren Arten besteht.

Zwar kannte ich die Lüneburger Heide, aber baumhohe Heidepflanzen, wie sie auf dieser Insel wuchsen, hatte ich noch nicht gesehen. Diese gewundenen, stark verästelten Stämme waren mit Moosen und Flechten bewachsen, die zottelig daran herunterhingen.

Wir genossen den gemeinsamen Ausflug sehr, und gerne hätten wir noch oft mit Karin und Gustav zusammengesessen und uns unterhalten, aber es zog uns weiter. So hieß es mal wieder Abschiednehmen von inzwischen liebgewonnenen Freunden und einer interessanten Insel.

21. Kapverden

Dezember 1998

Keine Seekrankheit! Kein Fischefüttern! Ja, sogar Lesen und Schreiben unter Deck war möglich, ohne dass mir speiübel wurde! Da mir die Seekrankheit auf unserem Atlantik-Trip doch ziemlich zu schaffen gemacht hatte, entschloss ich mich, noch auf La Gomera vorsorglich Tabletten gegen Seekrankheit einzunehmen. Offensichtlich hatte ich eine gute Entscheidung getroffen, denn nun freute ich mich an meinem Wohlbefinden. So konnte unser Törn zu den Kapverden ein Vergnügen werden.

Auf See begingen wir den ersten Advent, zündeten trotz Geschaukel eine Bienenwachskerze an und dachten an unsere Lieben. Eine bleierne Müdigkeit begleitete mich besonders in den ersten Tagen, denn die Tabletten gegen Seekrankheit machten mich trotz des darin enthaltenen Koffeins müde. Das tat meiner guten Stimmung jedoch keinen Abbruch, denn die gehörte für mich einfach dazu.

Eines Nachts rumpelte und polterte es an Deck, als würde der Klabautermann sein Unwesen treiben. „Was ist denn da los?", fragte ich mich. Vorsichtig schlich ich mich nach oben und entdeckte des Rätsels Lösung: Es waren fliegende Fische, die auf der Flucht vor ihren Feinden aus dem Wasser sprangen und dabei über hundert Meter weit durch die Luft gleiten konnten.

Sie prallten an die Bordwand der SINGLE MALT oder landeten auf Deck – einige sogar im Cockpit. Dort bewegten sie sich zuckend und hüpfend, um irgendwie wieder in ihr Element zu gelangen. Beeindruckend, mit welcher Kraft sie ihre Körper ruckartig bogen, um Schwung für einen Sprung ins Wasser zu bekommen.

Mir war dieser ganze Spuk unheimlich. Als ich das erste Mal diesen Lärm hörte und so einen zappelnden Fisch im Cockpit sah, packten mich Mitleid und Entsetzen gleichzeitig. Diese großen Augen, die mich da ansahen! Waren das Blicke des Entsetzens oder Hilferufe?

Einerseits dachte ich, dass so ein Fisch sicher gut schmecken würde – andererseits wusste ich, dass *ich* diesen ausnehmen und entschuppen müsste, was mir wegen meines Mitgefühls gar nicht passte.

Edi war von dem Gepolter inzwischen wach geworden und schaute nach dem Rechten. Er redete mir zu wie einem kranken Kind: frischer Fisch sei doch eine angenehme Abwechslung auf unserem Speiseplan. Nun ja, irgendwann hatte das arme Tier sein Leben sowieso ausgehaucht und rührte sich nicht mehr.

Nachdem Edi weitere Beute eingesammelt hatte (einen zweiten ausgewachsenen Fisch und einen kleinen Tintenfisch, der offenbar ebenso wie die fliegenden Fische vor einem Feind geflüchtet und an Bord gelandet war), machte ich diese zaghaft und mit spitzen Fingern fertig zum Braten.

Entschuppen, ausnehmen und filetieren ist meine Arbeit, kochen oder braten dagegen Edis. Die Schuppen spritzten im Cockpit herum. Der Tintenfisch landete wieder im Wasser – er war zu klein. Die Fische jedoch wanderten in die Bratpfanne. Sie schmeckten gut, doch waren sie voller Gräten! Brauch ich nicht nochmal!

Nun, da meine Seekrankheit mich nicht mehr fest im Griff hatte, war endlich nicht nur Edi am Funkgerät, um Wetterberichte zu hören, nein, auch ich war QRV, was in der Sprache der Amateurfunker bedeutet, am Funkgerät bereit zu sein. Jeden Mor-

gen gab ein Christoff, DL9YCX, einen allgemeinen Seewetterbericht durch.

Danach konnten Amateurfunker, die auf See waren, sich melden, kurz ihre eigene Wettersituation beschreiben und ihre Position durchgeben. Anhand ihrer Position erhielten sie dann Angaben über den zu erwartenden Wind, die Wellenhöhe und eventuelle Strömungen. Endlich war es von Nutzen, die Funklizenz zu haben. Aber es sollte noch besser kommen.

Zwei Funkamateure, Udo, DL3MDJ, und Evi, DJ9XQ, von der SY MAPEMA meldeten sich zu Wort, weil sie gehört hatten, dass wir die Insel São Nicolau anlaufen wollten, eine Insel, auf der sie wenige Wochen zuvor waren. Unbedingt sollten wir Grüße an einen Bernardino in seiner Strandbar „Esplanada Tropical" ausrichten. Auch sollten wir nach seinem Nachwuchs fragen, was wir ihnen versprachen.

Die Kapverden

Die Kapverdische Inselgruppe, die weit weniger bekannt ist als die Kanarische, liegt etwa 850 nm (nm = nautische Meilen, also etwa 1.570 km) südwestlich der Kanaren und ist durch einen ca. 350 nm (etwa 650 km) breiten Kanal von der senegalesischen Küste getrennt. Offiziell wurde sie erst zwischen 1441 und 1460 (das genaue Datum ist nicht bekannt) durch Erkundungsflotten des portugiesischen Prinzen Heinrich des Seefahrers entdeckt.

Die Kapverdischen Inseln waren bei der Ankunft der Portugiesen nicht bewohnt. Ab etwa 1662 besiedelten Portugiesen diese Inseln und holten sich auch Sklaven. Immer wieder wurden die Inseln durch Piraten heimgesucht, aber auch Spanier, Holländer und Franzosen drangen dort ein, um sich anzusiedeln.

Weit friedlichere Absichten hatte Charles Darwin, der die Inseln auf der HMS BEAGLE 1832 besuchte. Diese Inseln blieben portugiesische Kolonien bis 1975. Seither sind die Kapverden ein unabhängiger Staat und heute (1998) lebt dort eine fröhliche, gastfreundliche, kreolische Bevölkerung.

Von den vierzehn Kapverdischen Inseln sind heute zehn bewohnt. São Nikolau mit 326 km² nimmt flächenmäßig einen mittleren Platz unter diesen Inseln ein. Der einzige Zugang zum Meer war früher die völlig offene und ungeschützte Bucht von Preguiça, wo noch Anfang des 19. Jahrhunderts eine kleine Festung zum Schutz gegen Piraten gebaut wurde. Der Mangel an einem sicheren Hafen ist wohl der Grund, dass diese Insel trotz genügend Wassers auf der nordöstlichen Seite wohl die ärmste des Archipels und vom Tourismus bisher weitgehend verschont geblieben ist.

São Nicolau

Nach fünfeinhalb Nächten auf See, um Mitternacht vom dritten auf den vierten Dezember, ankerten wir in dem offenen Hafen von Tarrafal auf São Nicolau, gerade rechtzeitig für den Jahrestag des Heiligen Nikolaus, dem Namenspatron dieser Insel.

An diesem Morgen wollten wir eigentlich ausschlafen, doch noch im Rhythmus unserer Wachen waren wir früh munter. Unser Ankerplatz war sehr ungemütlich. Wie sich herausstellte, sausten starke Fallwinde vom Land herunter durch die Täler und trafen die SINGLE MALT, die dadurch am Anker ruckend ständig hin- und her schwojte. Doch der Anker hielt.

Da wir nun schonmal wach waren, machten wir unser Dingi bereit und tuckerten zum Pier. Der Wind peitschte von den Wellenkämmen die Gischt hoch, die uns nicht nur während unserer ersten Dingifahrt nassspritzte. Immer wieder bekamen wir eine Dusche ab – es war ziemlich unangenehm, danach mit salziger, nasser Kleidung an Land herumzulaufen.

Kaum hatten wir einen Fuß auf den Pier gesetzt, gab es einen Menschenauflauf. Etwa zwanzig dunkelhäutige Jungen jeden Alters kamen schreiend und rufend angerannt, eifrig auf sich zeigend, sie seien gute Aufpasser für das Boot. Wir hatten Mühe, uns zwischen diesen Jungen zu entscheiden, hoffte doch jeder von ihnen auf ein Trinkgeld, einen Kugelschreiber oder gar ein T-Shirt.

Wir entschieden uns für die beiden ältesten. Trotzdem begleitete uns einer der jüngsten auf dem Weg in den Ort zur Bank, zeigte uns seine Schule und plapperte fast ununterbrochen mit vielen Gesten unterstrichen in seiner Sprache (Kreolisch, eine Art Mischsprache, die auf den Kapverden zu einem Großteil auf das alte Portugiesisch zurückgeht).

Gleich bei diesem, unserem ersten Landgang suchten wir die „Bar Tropical" auf, zu der uns die Amateurfunker Udo und Evi geschickt hatten, um Grüße an Bernardino auszurichten. Malerisch, aber auch verlassen, wirkten die Sitzgelegenheiten mit einfachen Bambusschirmen am Strand. Das Einzige, was uns entgegenplärrte, war laute Musik. Kein Tourist suchte damals diese Insel auf.

Eine Frau versicherte uns, Bernardino würde bald kommen. Die Hocker bestanden aus abgesägten Baumstämmen, waren hart und unbequem. Doch mussten wir nicht allzu lange auf ihnen ausharren: Bernardino, etwa dreißig Jahre alt, erschien bald, begrüßte uns und freute sich über die Grüße von Evi und Udo; sein Sohn war unterdessen geboren und wohlauf, ebenso wie seine Mutter.

Unser Anliegen, eine Inselrundfahrt mit ihm zu machen, beantwortete er mit: „No Problem!" Die überbrachten Grüße öffneten uns Türen wie ein „Sesam öffne dich."

Manuel, einen Portugiesen und Freund Bernardinos, lernten wir wenig später kennen. Er lud uns spontan für den nächsten Tag um elf Uhr zu einem Drink bei sich zu Hause ein. Zu dem Drink gab es gegrillten Bacalhau, getrockneten Fisch, der mindestens vierundzwanzig Stunden vor der Zubereitung in kaltem Wasser eingelegt werden muss, um das Pökelsalz auszuspülen und das Fleisch zu rehydrieren.

Manuel hatte den Fisch vorbereitet und höchstpersönlich auf dem Dach des Hauses gegrillt. Anschließend servierte uns Manuels Köchin noch ein landestypisches Essen der Kapverden: gekochte rote Bohnen. Erstaunt über diese herzliche Gastfreundschaft ließen wir uns auch die schmecken.

Anschließend durften wir Bernardinos Baby Renato bewundern, das gerade drei Wochen alt war und uns voller Stolz gezeigt wurde. Unsere neuen Freunde fragten, ob wir Lust auf eine kleine Inselrundfahrt hätten. Na klar!

Noch am selben Tag fuhren wir nach Ribeira Brava, der Hauptstadt der Insel. Auf der etwa einstündigen Fahrt beobachteten wir die von der Abendsonne in rötliches Licht getauchten schroffen Berge und Täler. Unsere Ah- und Oh-Rufe und „schau doch mal hier" und „schau doch mal dort" wurden schmunzelnd von unseren Gastgebern vernommen.

Unterwegs wurden wir dem Chefarzt des Krankenhauses, Ahmed aus Ägypten, vorgestellt und erfrischten uns bei ihm zu Hause mit einem Drink. Wie einfach die Einrichtung: eine Sofagarnitur mit Tisch und eine Anrichte waren die ganze Ausstattung im Wohnzimmer.

Ahmed schloss sich unserer Gruppe an, und weiter ging es zu einem der acht Brüder Bernardinos, der ein einfaches Restaurant besaß, wo wir uns unter Bambussonnenschirmen niederließen, ganz rustikal an runden Tischen und auf unbequemen Hockern aus Baumstämmen. Dieses Restaurant hatte sich auf gegrillte Hähnchen mit Pommes Frites spezialisiert, was uns ungefragt serviert wurde. Obwohl wir glaubten, noch vom Bacalhau satt zu sein, griffen wir zu.

Da waren wir nun: Erschöpft von unserem langen Törn, und anstatt uns ausruhen zu können, wurden wir nun auch noch unverhofft zu einem Fest gefahren, das zu Ehren des St. Nikolaus stattfand, nach dem diese Insel benannt wurde. Viele Menschen standen wartend auf den Straßen, bis endlich Eintrittskarten verkauft wurden.

Um Mitternacht vom fünften auf den sechsten Dezember, dem Nikolaustag, war Einlass auf den Hauptplatz von Ribeira Brava, wo ohrenbetäubende, kapverdische Musik gespielt wurde. Hier wurden wir weiteren Honoritäten der kleinen Stadt vorgestellt: dem Rechtsanwalt, dem Bankdirektor und dem Bürgermeister der Insel.

Edi unterhielt sich trotz dröhnender Musik angeregt mit den Tischnachbarn und musste dabei brüllen, um sich verständlich zu machen. Mich dagegen zog die Musik an, und ich wagte mich auf die Tanzfläche. Nach wenigen Takten schon hatte ein Mann vorsichtig meine Hand ergriffen und tanzte mit mir. Völlig nass von Schweiß schaute ich ab und zu bei Edi vorbei, um meinen Durst zu löschen.

Erst um drei Uhr früh machten wir uns auf die wiederum einstündige Rückfahrt zum Hafen Tarrafal. Unser Beiboot fanden wir unversehrt vor. Niemand hatte sich daran zu schaffen gemacht, obwohl die Kinder, die bei unserem Dingi Wache geschoben hatten, längst zu Hause in ihren Betten lagen.

Eines Morgens hatte eine besonders heftige Bö unser Beiboot, das hinten am Schiff an seiner langen Leine angebunden war, umgedreht. Kiel oben schaukelte es auf dem Wasser. Au weia! Damit hing auch der Außenbordmotor, am Heck des Dingis angeschraubt, kopfüber im Wasser. Ein Fischer hatte unsere missliche Lage entdeckt, fuhr heran und half uns, das Dingi wieder umzudrehen. Gott sei Dank waren unsere Paddel noch da, da sie angebunden waren.

Anstatt erst einmal richtig wach zu werden und zu frühstücken, musste Edi eine Notaktion starten. Er machte sich sofort daran, den Motor vom Salzwasser zu befreien und versuchte anschließend, ihn zu starten. Doch vergebens, er war bereits mit Seewasser vollgelaufen.

Das hieß: Den Motor an Bord der SINGLE MALT an der Reling anbringen, um besser daran arbeiten zu können, da es im Dingi zu sehr schaukelte; Zündkerze raus, das Innenleben reinigen, wieder zusammensetzen und den Motor möglichst schnell wieder zum Laufen zu bringen, um jegliche Salzreste auszuspülen.

Also den Motor wieder zum Dingi runterreichen, daran festschrauben und starten. Nach einigen Versuchen sprang er schließlich an, und Edi drehte ein paar Runden im Hafen, um auch das letzte Körnchen Salz herauszuspülen. Nochmal Glück gehabt!

An einem anderen Tag wurden wir von unseren neuen Freunden zu einer spartanisch wirkenden, urigen Schnapsbrennerei gefahren. Ein freundlicher Mann begrüßte uns und erklärte, dass er den Schnaps (hier in den Kapverden Grogue genannt) aus Zuckerrohr herstellte.

Er brannte das Getränk unter freiem Himmel mit einfachsten Mitteln und zeigte uns halbierte und ausgehöhlte Bambusstangen, über die die Flüssigkeit geleitet und in Behälter gefüllt wurde. Modern wirkten einzig die Fässer, in denen gegärt wurde. Sie standen in einem Schuppen.

Der Mann mischte den Grogue mit Mel (Melasse, oder wahrscheinlicher: Zuckerrohrsirup), was ein sehr potentes Getränk ergab. Letzteres kratzte dermaßen in der Kehle, dass wir heftig husten mussten und fast daran erstickten.

Auch einem Gärtner wurden wir vorgestellt, bei dem wir Obst und Gemüse kaufen konnten. Die Papayas pflückte er uns frisch vom Baum, wozu er mit Leichtigkeit den glatten, astlosen Stamm hinaufkletterte und, man höre und staune, mit der geernteten Frucht in der Hand diesen glatten Stamm wieder herunterkam.

Mit Hilfe von Manuel erstanden wir in Preguiça von einem Fischer eine Languste, die bei uns im Kühlschrank einige Tage warten musste, da wir immer wieder bei Manuel in fröhlicher Runde saßen, aßen und plauderten. Wie alte Bekannte ließen Manuel und Bernardino uns an ihrem Leben teilhaben. Ja, sogar unsere Wäsche ließ Manuel von einer seiner Angestellten waschen. Fast beschämt nahmen wir diese Gastfreundschaft an. Hätten wir uns je wildfremder Menschen so freundlich angenommen?

Zwei Tage Aufenthalt hatten wir für São Nicolau vorgesehen. Eine Woche wurde daraus. Wenn es am schönsten ist, sollte man gehen, heißt es. So sagten wir unseren Freunden und der uns liebgewonnen Insel „Adios", begleitet von guten Wünschen für eine schnelle Überfahrt und sogar mit einer Einladung zu Weihnachten im Gepäck. Dieser Einladung konnten wir zwar nicht folgen, da wir zu dieser Zeit auf See sein wollten, doch wir freuten uns natürlich darüber.

São Vicente und São Antão

Mit gutem Wind preschten wir innerhalb von acht Stunden nach Mindelo, einem Ort auf São Vicente. Die „Ilha de São Vicente", wie sie mit vollem Namen heißt, ist die vorletzte der Kapverdischen Inseln Richtung Nordwesten.

Armer Edi! Auf dieser Überfahrt hatte ihn die Seekrankheit erwischt. Der Grund hierfür war etwas ungewöhnlich. Auf La Gomera hatten wir uns mit Proviant eingedeckt. Besonders stolz waren wir auf einen Schinken und einige Dauerwürste, die in der Kabine aufgehängt waren und so gute Düfte verbreiteten, dass einem das Wasser im Mund zusammenlief.

Der Schinken, inzwischen bei uns an Bord luftgetrocknet, wurde immer besser, aber auch kleiner, da wir fleißig davon abschnitten. Auch ein ganzer Ziegenkäse, klein und kugelig, gehörte zu diesen Reserven. Das gute Stück hing in einem Netz in der Bugkabine und müffelte vor sich hin.

Dieser Geruch von Ziegenstall haute Edi um, als er dort zu tun hatte. Als er wieder hervorkam, war er grünlich-gelb im Gesicht und legte sich auf den Fußboden, wo es seiner Meinung nach am wenigsten schaukelte.

Tapfer überwand er den Brechreiz, setzte sich immer wieder an den Kartentisch, um unsere Position festzustellen und den Kurs zu überprüfen, denn wir segelten nah an einer Insel entlang.

Die Kapverden sind recht heimtückisch, weil der untere Teil der Inseln oft hinter dickem Dunst versteckt ist, während der obere Teil sich manchmal nur wie eine dunkle Silhouette zeigt. Dank Edis guter Navigation und seinem eisernen Kampf gegen den Brechreiz passierten wir heil die verschiedenen Durchgänge, fuhren eine Abkürzung zwischen einem spitz aus dem Wasser ragenden Felsen und São Vicente hindurch und erreichten sicher Mindelo, wo wir ankerten.

Wie fremd war hier alles ohne Freunde. Es wollte uns erst gar nicht gefallen, nachdem wir gerade eine so wunderbare Zeit mit unseren neuen Freunden auf São Nicolau verbracht hatten. Doch das änderte sich bald. Wenige Tage nach uns traf die SY ADARES mit einem Loch im Rumpf ein.

Die Eigner Esther und Martin, die Edi bereits aus der Türkei kannte, waren glücklich, doch noch lebend in Mindelo angekommen zu sein. (Hier gibt es eine kleine Werft, in der die SY ADARES aus dem Wasser gehoben und mit eigenen Mitteln repariert werden konnte.) Gegenseitige Besuche freuten uns, hatten wir uns doch viel zu erzählen.

Wir hatten einen Geheimtipp bekommen: Die Spezialität, eine Art Paella des Restaurants „Pica Pau", sollten wir uns nicht entgehen lassen. Tatsächlich, auf dem Reis lagen die besten Meeresfrüchte: Langusten, Krebse, Krabben, Fische sowie Tintenfische. Als wir gemütlich am Schmausen waren, stand plötzlich Bernardino vor uns! Er hatte geschäftlich in Mindelo zu tun, uns rein zufällig gesehen und gesellte sich nun zu uns. Das war eine große Wiedersehensfreude, und wir konnten noch einmal Abschied feiern.

Auch die nordwestlichste der Inseln besuchten wir, São Antão, die, wie der Name sagt, nach dem heiligen Antonius benannt ist. Dort gab es keinen sicheren Ankerplatz, auf dem wir unsere SINGLE MALT hätten allein lassen und in Ruhe an Land gehen können. Deshalb nahmen wir in diesem Fall eine Fähre von São Vicente.

Mit einem Sammel-Minibus fuhren wir auf der sich nach oben schlängelnden Straße bis auf eine Höhe von tausendzweihundert Metern, wo sie an einem Grat entlangführte – mal auf der einen, dann auf der anderen Seite des Grates, während die Steilhänge fast tausend Meter senkrecht nach unten abfielen. Atemberaubend! (Achtzehn Jahre später fanden wir eine neue bequeme Straße entlang der Küste vor.)

Trotz des abenteuerlichen Weges erreichten wir sicher die Hauptstadt, Ribeira Grande, auf der nördlichen Seite der Insel und schlenderten durch den Ort, bevor wir die ebenso eindrucksvolle und unvergessliche Rückfahrt antraten.

TEIL IV

Über den Atlantik in die Karibik
Von den Kapverden bis Antigua

Dezember 1998 bis Januar 1999

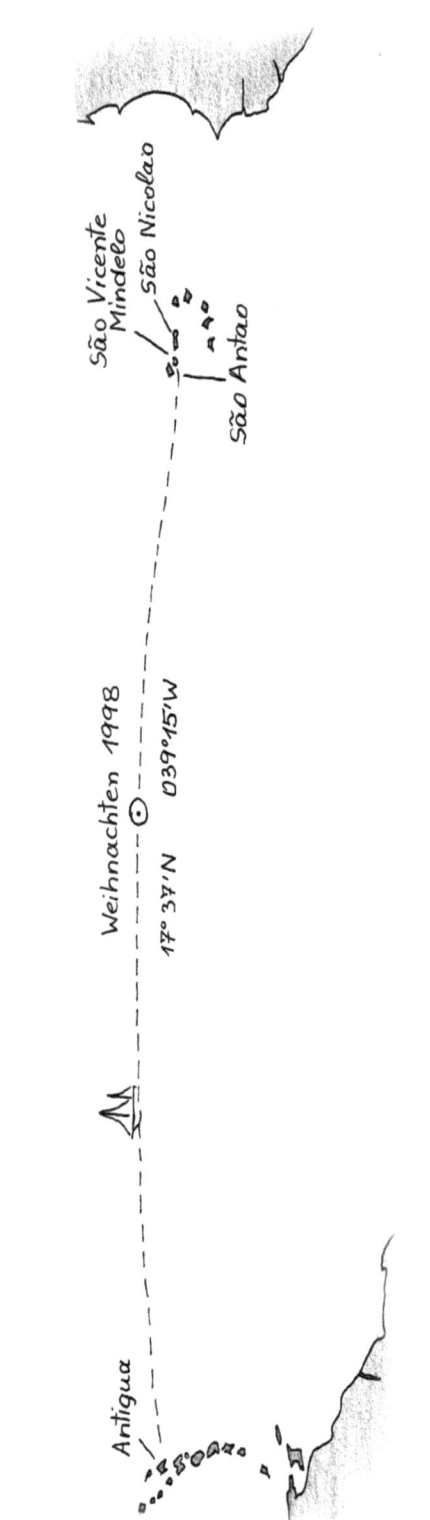

São Vicente
Mindelo

São Nicolao

São Antao

Weihnachten 1998

17° 34' N

039°15' W

Antigua

22. Auf nach Antigua –
Wo bleibt der Wind?

Am achtzehnten Dezember um achtzehn Uhr lichteten wir Anker und verließen Mindelo in Richtung Antigua in der Karibik. Wir rechneten mit einer etwa dreiwöchigen Überfahrt – wenn alles gut ginge. Tja, wenn alles gut ginge! Wo blieb der angeblich so beständige Passatwind?

Als wir noch auf São Vicente waren, hatten Segler uns den Tipp gegeben, dass auf einer bestimmten Kurzwellen-Frequenz ein gewisser Herb Wetterberichte an Segler und Fischer geben würde. Das fanden wir großartig, denn es kostete viel Zeit, unser Wetterfax, das uns Wetterkarten ausdrucken konnte, zu programmieren. Auf dieser Fahrt würden wir uns an Herb wenden.

„Wie aufopfernd!", dachte ich. Was bewog diesen Mann dazu, sich tagtäglich morgens und am späten Nachmittag hinzusetzen, Wetterkarten auf seinen Computern zu laden und den Menschen auf See die Prognosen zu übermitteln? Ein Internet wie in der heutigen Form gab es noch nicht.

Damals wusste ich auch noch nicht, dass Herb ein begeisterter Segler war und ein Segelboot namens SOUTHBOUND II (two) besaß. Mit diesem war er 1982 mit seiner Familie unterwegs und erlebte einen schlimmen Sturm, der derart verheerend getobt haben muss, dass Herb sich vornahm: „Wenn meine Familie und ich das überleben, dann werde ich denen auf See Wetterberichte geben." Das tat er schließlich 25 Jahre lang, von 1987 bis 2013, sieben Tage in der Woche, unentgeltlich und sehr professionell.

Auch wir meldeten uns also bei Herb an und fragten nach einer Prognose. Er sah auf seinen Wetterkarten nur schwächsten Wind. Manche Stunde dümpelten wir auf den Wellen mit schlaffen Segeln und warteten auf einen Luftzug! Kam dann etwas Wind auf, wechselte er häufig die Richtung, sodass wir die Segel erst von Backbord nach Steuerbord und im nächsten Moment wieder nach Backbord schiften mussten.

Viel Zeit ging für diese Segelmanöver drauf, und wir kamen vom Kurs ab. Das war nicht weiter schlimm, weil ja viele Meilen vor uns lagen. Doch die Selbststeuerung, die uns die Arbeit des Steuerns abnehmen sollte, schaffte es nicht, bei diesem schwachen Wind gegen die hohe Dünung anzusteuern. „Woher kam überhaupt die hohe Dünung?", fragten wir uns. Das sollten wir noch erfahren.

Wohl oder übel mussten wir den richtigen Kurs jeweils per Hand wieder einschlagen. Mühsam! Sollte das etwa auf der ganzen Strecke so weitergehen? Glücklicherweise nicht: Irgendwann kam endlich guter Wind auf, bei dem die Windsteuerung gut funktionierte. Wir atmeten auf und setzten Segel.

23. Blinder Passagier

Eines Nachts, etwa um Mitternacht, wunderte ich mich über einen dunklen Schatten auf der gepolsterten Rückenlehne im Salon, ging der Sache mit einer Taschenlampe nach und entdeckte einen blinden Passagier. „Wirklich?", staunte Edi, als er verschlafen aus der Koje kam und ich ihm diesen Passagier meldete. Ich spannte ihn ein wenig auf die Folter. „Ja, und er hat zwei Flügel!", gab ich ein wenig mehr Information preis. Schließlich war Edi wach genug, um zu verstehen, worum es sich handelte.

Tatsächlich hatte sich ein schwarzer, schwalbenähnlicher Vogel zu uns verirrt und verkroch sich im Bücherregal. Vorsichtig holte Edi dieses verängstigte Tierchen hervor in der Hoffnung, es habe sich nicht verletzt und noch nichts auf die Bücher fallen lassen. Er setzte es im Cockpit zu den Anzeigegeräten, wo es geschützt vor Wind und Wetter war. Der kleine

Kerl wollte sich verstecken und duckte sich in eine der wenigen Ecken, die dort zu finden waren. Altes eingeweichtes Brot und Wasser, das wir ihm hingestellt hatten, rührte er nicht an, ja, er sah es vor lauter Angst nicht einmal.

Als er endlich aus seiner Angststarre erwachte, hielt ich meine Hand unter seine Füße. Wie weich sie mit ihren Schwimmhäuten waren. So ganz anders als die „normalen" Vogelfüße, die ich sonst kannte. Unser Gast tippelte an meinem Arm hoch, breitete die Flügel aus, verharrte einen Moment, ehe ein Lufthauch ihn anhob und er lautlos in der Dunkelheit verschwand. „Pass auf dich auf, kleiner Freund!", rief ich ihm in Gedanken nach.

Während einer anderen Nacht erlebten wir Wetterleuchten, das ab und zu aufblitzte. Ob es wohl stärkere Böen geben würde? Dann müssten wir die Segel reffen. Aber wir hatten Glück: Mit einer Geschwindigkeit von gut sechs Knoten rauschten wir unter vollen Segeln ruhig durch die Nacht und ließen das Wetterleuchten nördlich von uns liegen. Die Wellen waren jetzt etwa hundert Meter lang und nicht sehr hoch – das machte Freude!

24. Kulinarisch bestens vorbereitet

Kulinarisch hatten wir uns gut für die Atlantiküberquerung eingedeckt. Für den ersten Abend der Überfahrt hatten wir gebratenes Huhn an Currysauce mit Reis vorbereitet. In den darauffolgenden Tagen wurde jeden Abend eine warme Mahlzeit gekocht, mit Ausnahme von Silvester und dem dritten Januar.

Täglich gab es mindestens eine Frucht, etwas Joghurt, Käse, Schinken, Oliven, sowie Tomaten und Gurken als Salat mit haltbarem Brot. Jeweils um elf Uhr und um sechzehn Uhr Schiffszeit genossen wir – wie könnte es anders sein – unseren Apéro, und zum Essen wurde roter Wein serviert.

Im Hinblick auf Weihnachten hatten wir die Kabine mit einer Lichterkette, einem kleinen, künstlichen Weihnachtsbaum und weiteren Kleinigkeiten geschmückt. An Heiligabend gab es Spargel mit Mayonnaise, Schinken und Salzkartoffeln, während draußen der Wind stärker geworden war und mit etwa dreißig Knoten wehte.

Das Weihnachtsmenü bestand aus Dörrbohnen mit küchengeräuchertem Speck aus dem Emmental, Kartoffeln, dazu eine Flasche hervorragenden Wein aus der Türkei. Weitere Mahlzeiten bestanden aus Chabis (Kohl) mit geräucherter Wurst und Kartoffeln.

Am ersten Weihnachtstag fertigten wir eine Tafel mit dem Datum, Uhrzeit und unserer Position an, (25.12.1998, 15:30 GMT; Lat: 17° 37' N; Lon: 39° 15' W, Kurs 274° T; Wind NE 30 kn) hielten den U-förmigen Rettungsring wie einen Rahmen darüber und fotografierten uns damit gegenseitig.

Silvester öffneten wir zum Essen eine Flasche besten griechischen Weines von unseren griechischen Freunden Despina und Marcos Vorrias. Neujahr gab es Sauerkraut, erneut küchengeräucherten Speck und Kartoffeln. Alles in allem lebten wir nicht ausgesprochen spartanisch.

25. Die Tücken starken Seegangs

Neben dem Ausschau halten und Navigieren lasen wir oder beobachteten die Wellen und die Möwen in ihrem eleganten Flug. Fliegende Fische prallten nicht nur auf das Deck, nein, einer flog durch die geöffnete Luke und landete polternd direkt in der Hauptkabine vor mir auf dem Tisch – leider noch ungebraten. Langeweile kam wirklich nicht auf.

Das Boot preschte flott voran, und wir genossen das Segeln. Doch nach wenigen Tagen änderte sich alles. Der Wind legte stetig zu, die See wuchs immer höher an und es erreichte uns eine gewaltige Dünung von Stürmen im Nordatlantik. Herb, Southbound II, meldete uns für die nächsten Tage vierzig bis fünfundvierzig Knoten Wind und eine durchschnittliche Wellenhöhe von fünfundzwanzig Fuß, also etwa acht Meter. Das entspricht ungefähr einem dreigeschossigen Wohnhaus mit Dach.

Die Wellenberge waren gewaltig. Die heranbrausenden Brecher rauschten furchterregend laut und der Wind pfiff alarmierend durch die Wanten. Aber während des Tages schien die

Sonne – was wir staunend zur Kenntnis nahmen – und wir beobachteten die dunkelblauen Wellen.

Trotz ihrer massigen Höhe sahen sie ungefährlich aus, und die Schaumkronen darauf wirkten so leicht wie Federn. So gewöhnten wir uns nicht nur an sie, sondern freuten uns sogar an dem Anblick.

Zum Ausschauhalten mussten wir jeweils warten, bis wir oben auf einem Wellenkamm waren, schnell einen möglichst großen Teil des Horizonts nach Schiffen absuchen, und schon versanken wir wieder im tiefen Tal.

Während dieses Tanzes auf den Wellen wurde die SINGLE MALT ordentlich durchgeschüttelt, und ich bekam blaue und grüne Flecken, da ich immer wieder irgendwo an eine Kante geworfen wurde – es schmerzte sehr. Aber wir kamen trotz allem gut voran, und das Bordleben verlief ansonsten erstaunlich normal.

Wenn etwas passierte, dann natürlich nachts während Edis Ruhezeit. Ein plötzlicher lauter Knall ließ mich aufschrecken und riss Edi aus dem Schlaf. Wir hatten raumen Wind, und schon allein wegen der Wellen schwankte die SINGLE MALT stark hin und her. Die Genua war ausgebaumt.

Der Baum, der die Genua nach außen spannte, war anscheinend durch die Krängung des Bootes in eine der hohen Wellen getaucht, wodurch einer der Beschläge mit acht (!) Nieten herausgerissen wurde. Der nunmehr lose Baum war nur noch am Mast befestigt, und das andere Ende schlug bei jedem Hin- und Herschwingen des Bootes gegen den Schiffsrumpf. Provisorisch befestigten wir den Baum neu und setzten wieder das Segel. Das lässt sich mit so wenigen Worten beschreiben, dauerte aber so manche Stunde.

26. „Welle ins Schiff eingestiegen" – aus dem Logbuch am 30.12.1998

Am 30. Dezember 1998, dieses Mal am frühen Nachmittag, als ich auf Wache im Cockpit saß und Notizen in mein Tagebuch schrieb, passierte es. Edi lag erst wenige Minuten in der Achterkabine, befand sich bereits im Tiefschlaf, als eine der hohen, gewaltigen Wellen mit wunderschöner weißer Schaumkrone, lärmend wie ein Eisenbahnzug, herbeirauschte und knapp neben dem Schiff brach. Der so malerische Schaum ergoss sich als gewaltige Wassermasse ins Cockpit.

Fassungslos klammerte ich mich fest und stand plötzlich bis zur Hüfte im Wasser, das wie ein Wasserfall weiter in die Kabine rauschte. „Das ist das Ende! Jetzt gehen wir unter!", dachte ich. „In meinem tiefsten Innern ‚wusste' ich, dass ich diese Überfahrt nicht überleben würde, aber ein unbeirrbarer Drang ließ mich trotzdem lossegeln. Das innere ‚Wissen' hat mich nicht aufhalten können. Ich habe es lediglich gefühlt, bin ihm aber nicht nachgegangen, sondern einfach meinem Traum gefolgt!" Das waren so ungefähr meine Gedanken in dieser bizarren, irgendwie absurden, jedoch erschreckend realen Situation.

Durch eine kleine Luke vom Cockpit zur Achterkabine war ein Schwall Wasser geschwappt und hatte sich wie aus einem Kübel auf den schlafenden Edi ergossen. Der auf diese Art brutal Geweckte und in die Wirklichkeit Katapultierte, nun wach und Schlimmstes befürchtend, stürzte so schnell wie möglich zur Hauptkabine und rief: „Almuth! Bist du noch da?" Damit holte er mich aus meiner Schreckensstarre, und ich rief zurück: „Jaaaa!" In diesem Getöse und Gebrause von Wind und Wellen musste ich brüllen, um gehört zu werden.

In der Hauptkabine schwappte das Wasser hin und her, vor und zurück. Teppiche trieben darin herum. In Sekundenschnelle schaltete Edi geistesgegenwärtig die elektrische Bilgenpumpe an, die die Wassermasse langsam abpumpte. Dann verschaffte er sich einen Überblick.

„Wir müssen wieder auf Kurs gehen!", rief er, korrigierte die Segelstellung, der Wind fasste wieder in die Segel, und wir kehrten auf unseren Kurs zurück. Edi machte einen Eintrag ins Logbuch, schrieb nur das Nötigste ein: Die Position, die Zeit und den knappen Vermerk: „Welle ins Schiff eingestiegen!"

Es gab so viel zu tun, dass ich gar keine Zeit hatte, froh zu sein, dass das Schiff nun doch nicht untergehen und ich nicht ertrinken würde. Auch zum Angsthaben blieb mir keine Zeit, denn wir handelten einfach. Inzwischen war das Schlimmste überwunden. Ich zog mir trockene Kleidung an, fror nicht mehr so erbärmlich und bekam den Platz im Cockpit am Ausguck zugewiesen – meinen Lieblingsplatz!

Irgendwann war das Wasser aus der Kabine und aus der Bilge gepumpt, und Edi begutachtete den Schaden. Unter dem Kartentisch befand sich ein Fach für all die Seekarten sowie für unsere Dokumente. Darin schwappte das Wasser. Alle Karten und viele wichtige Unterlagen trieben darin herum. Der neue Laptop auf seinem Drehtischchen unter dem Kartentisch (obwohl in Plastik eingepackt) samt Drucker – alles war augenblicklich unbrauchbar geworden.

Die Schaumgummi-Polsterungen der Weinflaschen in der Bilge, Kissen, Vorhänge, Schuhe usw. waren vom Salzwasser durchnässt. Durch Lüftungslöcher war das korrodierende Nass zu den Konserven, und – wesentlich schlimmer – auch ins Werkzeugabteil hinein bis in die hinterste Werkzeugkiste gedrungen. „Was soll man dazu sagen?" „Eine schöne Bescherung!"

Die nassen Dokumente in den Plastikhüllen würden mit der Zeit Schimmel ansetzen. Natürlich mussten wir sie trocknen. Aber wie sollten wir diese Papiere aus den Hüllen bekommen, ohne dass sie zerrissen? Edi hatte eine geniale Idee: Wir, nein, er spülte die Unterlagen mit unserem kostbaren Trinkwasser aus den Hüllen heraus und hängte sie zum Trocknen an Leinen in der Kabine auf. Auch die Werkzeuge mussten aus ihren

Kisten genommen werden und Stück für Stück mit Frischwasser gewaschen und eingeölt werden.

Edi war unermüdlich ohne Pause an der Arbeit, während ich todmüde in die nasse Koje fiel. Der Schaden war in dem Moment nicht abschätzbar. Adressen, Briefe, angefangene Berichte im Computer waren verloren. Sehr viel später funktionierten plötzlich die eine oder andere Lampe nicht mehr oder es fiel ein Instrument aus. Die Korrosion ging langsam, aber stetig voran.

Trotz allem feierten wir Silvester 1998. Zum Glück hatten wir eine einfach zuzubereitende Speise geplant. Es gab Spargel aus dem Glas mit Salzkartoffeln, etwas Mayonnaise und geräucherten Schinken dazu, begleitet von der besagten Flasche hervorragenden Weines unserer griechischen Freunde.

Wir genossen unser Silvestermenü trotz der nassen Umstände, doch nach dem Abwasch fiel ich erschöpft in die Koje. Ich erwachte erst, als Edi mich fünf Minuten vor Mitternacht (Schiffszeit) weckte. Er öffnete eine Flasche Sekt, und wir stießen auf das neue Jahr an. Nur wenige Minuten später lag ich schon wieder in der Koje und war tief und fest eingeschlafen.

Dass Edi ja mindestens genauso müde sein musste wie ich, kam mir nicht in den Sinn. Er überwand die Müdigkeit mit eisernem Willen nach dem Motto, das er einst im Militär gelernt hatte: „Die Arbeitszeit richtet sich nach den Bedürfnissen der Truppe!" Unermüdlich wusch er weiter Dokumente aus den Plastikhüllen und trocknete sie. Und das machte er „so ganz nebenbei" neben dem Ausschau halten, Segel kontrollieren und Navigieren. Heute sage ich: „Hut ab!"

27. Bei Sturm die Genua bergen und weitere Katastrophen

Das Bordleben ging weiter und normalisierte sich. Ich war wieder ansprechbar, Edi bekam seinen Schlaf, Wachen wurden gegangen, und wir kamen gut voran. Als ich mal wieder nachts auf Wache war, näherte sich eine pechschwarze Wolke. Sie verhieß noch stärkeren Wind als den, den wir bereits hatten.

Das käme nicht gut, wusste ich. Bei noch stärkerem Wind könnte das Segel zerreißen und/oder der Mast brechen. Beides ein Albtraum. Um derartige Katastrophen zu vermeiden, sollten wir doch lieber Segel reduzieren. Es half nichts, ich musste Edi wecken und ihn für das Reffen der Genua um Hilfe bitten.

So oft ich seine Nachtruhe auch störte: Edi murrte nicht ein einziges Mal, wenn ich ihn rief. Dafür war ich ihm ausgesprochen dankbar. Er kam sofort, löste die Genuaschot, um den Winddruck auf das Segel zu reduzieren und damit den Motor zum Einrollen des Segels zu entlasten.

Ich bediente den kleinen Hebel vom Cockpit aus, der normalerweise dafür sorgte, dass die Genua automatisch eingerollt wurde. Aber es bewegte sich nichts! Auch nach mehreren Versuchen tat sich nichts. Wir reduzierten den Druck auf die Genua noch mehr: Nichts geschah!

Es blieb uns nichts anderes übrig, als bei knapp fünfundvierzig Knoten Wind, haushoher (!) See und in stockfinsterer Nacht die riesige, sperrige Genua zu bergen. Dazu mussten wir erst einmal unser Ölzeug hervorholen und anziehen, denn in dem gut vor Wind und Wetter schützenden Cockpit, in dem wir uns aufhielten, trugen wir unterwegs nur legere, der Temperatur entsprechende Kleidung.

Wir zogen uns also „seemännisch" an, legten unsere „Harnesse" (Gurtzeug mit zwei Karabinerhaken an Leinen, mit denen man sich an Deck sichern kann) an und holten dann genügend Gurte hervor, mit denen wir das Segel an die Reling binden konnten. Schließlich waren wir so weit, dass wir die SINGLE MALT beidrehen konnten, damit weniger See über das Deck rauschte.

Wir machten das Decklicht an, begaben uns auf das Deck und klickten als erstes unsere Harnesse an Deckbeschlägen ein, um gegen ein Von-Bord-gespült-Werden gesichert zu sein. Eine solche Sicherung kann Leben retten, macht aber das Vorwärtskommen an Bord nicht gerade leicht.

Die logischerweise kurzen Sicherungsleinen geben nur wenig Bewegungsfreiheit und müssen zum Vorwärtskommen immer wieder gelöst und an anderer Stelle eingehakt werden. Bei diesem Wetter hing wirklich unser Leben davon ab. Wäre einer von uns von Bord gefallen, hätte der andere ihn niemals wiedergefunden.

Der Wind pfiff uns um die Ohren. Ab und zu spritzte Gischt wie ein heftiger Regenguss über das Deck. Endlich hatten wir das Vorschiff erreicht und nahmen unsere Plätze ein. Zunächst banden wir das Schothorn der Genua provisorisch fest, damit es mich nicht erschlagen oder über Bord katapultieren konnte.

Als nächstes löste Edi am Mast das Genuafall (die Leine, mit der die Genua hochgezogen wird), um die Genua erst einmal einen halben Meter herunterzulassen. Dann arbeitete er sich weiter zum Bug vor und zog das Segel so weit herunter, wie es die gelockerte Leine zuließ. So schnell ich konnte warf ich mich auf den losen Teil des Segels, schnappte es mit beiden Armen und band es mit Hilfe eines unserer bereitgemachten Gurte an der Reling fest.

Wieder hangelte Edi sich zum Mast, ließ vorsichtig einen weiteren halben Meter Leine nach, kehrte zurück zum Bug, wo er das Segel weiter herunterzog und ich das nächste Stück des Segels an der Reling festband. So ließen wir das Segel Stück für Stück herunter und befestigten es an der Reling. Dabei waren unsere Harnesse zwar eher hinderlich als hilfreich, doch sie waren unsere einzige Lebensversicherung.

Irgendwann, nach ich weiß nicht wie vielen Stunden, hatten wir es endlich geschafft und atmeten auf. Wir erreichten beide das sichere Cockpit, verschnauften, und Edi überlegte, was nun zu tun sei. Ohne Segel wären wir vom Wind irgendwohin getrieben worden und hätten wie ein Korken auf den Wellen getanzt.

In der Segelkiste hatten wir ein kleineres Segel aus besonders festem Material, die Sturmfock, die wir jetzt „ausgruben" und die gesetzt werden sollte. Dazu ging Edi erst allein an Deck und montierte ein inneres Stag für diese Fock.

Vom sicheren Cockpit aus, geschützt vor Wetter und Gefahr, beobachtete ich jede seiner Bewegungen und bangte um ihn. Er hätte ja jeden Moment über Bord gespült werden können. Als das Stag montiert war, transportierten wir gemeinsam die Sturmfock nach vorne auf das Deck und zogen sie auf.

So nahmen wir wieder Fahrt auf und bewegten uns in die gewünschte Richtung. Inzwischen brach ein neuer Tag an. Übermüdet, aber glücklich, dass alles gut gelaufen war, erholten wir uns von der anstrengenden Nacht, und das Bordleben spielte sich wieder ein.

Einige Tage später saß ich am Ausguck, während Edi Einträge ins Logbuch machte. Plötzlich streikte die Windsteuerung. Zudem erwies sich der elektrische Autopilot als zu schwach, als dass er die Windsteuerung hätte ablösen können. Nun galt es, von Hand zu steuern.

Erst jetzt stellten wir fest, dass das nur unter großer Kraftanstrengung möglich war. Irgendetwas behinderte unsere Steuerung erheblich. Kein Wunder, dass der Autopilot nicht funktionierte. Edi schaffte es gerade mal zwanzig bis dreißig Minuten zu steuern. Ich konnte ihn für knappe fünf bis zehn Minuten ablösen. Die Kraftanstrengung war einfach zu groß! Nur noch unter Sturmfock, etwas Großsegel und dem Besan „humpelten" wir weiter in Richtung Antigua.

Etwa zwei Tage steuerten wir abwechselnd, konnten nicht schlafen, nicht kochen, aßen nur Kekse, Salzgebäck, trockenes Brot (alles Sachen, die weiter oben im Schiff gelagert wurden und daher trocken geblieben waren) und einige unserer Fischkonserven. Niemals hätte ich gedacht, dass ich so etwas durchstehen konnte. Mir war klar, dass es für unsere Sicherheit wichtig war, durchzuhalten und zu steuern, denn ich wollte ja heil ankommen und nicht an einem Riff zerschellen.

Zeit, um über die Situation nachzudenken, gab es nicht. Es musste gehandelt und der „innere Schweinehund" überwunden werden. Es hieß „wach bleiben". Natürlich kamen auch menschliche Bedürfnisse auf, wie Hunger, Durst und das WC zu besuchen.

Jede Handlung, jeder Schritt erforderte Kraft und Konzentration. Bei diesem Wetter wäre es schon schwierig genug gewesen, einfach nur das Segeln und Leben an Bord zu meistern, aber mit der zusätzlichen Kraftanstrengung beim Steuern und dem Schlafmangel wurde es eine echte Herausforderung.

Wann immer ich mich auf dem Schiff bewegte, versuchte ich natürlich, bei dem heftigen Wellengang nicht irgendwo anzuschlagen, sondern die Bewegung des Schiffes vorauszuahnen.

In der Kabine gab es zum Glück genügend Griffe, an die ich mich klammern konnte, aber wieder kostete das Kraft. Selbst auf dem WC musste ich mich an Griffen festhalten, um nicht herunterzufallen. Das anschließende Sich-wieder-Anziehen war ein neuer Balanceakt. Zu all dem fällt mir nur eine Beschreibung ein: Welch eine Tortur!

28. Durch gefährliche Riffe in tiefschwarzer Nacht

Regelmäßig hatte Edi unsere Positionen ins Logbuch und auf der immer noch durchnässten Seekarte eingetragen. Nach etwa anderthalb Tagen verkündete er, dass Antigua vor uns läge. Ich überlegte zweifelnd: „Liegt tatsächlich Antigua vor uns? Wie kann er das mit so einer Bestimmtheit sagen?"

Für mich war es unvorstellbar, bei diesen riesigen Wellen den Kurs beibehalten zu haben und tatsächlich am gewünschten Ziel angekommen zu sein. Aber in Wirklichkeit war mir das gleichgültig. Wichtig für mich war in diesem Moment nur, dass eine Insel vor uns lag, und dass wir bald dort ankommen würden.

Für diejenigen unter meinen Lesern, die sich gern auf GPS-Geräte verlassen: Wir hatten zwar ein GPS-Gerät, doch bis zum Jahr 2000 konnte man sich auf die Messungen nur bedingt verlassen. Aus militärischen Gründen wurden damals die Daten für den zivilen Gebrauch recht ungenau gehalten. Die herkömmlichen Messungen und Eintragungen in den Seekarten, die Edi aufgrund seiner Messungen mit seinem Sextanten vornahm, waren für ihn verlässlicher.

Unser Ziel, die Bucht English Harbour auf Antigua noch bei Tageslicht zu erreichen, war nicht möglich. Zu weit war die Insel noch entfernt. Edi überlegte, ob wir bis zum nächsten Morgen beidrehen und warten sollten, aber wir waren beide völlig übermüdet und so erschöpft, dass er uns eine weitere Nacht nicht zumuten wollte. „Wir fahren noch heute Nacht ein!", entschloss er.

Er traute sich diese Einfahrt zu, obwohl im Seehandbuch stand, dass die Lichter der Tonnen nicht funktionieren würden und es gefährlich sei, bei Dunkelheit einzufahren. Ich fragte nicht, wie er das denn schaffen wolle, sondern vertraute ihm, wie schon lange. Er wusste doch immer, was zu tun war!

Edi saß am Kartentisch und schaltete das Radargerät ein, auf dessen Bildschirm er erkennen konnte, wo sich Land, ein Riff oder ein Hindernis befand, gab mir Anweisungen, in welche Richtung ich zu steuern hatte: Fünf Grad nach links, zehn Grad mehr nach rechts.

(Edi hatte die Richtungsangabe „Links oder Rechts" für mich als Landratte am Anfang gebraucht, damit ich seine Kommandos verstand, und er hatte dies beibehalten. Außerdem war er an englische Ausdrücke wie „Port" und „Starboard" durch seine Zeit bei der englischen Handelsmarine gewöhnt.)

Mir war klar, wie übermüdet ich war, weshalb ich mich hinter das Steuerrad gestellt hatte, anstatt mich zu setzen. Und doch fielen mir einige Male für Sekunden die Augen zu, bis Edi mir ein weiteres Kommando zurief. Erschrocken riss ich meine Augen dann wieder auf, blinzelte, um wieder halbwegs wach zu werden, und packte unser Steuer noch fester. So tasteten wir uns vorsichtig an den Felsen und Riffen vorbei und näherten uns ohne Zwischenfälle in völliger Dunkelheit der Bucht.

Über Funk waren wir während unserer Überfahrt täglich mit dem Schweizer Segelboot CHEETAH in Kontakt. Edith und Urs hatten traurig erzählt, dass ihr Hund über Bord gespült worden sei und es bei dem haushohen Wellengang unmöglich war, ihn wiederzufinden. Im Stillen dachte ich daran, dass dieses Schicksal auch einen von uns hätte treffen können, und war unglaublich dankbar, dass wir bisher alles heil überstanden hatten.

Wir wussten, dass die CHEETAH einen Tag vor uns im English Harbour eingelaufen war. Deswegen nahmen wir Kontakt mit den beiden Seglern auf und erkundigten uns nach der Situation in der Ankerbucht. Bald vermeldete Urs, er habe uns in Sicht und würde ein helles Licht einschalten, auf das wir zusteuern sollten. So erreichten wir am vierten Januar, also nach sechzehneinhalb Tagen, unser Ziel und ankerten – völlig erschöpft und unglaublich froh, Land erreicht zu haben.

Trotz unserer fast unüberwindbaren Müdigkeit, kochten wir uns ein warmes, einfaches Essen und fielen erst dann, gegen ein oder zwei Uhr morgens, in unsere Kojen. Unser Schlaf war fast eine Narkose – tief und traumlos. Noch im Rhythmus des Kurzschlafs erwachten wir bereits gegen 6 oder 7 Uhr, frühstückten schnell und machten direkt unser Beiboot bereit, um einzuklarieren. Schließlich wollten wir pünktlich unseren Pflichten nachkommen.

Für uns gab es keine Muße, was sicher für uns beide gut war. Über die Überfahrt mit all den Herausforderungen, darunter die eingestiegene Welle, führten wir jetzt und auch später keine Gespräche.

Darüber war ich froh, denn ich fühlte mich schuldig an der Überschwemmung während meiner Wache und erwartete Vorwürfe. Die kamen nie. Noch viele Jahre später wäre ich bei dem Thema in Tränen ausgebrochen. Ich war wie traumatisiert und daher froh, durch das Einklarieren und die vielfältigen anderen Aufgaben abgelenkt zu werden.

TEIL V

Karibik
Von Antigua bis Trinidad

Januar bis April 1999

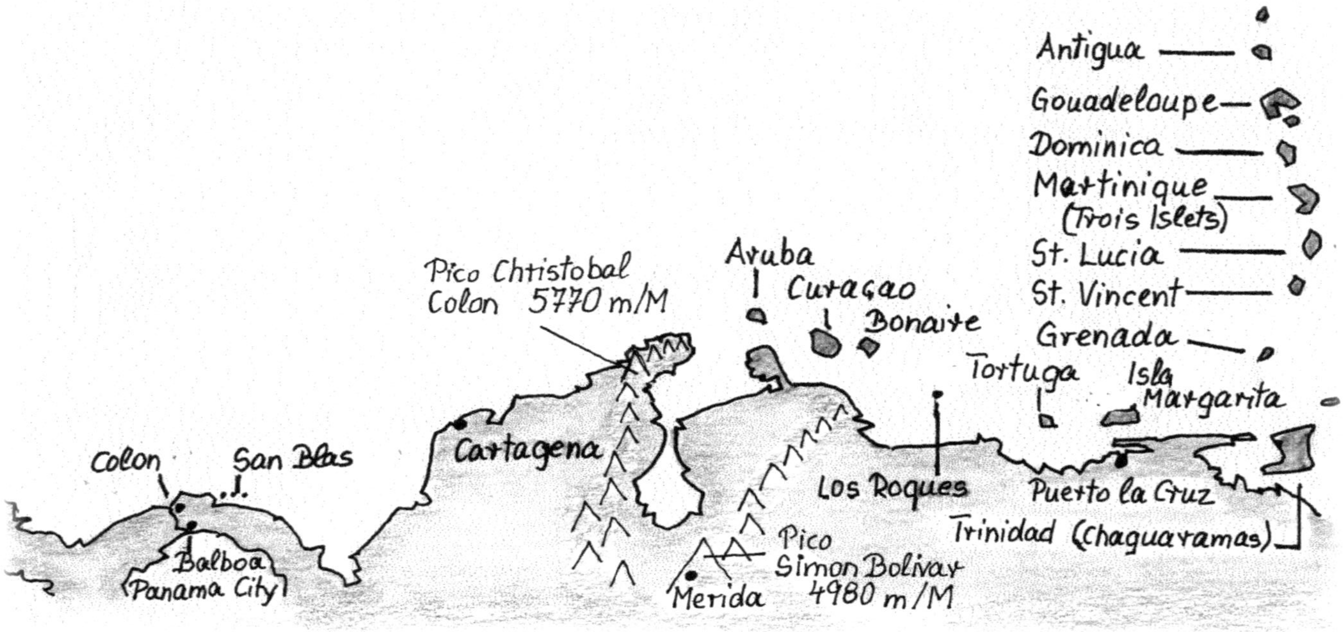

Antigua —
Gouadeloupe —
Dominica —
Martinique —
(Trois Islets)
St. Lucia —
St. Vincent —
Grenada —
Isla Margarita
Tortuga
Puerto la Cruz
Los Roques
Trinidad (Chaguaramas)
Aruba
Curaçao
Bonaire
Pico
Simon Bolivar
4980 m/M
Merida
Pico Christobal
Colon 5770 m/M
Cartagena
San Blas
Colon
Balboa
(Panama City)

29. Antigua – „Handarbeit ist Sklavenarbeit"

Januar 1999

Gegen 8 Uhr betraten wir Antigua und fanden uns in fast menschenleeren Straßen wieder. Um diese Uhrzeit waren wir die erste Kundschaft bei der Immigration. Ein uniformierter Mann mit dunkelbrauner Hautfarbe saß dort auf einem Stuhl, hatte seine Füße auf den Schreibtisch gelegt, hielt in einer Hand die Bibel, in der anderen eine dick belegte Scheibe Brot. Er hatte offenbar Frühstückspause.

Ohne uns die geringste Beachtung zu schenken, aß er in aller Ruhe weiter, blätterte mit fettigen Fingern in seinem Buch und ließ uns dort in der Hitze stehen und warten. Erst nach einer langen, langen Weile bequemte er sich, sich uns zuzuwenden. Dies war unsere erste Begegnung mit der Bevölkerung der Karibik ...

Nach dem Einklarieren nahm Edi mit dem Hersteller Amel betreffend Steuerung und Reffeinrichtung Verbindung auf. Sofort bestellte er auch die notwendigen Ersatzteile für den Autopiloten.

Zwischendurch sollten Kissen, Vorhänge, Teppiche gewaschen werden. Diese Sachen und die Kleidung gab ich einer Waschfrau, die mir empfohlen wurde; eine pummelige Frau mit dunkelbrauner Hautfarbe, in einem weißen Kleid mit vielen gekräuselten Rüschen, die ihre hübsche Haut, aber auch die Figur noch mehr betonten.

Nach dem Preis gefragt, sprach sie so undeutlich, dass ich die Summe gerade eben verstand, doch die Worte davor und danach, selbst nach dreimaligem Nachfragen, waren für mich unverständlich. Also gab ich ihr unseren großen Wäschesack einfach so und dachte mir, das würde schon passen.

Anderntags wollte ich die Wäsche abholen, mit der entsprechenden Menge Geld in der Tasche. Endlich konnte die Frau deutlich sprechen. Was ich am Vortag nicht verstanden hatte, waren die Worte „per load" (pro Ladung). Entsprechend wollte sie das Vierfache dessen, was ich erwartet hatte. Ich fühlte mich schlecht, denn gerne hätte ich sie sofort bezahlt, hatte nur nicht das nötige Geld bei mir.

Es half nichts: Wir ließen die Wäsche vorerst bei der Frau, bezahlten die verlangte Summe beim nächsten Landgang und erhielten entsprechend unsere Wäsche zurück – sauber und trocken. Zum Abschied empfahlen wir ihr, bei den nächsten Kunden deutlicher zu sprechen, um Missverständnisse auszuschließen.

Weit frustrierender als unser Wäsche-Missgeschick war für Edi die Angelegenheit Computer, samt Programmen und Gespeichertem, auf die er sich konzentrierte. Es brauchte viel Zeit und Geld, bis Edi endlich überzeugt war, dass der Computer tatsächlich nicht zu reparieren war. Ein neuer musste her.

In den USA wurden allerdings keine mit Schweizer Tastatur verkauft, und die zusätzlichen Zeichen (Umlaute sowie die französischen Sonderzeichen) würden uns fehlen. Schlussendlich entschloss Edi sich, über einen ehemaligen Schulkameraden einen neuen Laptop in der Schweiz zu bestellen, den er sich nach Guadeloupe schicken ließ.

Als wir den gelieferten Computer endlich erhielten, hatte er nicht nur vierzehn lange Tage unnötig beim Zoll herumgelegen. Nein, die Krönung war, dass Edi auch noch CHF 260,00 für Bearbeitungsgebühren (nicht etwa Zoll) bezahlen sollte! Wir waren sprachlos. Doch es half nichts: keine Diskussion, kein Bitten, kein Betteln. Wenn wir den Computer haben wollten, mussten wir die Gebühr bezahlen. Innerlich grummelnd und zähneknirschend bezahlten wir und erhielten unser kostbares Stück.

Westindien

Wie viele andere Inseln Westindiens, wurde auch Antigua durch Kolumbus entdeckt.

Der Name „Westindien" hat historische Hintergründe: Kolumbus hatte den Auftrag, einen kürzeren Weg nach Indien zu finden als den um Südafrika herum. Als er im Westen auf Land stieß, lautete die offizielle Annahme, dass er Indien erreicht habe. Daher die Bezeichnung „Westindien". Später bürgerte sich „Karibische See" bzw. „Karibische Inseln" oder „Karibik" ein, doch der Name „Westindien" hält sich bis heute.

Bereits 1632 ließen sich auf Antigua Engländer nieder. Mit der Zeit wurde English Harbour mit den „Dockyards" (Werften) zu einem wichtigen Stützpunkt für die Royal Navy, da dieser es den Engländern erlaubte, permanent eine Flotte in diesem Seegebiet zu halten. Zudem war dieser geschützte Hafen auch während der Hurrikan-Saison einigermaßen brauchbar.

Auch hier, wie in der Straße von Bonifacio und Gibraltar, begegneten wir wiederum der Geschichte Admiral Nelsons (geb. 1758). Er trat in jungen Jahren der Royal Navy als Midshipman (Fähnrich) bei und verbrachte die Jahre von 1784-1787 als junger Leutnant in Westindien. Er lernte dort nicht nur etliche Kollegen kennen, die später seine Kapitäne werden sollten (die sogenannte Bruderschaft), sondern auch die junge Witwe Fanny, mit der er sich auf Antigua verheiratete.

Wie bereits beschrieben (s. Seite 110), ankerte Horatio Nelson 1805 mit seiner Flotte in Antigua, wo er zu seiner großen Enttäuschung erfuhr, dass die Franzosen bereits Richtung Europa unterwegs waren. Des-

*halb kehrte er via Gibraltar zurück nach England, wo
er am 18.08.1805 in Spithead (Portsmouth) ankam.
Als Napoleons Flotte die Schlacht bei Trafalgar gegen Nelson verlor, musste er seine Träume für eine In-
vasion in England endgültig begraben. Zu Nelsons Ehren erhielt die Basis im English Harbour den Namen
„Nelson's Dockyard".*

Nachdem wir die wichtigsten Dinge erledigt und uns ein wenig erholt hatten, konnten wir endlich würdigen, dass wir in
einem so geschichtsträchtigen Hafen vor Anker lagen. Wir bestaunten die alten Gebäude, in denen sich inzwischen kleine
Geschäfte, Restaurants usw. befanden, und erfuhren, dass die
ganze Anlage als Museum galt.

Ein für uns neues und damit besonderes Schauspiel boten uns
die braunen Pelikane. Sie flogen herum, stürzten sich aus der
Höhe fast senkrecht herab ins Meer, streckten im letzten Moment vor dem Eintauchen ins Wasser den sonst zurückgebo-
genen Hals und legten die Flügel an den Körper. Beim Auftauchen verschluckten sie hastig den erhaschten Fisch, bevor sie
die Jagd wieder aufnahmen.
Einer von ihnen machte es sich auf dem Bugkorb eines Segelbootes bequem, das offenbar wenig benutzt wurde. Diesen Platz
der Ungestörtheit schien er zu lieben, denn auf dem Deck hatte
sich schon ein rechter Berg mit seinem Pelikandreck angehäuft.

Die benachbarte Bucht mit dem Ort Falmouth Harbour, in der
die ganz großen Yachten lagen, war nur wenige hundert Meter
entfernt. Dort konnten wir Lebensmittel einkaufen, telefonieren und Faxe absetzen.

Mit dem Bus fuhren wir einige Male in die Hauptstadt St. Johns.
Ähnlich wie in der Türkei fuhren diese kleinen Busse erst ab,

wenn genügend Leute im Bus zusammengekommen waren. Dafür hielten sie auch überall. Wenn wir endlich auf dem Markt angekommen waren, kauften wir immer bei derselben Marktfrau ein.

Sie beriet uns, wie uns unbekanntes Gemüse gekocht wird, und wie fremdartige Früchte geschält und gegessen werden. Beim Bezahlen gab sie uns jedes Mal einen Rabatt; dies sei das Geld für die Busfahrt.

Während unseres Aufenthaltes fiel uns bei der lokalen dunkelhäutigen Bevölkerung auf, dass kaum jemand gerne zu arbeiten schien. Unsere fleißige Marktfrau war da wohl eine Ausnahme. Uns gegenüber empfanden wir viele dieser Menschen eher als hochnäsig. Der lokale Nachrichtensender verkündete folgenden Satz und bestätigte damit unseren Eindruck: „Manual labor is slave labour!" (Handarbeit ist Sklavenarbeit!)

Wir genossen den Aufenthalt auf Antigua, doch das Warten auf die Ersatzteile für den Autopiloten, die aus den USA geliefert werden sollten, stellte unsere Geduld auf eine wenig angenehme Probe. Endlich, am 28.01., nach gut drei Wochen, erhielten wir die langersehnten Teile. Die Reparatur ging schnell, und so konnten wir direkt am folgenden Morgen Richtung Guadeloupe aufbrechen.

30. Überfall auf Guadeloupe

Februar 1999

Ny Wyr Dyn Nid El o'l Dy.
Ein Mann, der zu Hause bleibt, lernt nichts dazu.

Altes Sprichwort aus Wales

Unsere Fahrt von Antigua nach Guadeloupe verlief zur Abwechslung endlich mal wieder unspektakulär. Wir erreichten diese südlich von Antigua gelegene Insel nach einer kurzen Fahrt und ankerten in der ersten Nacht in Anse Deshaies, einem kleinen Hafen, in dem wir auch einklarieren konnten. Schon beim Zoll erlebten wir eine freundlichere Behandlung als auf Antigua.

Kleine Antillen

Einige der Inseln der kleinen Antillen, darunter Antigua und Guadeloupe, wurden am 4.11.1493 durch Kolumbus entdeckt, der Guadeloupe nach dem spanischen Wallfahrtsort und Kloster „Nuestra Señora de Guadeloupe" nannte. Später wurde dies abgekürzt zu „Guadeloupe". Dieses Wort ist aus dem arabischen Oued-del-Oub abgeleitet und bedeutet „Fluss der Liebe".

Da die Urbevölkerung sich gegen eine Übernahme wehrte, waren die Spanier nicht mehr an der Insel interessiert, und erst 1635 begannen die Franzosen, sich hier niederzulassen. Etliche Male wechselte die Insel den Besitz zwischen den Briten und Franzosen, bis sie schlussendlich anlässlich des Pariser Vertrages von 1815 französisch wurde und offiziell den Namen Guadeloupe erhielt.

Wir segelten von Deshaies im Nordwesten der Insel weiter an der Westküste entlang nach Süden und drehten dann in die große Bucht ein nach Pointe-à-Pitre, wo Amel eine Vertretung hatte.

Da wir auf Antigua ohne eine Amel-Vertretung nur die notwendigsten Reparaturen erledigen konnten, begannen wir hier sofort mit den Ausbauarbeiten der Rollreffeinrichtung sowie der Steuerung, sodass die Spezialisten der Firma sich nur den Arbeiten widmen mussten, die wir selbst nicht erledigen konnten.

Reffeinrichtung und Steuerübertragung gingen zu Amel, während das Groß- und das Besansegel von einem Segelmacher abgeholt wurden. Erst als wir wieder Segel setzten, stellten wir überrascht fest, dass die Rollreffeinrichtung wieder blockierte. Aber dazu später mehr.

Wir brauchten eine Pause. An einem Sonntagabend, nachdem wir den ganzen Tag schwer am Schiff gearbeitet hatten, wollten wir auswärts essen gehen. Das Restaurant, das in der Nähe der Marina lag, war geschlossen, wie wir überrascht feststellten, als wir davorstanden. Also schlugen wir jede Warnung in den Wind, bei Dunkelheit nicht auszugehen, und schlenderten Richtung Stadt. „Was könnte uns denn schon passieren?" – dachten wir.

Unterwegs begegneten wir einem Karnevalsumzug, in dem eine der Gruppen im Takt der Musik mit den Peitschen knallte. Das klang so bedrohlich, dass mir angst wurde und es mir kalt den Rücken herunterlief. Was würde passieren, wenn die plötzlich auf uns peitschen würden?

Kaum war der Umzug vorüber, als ein junger Mann Edi einen Fuß zu stellen versuchte. Edi sprang leichtfüßig darüber hinweg, ohne dem große Beachtung zu schenken. Im nächsten Moment umringten ihn drei Männer. Zwei von ihnen hielten ihn an den Armen fest, vom dritten erhielt er einen Faustschlag ins Gesicht sowie einen Fußtritt in den Bauch.

Ich war Edi vorausgegangen, schaute mich zufällig um, sah ihn in der Gewalt der drei Männer und fürchtete, sie würden Edi krankenhausreif schlagen. Wutentbrannt wollte ich Edi verteidigen, ballte meine Fäuste, ging auf sie zu und … erhielt einen

Fußtritt in die Magengegend, sodass ich mich vor Schmerzen krümmte, und den ich noch nach Tagen spüren sollte.

Edi raunte mir zu, dass sie sein Portemonnaie genommen hätten, wurde genau in dem Moment losgelassen, und die Männer verschwanden so plötzlich, wie sie aufgetaucht waren. Das gute MD-Portemonnaie war weg, samt Kreditkarten, Adressen und Telefonnummern sowie etwas Bargeld. Am meisten trauerte Edi dem Portemonnaie nach.

Auf jeden Fall mussten wir den Überfall und den Diebstahl der Polizei melden! Wir fragten einen zufälligen Passanten nach dem Weg zur nächsten Polizeistation. Dieser erklärte uns nicht einfach den Weg, sondern begleitete uns sogar dorthin. Wir gaben unsere Anzeige auf, wobei ich froh war, dass Edi Französisch sprach, denn die Beamten sprachen keine andere Sprache.

Als die Formalitäten erledigt waren, überlegten wir, wie wir wohl zurück zum Yachthafen gelangen könnten. Da wir weder den Weg zurück wussten, noch Geld für ein Taxi hatten, fragten wir die Polizisten um Rat. Sie erbarmten sich unser und brachten uns in einem ihrer vergitterten Autos (grüne Minna) zur Marina.

Unterwegs schaute ich durch die vergitterten Fenster und entdeckte die drei Räuber, wie sie zufrieden dahinschlenderten. Ich klopfte aufgeregt an die Scheibe zur Fahrerkabine und zeigte auf die drei. Aber die Polizisten reagierten nicht und fuhren in aller Ruhe weiter zur Marina. Dort angekommen, setzten sie uns ab und verschwanden in der Nacht.

Edi erzählte dem Direktor der Marina von dem Vorfall. Dieser bemerkte daraufhin, wir hätten uns lieber an die Gendarmerie wenden sollen, die bei derartigen Fällen härter durchgreift. Das wussten wir natürlich nicht. Nun ja, für ein hoffentlich nicht eintretendes nächstes Mal wären wir nun schlauer.

31. Îles Les Saintes

Februar 1999

Am nächsten Tag segelten wir in Richtung der Nachbarinsel, Les Saintes. Natürlich wollten wir bei so perfektem Wind unsere Genua nutzen. Beim Test hatte das Rollreff der Genua wunderbar funktioniert, doch jetzt tat sich nichts! Wir versuchten es noch mehrere Male, doch weiterhin passierte gar nichts. Na toll.

Kurz ärgerten wir uns, aber es half ja nichts. Wir würden die Reparatur sowieso erst bei Les Trois-Îlets durchführen können, einer ruhigen Bucht bei der gleichnamigen Gemeinde auf Martinique, in deren Nähe wir per Fax Verbindung mit Amel aufnehmen konnten.

Da wir schönstes Wetter mit einer netten Brise hatten, setzten wir einfach das Groß, segelten die kurze Strecke hinüber nach Les Saintes und ankerten als einziges Boot in einer weiten Bucht, die von Mangroven umgeben war.

Die Îles Les Saintes und die Geburt einer neuen Angriffstaktik

Auch diese kleine, jedoch wunderschöne Inselgruppe, Les Saintes, entdeckte Kolumbus. Er landete dort am Allerheiligen-Tag, dem 4.11.1493, weshalb er sie Los Santos taufte. 1648 begannen Franzosen aus der Bretagne und der Normandie die größte Insel der Gruppe, Terre-de-Haut, zu besiedeln. Die Leute blieben, weshalb die Bevölkerung dort noch heute eine hellere Hautfarbe hat.

Der Name „Terre-de-Haut" hat übrigens nicht mit der geografischen Höhe zu tun (haut: frz. für hoch), sondern mit „höher am Wind", also östlicher (die öst-

licheren Inseln waren mehr dem Wind vom Atlantik ausgesetzt).

1666 eroberte eine englische Flotte die Hauptinsel. Auf diesen Sieg im militärischen Sinne folgte in der folgenden Nacht eine ganz anders geartete Niederlage: Ein Hurrikan zerstörte alle ihre Schiffe.

Das Gerangel zwischen den Franzosen und den Engländern ging weiter. 1782 fand südlich dieser Inseln die bedeutende Seeschlacht von Les Saintes statt. Unter Admiral Rodney schlug die englische Flotte die wesentlich stärkere französische Flotte.

Diesen Sieg erreichte er durch eine neue Taktik. Zuvor positionierten sich die Schiffe einer Flotte eines hinter dem anderen in Linie – einer Gefechtslinie. In dieser Linie fuhren sie hintereinander her, bis sie parallel zur gegnerischen Gefechtslinie waren. Dann feuerten sie los. Auf diese Weise hatte eine schwächere Flotte kaum eine Chance. Derjenige, der mehr Schiffe hatte, dazu vielleicht noch größere mit mehr Kanonen, war eindeutig im Vorteil.

Rodney löste in dieser Schlacht seine Gefechtslinie auf und durchbrach die französische Linie, was ihm zum Sieg verhalf. Diese revolutionäre Taktik wurde durch Nelson verfeinert, vereinfacht und mit größtmöglicher Entscheidungsfreiheit für seine Kapitäne (die Bruderschaft) angewandt. Dies führte zu seinen Erfolgen bei den Seeschlachten am Nil (1798), bei Kopenhagen (1804), und schlussendlich bei Trafalgar am 21.10.1805.

Beim Durchlesen der Berichte aus dieser Zeit stieß Edi auf ein großes französisches Schiff der Linie mit 80 Kanonen, das mit dem Konter-Admiral Villeneuve bei der Schlacht am Nil entkommen konnte, jedoch am 30.03.1800 durch die Engländer eingenommen wurde. Interessanterweise trug es den Namen „Le Guillaume Tell" – zu Deutsch: „Wilhelm Tell".

Einige Tage lagen wir in dieser Bucht mit der kleinen Ortschaft Le Bourg vor Anker. Wir stiegen zum gut erhaltenen und heute als Museum genutzten Fort Napoleon hinauf, das die Franzosen Mitte des 19. Jahrhunderts wieder aufgebaut hatten. Als wir um 12 Uhr oben am Fort ankamen, wurde gerade das Eingangstor geschlossen. So stiegen wir am nächsten Morgen noch einmal hinauf.

Die gewaltige Festung wartete mit einer Kakteensammlung und einem Museum auf uns. Jedoch interessierte uns mehr der fantastische Ausblick. Von diesem auf etwa 120 m über dem Meer gelegenen Ort schauten wir auf die umliegenden kleinen Inseln und Buchten, darunter Marie-Galante (von Kolumbus nach einem seiner Schiffe benannt) und La Désirade, und sogar Guadeloupe und Dominica.

Besonders die freilebenden Leguane (Iguana Iguana), die uns auf dieser Insel häufig über den Weg liefen, fand ich faszinierend. Diese aus grauer Vorzeit stammenden, eigentümlichen Tiere, die bis zu anderthalb Meter lang werden können und sich sowohl an Land, auf Bäumen, im und unter Wasser wohl fühlen, liefen hier so einfach frei herum. Wenn ich ihnen zu nahe kam, verharrten sie ohne die geringste Bewegung.

32. Dominica

Februar 1999

Dominica

Die Insel Dominica wurde von Kolumbus an einem Novembersonntag im Jahre 1493 gesichtet. Ein Erkundungsboot wurde mit einem Hagel von Pfeilen der Eingeborenen begrüßt, sodass Kolumbus nicht landete. Erst anlässlich seiner vierten Reise 1504 setzte er einen Fuß auf diese Insel.

Später versuchten die Engländer und auch die Franzosen vergeblich, sie zu erobern. Die Eingeborenen, die es verstanden, sich durch den dichten Urwald zu bewegen, konnten die Eindringlinge immer wieder abwehren, sodass 1748 die Engländer und Franzosen übereinkamen, die Insel ihrem Schicksal zu überlassen.

Es dauerte jedoch nicht lange, bis die beiden Parteien wieder versuchten, die Insel einzunehmen, was ihnen schlussendlich doch gelang. Bei der Prince Rupert Bay, dem besten Ankerplatz, errichteten die Engländer eine kleine Flottenbasis, Portsmouth, mit der Festung Fort Shirley.

Am 6. Februar verließen wir die Les-Saintes-Inseln, fuhren durch den Passe des Dames und ankerten einige Stunden später auf der Insel Dominica in der Prince Rupert Bay.

An Land trafen wir auf einen Einheimischen, der sich „Honest Boy" (ehrlicher Junge) nannte. Mit ihm unternahmen wir eine Flussfahrt den Indian River hinauf. Sein einfacher, aber mit einem starken Außenbordmotor ausgerüsteter Holzkahn trug uns sicher durch Mangroven, in denen viele exotische Tiere und Pflanzen lebten.

Stellenweise war der Wasserlauf nur schmal, hatte kaum Strömung, und Honest Boy ruderte hier, damit wir die Stille genießen konnten. Ab und zu machte er uns auf Fische, seltene Vögel oder auf einen gut getarnten Leguan, den Iguana-Iguana, aufmerksam, den sein geübter Blick entdeckte.

Nach dem Ausflug nahmen wir gerade unseren Apéro auf der SINGLE MALT ein, als Honest Boy kam und Alarm schlug: Eine Schweizer Super-Maramu (Schiffstyp von der gleichen Werft wie unsere SINGLE MALT), die unweit von uns vor Anker lag, würde aufs Meer hinausdriften – der Anker hielt nicht. Edi sagte ihm, er solle den Eigner in einem der wenigen Strandhütten-Restaurants suchen und alarmieren.

Edi fuhr sofort mit unserem Beiboot zu dem driftenden Boot und erhielt Hilfe von Urs, ebenfalls Schweizer, von der SY CHEETAH. Sie versuchten mit ihren beiden, von Außenbordmotoren angetriebenen Beibooten das driftende Schiff aufzuhalten und zurück zum Ankerplatz zu bugsieren – bei dem recht starken Wind ein fast unmögliches Unterfangen. Nur mit erheblicher Mühe schafften sie es, das große Schiff in Bewegung zu setzen und zurück in die Bucht zu bringen.

Inzwischen hatte Honest Boy den Eigner Carlo aus dem Ort geholt, und nun konnte das Boot unter eigenem Motor ein Ankermanöver fahren. Edi und Carlo stellten fest, dass sie sich schon einmal begegnet waren. Lange überlegten die beiden, wo das gewesen sein könnte, bis sie es herausfanden: Edi war in einem der militärischen Kurse, den Carlo besuchte, sein Lehrer. Die beiden verstanden sich bestens – nicht nur, weil sie Schweizerdeutsch sprachen.

Diesmal gab Edi Carlo keine militärische, sondern eine seemännische Lektion, nämlich wie man ankert. Carlo war so glücklich, dass seine Yacht gerettet worden war, dass er Edith, Urs und uns zum Abendessen in das Restaurant am Strand einlud. Zudem hatte er genau an dem Tag Geburtstag – also doppelten Grund zu feiern.

Edi und ich zermarterten uns die Hirne, was wir ihm schenken könnten – nur eine Kleinigkeit, etwas Witziges. Wir wollten doch nicht mit leeren Händen kommen. Andererseits hatte er alles Nötige an Bord. Nichts war uns originell oder gut genug, bis wir auf die Idee kamen, ich könne für ihn einen Bauchtanz aufführen.

Meine Auftrittsmusik und das Bauchtanzkostüm, das Edi mir geschenkt hatte, befanden sich an Bord. Ohne Probe oder vorher wenigstens die Musik angehört zu haben, legte ich los und tanzte mit inniger Begeisterung. Carlo sowie die Wirtsleute und andere Gäste hatten einen Bauchtanz noch nie „live" gesehen und applaudierten überschwänglich. Die Überraschung war gelungen!

Am darauffolgenden Tag hatten wir uns ein Taxi mit einem Fahrer namens Salomon gemietet, der uns „seine" Insel zeigte. Salomon fuhr bedächtig, hielt an besonders schönen Buchten und Klippen an und machte uns auf Kokospalmen, Kaffeesträucher und Passionsblumen mit Früchten, Bananenstauden und Kakaobäume aufmerksam – hier alltägliche Pflanzen, für mich fremdartige.

Eines unserer Ziele war der „Emerald Pond", ein natürlicher Teich mitten im Urwald mit einem malerischen Wasserfall. Ein übertrieben lustiger Einheimischer sprach uns dort an und überzeugte uns, dass wir die beeindruckenden Trafalgar-Wasserfälle nicht auslassen dürften.

Er führte uns über Felsen und Abgründe dorthin und versprach uns eine ebenso schöne Stimme wie die seine, wenn wir von einer bestimmten Quelle in der Nähe trinken würden. Allerdings fanden wir seine heisere, krächzende Stimme so gar nicht erstrebenswert! Also genossen wir nur den Anblick der Fälle und kehrten zu unserem Taxi zurück, das uns nach Hause zur SINGLE MALT fuhr.

Zwei Tage später fuhren wir mit der SINGLE MALT zur Hauptstadt Dominicas, Roseau. Wir statteten der Stadt nur einen kurzen Besuch ab, um Proviant einzukaufen, und segelten gleich am nächsten Tag nach Martinique.

Unterwegs bemerkten wir, wie sich uns etwas Schwarzes näherte. War das eine Welle? Nein, dieses Etwas verschwand und tauchte wieder auf. Es war ein Wal auf Kollisionskurs! Trotz großer Freude, so ein seltenes Tier auf uns zuschwimmen zu se-

hen, sorgten wir uns: „Es wird uns doch nicht etwa rammen?"
Nein! Es tauchte ab und ward nicht mehr gesehen. Wow! Ein
kurzes, aber sehr eindrucksvolles Erlebnis.

33. Martinique

Februar 1999

Vor Martinique ankerten wir in einer hübschen, kleinen Bucht.
Das Wasser sah so einladend aus, dass ich nach langer Zeit mal
wieder meine Taucherbrille samt Schnorchel hervorholte, um
mir die Unterwasserwelt anzusehen. An der Oberfläche schwebend fühlte ich mich schwerelos – ein großartiges Gefühl.

Neben mir lag die SINGLE MALT, die aus dieser Sicht wie
ein schwerfälliger, schwarzer Fisch wirkte. Etwas Algenbewuchs
und einige Muscheln hatten sich am Rumpf angesiedelt. Die
schabte ich ab – sie mussten sich eine andere „Mitfahrgelegenheit" suchen.

Die Ankerkette und den im Sand eingegrabenen Anker, die
in etwa sieben Meter Tiefe gut zu sehen waren, kontrollierte ich
bei dieser Gelegenheit. Langsam schwamm ich zum Riff. Röh-

renförmige und kraterähnliche Berge aus Korallen bedeckten den Meeresboden, Felsen waren von schwefelgelben Algen bewachsen – ich kam mir vor wie auf dem Mond.

Fünf kleine Fische kamen neugierig auf mich zu geschwommen, machten wie auf Kommando kehrt und schwänzelten wieder davon. Ein Papageienfisch zog seine Bahn. (So einen hatten wir schon einmal in unserer Pfanne zubereitet – er schmeckte uns gut.)

Ich entdeckte wie Zebras gestreifte Fische mit leuchtend gelbem Rücken und blauem Bauch; ein schwarzer, runder Fisch hatte einen leuchtend gelben Schwanz und wiederum andere waren gelb mit einem schwarzen Punkt in Schwanznähe – welche Farbenvielfalt! Und eine ganz andere Welt.

Martinique, Gauguin und ein Vulkanausbruch

Die Insel Martinique wurde durch Kolumbus während seiner dritten Expedition 1498 entdeckt. Sie war eine der wenigen Inseln, denen er ihren ursprünglichen Namen – oder in diesem Fall „ihre Namen" – ließ: Malinino, Insel der Frauen, oder Madinina, Insel der Blumen.

Wie Guadeloupe gehörte auch diese Insel während des Zweiten Weltkrieges zu Vichy-Frankreich. Vichy-Frankreich war der „unbesetzte" Teil Frankreichs im Süden. (Der nördliche Teil war von den Deutschen besetzt.) Die Marine des Vichy-Regimes gehörte somit nicht zu den Alliierten, weshalb sie in keine Kriegshandlungen verwickelt werden durfte. Daher hatte sie während dieser Zeit wenig zu tun und konnte sich der Kartografie widmen, sodass heute gute Seekarten der beiden Inseln erhältlich sind.

Paul Gauguin lebte 1887 während einiger Monate auf dieser Insel unter bescheidensten Bedingungen

*in einer Hütte, meistens krank, ganz in der Nähe von
Saint-Pierre. Er begab sich nach Martinique, als es ihm
in Panama nicht mehr zugesagte.*

*Fünf Monate später zog es ihn weiter in die Süd-
see, weshalb er Martinique verließ. Heute steht dort
anstelle der Hütte ein kleines Erinnerungs-Museum
an Gauguin. Saint-Pierre, „Little Paris", war das wirtschaftliche Zentrum der französischen Inseln, und auf
seiner Reede lagen einst bis zu 50 Schiffe aus Europa.*

*Erste Anzeichen eines bevorstehenden Ausbruchs
des Vulkans Mont Pelé Anfang Mai 1902, wie Erdbeben und Schlammlawinen, wurden nicht ernst genommen. Am 8. Mai 1902 kurz vor 8 Uhr erfolgte eine ex-
plosionsartige Eruption. Heiße, mit Gas durchsetzte
Asche stürzte orkanartig auf die Stadt und zerstörte
sie innerhalb weniger Minuten. Dreizehn vor Anker liegende Schiffe wurden ein Raub der Flammen und versanken. Noch heute sind sie Hindernisse beim Ankern.*

*Mit Ausnahme eines Gefangenen, der seinen Rausch
über Nacht im Gefängnis ausschlief, kam dabei die gesamte Bevölkerung von 30.000 Menschen um. Ruinen,
wie die eines Theaters für über 800 Besucher, erinnern
an die großartige Vergangenheit. Erst Jahrzehnte später wurde die Stadt wieder aufgebaut, blieb aber klein.
Heute ist sie ein beliebtes Touristenziel.*

Nach dem Einklarieren besuchten wir das Museum, das über
den tragischen Vulkanausbruch informierte. Ein anderes Mal
gingen wir in das Erinnerungsmuseum an Gauguin, das Briefe
von ihm sowie Drucke seiner Bilder ausstellte. Ein derart kleines Museum kann sich keine Originale leisten, insbesondere
auch da die hohe Luftfeuchtigkeit die Gemälde schädigen würde.

Für einen weiteren Ausflug fuhren wir mit einem Minibus
von Saint Pierre zum Nachbarort Le Carbet, von wo wir den

langen Anmarsch zum Canal de Beauregard in Angriff nahmen. Dieser Kanal gleicht den „Heiligen Wassern" im Wallis (in der Schweiz) und erinnerte mich an die Wanderwege entlang der Kanäle auf Madeira.

Er verlief über 3,5 km an steil abfallenden Berghängen entlang, und man lief auf einem schmalen Pfad zwischen Kanal und Abgrund. Ich schaute lieber nicht in die Tiefe, da ich Angst hatte, sie könnte mich magisch anziehen.

Die eindrücklichen Ausblicke belohnten uns für diese schwindelerregende Wanderung durch den tropischen Urwald. Immer wieder gab es Neues zu entdecken: Der Tropenwald mit den Blüten exotischer Pflanzen, Schmetterlingen, Kolibris und im Kanal kleine Krebse.

Am oberen Ende des Kanals gelangten wir zum Maison Rousse, einem einfachen Gästehaus mit Restaurant, das ein französisches Ehepaar kürzlich gekauft hatte. Dort erfrischten wir uns nach der schweißtreibenden Wanderung durch die Hitze mit einem kühlen Getränk, bevor wir die letzte, jetzt steil bergaufführende Etappe zum nächsten Dorf in Angriff nahmen.

Die Wanderung war anstrengend, und ich hätte mich gern ein wenig davon erholt, als wir endlich in dem Dorf ankamen. Doch das Wort „Erschöpfung" gibt es in Edis Wortschatz bekanntlich nicht. Wir waren hungrig und mussten an die Zubereitung des Essens denken.

So fuhren wir direkt mit einem Minibus zurück nach Saint Pierre, wo unser Dingi am Strand auf uns wartete und uns zur SINGLE MALT zurückbrachte. Während des Rüstens saß ich „gemütlich" im Cockpit und konnte mich endlich doch noch ein wenig erholen.

Überraschungen auf den Trois- Îlets

Les Trois-Îlets

Auf dem Gut La Pagerie wurde am 23. Juni 1763 ein Mädchen namens Josephine geboren. Eine alte Frau prophezeite, es würde einmal mehr werden als eine Königin. Als junge Frau heiratete Josephine Alexandre de Beauharnais, der jedoch unter der Guillotine endete. Die junge Witwe traf später General Bonaparte, der sie heiratete. Und die Prophezeiung wurde wahr: Sie wurde zur Kaiserin gekrönt.

Nachdem wir die Insel und ihre Sehenswürdigkeiten nach unserem Geschmack ausreichend erkundet hatten, setzten wir Segel. Innerhalb weniger Stunden erreichten wir Trois-Îlets, eine Gemeinde Martiniques auf einer Halbinsel im Südwesten. Davor ankerten wir in einer (damals) einsamen Bucht, die uns ein Freund Edis empfohlen hatte.

Für die Schönheit der Umgebung hatten wir vorerst keine Augen, denn die Reffeinrichtung hatte immer wieder Probleme gemacht und blockierte schließlich. Ein Zurücksegeln nach Guadeloupe zur Amel-Vertretung hatten wir ausgeschlossen, denn wir hätten gegen den Wind fahren müssen, was sehr ungemütlich gewesen wäre. Deshalb führten wir die Reparatur selbst durch. Diese wunderbar ruhige Bucht war dafür ideal.

Um die Reffeinrichtung zu reparieren, mussten wir den zugehörigen Motor auseinandernehmen, wozu wir eine Anleitung benötigten. Nun begann mal wieder ein Prozess, der unsere Geduld auf die Probe stellte: den langen Weg zum Postamt zurücklegen, eine Nachricht an Amel mit der Bitte um Zusendung der Anleitung absetzen und dann so lange immer wieder zum Postamt wandern, bis eine Antwort eingetroffen war. In diesem Fall dauerte es „nur" einige Tage.

Um die Reparatur ausführen zu können, mussten wir zuerst das Vorstag lösen. Das war leichter gesagt als getan. Da das Vorstag normalerweise dafür sorgt, dass der Mast nicht nach hinten wegkippt, mussten wir den Mast zunächst nach vorn abspannen.

Erst danach konnten wir das Vorstag lösen und die aufwändige Reparatur ausführen. Wie so ein Motor innen aussieht und wie er funktioniert, fand ich ja mal richtig interessant. Gerne machte ich mich dabei als Handlanger nützlich.

Mit Hilfe der Anleitung konnten wir die Reparatur recht problemlos durchführen. Ich freute mich bereits – bis wir das Stag wieder an seinem Platz befestigen wollten. Es ging nicht! Unmöglich! Anscheinend drückte der leichte Wind von etwa 10 Knoten so stark gegen das Stag, dass es sich bog und dadurch nicht mehr an Deck reichte. Ich konnte es kaum glauben.

Wir mussten die Aktion abbrechen, provisorisch das Stag an der Reling festbinden und uns am folgenden Morgen in aller Herrgottsfrühe aus der Koje quälen, um bei Windstille an die Arbeit zu gehen. Immerhin half es. Was am Vortag unmöglich erschien, gelang nun! Nach einem Test funktionierte der Motor wunschgemäß, und dieses Problem war gelöst. Jetzt hatten wir uns ein gutes Frühstück wirklich verdient.

Nun endlich konnten wir uns unserer Umgebung widmen. Wir lagen in dieser wunderschönen, einsamen Bucht, die von Mangroven gesäumt war, hier und da von Palmen überragt. Dazwischen, etwas versteckt, entdeckten wir das eine oder andere Dach eines Hauses. Mit dem Fernglas suchten wir das Ufer nach einem Strand ab, an dem wir anlanden konnten. Es gab sogar einen kleinen Bootssteg. Das war ja noch besser!

Wir machten unser Dingi bereit, fuhren zu dem Steg, machten das Dingi fest, gingen einen Pfad am Ufer hoch und erreichten eine Straße. Na sowas, da werkelte ein Mann an einem großen Grill, auf dem an einer Stange mehrere kleine Vögel gegrillt wurden. „Was ist das, was Sie da grillen?" „Cailles (Wachteln). Möchten sie eine essen?"

Erst einmal erzählte Edi, dass unser Beiboot an einem Steg festgemacht lag und wollte wissen, ob der Besitzer des Stegs das erlauben würde. „Ja, sicher! Ich kenne den Eigner", war die Antwort. „Also, dann probieren wir mal Ihre Wachteln und möchten dazu ein Gläschen Wein."

Als wir den Wein probierten, schmeckte er nach Zapfen (Kork). Es tat uns leid, aber den konnten wir nicht trinken. Der Mann zögerte keinen Moment, nahm die Flasche, goss den Inhalt einfach in die Gosse und brachte eine neue Flasche.

Der Wein war bestens, und wir machten uns an die Wachteln. Das war das erste Mal, dass ich eine Wachtel aß! Sie schmeckte hervorragend. So gönnten wir uns während unseres Aufenthalts dort zwei oder drei Mal eine kleine Zwischenmahlzeit.

„In welcher Richtung liegt der Ort Saintes Brico? Dorthin wollen wir. Gibt es einen Bus?", waren unsere nächsten Fragen. Nein, auf Schusters Rappen mussten wir durch die Hitze dorthin wandern. Wir waren sicher zwei Stunden unterwegs zu einem Stützpunktleiter des TransOcean-Vereins, der Post aus der Heimat für uns haben würde. Allerdings erwartete uns in diesem Fall eine weniger schöne Überraschung.

Dieser Stützpunktleiter knöpfte uns für empfangene Faxnachrichten 80,00 DM ab. „Hm? Ist das nicht ein bisschen viel?", fragten wir. Nein, das Faxpapier sei hier sehr teuer, und es seien viele Seiten. Es waren 8 oder 10.

Meine Mutter hatte sich ein Faxgerät zugelegt, mir einen Brief geschrieben und übermittelt. Da sie nicht sicher war, ob der gesendet war, drückte sie einige Male auf Senden. Trotzdem empfanden wir 8,00 DM oder 10,00 DM für nur eine Faxseite zu teuer, aber es blieb uns nichts übrig, als das zu bezahlen, wenn wir den Brief erhalten wollten.

Es grenzte an ein Wunder, dass wir überhaupt so viel Geld bei uns hatten. Auf jeden Fall freute ich mich über die Nachricht meiner Mutter. In der damaligen Zeit, in der Telefonieren noch extrem teuer und für uns auch oft nicht möglich war, waren die seltenen und meist schwer zustellbaren Briefe eine ganz besondere Freude.

Noch immer wütend über den zu hohen Preis spazierten wir die kurze Strecke in den Ort Saintes Brico hinein, und kamen zufällig an einem Straßencafé vorbei. „Hallo SINGLE MALT!", hörten wir jemanden rufen. „Setzt euch doch zu uns!" Es waren Australier, die wir in Mindelo kennengelernt hatten.

Die Wiedersehensfreude war groß, unser Ärger vergessen, und die beiden erzählten, dass auch sie auf ihrer Atlantiküberquerung wüstes Wetter hatten, aber alles glatt verlaufen sei. Die Sonne stand bereits recht tief, als wir uns auf den Rückweg machten.

Gleich auf der anderen Seite der großen Bucht, in der wir ankerten, lag Fort de France, wo es für uns eine letzte Gelegenheit gab, vor unserer Weiterfahrt günstig (da zollfrei) Wein einzukaufen. Als wir dorthin segelten, kamen wir ganz nah an einem riesigen Ozeandampfer vorbei. Es war beeindruckend, dieses Schiff mit dem scheinbar in den Himmel ragenden Bug im Vergleich zur kleinen SINGLE MALT zu erleben.

In Fort de France deckten wir uns wie geplant mit Wein ein, nahmen schon am folgenden Tag in der Bucht Anse Mitan Wasser und Diesel auf und wendeten Martinique das Heck zu.

34. Saint Lucia

März 1999

Saint Lucia

Von dieser Insel wird vermutet, dass sie von Kolumbus auf seiner dritten Expedition (1498) entdeckt wurde. Während gut 200 Jahren stritten sich die Engländer und Franzosen um die Insel, und zwanzig Mal wechselte sie Hand, bis sie 1803 endgültig durch die Engländer erobert wurde. Seit 1979 ist sie selbstständig.

Ohne besondere Vorkommnisse erreichten wir die südlich gelegene Insel Santa Lucia, wo wir in der Rodney Bay ankerten, einer relativ großen Bucht im Norden der Insel. Von dort unternahmen wir einen Ausflug zur Hauptstadt Castries, wo wir einen urigen Markt entdeckten, auf dem alles Mögliche angeboten wurde, jedoch kein passender Drucker als Ersatz für unseren „ertrunkenen". Immerhin gefiel uns dieser bunte Markt sehr gut, und voll von den Eindrücken machten wir uns auf den Rückweg.

Blue Moon

Wenn man viel mit der Natur und ihren Gewalten lebt, berühren einen gewisse Phänomene sehr. Dazu gehört der Lauf des Mondes, insbesondere da der Mond so eng mit Ebbe und Flut verbunden ist. Meistens tritt ein Vollmond einmal im Monat auf. Am 2. und 31. Januar

1999 sowie am 2. und am 31. März war Vollmond.
Dafür erlebten wir im Februar gar keinen. Die Kons-
tellation mit je zwei Vollmonden im Januar und März
sollte es erst 19 Jahre später, im Jahr 2018, wieder
geben. Im Englischen gibt es den Ausdruck „once in a
blue moon", womit ausgedrückt werden soll, dass et-
was sehr selten vorkommt.

Schon per Funk war Edi mit einem anderen Edi aus der Schweiz verwechselt worden, was uns neugierig gemacht hatte. Wir wussten, dass dieser Edi hier im Hafen weilte, und suchten ihn auf. Ein Einhandsegler mit seiner Segelyacht CINDY, der sich ebenso wie wir freute, seinen Namensvetter kennenzulernen, und den wir später in anderen Buchten und Ankerplätzen wiedertreffen sollten.

Obwohl es uns in dieser Bucht gut gefiel, fühlten wir uns besonders am Wochenende belästigt. Noch lebhaft erinnerte ich mich, wie ich begeistert den Steelband-Gruppen in Bremen zugehört und gedacht hatte: „Ja, das ist Musik, die mich mitreißt." Hier erlebten wir diese Art Musik hautnah und ununterbrochen, und ich musste feststellen, wie wenig Abwechslung sie enthielt.

In voller Lautstärke wurde die ganze Bucht mit diesem eintönigen Gedröhne überflutet. Nicht nur den ganzen Tag, nein, auch noch bis tief in die Nacht hinein kamen wir in diesen zweifelhaften Genuss, der nur Abwechslung fand, wenn ab und zu ein Katamaran mit vielen tanzenden Gästen aus Europa und noch lauterer Musik an uns vorbeifuhr ...

Deswegen sagten wir diesem Ort leichten Herzens „Tschüss" und gelangten in wenigen Stunden in eine andere Bucht, die Marigot Bay, etwa 20 km weiter südlich. Die Einfahrt in diese kleine, verträumte Bucht war mal wieder spannend – von See kommend war sie nicht auszumachen.

Erst als wir im rechten Winkel ganz nah zur Einfahrt fuhren, erkannten wir die schmale Öffnung. Weiter drinnen dachte ich schon, wir seien angekommen, weil ich vor uns Palmen sah, bis ich dahinter weitere Schiffsmasten entdeckte. Im gleichen Moment öffnete sich eine schmale Passage neben der Palmenhalbinsel in die innere Bucht. Also hinein.

Mit nur wenig Wasser unter dem Kiel ankerten wir und lagen ganz in der Nähe der SY CINDY. Wie eng hier die Boote lagen! Aber durch die geringe Wassertiefe wurde nur wenig Ankerkette benötigt, und der Schwingkreis verkleinerte sich entsprechend. Gemütlich! Es gab hier nur wenige Hütten, einige Menschen saßen davor oder gingen spazieren; ein Früchtehändler kam mit seinem Holzboot angepaddelt, um seine Ware anzubieten.

Die kleine Bucht galt als Hurrikanloch, da sie bei extremen Wettersituationen den Booten, die dort in die Mangroven hinein vertäut liegen, Schutz gewährt. Nach einem Ausflug in die Hauptstadt Castries und einigen Einkäufen, kehrten wir spät zur Marigotbucht zurück und entschlossen uns, wieder einmal auswärts in einem einfachen Lokal essen zu gehen. Wir suchten uns einen Platz im ersten Stock auf einem Balkon, wo wir durch Palmen hindurch auf den rotgefärbten Abendhimmel blickten.

Soeben war „Happy Hour", während der uns für den Preis von einem zwei Getränke gebracht wurden; ein Brauch, den wir nicht kannten. Wir bestellten uns je einen Rum-Punch, der aus Rum mit Fruchtsäften bestand, und bekamen je zwei davon. Von dem romantischen Ausblick abgelenkt bemerkten wir nicht, wie stark diese Getränke waren. Zu unserem Essen bestellten wir je ein Bier und erhielten wiederum je zwei. Langsam merkte ich die Wirkung.

Als wir aufbrachen, erschien mir die Treppe ins Erdgeschoss wesentlich schwerer zu bewältigen als beim Hinaufsteigen. Ganz zu schweigen vom Einsteigen ins Dingi, den hohen Tritten hinauf zur SINGLE MALT und schließlich das Hinüberschwingen der Beine über die Reling. Froh, heil unser Cockpit erreicht zu haben, hatte ich nur noch einen Wunsch: in die Koje fallen. Aber nichts dergleichen.

CINDY-Edi, den wir bereits vor unserem Landgang zu einem Kaffee eingeladen hatten, besuchte uns. Nun ja, Kaffeekochen gelang mir noch, und ich stellte den beiden Edis die Becher auf den Tisch. Als sie dann allerdings zu politisieren begannen, bekam ich „Deckelschnecken" und verabschiedete mich auf „französisch" (zog mich also stillschweigend in die Koje zurück).

Nachdem wir am nächsten Tag ausgeschlafen hatten, lichteten wir Anker und segelten gemütlich nach Soufrière, einem kleinen Dorf, das unmittelbar nördlich der beiden steil aus dem Meer emporragenden Vulkankegel Petit Piton (750 m) und Gros Piton (798 m) in einer großartigen Landschaft liegt. Die Kulisse, die durch die beiden Pitons und die umliegenden Hügel geprägt ist, dürfte eine der eindrücklichsten der ganzen Karibik sein.

Unterwegs bemerkte Edi: „Irgendetwas auf dem Schiff stinkt fürchterlich!" Bald realisierten wir, dass der Gestank nicht etwa von Bord, sondern von heißen Schwefelquellen stammte – der Name Soufrière ist von „soufre", frz. für Schwefel, abgeleitet.

Schon von Weitem kam uns ein Lokaler mit seinem kleinen Boot entgegengepaddelt, um sicherzustellen, dass er unser Hilfsmann sein und ihm kein anderer zuvorkommen würde. Nachdem wir geankert hatten, half er uns, eine lange Leine von unserem Heck an einer Palme festzumachen, damit das

Schiff ruhig lag. Dieser eifrige und freundliche Mann namens Desmond vermittelte uns auch einen Taxifahrer, der uns zu den Schwefelquellen brachte – den einzigen in der Karibik, zu denen mit dem Auto gefahren werden konnte.

Die Quellen blubberten und dampften, und es stank wie in einer Hexenküche. Uns wurde erklärt, dass man nicht zu nah an die Quellen gehen solle, weil der Boden in ihrem Umkreis nur dünn sei und Einbruchgefahr bestehe.

Ein Fremdenführer hatte einstmals zeigen wollen, wie der Boden unter seinen Füßen schwankte, war wie auf einem Trampolin gehüpft und eingebrochen. Mit fürchterlichen Verbrennungen konnte er herausgezogen werden. Seitdem wird ein Sicherheitsabstand eingehalten, was uns natürlich nur recht war.

Als nächstes Ziel hatte unser Taxifahrer einen Wasserfall vorgesehen. „Na ja", dachten wir, „Wasserfälle sahen wir schon einige und auch schöne, aber warum nicht?" Das letzte Stück mussten wir zu Fuß gehen und einige unterschiedlich hohe Stufen aufwärtssteigen. Mitten im Urwald erreichten wir einen Teich, umgeben von wild überwucherten Felsen, über die ein breiter Wasserfall herunterprasselte. Malerisch! Eigenartig feuchtwarm war die Luft, wie in einer Waschküche.

Dieses Mal hatten wir unser Badezeug mit und steckten bald zaghaft die Zehen in das Nass. Wie angenehm! Im Nu waren wir eingetaucht und wollten uns in Rückenlage tragen lassen. Aber es war ja Süßwasser, das nicht so gut trägt wie Salzwasser, und wir gingen fast unter.

Um unter den warmen Regen des Wasserfalls zu gelangen und uns von dem Geprassel unsere Rücken massieren zu lassen, mussten wir uns eng an die Felsen schmiegen. Diese warme Dusche gefiel uns ausgesprochen gut, und wir ließen uns ausgiebig massieren.

Zurück auf der SINGLE MALT fiel uns auf, dass das schwefelhaltige Wasser in der Bucht unseren Rumpf unterhalb der Wasserlinie wieder etwas besser aussehen ließ – der grüne Bewuchs wurde dünner, und angesiedelte Muscheln fielen ab. Das erinnerte mich an unseren kurzen Aufenthalt in der Bucht vor Vulcano, der kleinen italienischen Insel mit einem ähnlichen Rumpfputz-Effekt.

Nachdem wir Saint Lucia für unsere Verhältnisse recht ausgiebig erkundet hatten, erfuhren wir über Funk, dass Helena und Bruno von der SY HELENA zwo, die wir in Griechenland getroffen hatten, vor der kleinen Insel Bequia in der Bucht von Port Elizabeth lagen. Wir wussten, dass Bruno sich auf das Programmieren von Computern verstand. Da unser Computer immer noch Sperenzchen machte, beschlossen wir, uns schnellstens dorthin zu begeben.

35. Bequia

März 1999

Die Insel Bequia und die Grenadinen

Bequia gehört zu den Grenadinen, einer Inselgruppe der kleinen Antillen, von denen der nördliche Teil inklusive Union Island zu St. Vincent (der Hauptinsel dieser Gruppe im Norden) und der südliche zu Grenada (der Hauptinsel im Süden) gehört. In der Geschichte spielten diese Inseln keine wesentliche Rolle, da sie zu klein und zu trocken waren.

Als das Sklaventransportschiff PAMIR vor langer Zeit strandete, retteten sich überlebende Schwarze auf die Insel und vermischten sich mit den Eingeborenen. Bis 1706 konnten sie sich mit ihrem eigenen König gegen die Europäer behaupten, doch dann wurden die Überlebenden dieser Auseinandersetzungen nach Honduras verbannt.

Schottische Walfänger und solche aus New Bedford (USA) ließen sich daraufhin hier nieder. Nicht zuletzt deshalb war Bequia eine der letzten Inseln der Welt, von wo aus Walfang betrieben wurde. Die „Whaling Station", wo das Fett der Wale in großen Kesseln zu Öl (z. B. für Öl-Lampen) verkocht wurde, ein Vorgang, der alles andere als wohlriechende Düfte entwickelte, befand sich auf Petit Nevis, einer kleinen Insel unmittelbar südlich von Bequia.

Im Eiltempo segelten wir von unserem Ankerplatz bei Soufrière Richtung Süden, vorbei an der Insel Saint Vincent, und erreichten die Bucht von Port Elizabeth auf Bequia in kürzester Zeit.

Schon bald saßen Bruno und Edi während vieler Stunden am leidigen Computer. Leider half das anscheinend nicht wirklich, denn die Probleme bestanden weiter. Der teure, neue Laptop konnte nach wie vor lediglich als einfachste Schreibmaschine benutzt werden. Trotzdem war es wie immer schön, zufällig auf gute alte Bekannte zu treffen. Besuche dauerten immer bis in die tiefe Nacht hinein, da wir einander viel zu erzählen hatten.

Bei herrlichstem Segelwetter brachen wir vier mit unseren beiden Booten und gemeinsamem Ziel auf. Unsere Route führte uns durch die Durchfahrt zwischen der Insel Bequia und Isla A Quatre, vorbei an Petit Canouan zur Insel Canouan, wo die SY HELENA zwo, die vorneweg gefahren war, bereits auf uns wartete. Helena und Bruno hatten einen Barrakuda gefangen, den Edi für uns kochen sollte.

Edis Augen leuchteten, und er bestand darauf, den Fisch bei uns an Bord zuzubereiten, da er dort die benötigten Werkzeuge hatte. Helena zauberte einen Salat, während Edi den Fisch an einer Safran-Sauce mit Reis zubereitete – ein Festmahl!

Weniger erfreulich verliefen unsere Versuche, hier zu telefonieren. Die ersten zwei Telefonkabinen, die wir vorfanden, funktionierten nicht. Im naheliegenden Strandhotel verlangte man 18,00 USD für eine Minute. Die Suche ging weiter.

Erst in Charleston, dem Hauptort, konnte Edi mit Peter, seinem Freund und ehemaligem Schulkameraden, der uns besuchen wollte, telefonieren. Doch nach kurzer Zeit wurde diese Verbindung unterbrochen. Immerhin war das Wichtigste gesagt und ein neuer Drucker über ihn bestellt.

Auf unserem Weg weiter nach Süden besuchten wir während einiger Tage die Tobago Keys, langgestreckte Riffe, hinter denen wir trotz des starken Passatwindes in ruhigem Wasser lagen, während die gewaltige Dünung des Atlantiks sich tosend auf den Riffen brach. Während unseres Aufenthaltes dort sahen wir die weißen Brecher sogar nachts.

Eines Morgens wurden wir durch ein lautes Pfeifen geweckt. Ein kleiner, mutiger Vogel von der Größe einer Drossel hatte sich ins Cockpit gewagt und gab Geräusche von sich, die wir einem Vogel nicht zugetraut hätten. Er quietschte, schnarrte und pfiff. Ob er wohl Brot fraß?

Ich legte ihm einige Bröckchen aufs Deck, und tatsächlich kam er schnurstracks angeflogen. Am Ende setzte er sich kurz auf meine Hand, bevor er mit dem erbeuteten Stückchen Brot davonflog.

Ehe wir uns versahen, hatte es sich wohl unter den Vögeln herumgesprochen, dass es hier leichte Beute gab, und bald ließ sich eine ganze Schar füttern. Als Dank hinterließen sie lauter kleine „Glückskleckse". Wie gut, dass wir bald Anker lichteten, sonst wäre unser Deck wohl voll von diesen „Glücksbringern" gewesen.

Es zog uns weiter nach Süden, mit je einem kurzen Aufenthalt vor der Insel Mayreau und vor Union Island, eine der letzten Inseln der nördlichen Grenadinen auf dem Weg nach Süden.

36. Grenada – ein Inselstaat

März 1999

Grenada

Grenada und die umliegenden Inseln wurden von Kolumbus 1498 während seiner dritten Reise gesichtet. Grenada, die größte dieser Inseln, taufte er aufgrund des Kalendertages ursprünglich Concepcion. Erst später wurde der Name von den Franzosen zu Grenada geändert. Da die Ureinwohner ein kriegerisches und kannibalisches Volk waren, kamen die Europäer erst ab 1650 dazu, sich hier anzusiedeln.

Grenada geriet 1979 in die Schlagzeilen, als ein gewisser Maurice Bishop die Macht an sich riss. 1983 erfolgte ein militärischer Eingriff durch die USA, und ein Jahr darauf wurde Mr. Blaize auf demokratischem Wege zum Premierminister gewählt.

Carriacou

Bis Union Island befanden wir uns im Gebiet des Inselstaates Saint Vincent. Unser nächstes Ziel, die Insel Carriacou, gehörte zu Grenada. Deshalb mussten wir in Clifton, Union Island, aus- und in Hillsborough, Carriacou, einklarieren. Jedes Mal eine Übung mit Behörden – und wieder einmal die alte Gastflagge herunternehmen und die neue hissen.

Das Einklarieren war für uns längst zur Routine geworden. Kein Wunder – bei so viel „Übung".

Hier auf Carriacou erwarteten wir Peter und Ursula aus der Schweiz, die unseren neuen Drucker mitbringen sollten. Ich kannte weder sie noch ihn. „Ob wir uns wohl verstehen werden?", war meine größte Sorge. Fragen über Fragen gingen mir durch den Kopf: „In den kleinen Kabinen und dem engen Cockpit kann man sich nicht groß ausweichen und sitzt sich auf der Pelle. Wie wird das mit den Mahlzeiten? Was essen sie? Peter ist Vegetarier! Was können wir für ihn kochen? Müssen wir für ihn separate Speisen zubereiten, und wie wird das Rüsten und Kochen funktionieren? Sind unsere Töpfe groß genug?"

Als unsere beiden Gäste dann endlich bei uns an Bord waren, stellte sich heraus, dass meine Bedenken unnötig waren. Wir hatten uns so viel zu erzählen, es ergaben sich immer wieder neue, schöne Situationen, und sie waren mir einfach sympathisch. Wir sollten angenehme, kurzweilige drei Wochen verleben.

Wegen eines Streiks der Piloten kamen Ursula und Peter mit einem Tag Verspätung, am Ostersonntag, dem vierten April, an – leider ohne ihr Gepäck! Während ihres ganzen Aufenthalts war das fehlende Gepäckstück Gesprächsthema, denn es betraf tatsächlich uns alle.

Die Kleidung der beiden fehlte, Peters Medikamente, der von uns bestellte Drucker und nicht zuletzt unsere Post. Das machte mich natürlich traurig, denn sicher hatte meine Mutter geschrieben und auch einige Freundinnen. Auch Edi war traurig.

Naja, eigentlich war er eher empört, da er Rechnungen erwartete, die er nun nicht begleichen konnte. Schon malte er sich schlimmste Folgen aus wie Pfändung, Gericht usw. Was die Kleidung betraf, konnte ich Ursula helfen. Sie war zwar deutlich kleiner als ich, aber einige meiner Sachen waren elastisch genug, um ihr trotzdem zu passen.

Täglich paddelte John, ein Einheimischer, heran, erkundigte sich besorgt, ob wir Neues vom Koffer wüssten, ob wir etwas bräuchten, und ob er unseren Abfall wegbringen solle. Natürlich erhoffte er sich ein Trinkgeld, denn das Trinkgeld der Segler war sein einziges Einkommen. Wir freuten uns über die freundliche und hilfsbereite Abwechslung und wechselten gerne ein paar Worte mit ihm.

Unverhofft sah Edi Fischer in ihrem Boot hantieren. Schnell sauste er mit dem Dingi zu ihnen und erstand eine Languste zu einem supergünstigen Preis – sie war noch viel größer als alle, die wir bisher je gehabt hatten. Ich freute mich an der Zeichnung und den Farben des Panzers – ein Prachtexemplar.

Als es dann jedoch an die Zubereitung ging, blutete mir das Herz, denn ich musste den armen Kerl festhalten, während Edi beherzt und mit einem Whisky gestärkt, auch nicht gerade begeistert, das Tier tötete. Edi kochte es in Tomatensoße, wie wir es von Gigi auf Sardinien gelernt hatten, mit Spaghetti – gut wie immer!

Aber es fiel mir schwer, es zu essen, und ich schwor mir, dieses sei die letzte Languste, die ich tötete, denn noch immer sah ich in Gedanken die Stielaugen, die hin- und herschauten, während unterhalb des Kopfes ihre Fühler vibrierten, als wollte sich das Tier Luft oder Wasser zufächeln. Unter diesen Umständen kam mir der Gedanke, dass Peter mit seinen Aioli-Spaghetti eigentlich ganz zufrieden sein konnte.

Nachdem sich die erste Aufregung über den Koffer gelegt hatte und Peter und Ursula innerlich angekommen waren, unternahmen wir Ausflüge. Peter, der sich für Pflanzen und Tiere interessierte, begeisterte sich für die tropische Pflanzenvielfalt und konnte einige Pflanzen sogar in ihre Familien einordnen: Liliengewächse, Schmetterlingsblütler, Hülsenfrüchtler usw.

Bei einigen kannte er sogar die Artnamen, wie z. B. bei der Telegrafenpflanze, die besonders interessant ist, weil sie zu schnellen Bewegungen fähig ist, ähnlich wie die Venusfliegenfalle oder die Mimose.

Ein anderes Mal brachte uns ein Minibus in die benachbarte Bucht nach Hillsborough, dem Hauptort Carriacous, wo wir uns in einer Markthalle mit Gemüse und exotischen Früchten eindeckten.

Wir wollten im Ort noch ein wenig herumschlendern und vielleicht das eine oder andere ansehen und deponierten daher unsere Einkäufe bei einem Marktstand, um sie später abzuholen.

Ursula und Peter kauften sich einige Kleidungsstücke, und danach besuchten wir ein kleines Museum. Natürlich brauchten wir auch endlich einmal eine Erfrischung, die wir uns in einem kleinen Café genehmigten.

Ein Einheimischer gesellte sich zu uns und war ganz stolz auf seine Kenntnisse über Wilhelm Tell. Seine Begeisterung, die Edi sogar noch mit kleinen Bemerkungen anzufachen wusste, war rührend.

Auf unserem Rückweg zur SINGLE MALT wollte Edi unsere Taschen vom Markt abholen. „Katastrophe!", hörten wir von Weitem seinen Aufschrei und eilten neugierig zu ihm. Die Markthalle war abgeschlossen und menschenleer. Durch Gittertüren schauten wir sehnsüchtig auf unsere Einkäufe, die für uns unerreichbar waren.

Einheimische, die wir um Hilfe fragten, zuckten nur mit den Schultern. Ratlos schauten wir uns an. Edi kam auf die glorreiche Idee, sich an die Polizei zu wenden, die auf der anderen Straßenseite ihre Wache hatte.

Oh Wunder, mit einem Wachmann an seiner Seite kam Edi aus der Polizei heraus und strebte der Markthalle zu, wo ihm das Tor aufgeschlossen wurde. Glücklich und ein wenig stolz, zu unserem Eingekauften gelangt zu sein, belud er sich mit den Taschen.

Wir hatten den Vorgang natürlich beobachtet, strömten zum Eingang der Markthalle und bedankten uns überschwänglich bei dem Polizisten und natürlich auch bei Edi. Schwer beladen konnten wir nun die Rückfahrt mit dem Bus antreten.

Von der Tyrrelbucht bis Trinidad überraschten uns immer wieder heftige Regengüsse. Nachts war das besonders unangenehm, da wir wegen der herrschenden Hitze bei offener Luke im gesunden Tiefschlaf lagen. Diese Luke befand sich in unserer Achterkabine direkt über unseren Füßen. Wenn ein solcher Schauer niederging, erwachten wir erst, wenn unsere Füße und das Bett bereits nass waren.

Ein Regenschauer löste den anderen ab, als wir den Anker lichteten, die schöne Tyrrel-Bucht Richtung Süden verließen und vor der naheliegenden Large Island ankerten. Ihrem Namen zum Trotz ist die „Große Insel" nicht nur klein, sondern auch unbewohnt. Hier, wie auch auf der nächsten Insel, Ronde Island, verlebten wir kurzweilige Tage ausgefüllt mit Unterhaltungen, Baden, Lesen, Briefeschreiben und Essen.

Die Insel Grenada

Gemütlich segelten wir weiter, vorbei an den Sister Islands, zwei hohen Felsspitzen, die wie Zwillinge aus dem Wasser ragten, sowie an der sogenannten London Bridge, einem Felsen mit einem Durchbruch. Selbst mit viel Fantasie erinnerte uns wirklich gar nichts daran an eine Brücke, und schon gar nicht an die in London.

Einige Hundert Meter unter der Wasseroberfläche befand sich hier ein aktiver Vulkan, der in diesem, dem zwanzigsten Jahrhundert schon etliche Male gewaltige Flutwellen ausgelöst hatte; doch wir segelten unbehelligt daran vorbei und steuerten St. Georges an, die Hauptstadt Grenadas, wo es wiederum galt, einzuklarieren.

Während wir durch die Stadt schlenderten, bemerkten wir, dass sie ganz anders war, als die in der Karibik üblichen. Sofort fielen uns die Häuser in englischem Kolonialstil auf, die mit ihren Backsteinwänden Gemütlichkeit ausstrahlten und sich farbig im glatten Wasser der Bucht spiegelten.

Voll erblühte Bougainvilleas schmückten die Uferpromenade. Auf dem Markt, mitten im lebhaften Treiben, ließ ich mir eine Kokosnuss zum Trinken der Milch aufschlagen. Wie lässig der Mann mit seiner langen Machete umging und die Nuss nur so weit öffnete, dass ein kleines Loch für den Strohhalm entstand! Beruhigt bemerkten wir, dass er trotz täglichen Umgangs mit diesem Werkzeug noch alle Finger besaß.

Nach unseren Besorgungen in brütender Hitze entdeckten wir eine Beiz am Meer. Die obere Etage in diesem wackeligen Gebäude wirkte einladend – ein langer Raum, so schmal, dass die Tische längs in einer Reihe hintereinanderstanden und die Stühle nur knapp an beide Seiten passten.

Ein ebenso langes und sehr spitzes Dach auf Holzpfählen schützte die Gäste vor Sonne. Ein frischer Luftzug dämpfte die Hitze. Auf einer Seite blickten wir auf das Meer, auf der gegenüberliegenden in eine Straße mit buntgekleideten, herumeilenden Menschen.

Wir teilten uns ein typisch einheimisches Gericht: in ein Omelett gewickelte Kartoffeln, dazu Geflügelteile und Gemüse, mit Curry abgeschmeckt. Das Essen war so gut, dass wir dort ein anderes Mal eine kreolische Linsensuppe probierten. Die Serviererin erklärte uns, darin seien Kochbananen, Süßkartoffeln, Brotfrüchte und eine Art Mehlklöße. Dieser Geschmack war auch nicht schlecht.

Nach dem Essen gingen Edi und ich Fotos abholen, während Ursula und Peter dicke Kartoffeln für ein Gratin besorgten. Wir

hatten uns im Fort George verabredet, das malerisch über der Bucht lag. Von dort hatten wir einen herrlichen Blick auf die alten Häuser, die sich um die Bucht herum schmiegten.

Kleine Frachter lagen an den Molen, einige wenige Segelboote vor Anker und ein Fünfmastkreuzfahrtschiff hatte draußen vor der Bucht geankert. Das Meer schimmerte in seinen schönsten Farben, und an den Ufern schäumte das Wasser mit jeder Welle weiß auf.

Die Polizei teilte an diesem schönen Aussichtspunkt ihr Hauptquartier unter anderem mit einem Fitnessstudio, in dem die modernsten Geräte dicht an dicht standen.

Ursula und der durch den Anstieg mit seinen schweren Kartoffeln erschöpfte Peter hatten sich inzwischen zu uns gesellt.

Wir genossen noch eine Weile gemeinsam das schöne Ambiente, bevor wir uns auf den Rückweg zur SINGLE MALT machten.

Als es ans Kochen ging, wurden unsere Gäste mit Edis Behauptung konfrontiert, Kartoffeln machten dick und dumm. Nun, unsere Freunde mochten Kartoffeln mindestens ebenso gern wie ich, und Ursula bereitete ein Kartoffelgratin zu, das sogar dem Kartoffelgegner gut schmeckte. Edi hatte zwar entsetzt aufgeschrien, Ursula habe viel zu viel geschält, doch die Gratinform war am Ende leergegessen.

Um Grenada kennenzulernen, mieteten wir uns für einen Tag ein Taxi. Der Fahrer George fuhr uns an der Westküste entlang nach Norden und bog dann ins Landesinnere zum Concorde-Wasserfall ab.

Zwei kleine Verkaufsstände am Weg boten Muskatnüsse, Zimt und Nägeli (Nelken) an – zum Teil nett als Geschenke verpackt. Ein Verkäufer führte uns in den Wald und zeigte uns die entsprechenden Bäume. Es war ein Mischwald, und erst beim genauen Hinschauen erkannten wir auf dem Waldboden Unmengen von Nelken, die noch frisch und rot wie Hagebutten leuchteten, sowie gelbe Muskatnüsse.

Das Aussehen der Muskatnuss erinnerte uns in der frischen Form an einen Pfirsich. Diese Frucht wird für vieles verwendet: Die Haut wird getrocknet zu Tee, das Fruchtfleisch zu Gelee oder Konfitüre verarbeitet, natürlich mit Nelken und Zimt gewürzt. Um den Kern schmiegt sich ein dunkelrot leuchtendes Fasernetz, das getrocknet zum Würzen und Färben von Speisen verwendet wird.

Die dünne, harte Schale darunter kommt zerkleinert auf Wegen und in Blumentöpfen als Ersatz für Erde zum Einsatz. Endlich zeigt sich die eigentliche Muskatnuss, und wozu die gebraucht wird, ist ja weitgehend bekannt. Hier in der Karibik wird auch der Rum-Punsch, Rum mit frischem Fruchtsaft, mit Muskat bestreut, was sich bei uns größter Beliebtheit erfreute.

Zum Abschluss unseres Ausflugs wollten wir ein erfrischendes Bad unter einem Wasserfall in einem kleinen Teich nehmen. Zwei Mädchen zeigten uns den Weg dorthin. Beim Teich hüpften die Kinder leichtfüßig über Steine, um ins Wasser zu gelangen, während ich Bedenken hatte, diese könnten wackeln oder rutschig sein. Unelegant auf allen Vieren tastete ich mich ins erfrischende Nass.

Eines der Mädchen stellte sich vor: Jamaica. Sie platschte um mich herum, erzählte, dass sie ganz in der Nähe wohne und mit ihrer Freundin hier sei. Als wir fortgingen, kamen die beiden hinter uns hergelaufen.

Sie hatten in einer Plastikflasche kleine Flusskrebse gefangen, die sie uns schenken wollten. Wie süß diese beiden mit ihren schokoladenfarbenen Gesichtern und strahlenden Augen aussahen – ich schmolz dahin; schade, dass ich kein kleines Geschenk für sie hatte.

Wieder an Bord wurde eine Mahlzeit zubereitet. Ursula übernahm das Rüsten, schälte und schnitt also alles nach Edis Wünschen in Streifen, Rädchen, Würfel, dick, dünn, groß oder klein, was ja sonst meine Aufgabe war. Peter bemerkte, er und ich müssten diese Arbeit überwachen. Schmunzelnd legte ich die

Hände in den Schoß, was mir nicht leichtfiel, und freute mich an der Abendstimmung.

Nach der „Faulenzerei" vom Vorabend machte Peter sich am nächsten Tag nützlich. Irgendwo an der Toilette oder aus einer Verbindung der Rohre lief Wasser heraus, und zwar nicht wenig. Woher kam es wohl?

Edi und ich hatten doch erst vor Kurzem die ganze Anlage bis ins Kleinste auseinandergenommen, gereinigt und die Dichtungen erneuert. Nette Arbeit! Und nun trat Wasser aus einer der Verbindungen?

Peter und Edi bauten die Wasserpumpe aus und setzten eine neue Dichtung ein. Tagelang wurde daraufhin beobachtet, ob es irgendwo lecken würde. Nein. Alles trocken. Reparatur erfolgreich.

Wir lichteten Anker, segelten um ein Kap herum an Inseln und Korallenriffen vorbei in die Hartmann-Bucht. Ursula wusch eines Morgens etwas Kleidung per Hand, leerte das rote Plastikbecken aus, stellte es aufs Achterdeck und hängte die Wäsche an die Reling, wo sie schnell trocknete.

„Wo ist denn die rote Plastikschüssel?", fragte Ursula wenig später. Böses ahnend suchte ich die Wasseroberfläche hinter uns ab. Tatsächlich hatte eine Bö die leichte Schüssel erfasst und von Bord geblasen. Sie war bereits mit Wasser gefüllt und nur der rote Rand noch sichtbar.

Kurzentschlossen ließ ich die Badeleiter ins Wasser hinunter und die Kleider aufs Deck fallen und stürzte mich hinterher. Kleine Wellen behinderten meine Sicht. Daher wiesen Ursula und Edi mir die Richtung, in die ich schwimmen musste, und ... Glück gehabt!

Ich erreichte die Schüssel und konnte das „kostbare" Stück zurück an Bord bringen. Ja, sie war kostbar, denn so einfach hätten wir keine neue finden können, weil wir fremd in der Gegend waren und nicht wussten, wo es ein Geschäft gab, das so eine Schüssel nach unseren Maßen anbot.

Nasse Hosen, Rum und blind durch stockfinstere Nacht

Edi hatte erfahren, dass es unweit von unserem Ankerplatz eine Rumfabrik gab, in der noch Dampfmaschinen in Betrieb seien. Ja, bei Dampfmaschinen klopft ein Männerherz höher, also war ein Besuch unabwendbar.

Am schnellsten kamen wir mit unserem Beiboot dorthin, also fuhren wir eines Nachmittags los. Wir Frauen saßen vorne auf der Bank, während Peter und Edi hinten auf den aufgeblasenen Wülsten des Schlauchbootes saßen.

Wir umrundeten ein Kap, wo der Wind so stark von vorne auffrischte, dass sich Schaumkronen bildeten, die sich mit jeder Welle ins Boot ergossen. Die arme Ursula saß zufällig genau auf der Seite, auf der das meiste Wasser hereinschwappte.

Es traf sie am schlimmsten. Mit tropfnassen Shorts und nicht gerade wohlgelaunt entstieg sie am Anlegesteg dem Dingi. Das Wasser tropfte aus ihrer Kleidung und lief an den Beinen hinunter in ihre Sandalen.

Wir machten uns zu Fuß auf den Weg zur Fabrik. Dabei sammelten sich Sand und kleine Steinchen in Ursulas offenen Schuhen, blieben dank der Nässe kleben und drückten und scheuerten, was das Gehen für sie zur Qual werden ließ.

Verständlicherweise ließ sie ihrem Unwohlsein freien Lauf und schimpfte, denn zu allem Überfluss begann sie trotz der Wärme auch noch zu frieren. Schlussendlich erbarmte Peter sich, damit „die Kille (Kirche) im Dorf blieb" und tauschte mit ihr wenigstens die Shorts, weil seine während der Fahrt trocken geblieben war.

Zwar fühlte Ursula sich noch immer nicht wohl, weil ja die Unterwäsche noch nass war, aber das Wasser lief nicht mehr an den Beinen entlang und in ihre Sandalen. Sie ergab sich in ihr Schicksal, das nun ein wenig erträglicher war und ging still geworden mit uns zur Fabrik.

Die imposanten Dampfmaschinen konnten wir leider nur außer Betrieb bewundern, denn gerade heute fand ein wichtiges
Kricketspiel zwischen Australien und der westindischen Mannschaft statt. Alles war geschlossen.

Lediglich die Wächter der Fabrik taten ihren Dienst, und einer davon zeigte uns gerne die sorgfältig gepflegten Dampfmaschinen mit ihren auf Hochglanz polierten Kupferrohren und
Messingventilen, sowie ihren majestätischen Schwungrädern
und den Transmissionsriemen.

Auch zeigte er uns die hölzernen Gärungsbottiche, und wir
bekamen eine Kostprobe der hergestellten Produkte. Die gefiel
uns so gut, dass wir eine Flasche des besten Rums kauften, obwohl Edi bemerkte, dies sei ein „Lower-Deck-Drink". (Damit
bezog er sich auf die alten Passagierdampfer, auf denen die
Herrschaften auf den oberen Decks reisten, die Menschen der
„unteren Klassen" auf den unteren („lower") Decks, wo Rum
getrunken wurde.)

G.R.O.G.

*Bereits auf den Kapverden waren wir dem Ausdruck
„Grog" begegnet, der hier für eine Art Rum stand. Dieses Wort erinnerte uns an den Grog, das Getränk, das
wir alle kennen: ein Rum mit kochendem Wasser auf-
gegossen und mit Zucker gesüßt.*

*Zufällig stießen wir hier auf die ursprüngliche Be-
deutung dieses Wortes: Zur Zeit des englischen Königs
George III kam der beste Rum aus Grenada, und George
III ließ sich beträchtliche Mengen davon liefern. Damit die richtigen Fässer auch den richtigen Adressa-
ten erreichten, wurden die Buchstaben G.R.O.G. darauf eingebrannt, die Abkürzung für „Georgius Rex
Old Grenada."*

Auf dem Rückweg gefiel uns ein uriges Lokal, und da wir nach dem Probieren der verschiedenen Rumsorten Hunger hatten, entschieden wir uns spontan, hier zu essen. Der Steg, an dem unser Beiboot lag, war nicht mehr weit.

Wir waren so hungrig, dass wir nicht an die sich nähernde Dunkelheit dachten, sondern nur daran, dass wir nicht selbst rüsten und kochen mussten. Hunger ist der beste Koch, heißt es ja. Das Essen „riss uns nicht gerade vom Hocker" vor Begeisterung. Es war Hausmannskost nach „Grenada-Art" und gut essbar, aber nicht sonderlich lecker.

Als wir das Lokal verließen, waren wir ein wenig erstaunt, dass es schon dunkel war. Und ich meine nicht nur dämmrig. Wir bestiegen unser Dingi in stockfinsterer Nacht – kein Mond, kein Stern war zu sehen, dessen Licht uns einen Schimmer von Orientierung hätte geben können. Die Dämmerung ist in diesen Breiten sehr kurz, anders als in Deutschland oder der Schweiz.

Edi warf den Außenbordmotor an und musste den Rückweg „ertasten", denn wir hatten auch keine Taschenlampe bei uns, deren Licht uns aus dem Wasser ragende Steine oder das Ufer sichtbar gemacht hätte. Bei hellem Tageslicht waren wir gestartet und hatten erwartet, noch am Tage zurückzukommen.

Nun mussten wir mit der Dunkelheit klarkommen und waren froh, dass wenigstens der Wind und die Wellen nun von hinten kamen, sodass wir trocken blieben und in der nächtlichen Kühle nur leicht fröstelten.

Plötzlich knirschte die Schraube des Motors über einen Korallenkopf hinweg. Ein fürchterlicher Lärm! Waren Propellerblätter verbogen oder sogar abgebrochen? Nein! Sie taten weiter ihren Dienst, also waren sie heil – nochmal gut gegangen; und die Fahrt ging weiter.

Nur wenig später stoppte unerwartet der Motor. Stille! Es konnte doch nur etwas am Propeller hängen geblieben sein, überlegten wir. Edi kippte den Motor, hob somit die Schraube aus dem Wasser und konnte erfühlen, dass sich ein Fischernetz darumgewickelt hatte.

Mit einem – wie könnte es anders sein – Schweizer Messer und viel Gefühl (er sah ja nichts), konnte Edi das Netz zerschneiden. Es fiel ab, und wir setzten diese abenteuerliche Fahrt durch Gischtkämme und über Untiefen fort. Heilfroh erreichten wir unsere SINGLE MALT, stiegen an Bord, mussten nicht mehr rüsten und kochen, sondern konnten uns mit einem „Nightcap" aufwärmen und bald in unsere Kojen fallen.

Am nächsten Tag verabschiedeten wir uns von Grenada. Wir wollten weiter nach Trinidad, Richtung Süden. Da die Strecke zu lang war, um am selben Tag unser Ziel zu erreichen, planten wir unsere Abfahrt so, dass wir über Nacht fuhren und im Laufe des folgenden Tages ankamen.

Peter hatte gern die Wache übernommen, um sich an dem schönen Sternenhimmel, der sich endlich mal in all seiner Pracht zeigte, zu erfreuen, und hielt fast die ganze Nacht durch.

Edi lag währenddessen in Alarmbereitschaft in der Hauptkabine und war wie immer sofort hellwach, wenn er gerufen wurde, um Schiffen auszuweichen. Doch die Nacht verlief insgesamt ruhig, so dass Edi nicht allzu oft aufstehen musste.

37. Trinidad

April 1999

Es war inzwischen Tag geworden, als wir Trinidad erreichten. Wir fuhren an Felsen und Riffen vorbei in die Bucht von Chaguaramas ein, in der sich mehrere Anlegestege befanden, an denen wir festmachen konnten.

Mit Entsetzen sahen wir die vom Öl verschmutzte Wasseroberfläche, die in allen Regenbogenfarben zwar wunderschön schimmerte, jedoch für die Tiere und Landschaft schädlich war und zudem an unserem Rumpf klebte. Letzteres betraf uns besonders, wussten wir doch, dass ein Ölstreifen nur mit viel Arbeit wieder loszuwerden war.

Trinidad

Auch die Insel Trinidad wurde 1498 von Kolumbus entdeckt. Erst 1592 errichteten hier die Spanier eine erste Siedlung. Weitere 200 Jahre später, 1797, wurde dieses Fleckchen Erde eine englische Kolonie. Ihre Selbstständigkeit erhielt sie 1963.

Während des Zweiten Weltkrieges benötigten die Engländer dringend Zerstörer. Im Rahmen des Lend-and-Lease-Vertrages mit den USA erhielten sie einige alte Kriegsschiffe dieses Typs und traten im Gegenzug das Gebiet um Chaguaramas (dem Nordostzipfel Trinidads) 1941 für 99 Jahre an die USA ab. Obwohl dieses Gebiet nach wie vor den USA zustand, verzichteten diese in den sechziger Jahren darauf.

Während Edi und ich Bestellungen für Material und dergleichen in einem der Geschäfte für Yachtzubehör aufgaben, fuhren Ursula und Peter zum Flughafen, um sich nach dem verlorengegangenen Koffer zu erkundigen.

Wir hatten abgemacht, dass sie spätestens um siebzehn Uhr wieder an Bord sein sollten, weil wir noch am selben Abend in eine saubere Bucht ohne Ölteppich fahren wollten, in der wir auch baden konnten.

Siebzehn Uhr verging. Als es achtzehn und dann neunzehn Uhr wurde, es schon längst dunkel war und die beiden immer noch nicht zurück waren, malten wir uns die schlimmsten Geschichten aus, was ihnen wohl zugestoßen sein konnte – bei

der Polizei sein, verunglückt, überfallen und nun im Kranken-
haus liegend oder sogar im Gefängnis, weil Peter möglicherweise wegen des vermissten Koffers ausfallend geworden war.

Doch es half nichts, sich Sorgen zu machen, und wir bekamen Hunger. Eben wollte Edi anfangen, Muscheln zu kochen,
als wir einen Außenbordmotor tuckern und jemanden rufen
hörten: „SINGLE MALT!" Na, das war doch Peters Stimme!

Wir stürzten hoffnungsfroh an Deck, durchsuchten die
Dunkelheit mit Argusaugen und entdeckten ein Dingi, das sich
uns näherte. Ein Segler hatte sich unserer Freunde erbarmt,
sie samt Koffer aufgelesen und uns in der Dunkelheit gesucht.

Wir nahmen alle drei, also die zwei Menschen und den Koffer, an Deck. Unseren Augen nicht glaubend schauten wir auf
das lang vermisste Gepäckstück. Die Schlösser waren aufgebro-
chen, die Kleidung war zerwühlt, aber immerhin noch da. Endlich
würden Ursula und Peter ihre Urlaubskleidung tragen können.

Fast alles war noch drin – aber nur fast alles. Der bestellte neue Drucker und der Scanner fehlten, sowie alle Briefe an
uns. Wir wussten natürlich nicht, wer uns geschrieben hatte.

Die privaten Briefe waren ja noch zu verschmerzen, so traurig deren Verlust auch war. Doch falls sich Rechnungen darunter befanden, würde bei Edi demnächst der Pfänder an der
Wohnungstür in der Schweiz klingeln. Dieser Gedanke gefiel
Edi natürlich gar nicht.

Aber wir konnten nichts tun. Die Briefe waren verloren,
das Leben ging weiter, und so freuten wir uns in erster Linie,
dass Ursula und Peter gesund und auf freiem Fuß zurück an
Bord waren.

Nach diesem Auf und Ab unserer Gefühle knurrten unsere Mägen gleich noch lauter. Edi kochte endlich die Muscheln auf seine eigene Art, und wir ließen sie uns schmecken.
Hervorragend! Peter gab sich wie üblich mit etwas Vegetari-
schem zufrieden, und wir blieben doch noch über Nacht in der
Bucht.

Besuch eines Asphaltsees

Am anderen Morgen suchten wir auf der der Bucht vorgelagerten kleinen Insel Gaspar Grande eine kleine Ankerbucht auf. „Passen wir da überhaupt hinein?", fragten wir uns. Genau vor der Einfahrt lag eine winzig kleine Insel, an deren Rändern Gischt hochspritzte, und die die Einfahrt eng erscheinen ließ.

Doch wir passten hindurch, fanden einen Platz zum Ankern und brachten eine Heckleine zum Land aus. Hier unternahmen wir mit dem Beiboot eine Fahrt um das vorgelagerte Inselchen herum, das an eine Schale mit Bonsaibäumchen erinnerte.

Das Meer hatte es derart unterspült, dass es sich nach unten verjüngte und wie ein japanisches Kunstwerk aussah. Einige erholsame Tage später wollten wir Ausflüge auf Trinidad unternehmen und kehrten daher zurück nach Chaguaramas, wo wir wiederum an einem Steg festmachten.

Schon am folgenden Tag fuhren wir mit Bussen und oftmaligem Umsteigen in den Süden der Insel nach La Brea. Dort besuchten wir eine besondere Eigentümlichkeit dieser Insel, den

Pitch Lake, einen natürlichen Asphaltsee, dessen gesamtes Gebiet etwa vier Quadratkilometer umfasst.

Sichtbar davon war allerdings höchstens die Hälfte, in einer Senke gelegen. Der Rest davon war überwachsen. In dem See fanden wir nicht nur halbgefestigten Asphalt, sondern auch flache Tümpel mit sauberem, andere mit schwefelhaltigem Wasser, in dem Pflanzen wuchsen, darunter auch eine seltene Art von Seerosen. Sogar Fische existierten darin.

Schwarze Geier mit langen Beinen standen an den Tümpeln und hatten leichte Beute an den Fischen. Wenn wir ihnen zu nahekamen, hüpften diese eigenartigen Vögel mit elastisch federnden Beinen davon.

Bereiche mit kaltem, aber flüssigem Asphalt machen das Gebiet gefährlich, da die Oberfläche fest wirkte, jedoch abbrach, sobald Gewicht darauf kam. Der Abbau wurde gesetzlich auf täglich bis zu hundertachtzig Tonnen Asphalt reduziert, was anscheinend immer noch zu viel war, denn, obwohl immer wieder neue Masse nachfloss, sank der Spiegel des Sees allmählich.

Historisches zum Asphalt

Es war Sir Walter Raleigh (Besieger der spanischen Armada), der diesen See zum ersten Mal beschrieb und auf die wirtschaftliche Bedeutung hinwies; wurden doch Schiffe über Jahrhunderte mit Hanf und Teer kalfatert und mit Teer so gut wie möglich gegen Bewuchs geschützt.

Am nächsten Morgen beim Frühstück dachten wir an Ursulas und Peters Rückreise und stockten: Konnte es angehen, dass schon drei Wochen vergangen waren und die beiden den Rückflug antreten mussten? Ja, so war es! Schon am nächsten Tag sollte es losgehen!

Unsere Gäste packten ihren Koffer, und wir verbrachten unseren letzten gemeinsamen Abend geruhsam bei einem guten Abendessen an Bord. Etwas wehmütig ließen wir die letzten drei Wochen Revue passieren. Es war eine wirklich schöne gemeinsame Zeit gewesen.

Planmäßig war der Taxifahrer um vier Uhr in der Früh am Strand, um die Reisenden zum Flugplatz zu bringen. Wir verabschiedeten uns und blickten ihnen eine Weile nach. „Adieu, ihr Lieben, guten Flug!"

Riesige Meeresschildkröten

Im Norden und Osten Trinidads gibt es lange Sandstrände, an denen riesige Meeresschildkröten während der Nacht ihre Eier ablegen. Das wollten wir erleben, hatten uns im Norden eine Hütte am Strand gemietet und fuhren mit einem Linienbus dorthin.

Es herrschte bereits Dunkelheit, als wir ankamen, die Hütte bezogen und nach einem späten Abendessen an den Strand gingen. Wir hatten Glück, denn es war Vollmond und der Himmel wolkenlos, sodass wir einen guten Überblick über den langen Strand hatten.

Schwerfällig kam eine dieser nass glänzenden, wirklich großen Schildkröten aus dem Wasser, kroch mühsam den Strand hoch und begann zu buddeln. So etwas hatte ich nicht erwartet: Der Sand flog im hohen Bogen viele Meter weit hinter sie, und ich bekam eine Ladung davon ab, die fast wie kleine Hagelkörner auf meine Haut prasselte.

Schnell verzog ich mich aus der „Schussrichtung" und beobachtete sie von der Seite. Weitere dieser faszinierenden Tiere kamen aus dem Wasser, strebten hoch auf den Strand und gruben ebenso mit ihren Vorderflossen tiefe Mulden in den Sand.

Geduldig beobachtete ich weiter die erste Schildkröte, die ich hatte an Land kommen sehen. Sie vertiefte mit aller Kraft ihre angefangene Mulde. Natürlich durfte ich nicht zu nah an sie herangehen, da ich sie nicht stören wollte.

Endlich war sie anscheinend zufrieden mit der Tiefe der Kuhle, hielt ihr Hinterteil hinein und legte langsam ihre Eier ab, eins nach dem anderen. Es schienen mir unzählig viele zu sein. Das dauerte natürlich eine Weile.

Danach bewegte sie sich noch lange nicht zum Wasser. Nein, sie tarnte ihr Gelege, indem sie es mit Sand bedeckte und viele Male kreuz und quer über diesen Platz kroch oder robbte.

Andere Bezeichnungen für ihre Fortbewegung kann ich nicht finden, denn sie stieß sich mit ihren vorderen Flossen ab, schob ihren Körper auf dem Sand nach vorne und verwischte somit die Spuren ihres Geleges. Auch das dauerte wieder eine ganze Weile, und nun schaute ich mich um.

Viele solcher Schildkröten waren um mich herum am Strand und gruben, andere legten bereits ihre Eier ab, wieder andere waren fertig und strebten bereits dem Wasser zu. So auch die, die ich beobachtet hatte.

Eben auf dem Sand wirkte sie noch schwerfällig, schob sich „Schritt" für „Schritt" vor und plumpste jedes Mal auf ihren Körper, um sich weiter voranzuschieben. Auch im noch flachen Wasser sah das nicht anders aus. Doch dann war sie in ihrem Element, dem Wasser, schwamm wenige kräftige Züge und … war verschwunden.

Die Welt um mich herum hatte ich komplett vergessen. Hatte ich die ganze Zeit den Atem angehalten? Jetzt atmete ich tief durch, und schaute zu Edi hinüber. Er schien ebenso fasziniert wie ich.

Doch es war schon mitten in der Nacht, und wir hatten den ganzen Prozess – an den Strand kriechen, Mulde graben, Eier legen, Nest tarnen und ins Meer zurückkehren – bereits mehrfach bewundern dürfen. So entschieden wir uns, in unsere Betten zurückzukehren und den Rest der Nacht dem Schlaf zu widmen.

Lederschildkröten

Nach einer gewissen Zeit schlüpfen aus den Eiern dieser Meeresschildkröten fast gleichzeitig die Jungtiere, die sich zielstrebig zum und ins Wasser bewegen. Wenn die Jungen tagsüber schlüpfen, sammeln die Wildhüter sie ein, um sie vor immer hungrigen Vögeln und wildernden Hunden zu bewahren, und setzen sie erst bei schützender Dunkelheit wieder aus.

Nach etwa fünfundzwanzig Jahren werden die Weibchen geschlechtsreif und kehren genau an diese Stelle wieder zurück, um ihre Eier abzulegen. Die Tiere sind dann bereits etwa zwei Meter lang, zwischen siebenhundert und tausend Kilo schwer, und ihre Vorderflossen haben eine Spannweite von mehr als drei Metern.

Sie können bis drei Meter lang und tausendfünfhundert Kilo schwer werden, sind gute Schwimmer, erreichen Wassertiefen von mehr als tausend Meter und sind in der Lage, kurzfristig hundert Meter in zehn Sekunden zurückzulegen. Ihren Namen erhielten sie wegen ihrer lederähnlichen Haut auf dem Rücken, denn sie haben keinen Panzer wie die anderen Arten.

Nach dem Legen beginnt für die Weibchen eine lange Reise Richtung Nova Scotia, Norwegen, der Westküste Afrikas und zurück hierher, was jeweils zwei bis drei Jahre dauert. Die Männchen, die noch größer werden sollen, sieht man nur selten.

Früh im Morgengrauen standen wir wieder am Strand, um noch einmal die Schildkröten zu beobachten. Das letzte Tier dieser Nacht hatte seine Eier abgelegt, sie sorgfältig mit Sand zugedeckt, den Sand immer wieder festgeklopft und am Ende mit losem Sand bestäubt.

Dafür hatte es mit Schwung Sand in die Richtung seines Geleges geworfen. Dann zog es noch ein paar Kreise, um den Platz des Geleges zu tarnen. Sogar im Wasser drehte die Dame noch eine Runde, ehe sie, nun in ihrem Element, untertauchte und im Nu verschwand.

Nach diesem wundervollen Erlebnis gönnten wir uns ein ausgiebiges Frühstück, bevor wir zur SINGLE MALT zurückkehrten.

Chacachacare

Wir warteten schon geraume Zeit auf verschiedene Bestellungen. Endlich, ein paar Tage nach unserem Schildkrötenerlebnis, hatten wir auch die letzte Sendung (eine Pumpe) durch den Zoll gebracht, und damit alle bestellten Sachen beisammen, konnten ausklarieren und uns gen Westen wenden.

Wir hatten es recht eilig, Chaguaramas, wo wir bis jetzt lagen, zu verlassen, denn an den Bohrinseln, die in unserer Nachbarschaft lagen, wurde Tag und Nacht mit Druckluft gearbeitet. Das zischte und klopfte so laut und durchdringend, dass wir kaum Schlaf fanden. Daher brachen wir noch am späten Nachmittag zu der kleinen Insel Chacachacare auf.

Der Vollmond war noch nicht aufgegangen, und es war „dunkel wie in einer Kuh", als wir uns mit Hilfe des Radargerätes in die Sanders Bay auf Chacachacare hineintasteten und ankerten. Hier konnten wir endlich ruhig schlafen und das Schiff für die Weiterfahrt bereit machen.

Chacachacare

Bis in die sechziger Jahre war die Insel Chacachacare während vieler Jahre eine Leprakolonie. Die Hauptsiedlung war ein beachtlich großes Dorf, dessen Verkehr auf der Hauptstraße sogar eine Verkehrsampel nötig machte. Für die Ärzte und Nonnen (Krankenschwestern) gab es eigene kleine Siedlungen.

Sobald Lepra heilbar wurde, zogen die Leute fort. Kein Mensch, mit Ausnahme des Leuchtturmwärters, wohnt heute noch dort, und der Urwald erobert sich seinen Raum zurück, sodass man ohne Machete kaum noch durchkommt.

TEIL VI

Lateinamerika
Von Venezuela bis Panama

Mai 1999 bis Januar 2000

38. Venezuela

Mai bis November 1999

Auf nach Venezuela

Als wir von Chacachacare, Trinidad, weiter nach Venezuela segelten, gerieten wir zwischen den umliegenden Inseln in Strömungen des Atlantiks und der Karibik, die uns, ehe wir uns versahen, weit abgetrieben hatten.

Erstaunlich war, dass wir die Grenzen der Strömungen genau sehen und hören konnten. Sehen, weil das Wasser des Golfes in der Karibik hellgrün wie Jade war, während dasjenige des Atlantiks dunkelblau schimmerte und die beiden wie durch eine scharfe Linie voneinander getrennt waren.

Hören, weil das Meer an diesen Grenzen wie in einem Hexenkessel brodelte und zischte. Es war so laut und unheimlich, dass sogar Edi vom Kartentisch nach oben ins Cockpit kam und fragte, was denn da los sei. Ein interessantes Naturspektakel, nichts Besorgniserregendes. Unversehrt erreichten wir unser Ziel Venezuela.

Venezuela und seine ursprüngliche Bevölkerung

Vor der Ankunft von Kolumbus und den Spaniern lebten in Venezuela blühende indianische Gemeinschaften. Diese wurden erobert und die Menschen als Sklaven eingesetzt. Daher hatten es die Spanier nicht nötig, afrikanische Sklaven einzuführen. Nach langen Bürgerkriegen gelang es den Venezolanern unter Simon Bolivar 1811, sich von den Spaniern zu befreien.

Unsere drei ersten Ankerplätze in diesem südamerikanischen Land fanden wir auf der großen Halbinsel Paria: Zwei davon lagen im wilden östlichen Teil (Ensa [Bucht] San Francisco und Ensa Mejillones [Bucht der Miesmuscheln]), die dritte, Ensa Medina, im westlichen Teil mit seinem berühmten Sandstrand.

Die Halbinsel war bedeckt mit tropischem Regenwald, der sich über eine Kette von bis zu über tausend Meter hohen Bergen zog, und dessen steile Abhänge bis hinunter zum Meer reichten. Deshalb waren kaum sichere Ankerplätze zu finden. Wir hatten jedoch Glück: Das Meer war ruhig und ohne große Dünung.

Zuerst erreichten wir die völlig vom Urwald umgebene Ensa San Francisco mit einem kleinen Strand und einer Quelle, die sich ins Meer ergoss. Wir fuhren mit dem Dingi an den Strand, füllten unsere Wasserkanister mit dem Quellwasser und nahmen in wildester Natur eine erfrischende Dusche; da wir kein Badezeug bei uns hatten, natürlich völlig nackt. So gut wir konnten, streiften wir das Wasser von unseren Armen und Beinen ab und zogen uns wieder an.

Plötzlich stand ein Einheimischer vor uns. Wo kam der denn her? Hatte er uns nackt gesehen? Jetzt danach zu fragen wäre wenig sinnvoll gewesen. Auch war unser Spanisch zu schlecht, als dass wir eine derartige Frage hätten stellen können. Zumindest verstand Edi einige seiner Worte. Wie er uns erzählte, lebte er in diesem Urwald und suchte nach Gold und Edelsteinen; ein ruhiger, sympathischer Mann.

In der nächsten Bucht, Ensa de Mejillones, lag ein kleines, verträumtes Fischerdorf, auch mit einer Quelle am Strand, in der am Abend die Fischer duschten. Ein Mann in einem Holzkahn näherte sich der SINGLE MALT mit tuckerndem Motor und fragte, ob wir Coca-Cola hätten. Damit konnten wir leider nicht dienen.

Ein weiteres Boot näherte sich uns, von einem Mann gerudert. Darin saß eine Frau, die sich ein Tuch um den Kopf gewickelt hatte, das oben mit einem dekorativen Knoten zusammengebunden war. Es sah herzzerreißend komisch aus.

Diese Frau hatte Zahnschmerzen und fragte mit Zeichensprache nach Medikamenten. Sie zeigte uns ein Röhrchen mit Vitamintabletten, die aber ihren Schmerz nicht lindern würden. Wir gaben ihr Aspirin mit der Gewissheit, dass das wenigstens vorübergehend helfen würde.

Medina, unsere nächste Ankerbucht, wirkte einladend. Palmen säumten den langen Sandstrand; aufgespannte Sonnenschirme aus Palmenblättern standen dekorativ neben zwei größeren Dächern, die eine geschlossene und eine offene Bar vor der Sonne schützten.

Als wir anlandeten, half uns ein einsamer Sonnenbadender, das Beiboot ein wenig den Strand hochzutragen und zeigte uns, wo wir unseren Abfall deponieren konnten.

Der freundliche Hector sprach Deutsch, stammte aus Venezuela und machte hier mit einem Bekannten, Dieter aus Essen, Urlaub. Sie luden uns zu sich in ihr hübsches, kleines Ferienhaus zu einem Getränk ein und sagten: „Unser Haus ist euer Haus."

Aus unserem ursprünglich geplanten Spaziergang wurde nichts. Wir landeten mit Hector und Dieter in der Bar nebenan,

unterhielten uns angeregt und bekamen sogar weitere Tischnachbarn, Fritz und Beatrice von der SY CARNAVAL aus der
Schweiz. Sie hatten unsere SINGLE MALT in der Bucht entdeckt
und sich spontan entschlossen, auch dort zu ankern.

Da es unter Seglern Brauch ist, sich gegenseitig zu besuchen
und sein Boot zu zeigen, fanden wir uns nach einem kühlen
Getränk als nächstes auf der SINGLE MALT wieder, anschließend auf der SY CARNAVAL und am Abend wieder in der Bar,
denn wir hatten Hunger bekommen und wollten etwas essen.

Bevor wir uns trennten, lud Hector uns überschwänglich
herzlich zu sich nach Hause ein. Sollten wir nach Puerto Cabello
kommen, müssten wir unbedingt seine „Mutti" kennenlernen.

Zurück auf der SINGLE MALT fielen wir bald in die Kojen, da
wir bereits um zwei Uhr früh am nächsten Morgen Anker lichten wollten, um am Abend noch bei Tageslicht unser nächstes
Ziel, die Isla Margarita, etwas nördlich der venezolanischen
Küste, zu erreichen.

Isla Margarita, Isla Cubagua und Isla Chimana Secunda

Castillo San Carlos de Borromeo

*Kurz nach der Entdeckung der Isla Margarita errich-
teten die Spanier hier eine Burg, Castillo San Carlos
de Borromeo, um die sichere Bucht von Pampatar zu
schützen. Die heute noch sichtbaren Ruinen gehen
zurück auf die Festung, die die Spanier 1662 errichteten, nachdem die erste durch die Holländer erobert
und zerstört worden war.*

*Während des Befreiungskrieges um 1817 wollten
die Spanier diese Festung sprengen, damit sie nicht
in die Hände der Aufständischen gelänge. Die wohl-
verteilten gut siebenhundert Kilo Kanonenpulver ex-*

> plodierten jedoch nicht, da der Zünder nicht funktio-
> nierte; deshalb kann man noch heute Überreste dieses
> Forts besichtigen.

In Pampatar, einer Stadt auf der Isla de Margarita, kamen wir leider nicht dazu, das alte Gemäuer des *Castillo San Carlos de Borromeo* zu besichtigen, da wir die meiste Zeit damit verbrachten, am Strand auf einen Zollbeamten für das Einklarieren zu warten. Uns habe er eine Uhrzeit angegeben, versicherte er uns später, doch davon wussten wir nichts. Das war sicher eine faule Ausrede!

Erst einige Stunden später, als wir das Warten schon längst aufgegeben hatten, erschien er endlich. Wir durften unserem Ärger keine Luft machen, sonst wäre er womöglich davongegangen, ohne seines Amtes zu walten. Er nahm unsere Papiere mit in sein Büro, und wieder begann für uns das Warten, dieses Mal auf unsere Papiere.

Endlich, zwei Tage später (!), hatten wir einklariert, waren wieder im Besitz unserer Papiere und dafür um 90,00 USD leichter. Wir hatten genug des Ärgers, lichteten sofort Anker und erreichten bald darauf die Insel Cubagua, wo sich die erste und wenig ruhmvolle europäische Niederlassung in Amerika befand.

Cubagua

> *Weil Kolumbus auf der Halbinsel Paria Eingeborene mit Perlen gesehen hatte, veranlasste dies zwei Abenteurer, Cristobal De La Guerra und Petro Alfonso Niño, die Herkunft dieser Perlen zu ergründen. Es war diese kleine, unwirtliche Insel names Cubagua.*
>
> *Bereits 1492 (!) erschienen 50 Glücksjäger und gründeten hier die Siedlung Nueva Cádiz, nahmen*

*Eingeborene als Sklaven, zwangen diese mit Peitschen
nach Perlen zu tauchen, und konnten so jährlich um
die 400 kg Perlen nach Spanien senden, deren Wert
nur wenig unter dem des gestohlenen Inka-Goldschat-
zes liegen dürfte.*

*Um den Transportweg zu sichern, wurde 1521 am
gegenüberliegenden Festland die Hafenstadt Cumaná
gegründet und von 1660 bis 1669 stark befestigt, gerade rechtzeitig, um Henry Morgan, den berüchtigten
Seeräuber in königlichen Diensten, fernzuhalten. 1620
gelang es den Indianern kurzfristig, die Spanier von
Cubagua zu vertreiben, doch diese kehrten wieder zurück, bauten die Häuser stärker als zuvor wieder auf
und errichteten eine kleine Festung.*

*Am Weihnachtstag 1641, als die Perlen nicht mehr
so reichlich flossen, zerstörten ein Erdbeben und eine
Flutwelle diese Niederlassung. Heute sind nur noch
einige Ruinen sichtbar, sowie ein kleiner geschliffener
Gedenkstein mit den Jahreszahlen 1492/1992, den
man 500 Jahre später aufstellte.*

Um uns die Beine zu vertreten, wanderten wir zu den Ruinen
von Cumaná, wo es nicht viel zu sehen gab, und überquerten
eine Sandebene, die mit hohen Kakteen sowie dornigen Büschen überwuchert war, was uns ordentlich zerkratzte Beine
bescherte.

Neben einfachen, anscheinend unbewohnten Hütten lagen
wunderschön geformte weiße und rosafarbene Schneckengehäuse
aufgehäuft. Einige davon sammelte ich als Mitbringsel ein. Die
Gehäuse waren so hübsch, dass ich noch eines und noch eines
mitnahm und ein Beutel bald gefüllt war. Edi versuchte einige
Male mich zu bremsen, mit sehr mäßigem Erfolg. Irgendwann
hatte ich dann selbst genug und machte mich – glücklich über
meine kostbare Beute – mit Edi auf den Rückweg.

Als wir zurückkehrten, lagen zwei weitere Segelschiffe in der Bucht, die wir bereits von Gibraltar her kannten. So klein ist die Welt. Auf der SY ALUMINE trafen wir uns für eine kleine Wiedersehensfeier, auf der wir alle unsere Anekdoten zum Besten gaben.

Jeder von uns kannte die technischen Probleme der Außenbordmotoren, der Stromumwandler, Lichtmaschinen und nicht zuletzt auch der verstopfen Toiletten. Während der Arbeiten hatten wir geflucht, doch hier waren die Unbequemlichkeiten vergessen und wir konnten darüber herzhaft lachen. Liesel hatte gerade frisches Brot gebacken, das sie uns anbot, und wir ließen es uns schmecken.

Die nächste Insel, die wir anliefen, Chimana Secunda, überraschte uns durch die Vielzahl von Leguanen, die nicht scheu waren und sich in der Nähe einer Hütte aufhielten. Eigentlich kümmerten sie sich gar nicht um uns Menschen, sondern waren nur am Futter interessiert.

Wir gingen in ein Restaurant, das aus einer einfachen Hütte mit Bänken und Tischen bestand. Der Wirt erkannte natürlich, dass wir fremd und an den Leguanen interessiert waren.

Mit unseren bestellten Getränken brachte er auch einige Bananen zum Füttern.

Ich wollte wissen, wie mutig diese Tiere waren. Dafür hielt ich Bananen oberhalb meines Knies, sodass ein Leguan an meinen Beinen hochklettern musste, um daran zu gelangen. Aua! Hatte der spitze Krallen!

Der Wirt deutete nach oben ins offene Dachgebälk. Erschrocken erblickten wir eine beachtlich große *Boa constrictor*, die dort zusammengerollt ruhte. Doch wenn der Wirt so sorglos darauf deutete, bestand anscheinend keine Gefahr; daher widmete ich meine Aufmerksamkeit lieber den Leguanen, die für mich viel interessanter waren.

Puerto La Cruz und ein Besuch in der Heimat

Im Mai 1999 legten wir an einem Liegeplatz in Puerto La Cruz, Venezuela, vor einem eleganten Hotel an, um dort die Zeit während der Hurrikan-Saison zu verbringen. Hier lag die SINGLE MALT sicher vor den tropischen Stürmen, die bald beginnen würden. Wir hatten Zeit und flogen für etwa sieben Wochen nach Europa, Edi in die Schweiz und ich nach Deutschland.

Auf dem Weg dorthin mussten wir in Caracas vom nationalen zum internationalen Flughafen etwa 500 m gehen. Mein Gepäck war so schwer, dass ich es nicht tragen konnte. Edi fragte mich, ob ich Blei eingepackt hätte, und half mir, die schwere Tasche zu tragen.

Gut, dass er nicht weiter nachbohrte, denn vermutlich wäre er wenig erfreut darüber gewesen, dass mein „Blei" aus einer Menge der hübschen Schneckenhäuser bestand, die ich bei Cumaná gesammelt hatte. Auf jeden Fall hatte sich die Aktion gelohnt, denn meine Daheimgebliebenen freuten sich riesig über die Mitbringsel.

Als ich 1998 im Frühjahr zu Edi an Bord kam, war ich davon ausgegangen, für etwa 10 Jahre fort von zu Hause zu sein. Daher hatte ich mich gewundert, bereits von Sardinien und später von Lanzarote kurz nach Hause fliegen zu können.

Edis Freunde und Bekannte hatten unsere Berichte erhalten, festgestellt, dass seit einiger Zeit eine Frau – nämlich ich – mit Edi unterwegs war, und fragten immer wieder nach mir. „Wann kommt sie denn mal in die Schweiz?" „Wann können wir sie kennenlernen?" Grund genug für mich, zwei Wochen vor dem Rückflug nach Venezuela mit der Bahn zu Edi in die Schweiz zu reisen.

Seit diesem ersten Besuch wurde ich bei jedem Treffen mit Edis Freunden gefragt: „Wie hältst du es überhaupt mit dem ‚bösen Edi' aus?" Er saß neben uns und schmunzelte amüsiert, denn er wusste, dass er als böser und schwieriger Mensch bekannt war. Mich überraschte die Frage, denn als böse hatte ich ihn nicht erlebt.

Er ist streng, erwartet Disziplin, am meisten von sich selbst, und ist gerecht – aber böse? Nein, böse ist Edi wirklich nicht. Ich tat dies kund, erklärte, dass er eher einen etwas deftigen Humor habe, und erzählte folgende Begebenheit: „Als wir mit den Vorbereitungen für das Essen für unsere Gäste fertig waren, sagte ich zu Edi: ‚Nun ziehe ich mich um und mache mich ein wenig hübsch.' Sein Kommentar: ‚Ob da noch was zu machen ist?'" Brüllendes Gelächter war die Folge, und es wurde ein fröhlicher Abend.

Den Rückflug nach Puerto La Cruz konnten wir gemeinsam antreten. Dort wartete die SINGLE MALT auf uns. Auf unserer bisherigen Reise hatte sie uns sicher durch Stürme und haushohe Wellen gebracht und dabei einiges abbekommen. Deshalb galt es, sie wieder auf Vordermann zu bringen, wozu die Zeit der Hurrikan-Saison ideal war – konnten wir doch eh nicht weitersegeln.

Edi hatte einen Wassermacher bestellt, der aus Seewasser gutes Trinkwasser machen sollte, und den wir unter genauestem Ausmessen in den Motorraum einbauten. Genau auf der anderen Seite der Wand befand sich der Dieseltank. Nicht auszudenken, was passiert wäre, wenn wir den angebohrt hätten … Es klappte alles wunderbar. Nur noch die passenden Schläuche dazu fehlten, die wir in der Stadt im Xanadu-Marine-Laden kauften.

Nun kam die angenehmere Arbeit, alles mit den verschieden dicken Schläuchen zu verbinden; dachten wir zumindest, denn die Schläuche passten nicht, da es sich um amerikanische Maße handelte. „Gottfried Stutz!", schimpfte Edi. „Ein Tag verloren!"

Es ging nämlich ein ganzer Tag dabei drauf, mit dem Bus in die Stadt zu fahren, den weiten Weg zum Geschäft zu Fuß zurückzulegen (was bei dieser Hitze besonders anstrengend war), den Umtausch vorzunehmen und dann den gleichen Weg wieder zurückzulaufen.

Dazu kam immer die Gefahr, überfallen und ausgeraubt zu werden, wie das einer Amerikanerin passiert war, die wir getroffen hatten. Aber es half nichts – wir mussten die Schläuche schließlich umtauschen. Also nahm ich den Weg auf mich.

Bevor ich forschen Schrittes losmarschierte, befestigte ich sicherheitshalber noch eine dünne, selbstgenähte Tasche für Kreditkarte und Geld mit Sicherheitsnadeln unsichtbar für andere im Innern meiner Shorts. Edi widmete sich währenddessen nötigen Arbeiten auf dem Schiff.

Schiff auswassern, Dengue-Fieber und viele Tage im Eimer

Die SINGLE MALT wurde aus dem Wasser gehoben und aufs Trockene gestellt, weil es mal wieder an der Zeit war, den Bootsrumpf zu behandeln. Dieses Mal hatte Edi sich entschieden, neue Epoxy-Schichten auf den Bootsrumpf auftragen zu lassen. Diese besonderen Schutzschichten sollten dafür sorgen, dass der Rumpfteil, der im Wasser lag, bis an Edis Lebensende halten würde.

Am Tag nach dem Auswassern erwachte Edi mit hohem Fieber. Mit äußerster Mühe schleppte er sich pünktlich um 8 Uhr die Leiter von Bord hinunter, um mit den Arbeitern zu besprechen, was zu tun sei. Danach kletterte er wieder an Deck und war zu nichts mehr fähig, lag schlapp auf der Bank und schlief die meiste Zeit.

Seine Augen schmerzten so sehr, dass ich feuchte, kühlende Tücher darauflegte, die die Schmerzen ein wenig linderten. Doch wenn er mal wach war, wurde es ihm langweilig. Daher begann ich, ihm aus einem englischen Buch vorzulesen.

Am Inhalt des Buches schien er nicht interessiert zu sein, sondern mehr an meiner Aussprache, die offenbar sehr schlecht war. Lautstark berichtigte er mich immer wieder. Für mich klang das wie Schimpfen, doch er dementierte das; er würde mich nur berichtigen.

Naja, damit musste ich also leben. Jedenfalls lernte ich die richtige Aussprache, was ich ja auch als sehr wichtig empfand. Edi war erst zufrieden, wenn ich die Worte richtig sagte, und war nach etwa 15 Minuten vom Sprechen und Korrigieren so erschöpft, dass er einschlief und ich in Ruhe weiterlesen konnte – denn ich war ja am Inhalt interessiert.

Es war Dengue-Fieber, das Edi erwischt hatte. Es wird von Mücken übertragen und wirkt in vielen Fällen tödlich, aber das wussten wir zu der Zeit nicht und kamen deswegen nicht auf die Idee, einen Arzt aufzusuchen.

Erst später erfuhren wir, dass es vier Arten dieses Fiebers gibt. Edi hatte dasjenige, das Pickel auf der Brust entstehen, die Glieder schwer wie Blei werden und die Augen schmerzen lässt. Innere Organe und das Blut waren zum Glück nicht betroffen, wie es bei den anderen Arten der Fall ist. Da hatten wir wirklich mal wieder Glück gehabt!

Während Edi sein Fieber auskurierte, mussten die alten Antifouling-Anstriche vom Rumpf abgeschliffen werden, was zügig erledigt wurde. Aber mit dem Auftragen der neuen Schutzschichten ließen sich die Arbeiter Zeit, sodass Edi ungeduldig wurde. Es dauerte und dauerte, bis die Arbeiter endlich mal „in die Puschen" kamen.

Tage vergingen, bis der erste Anstrich aufgetragen wurde. Edi empfand das als äußerst nervenzehrend, dabei waren die Arbeiter tatsächlich sehr gewissenhaft, denn sie wussten, dass für diese besondere Arbeit nicht nur der Rumpf ganz trocken sein musste, sondern auch möglichst trockene Luft herrschen sollte.

Petrus hatte dagegen ganz andere Pläne. Er spielte uns immer wieder einen Streich, drohte schon mittags mit schwarzen Wolken, die uns erst umkreisten, ehe sie sich auf die SINGLE MALT ergossen und das Gelände, auf dem wir aufgebockt standen, unter Wasser setzten. Dementsprechend musste der nächste Anstrich immer wieder verschoben werden.

Das verlängerte unser ungemütliches „Leben auf Stelzen", bei dem ich jedes Abwaschwasser in Eimern die Leiter hinuntertragen und auf dem Weg zu den weit entfernten Toiletten um riesige Schlammpfützen herumgehen musste. Dieser Morast bildete zu allem auch noch eine ergiebige Brutstätte für Mücken, die uns regelmäßig überfielen. Edi litt ja schon unter diesem fürchterlichen Fieber, das ich nicht auch noch bekommen wollte, weshalb mir das besonders missfiel.

Die alte Windsteuerung hatten wir noch vor den Arbeiten am Unterwasserschiff abgebaut, weil sie nicht gut funktionierte. Sobald es Edi etwas besser ging, begannen wir mit der Montage der neuen Pazifik-Plus-Windsteuerung, die den Kurs hoffentlich besser als ihre Vorgängerin halten würde. Sie sollte uns nicht enttäuschen.

Trotz widriger Umstände war das Schiff irgendwann bereit, ins Wasser gesetzt zu werden, und wir atmeten erfreut auf. Der Kran kam pünktlich, zwei breite Gurte wurden um den Rumpf gelegt und das Schiff angehoben. Dann war Mittagspause. Gut für uns, konnten wir doch die nicht behandelten Stellen mit der Antifouling-Farbe in Ruhe streichen.

Um vierzehn Uhr schlenderten die Arbeiter wieder gemütlich heran und richteten aus: „Kapitän soll zu Viktor, dem Chef, kommen." Viktor erklärte Edi, erst wenn die Rechnung bezahlt sei, würden sie das Boot ins Wasser setzen. Sprachlos hörte Edi sich das an. Warum hatte man uns das nicht früher gesagt? Der Weg zur Bank war weit. Mit Karte konnte hier nicht bezahlt werden. Also was sollten wir tun?

Edi kratzte seine letzten Schweizer Franken Bargeld hervor, seine eiserne Reserve, hinterlegte sie bei Viktor, und die SINGLE MALT wurde mit zwei Stunden Verspätung ihrem Element übergeben. Ein aufregender Moment, die SINGLE MALT in der Luft hängen zu sehen und zu beobachten, wie sie vorsichtig ins Wasser sank, bis sie schwamm.

Zufrieden fuhren wir zu unserem Liegeplatz, wo wir schon erwartet und die Leinen nach unseren Wünschen festgemacht wurden. Edi schaute zufrieden drein, bis er – wie konnte das nur passieren – einen Knoten in einer der Festmacherleinen entdeckte. „Dafür klariert man doch die Leinen, damit so etwas nicht passiert", wurde ich belehrt. „Hab ich doch gemacht!", erwiderte ich kleinlaut. „Den Knoten muss der Klabautermann da reingemacht haben ..."

Im nächsten Moment ging das Schimpfen weiter: „Was für eine fürchterliche Schweinerei ist das da oben?" Schwarze mit Fett und Öl beschmierte Stahlseile des Krans hatten nicht nur die Leinen, sondern auch die Stage des Besans gestreift und diese Schweinerei hinterlassen.

Einen Teil unseres stehenden Guts konnte Edi mit einem benzingetränkten Lappen und akrobatischen Übungen säubern. Für die letzte Reinigung hoch oben am Mast musste Edi mit dem Bootsmannstuhl mit der Winsch von mir per Hand hinaufgekurbelt werden. Eine zusätzliche Arbeit, die nicht nötig gewesen wäre, wenn der Kranführer aufgepasst hätte.

Nun fuhr Edi in die Stadt, um Bolivares (die venezolanische Währung) von der Bank abzuheben. Ohne überfallen zu werden oder sonstige Zwischenfälle kam Edi heil mit der großen Summe Bargeld für die erledigten Arbeiten zurück und konnte die Bolivares gegen die hinterlegten Schweizer Franken tauschen. Damit war für ihn wieder ein halber Tag „im Eimer."

Flucht vor einer Kakerlake

Unser übliches Seglerleben begann wieder. Viel zu schnell fahrende Boote verursachten Wellen, die unsere Planken schwanken und unsere Gangway auf den Pier schlagen ließen. Dabei läuteten fröhlich die Glöckchen, die aus der Türkei stammten und oben an der Aufhängung der Gangway angebracht waren.

Eigentlich war das unsere „Eingangsklingel": Wenn jemand auf die Gangway trat, zitterten die Leinen, brachten die Glöckchen zum Klingen und kündigten uns somit Besuch an. Doch nun läuteten sie wegen der verursachten Wellen fast ununterbrochen. Es nervte uns auf der einen Seite, auf der anderen war der Klang so heimelig, dass wir uns lieber daran gewöhnten als sie abzunehmen.

Auch bekannte Geräusche, die auf dem Trockenen weggefallen waren, kamen wieder hinzu. Im Schiff hörten wir wieder die kleinen Meerestiere, die am Schiffsrumpf knispelten und raschelten.

Während meiner ersten Tage an Bord vermutete ich Mäuse, die mit Papier raschelten. Inzwischen war es mir zu einem ebenso vertrauten Geräusch geworden wie das Klatschen des Wassers an der Bordwand und das Säuseln des Windes in der Takelage.

Nur wenige Meter von unserem Liegeplatz entfernt befanden sich nicht nur die modernen sanitären Anlagen mit Duschen, sondern sogar ein Schwimmbecken, das zum Hotel gehörte und auch von Seglern in der Marina benutzt werden durfte.

Während wir dieses Privileg genossen, erzählte Toni, ein Schweizer, am Beckenrand hängend, dass seine Frau kürzlich sehr hohes Dengue-Fieber gehabt habe und dem Tode nahe gewesen sei. „Sicher hast du einen Arzt gerufen?", vermuteten die Zuhörer.

„Nein, natürlich nicht, die taugen hier doch alle nichts, sondern bringen einen erst richtig ins Grab!", erklärte er trocken. Er sagte das im Brustton der Überzeugung, wirkte dabei aber so komisch, dass wir in schallendes Gelächter ausbrachen.

Tonis Frau, schon lange wieder gesund, begleitete mich am nächsten Tag zum Markt und gab mir Tipps und Tricks zum Einkaufen. Ich notierte die Preise, sodass man mich beim nächsten Einkauf nicht übers Ohr hauen könnte, und lernte, auf Spanisch zu sagen: „Das habe ich schon" und „Vielleicht kaufe ich später". Alleine hatte ich mich nicht in dieses Menschengetümmel gewagt, in dem sich laut Warnungen auch Diebe tummelten. Nach dieser Einführung fühlte ich mich etwas sicherer.

Eines Morgens thronte ich wie jeden Tag entspannt auf dem stillen Örtchen der Marina. Ich war bereits im Badeanzug dorthin gegangen, da ich nach meiner „Sitzung" schwimmen gehen wollte. Da erschien plötzlich unter der Tür eine riesige Kakerlake (etwa 5 cm lang), die zu meinem Entsetzen auch noch genau auf mich zu rannte.

Oh Schreck, oh Graus! Nackt, wie ich war, fühlte ich mich diesem Tier, das auf mich wie ein ekelerregendes Ungeheuer wirkte, entsetzlich ausgeliefert. „Iiiiiihhhh!", hallte mein schriller Schreckensschrei um sechs Uhr früh durch den Dusch- und Toilettenraum der Marina.

Ich schnellte wie von der Tarantel gestochen von der Toilette hoch und verließ splitternackt fluchtartig meine Stätte des Grauens. Draußen vor der Tür, noch zitternd, aber der „Gefahr" entronnen, schweiften meine hilfesuchenden Blicke umher, doch kein Mensch, kein Retter war weit und breit zu sehen. Erst jetzt wurde mir bewusst, dass ich ja nackt war und den Badeanzug noch in der Hand hielt. Schnell zog ich ihn an und war nun froh, keine Menschenseele zu sehen.

Aufgeregt berichtete ich Edi von meinem „Morgenteuer". Natürlich konnte er sein Lachen nur mühsam unterdrücken, aber das nahm ich ihm nicht übel. Nachdem ich mich von dem Schrecken erholt hatte und in Sicherheit war, konnte auch ich der Komik der Situation durchaus etwas abgewinnen.

Kabelstrang, neue Technik und Dichtungen

Natürlich gingen die Vorbereitungen zum Weitersegeln zwischen den Begegnungen mit anderen zwei- und mehrbeinigen Lebewesen weiter. Einen Moment, bei dem wir den Atem anhielten, erlebten wir beim Legen einer zusätzlichen 12V-Steckdose im Cockpit. Für das zugehörige Kabel mussten wir ein Loch durch die Wand bohren, die die Küche vom Cockpit trennt.

Nach langem Überlegen und sorgfältigem Ausmessen setzte Edi die Bohrmaschine auf der Seite der Küche an und bohrte. Er stellte fest, dass ja viel mehr zu durchzubohren war als gedacht. „Wieso denn das? Ist die Wand dicker?", mutmaßte er.

Mit einem kleinen Spiegel versuchten wir, um die Ecke zu schauen, und entdeckten Erschreckendes! Es gab einen zusätzlichen Hohlraum, durch den Kabel geführt wurden. Der

Bohrer steckte in einem dieser dicken Kabelstränge, der mit schwarzem Gewebe umhüllt zum Motor führte. Uns blieb fast das Herz stehen.

„Das darf doch nicht wahr sein! Jetzt springt der Motor nicht an oder sonst was ist unterbrochen", fürchteten wir. Sofort prüften wir, ob sich der Motor starten ließ, ob die Kontroll-Lampen und -instrumente sowie die Ruderanzeige noch funktionierten.

Alles war bestens. Nichts unterbrochen. Wahrscheinlich hatten die Kabel nachgegeben, und der Bohrer glitt zwischen sie. Wir konnten aufatmen und mit der geplanten Arbeit weitermachen. Glück gehabt.

Auch wir wollten mit der Zeit gehen, uns neue Techniken zunutze machen und hatten uns daher eine E-Mail-Adresse zugelegt. In vielen Orten gab es sogenannte Cyber-Cafés mit der Möglichkeit, E-Mails abzusenden und zu empfangen; so auch in Puerto La Cruz.

Der Weg dorthin war zwar weit, aber das schreckte uns nicht ab. Erst liefen wir zur Bushaltestelle, fuhren dann mit dem Bus einige Haltestellen weit, danach ging es wieder ein gutes Stück zu Fuß durch die brütende Hitze, bevor wir endlich unser Ziel erreichten.

Dieses sogenannte Cyber-Café war nicht etwa ein Café, in dem man einen Kaffee oder ein anderes Getränk zu sich nahm, sondern ein kleiner, unbelüfteter Raum, in welchem eng aneinandergereiht kleine Tische standen, auf die knapp je ein Computer passte. Vor jedem Computer war nur für einen Stuhl Platz. Aber wir waren ja zu zweit!

Irgendwie schafften wir es, einen zweiten Stuhl dort hinzuquetschen. Einer war für mich als „Sekretärin" an der Tastatur, und einer für Edi, den „Diktator". So schrieben wir unseren Familien und Freunden ganz stolz, dass wir ab jetzt auch auf elektronischem Weg erreichbar wären und sammelten mit dieser neuen Art des Briefeschreibens unsere ersten Erfahrungen. Doch bald kamen Zweifel über die neue Technik auf, weil wir nur selten Antworten erhielten. Woran das wohl lag?

Von meiner Freundin erfuhr ich lange Zeit später auf einem meiner Heimataufenthalte den Grund: Ihr sandte ich jeweils unsere verfassten Berichte, die sie vervielfältigte und an die Adressen meiner Freundinnen verschickte. Diese bedankten sich bei meiner Freundin, der Verteilerin, und hielten lange Telefonate mit ihr, aber bei uns kam nichts davon an – kein Dankeschön, keine Bemerkung, die Briefe seien interessant.

Ob es in Edis Kreis ebenso war, weiß ich nicht, aber es machte uns traurig, dass wir kein „Echo" auf unsere vielen Briefe erhielten, denn nicht nur unsere E-Mail-Adresse, sondern auch eine Postadresse, an die man uns schreiben konnte, gaben wir immer an. Wenn wir Post erhielten, waren es Rechnungen für Edi und ein oder zwei Briefe von meiner Mutter und meinen Freundinnen.

Die Wege in die Stadt unternahm ich meistens allein, während Edi an Bord seinem aktuellen „Hobby" frönte, der neuen elektrischen Toilette. Viele Tage arbeitete er daran, wobei er entweder darauf oder davor saß.

Darauf, weil ihn Durchfall plagte; davor, weil viele Schläuche, Zwischen- und Verbindungsstücke sowie Ventile miteinander verbunden werden mussten, und es immer wieder aus einer der Verbindungen tropfte. Tage später, nach einer Menge Gefummel, Gebastel und Gefluche, war endlich alles dicht.

Kochkurs

Bei einem „Ladies Lunch" amerikanischer Seglerinnen, die sich normalerweise in der Karibik aufhielten, erfuhr ich von einem Kochkurs für venezolanische Gerichte. Selbstverständlich meldete ich mich an.

Mit einem Linienbus fuhren wir Teilnehmerinnen (nur einige Damen vom Ladies Lunch) von Meereshöhe fast immer bergauf, bis auf 1400 m Höhe über dem Meer, wo ein frisches, luftiges Klima herrschte. Hier wohnte Kieni, die uns die verschiedenen, in der einheimischen Küche verwendeten Wurzelarten erklärte und zeigte, wie sie geschält, gekocht und zubereitet werden, ohne dass man davon dauerhaft verfärbte Finger bekommt.

Um diese schwarzen, länglichen, manchmal auch klobig runden Dinger hatten Edi und ich immer einen großen Bogen gemacht, wobei wir an die von uns ungeliebten klebrigen Yamswurzeln gedacht hatten.

Hier kochte Kieni Wurzeln namens Ocumu Blanco, Ocumu Chimo, Morado, Batata und andere alle einzeln, ebenso wie die Platins (Bananen), sodass wir von jedem „Gemüse" den eigenen Geschmack kennenlernten.

Schlussendlich wurde alles zusammen zu einer Suppe in einen Kochtopf gegossen. Es war so viel, dass jede Teilnehmerin nach dem Essen einen Plastikbehälter voll von diesem Eintopf mit heim nehmen durfte. Diese Suppe war so schmackhaft, dass Edi und ich uns vornahmen, häufiger von diesen Gemüsesorten zu kaufen.

Am nächsten Morgen wollten wir endlich einmal zusammen in die Stadt fahren; nicht immer nur ich allein. Aber was war mit meinen Gedärmen los? Sie zwickten, krampften und schmerzten. „Nein, heute kann ich nicht!", ließ ich ihn wissen.

Doch Edi war traurig. Endlich wollten wir zusammen etwas unternehmen, und nun kam dies dazwischen. So riss ich mich zusammen, und wir fuhren trotz des Zwickens in meinem Inneren mit dem Bus los.

Die Sonne brannte erbarmungsloser als je zuvor, was ich wahrscheinlich wegen meines Unwohlseins als entsetzlich empfand. Wir suchten ein spezielles Geschäft im Industriegebiet und fanden es nicht, gingen eine elend lange und schattenlose Straße entlang, waren zu weit gegangen, und mussten wieder zurück.

Schließlich fragten wir in einem Geschäft nach dem Weg. Ich muss wohl so erbärmlich blass ausgesehen haben, dass mir eine Coca-Cola als Erfrischung geschenkt wurde. Das tat gut.

Nach häufigem Auf- und wieder Abgehen fanden wir den Laden, der so unscheinbar aussah, dass wir an ihm schon einige Male vorbeigegangen waren. Auf unsere Erleichterung, den Laden endlich gefunden zu haben, folgte sogleich Enttäuschung: Das, was wir suchten, war nicht im Sortiment.

Mit einem Taxi ließen wir uns in die Innenstadt bringen. Während ich mich ein wenig erholte, eilte Edi zu einem anderen Händler, wo er endlich das gesuchte Teil erhielt, und dann zur Bushaltestelle kam, wo wir uns für die Rückfahrt verabredet hatten.

Wir saßen endlich bereit für die Heimfahrt im Bus, als mich plötzlich ein „Jodelgefühl" überkam. (Eine Bekannte hatte einmal diesen Ausdruck für Erbrechen geprägt.) Hastig stürzte ich aus dem Bus, um zu „jodeln." Danach fühlte ich mich vorerst besser, und die Rückfahrt verlief ohne Zwischenfälle.

Doch am Abend lag ich matt auf der Koje. Mir war schlecht. Seltsamerweise hatte auch Edi keinen Hunger und litt erst einen Tag später unter Durchfall. Lag das an der guten Suppe mit den Wurzelarten? Drei Tage lang hatten wir Magenprobleme und wollten von den fremdländischen Wurzeln nichts mehr wissen.

Eine Nacht ohne Mückenplage und eine traurige Nachricht

Zur Marina Aqua Vie gehörte das luxuriöse Hotel Aqua Vie, das den Seglern in ihrer Marina eine Nacht pro Monat gratis ein Zimmer anbot. Edi hatte eines für uns reserviert. Überraschend sagte er: „Mach einige Kleider und Waschzeug bereit. Wir schlafen eine Nacht im Hotel!"

„Das ist ja eine tolle Abwechslung", freute ich mich, und wir genossen mal einen geruhsamen Faulenzertag, erhielten je ein Mixgetränk, gingen ins Schwimmbad und ließen uns am Abend am Grill verwöhnen.

Die Nacht im Zimmer war ungewohnt kühl: keine gewohnten 29 Grad, sondern etwa 19 Grad. Und *keine* Mückenplage! Ich atmete auf: endlich mal kein nächtliches Mückenkonzert, nicht auf Jagd gehen, und nicht schweißgebadet die dünne Zudecke umdrehen!

Gleichzeitig sorgte ich mich allerdings, dass ich durch den steten Luftzug der Klimaanlage vielleicht einen Schnupfen bekommen könnte. Doch der Schnupfen blieb zum Glück aus.

Zurück an Bord hatten wir uns vorgenommen, bei Gelegenheit mit der SINGLE MALT zu unserem Bekannten Hector in Puerto Cabello zu segeln und seine Mutti kennenzulernen. Mehrmals versuchten wir, ihn telefonisch zu erreichen.

Es meldete sich eine männliche Stimme auf Spanisch. Diese Sprache verstanden wir nicht und baten die Chefin der Marina, den Anruf für uns zu erledigen. Sie übersetzte uns, dass Hector vor wenigen Tagen plötzlich verstorben und die ganze Familie geschockt sei. Wir waren ebenso geschockt! Fassungslos nahmen wir diese traurige Nachricht auf und waren den Rest des Tages schweigsam.

Da unser Wiedersehen mit Hector nun ins Wasser fiel, suchte Edi sich eine andere Beschäftigung. Nur „mal eben" wollte er die Seewasserpumpen kontrollieren und stellte mit Grauen fest, dass diese mit korallenähnlichen Tieren bevölkert waren. Ich ekelte mich davor genauso wie Edi, konnte es aber nicht lassen, diese Lebewesen genau zu betrachten. Kleine Kalkröhrchen, etwa ein bis zwei Zentimeter lang und zwei Millimeter dick, hatten sie sich als „Häuser" gebaut. Daraus schoben sich sehr langsam goldgelbe, wie dickflüssige Honigtropfen aussehende Wesen, um im nächsten Moment blitzartig zurück in ihre Röhren zu zucken. Seltsame Geschöpfe! Dass es so etwas gibt! Interessant!

Leider hatte sich dieses bemerkenswerte Volk am falschen Platz angesiedelt und musste beseitigt werden. Mit Gummihandschuhen, viel Wasser und einem Marlinspieker (einem Werkzeug, das wie eine etwa ein Zentimeter dicke Nähnadel aussieht) bewaffnet, wurde diese Ansiedlung schweren Herzens beseitigt – schweren Herzens deshalb, weil ich sie doch eigentlich faszinierend fand.

Auf dem Weg nach Merida

Unsere geplanten Arbeiten an Bord hatten wir erledigt und machten uns auf eine Fahrt mit einem klimatisierten Bus nach Merida, einer Stadt im gleichnamigen Staat im Westen Venezuelas. Wir wollten den Ort als Basis nutzen, um von dort weitere Ausflüge zu unternehmen.

Dreiundzwanzig Stunden am Stück waren wir mit dem Bus unterwegs – knapp 1300 km. Als der Busfahrer in der Nacht anhielt, um jemanden aussteigen zu lassen, wurde Licht angemacht, was wir nutzten, um etwas aus unserem Gepäck zu holen.

Suchend blickte ich in die Tasche, und zum zweiten Mal in kurzer Zeit entfuhr mir ein nicht zu kontrollierender Schrei, der die Mitreisenden aus ihren Träumen riss. Gleich mehrere Schatten huschten in der Tasche umher.

„Was ist denn los?", fragte Edi verständnislos. „Dddada dddrin, Ka-ka-kakerlaken", stammelte ich und versuchte, meine Fassung wiederzugewinnen. Nun wurde auch Edi blass. „Um Gottes Willen, woher kommen die? *Die* werden wir doch hoffentlich nicht als Geschenk mit auf das Schiff bekommen?" Aber vorerst fuhren wir ja ins Landesinnere.

Eigentlich sind Kakerlaken ja harmlos und tun einem Menschen nichts. Offenbar ekeln sich Frauen besonders vor ihnen; so offensichtlich auch ich. Außerdem vermehren sie sich unwahrscheinlich schnell, leben in Ritzen und an versteckten Stellen, sodass man kaum auf sie aufmerksam wird. Wenn man dann mal eine sieht, sitzen wahrscheinlich viele weitere in dunklen Ecken und wachsen zu einer Plage heran.

Für den Rest der Nacht mussten wir mit dem Wissen um diese „blinden Passagiere" leben. Überall am Körper kribbelte und krabbelte es bei mir. Unangenehm! Ich wurde nervös und konnte nicht mehr richtig schlafen, was in einem Bus für mich sowieso kaum möglich ist.

Waren das die Käfer oder nur Einbildung? Am Ziel, noch in der Busstation, nahm Edi sich tapfer der Tasche an, schüttelte sie mit dem gesamten Inhalt aus, und die Zahnbürsten erhielten sogar noch eine Sonderbehandlung.

Bei tropischer Hitze waren wir abgefahren. Am Fuße der Anden passierten wir Regen- und später Nebelwald, bevor sich der Bus auf steiler Straße durch tropische, hochalpine (oder sollten wir lieber sagen: hochandine) Gebiete schlängelte.

Auf einem Pass der Sierra Nevada auf etwa 3600 m über dem Meer hielt der Bus an, und wir stiegen aus. Trotz Pullover und Schals froren wir. Neben der atemberaubenden Landschaft lenkte mich noch etwas anderes von der Kälte ab: Fast an jedem Leitungsmast klebten Vogelnester, erbaut und bewohnt von hübschen dottergelben Vögeln mit schwarzer Zeichnung.

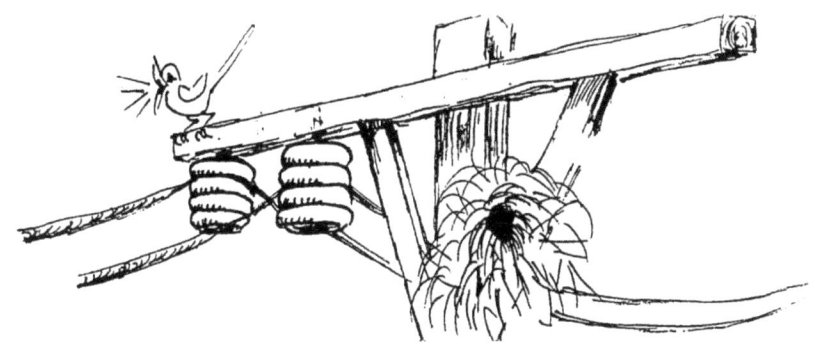

Die Stadt Merida liegt auf einem kleinen Hochplateau auf etwa 1650 m über dem Meer. Zu beiden Seiten fällt das Gelände steil ab zu reißenden Gebirgsflüssen. Obwohl bereits im 15. Jahrhundert gegründet, war wenig alte Bausubstanz zu sehen, denn auch hier wüten Erdbeben.

Als wir endlich in Merida aus dem Bus stiegen, wurden wir von Markus, einem Schweizer, abgeholt. Seine jungenhafte und lockere Art der Begrüßung wirkte auf Anhieb sympathisch. Seine Herberge, in der wir einige Zeit verbringen wollten, erinnerte an die Kolonialzeit – recht altmodisch, dafür gemütlich.

Als Erstes wurden wir von einem weißen Boxerhund wie alte Bekannte begrüßt, da er jemanden suchte, mit dem er toben konnte. In Edi hatte er den Richtigen gefunden, denn die beiden tobten und kämpften spielerisch miteinander, dass schon allein das Zuschauen lustig war. Später hörten wir, er sei taub, was bei Albinos wie ihm oft vorkäme.

Jaji und eine Dusche

Nachdem wir uns in unserer Unterkunft eingelebt und die kleine Stadt besichtigt hatten, brachte uns ein öffentlicher Bus in einer einstündigen Fahrt nach Jaji (Chachi gesprochen), einem kleinen, malerischen, gemütlichen Bergdorf (1780 m über dem Meer) in einem Ausläufer der Anden.

Auf dem Bolivar-Platz, den es mit wenigen Ausnahmen in jedem noch so kleinen Ort gibt, ließen wir die Ruhe auf uns wirken und tranken ein Gläschen Brombeerwein, freuten uns an den weiß getünchten Häusern und dem Blick auf schneebedeckte Gipfel in der Ferne.

Zwei oder drei Haltestellen fuhren wir mit dem Bus zurück und wanderten durch ein Tal, das kaum mit Autos befahren wurde. Hier herrschte eine üppige, uns zum großen Teil unbekannte Vegetation. Das uns bekannte „Fleißige Lieschen" füllte in allen Farben die Hänge und wucherte förmlich in diesem feuchtwarmen Klima.

Hohe Bäume boten vielen anderen Pflanzen Heimstatt, wie beispielsweise Gewächsen, die wie Bärte von den Ästen herunterhängen und die Bäume alt und verwunschen wirken ließen. Ich erwartete fast, dazwischen Geister und Fabelwesen zu erblicken. Auch Baumsitzer wie Bromelien, Orchideen, Moose und Gräser fühlten sich dazwischen wohl und wucherten.

Die schmale Straße war oft von Bächen überströmt, die wir schnellen Schrittes überquerten, um trockene Füße zu behalten. Ein einsames, kleines, gemütliches Lokal, „La Piccola Tavola", im Urwald an einem Hang gelegen, lud uns nach unserem langen Spaziergang förmlich zu einer Rast ein.

Seine halbrunden Fenster schauten über das dicht bewachsene Tal zu den gegenüberliegenden Bergen hinüber. Die beiden Wirtsfrauen kochten uns eine kleine, jedoch sehr gute Stärkung, und wir hielten uns mit ihnen im Gespräch länger als beabsichtigt auf. Schon lange hatten wir dunkle Wolken aufziehen sehen, aber es war so gemütlich, dass wir gar nicht aufbrechen wollten.

Es begann zu regnen, der Regen wurde immer heftiger, doch wir konnten nicht ewig hier bleiben. Schweren Herzens verabschiedeten wir uns, traten wacker hinaus in den Regen und machten uns auf den Rückweg.

Unsere Regenmützen und -jacken, die wir wohlweislich eingepackt hatten, waren zwar als Regenschutz gedacht, hielten aber nicht, was ihr Name versprach. Dieser heftige tropische Regen, der sich zu einem Dauerregen entwickelte, bahnte sich seine Wege durch Nähte und sogar durch den Stoff, sodass wir bis auf die Haut nass wurden und das Wasser scheinbar aus uns herauslief – ein unangenehmes Gefühl, und dazu noch kühlend.

Nass, wie aus einem Teich gezogen, und frierend erreichten wir die Busstation, wo wir zitternd auf den ersehnten Bus warteten, der tatsächlich bald kam und uns zurück nach Merida brachte. In unserer Unterkunft nahmen wir eine wärmende Dusche, zogen trockene Kleidung an und fühlten uns wieder besser.

Obwohl wir so sehr gefroren hatten, bekamen wir keine Erkältung. Es blieb die wohltuende Erinnerung an das so romantisch gelegene „La Piccola Tavola" mit den freundlichen Wirtsfrauen.

Nationalpark La Colata,
neue Freunde und eine Menge Bier

Ein neues Ziel für einen Tagesausflug war La Colata, ein Nationalpark auf etwa 3600 m über dem Meer, wohin uns ein lokaler Bus bringen sollte. Da keine anderen Passagiere dorthin fahren wollten und wir als einzige im Bus saßen, entschied der Busfahrer, nur bis zur Hälfte der Strecke zu fahren und deutete uns per Zeichensprache an, wir sollten aussteigen, denn es würde bald ein anderer Bus kommen.

Wir machten uns schon mal zu Fuß auf den Weg und schauten uns immer wieder nach dem Bus um, der ja kommen sollte. Edi ging wie immer sportlich voran, während ich mich schnaufend und keuchend die aufwärtsführende Straße hinaufschleppte. Mühsam einen Fuß vor den anderen setzend, bewunderte ich seine Kondition.

Kein Bus war zu sehen, der uns hätte mitnehmen können. Kein Auto, das wir hätten anhalten können, kam die steile Straße herauf. Endlich, nachdem ich zwei Stunden lang so hinter Edi hergetrottet war, hörten wir einen Motor und, ohne dass wir gewunken hätten, hielt plötzlich ein kleines Auto neben uns an.

Ich schaute hoffnungsfroh hinein – und wurde sofort enttäuscht. „So ein Pech", dachte ich, „das ist ja schon mit vier Personen voll besetzt. Aus dem Mitfahren wird nichts. Weitermarschieren!" Doch der Fahrer lud uns fröhlich gestikulierend ein einzusteigen.

„Der Wagen ist doch voll! Da passt doch kein Mensch mehr rein! Naja, höchstens auf dem Rücksitz noch einer", zweifelte ich. Da der Fahrer so zuversichtlich schien und mir eine enge Mitfahrgelegenheit wesentlich lieber war, als mich noch länger diese Straße hinaufzuquälen, probierten wir es.

Tatsächlich fand ich hinten zwischen einer schwangeren Frau und ihrem Mann bequem Platz. Edi wurde aufgemuntert, sich neben den Beifahrer zu quetschen, und zu meinem Erstaunen schaffte er das wirklich.

Kaum saßen wir, wurde uns Bier angeboten, und los ging die Fahrt. Edi, der wirklich kein Biertrinker ist, sondern sich mehr an Wein hält, hielt sich tapfer. Sobald er eine Flasche geleert hatte, wurde ihm schon die nächste gereicht. Ich hatte nach einer Flasche bereits genug, und meine Ablehnung wurde akzeptiert.

Der Beifahrer, mit dem Edi sich den Platz teilte, hieß Christopher (von Edi scherzhalber Colombo genannt), kam aus Maracaibo und war ein Temperament- und Energiebündel, das nicht müde wurde, Edi auf Spanisch aus seinem Leben zu erzählen, wobei er immer wieder lauthals lachte. Offenbar verstand Edi aus diesem Redeschwall das eine oder andere und konnte sogar darauf antworten.

Ich wurde müde, dem Gespräch zuzuhören, und genoss die Landschaft, die gemütlich an uns vorbeizog. So erreichten wir, mit Flüssigkeit gut versorgt, unser Ziel; eine Anhöhe, etwa wie eine Alm in den Bergen, oder wie die Schweizer sagen, eine Alp.

Alle schälten wir uns aus dem Auto heraus, reckten und streckten unsere steifgewordenen Glieder. Einer der Venezolaner holte einen riesigen Kassettenrekorder aus diesem kleinen Auto hervor, vermutlich aus dem Kofferraum, und ließ laute Volksmusik in dieser stillen Landschaft erschallen.

Schon wieder prosteten sie uns mit Bier zu und boten auch uns Nachschub an. Das war ja wirklich gut gemeint, aber wir wollten uns lieber auf einen Spaziergang machen und die fremdartige Natur erforschen. Kein Problem, hieß es, sie würden auf uns warten, es sich hier gemütlich machen.

Sie legten sich ins Gras, schwenkten ihre Bierflaschen mit ausgestreckten Armen in der Luft hin und her und trällerten zu den laut hallenden Liedern. „Na, das ist ja eine fröhliche Bande", dachte ich. „Erstaunlich, diese Ausgelassenheit! Wie können die ohne Anlass so lustig sein?"

Wir spazierten los, und mit der zunehmenden Entfernung wurde die Musik für uns leiser. Mannshohe, gelb blühende Pflanzen säumten unseren Weg mit silbrig glänzenden und behaarten Blättern. Deren Blüten werden offenbar gesammelt und für Tee getrocknet, während die Blätter, auf Wunden gelegt, heilsam sein sollen. Jedes Jahr wachsen sie nur knappe zwei Zentimeter, und die unteren Blätter sterben ab. Auf diese Weise können sie nach hundert Jahren in dem feuchten Klima eine Höhe bis zu zwei Meter erreichen.

Man stelle sich das vor, dass es außer Bäumen noch andere Pflanzen gibt, die über hundert Jahre alt werden können. Wenn die Wolken, wie üblich, tief hängen und die Sicht behindern, wirken diese Pflanzen mit ihren Blütenköpfen in dieser geisterhaften Umgebung wie wandelnde Mönche – und so werden sie hier auch genannt: Frailejones.

Nach etwa zwei Stunden kehrten wir zurück, wo uns unsere neugewonnenen Freunde bei dröhnender Musik je eine Flasche Bier in unsere Hände drückten. Wieder quetschten wir uns ins Auto und die Fahrt ging talwärts.

Wir hatten Hunger bekommen und konnten uns vorstellen, dass auch die Venezolaner leere Mägen hatten. Unterwegs kamen wir zufällig bei einer Forellen-Zucht an einem Bergbach vorbei, wo wir sie kurzentschlossen zu einem Essen einluden. Gerne nahmen sie das Angebot an, und es tat uns allen gut, eine feste Mahlzeit zu uns zu nehmen.

Wieder zwängten wir uns in das enge Auto und fuhren zurück nach Merida. Seit uns unsere fröhlichen Freunde mit ihrem Auto aufgelesen hatten bis zu dem Zeitpunkt, zu dem wir wieder in Merida einfuhren, war uns kein einziges anderes Fahrzeug begegnet. Was hatten wir für ein Glück, dass wir diese Menschen getroffen hatten. Andernfalls wäre es wohl eine sehr lange Wanderung für uns geworden.

Eigentlich hatten wir erwartet, zu unserer Unterkunft zurückgebracht zu werden. Zwar erreichten wir Merida, doch wurde dort in einem Park ein Zwischenstopp eingelegt. Ohne das Radio mit Kassettenspieler ging offenbar gar nichts. Es wurde zu einem Platz im Schatten mitgenommen; natürlich durfte auch die Eisbox mit dem Bier nicht fehlen. Wir ließen uns auf unbequemen Steinen nieder. Christopher plauderte weiterhin mit temperamentvoller Heiterkeit und bot uns Bier an.

Später wurde uns erklärt, es sei bekannt, dass sich die Menschen aus Maracaibo – wie Christopher und seine Freunde – lärmend verhalten, und dazu gehöre auch überlaute Musik. Das war für uns auf die Dauer anstrengend und ermüdend. Mit Händen und Füßen erklärten wir unseren Wunsch, zurück zu unserer Unterkunft gebracht zu werden, was sie irgendwann gutmütig taten.

Dort angekommen, sehnten wir uns nach Ruhe, doch wollten unsere Freunde nun noch (!) ein Bier mit uns in unserem „Casa" trinken. Doch der Kühlschrank im Haus von Markus gab keinen Tropfen dieses Gebräus her. Kein Problem! Im Nu war die Kühlbox mit dem restlichen Bier auf der Terrasse, und sie ließen sich gemütlich in den alten Sesseln nieder.

Beim Abschied übersetzte uns Markus, dass diese gastfreundlichen Leute gerne Freunde aus dem Ausland hätten und stolz seien, unsere Bekanntschaft gemacht zu haben. Für uns waren es unvergessliche Stunden mit Leuten, die eine total andere Ansicht zum Leben und zum Feiern haben als wir.

Nach diesem schönen, aber anstrengenden Tag brauchten wir einen Ruhetag und bummelten durch Merida. Starke Regengüsse hinderten uns daran, direkt zum Museum zu gehen, wo wir eigentlich hinwollten.

Wir waren mit Mützen und Anoraks ausgestattet, doch die Pfützen wurden immer tiefer, uferten zu Sturzbächen aus und wurden unpassierbar, sodass wir unter einem großen Sonnen- oder, richtiger gesagt, Regenschirm Schutz suchten und das Ende des Regens bei einem „pequeño café" (kleinen Kaffee) abwarteten, bevor wir schließlich unser Ziel ansteuerten.

In Europa wird uns in Museen die graue Vorzeit, Stein-, Bronze- und Eisenzeit nahegebracht. Vor und nach Christi wird alles fast auf das Jahr genau datiert. Hier in Venezuela gibt es aus diesen Zeiten kein Schriftgut und kaum andere Anhaltspunkte. Daher ist sehr wenig, wenn überhaupt etwas, über die vorhergehenden Kulturen bekannt.

Die einzelnen Eingeborenenstämme hatten sich immer bekriegt, sich gegenseitig umgebracht und später, als die Spanier kamen, wurden sie von diesen niedergemetzelt. In anderen Kulturkreisen gab es jeweils ein Oberhaupt (Inkas, Azteken usw.). Dieses Oberhaupt galt es „einzukassieren", dann war auch das Volk besiegt.

In Venezuela war das anders. Jede kleine Stammesgruppe wollte sich behaupten. Daher hatten es die Spanier schwer, wurden immer wieder angegriffen, doch dank ihrer Feuerwaffen waren sie überlegen.

So hatte das Museum, das wir besuchten, lediglich einige Tonfiguren und Scherben von Töpfen aus alten Zeiten, Modelle von Gräbern, sowie Reisemöbel, Sekretäre und Kisten aus der Kolonialzeit zu bieten, was ich ziemlich langweilig fand.

Eines Abends hatten wir unsere Gastgeber Markus und seine Frau zu gratiniertem Fenchel eingeladen, den Edi in deren Küche zubereitete. Einige Schwierigkeiten bereitete der uralte Gasbackofen. Immer wieder verlöschte die Gasflamme.

Markus zog kurzerhand den schweren, alten Backofen von der Wand fort, rüttelte dieses riesige Eisenungeheuer kräftig durch und entzündete die Flamme erneut mit einem Fidibus. Edi schaute ihm furchtlos zu, während ich mich lieber im Hintergrund aufhielt; man kann ja nie wissen!

Es ging alles gut. „Ja, ja", lachte Markus, „ich weiß, wie wichtig eine Reparatur wegen der Sicherheit ist und werde es demnächst in Angriff nehmen". Was kümmerte es uns im Moment? Unser Fenchelgratin wurde fertig und schmeckte allen großartig. Als Nachspeise hatten wir Erdbeeren und Muro Muro, eine Art Brombeeren, besorgt, die Markus' Frau mit Zitroneneis krönte.

Wohlgesättigt überlegten wir, was wir uns für den kommenden Tag vornehmen könnten. Markus erklärte uns, dass am nächsten Morgen in der Frühe ein Jeep nach Los Llanos (sprich: Los Janos) führe. Bisher würden nur drei Personen mitfahren und es gäbe noch Platz für uns. Einen Ausflug dorthin hatten wir uns sowieso vorgenommen, also sagten wir kurzentschlossen zu und packten noch am selben Abend unsere wenigen Habseligkeiten in die Rucksäcke.

Los Llanos – bei Kondoren, Krokodilen und Piranhas

Alexis, ein sympathischer, ruhiger Fahrer, erwartete uns am frühen Morgen mit seinem Jeep und verstaute Proviant sowie unser Gepäck auf dem Dach. Wir setzten uns zu den drei anderen Passagieren, junge Leute, die mit ihren Ruck- und Schlafsäcken unterwegs waren. Kaum hatten wir Zeit, uns bekanntzumachen, da ging es auch schon los.

In steilen Serpentinen führte die Straße an eindrucksvollen Aussichtspunkten vorbei zum Mucubaji-Pass hinauf auf etwa 3.700 m, wo sich Nebelschwaden über die Straße wälzten, die uns ab und zu einen Blick auf die Gipfel gewährten.

Wie eine riesengroße Käseglocke aus Draht spannte sich dort ein Käfig über einem leichten Gefälle, in dem einige junge Kondore herumhüpften. Oben auf diesem Gebilde saß ein ausgewachsener Vogel. Es handelte sich um eine Kondorstation, in der diese Vögel gezüchtet und ausgewildert wurden.

Bei unserem Besuch der Station wurden wir über die Lebensweise dieser großen Geierart informiert, die eine Flügelspannweite von über drei Metern erreichen kann. Von Flugzeugen aus wurden sie sogar in zehntausend Metern Höhe gesichtet!

Ich fror bereits auf dieser Höhe von knapp 4.000 Metern und fragte mich, wie kalt es wohl dort oben sei. Edi vermutete zwischen minus 40° und minus 50° Celsius. Erstaunlich, dass die Kondore dabei offenbar nicht zu Eiszapfen gefrieren …

Vor allem ist die Luft dort oben so dünn, dass wir Menschen gar nicht genug Sauerstoff zum Atmen haben. Bislang hatte ich mir darüber gar keine Gedanken gemacht, denn wenn wir sicher im Flugzeug sitzend in dieser Höhe unterwegs waren, war darin für eine angenehme Temperatur und den nötigen Sauerstoff gesorgt.

Viel später musste ich beim Segelfliegen lernen, dass ab einer gewissen Höhe zusätzlicher Sauerstoff erforderlich ist, den man über einen Schlauch mit einer Atemmaske einatmet. Die Kondore haben diese Art Technik nicht nötig – sie sind von der Natur entsprechend ausgestattet.

Wir setzten uns wieder ins Auto, und es ging weiter. Auf der anderen Seite des Passes schlängelte sich die schmale, raue Straße naturgemäß wieder hinab, und wir wurden nicht müde, die Landschaft, Pflanzen, Blumen, Tiere und Ortschaften anzusehen.

Mal wieder durchfuhren wir verschiedene Vegetationszonen und erreichten am Abend unser Nachtquartier „Hato La Madera", eine bescheidene Ranch bei La Luz auf etwa 150 m über dem Meer, die wie eine dunkle Höhle auf uns wirkte.

Wie gut, dass wir Taschenlampen im Gepäck hatten. Hier gab es keinen Strom, und daher auch keine elektrischen Glühbirnen, sondern Kerzenlicht. Im Gang ruhte eine handtellergroße Spinne an der Wand. „Und dabei soll ich ruhig schlafen?", dachte ich schaudernd. Doch Müdigkeit übermannte mich, und die Sorgen waren verschwunden.

Um in der Nacht nicht zum WC gehen zu müssen, hatte ich sehr wenig getrunken. Ich hielt durch! Kurz vor Tagesanbruch standen wir auf, um zu duschen. Nie wäre ich allein in diese zwar geräumige, aber dunkle Dusche gegangen.

Riesige Kakerlaken flitzten, vom Licht der Taschenlampe aufgeschreckt, davon. Unter Edis ritterlichem Schutz wurden WC- und Duschraum mit der Taschenlampe ausgeleuchtet, ehe ich sie benutzte. Edi musste in Hörweite bleiben. Das musste er mir versprechen! Natürlich wäre mein Schrei, falls mir einer entfahren wäre, bis ans Ende der Welt zu hören gewesen!

Zwei Segler zu Pferde

Nach dem Frühstück war ein Ausritt geplant. Alexis zeigte unserer kleinen Reisegruppe, wie wir mit den Pferden umgehen sollten. Doch ein heftiger Regenguss verzögerte vorerst unseren Ausflug. Schon bald zeigte sich wieder die Sonne, und wir setzten uns in Bewegung. Wir ritten auf schmalen Pfaden, vorbei an riesengroßen Bäumen mit ausladenden Ästen, dazwischen meterhohes Gras und Gestrüpp.

Ab und zu hielten wir an, um eine Affenherde oder laut kreischende Aras zu beobachten. In luftiger Höhe in einer Baumkrone bewegte sich gemächlich ein Ameisenbär von Ast zu Ast. Das Beobachten und Reiten hätte ewig so weitergehen können.

Als Nachhut ritt ein Gaucho hinter uns her, der von uns verlorene Gegenstände einsammelte, denn immer wieder war einem von uns etwas aus der Hand geglitten. Der Mann stieg dazu nicht einmal vom Pferd ab. Er beugte sich tief hinunter und schon hatte er z. B. Edis Mütze in der Hand, die ein Ast vom Kopf seines Besitzers gefegt hatte.

Kurz darauf war es die Fototasche eines anderen Reiters und so weiter. Der Gaucho schien mit seinem Pferd verwachsen zu sein. Er schaffte es auch mühelos, unsere gutmütigen und trägen Pferde mit Schnalzen und Zurufen zu einem schnelleren Trab anzutreiben.

Der kurze Regenguss hatte tiefe und lange Pfützen entlang der Pfade erzeugt, durch die die Pferde waten mussten. Das Wasser reichte bis zu ihren Bäuchen. Um trockene Füße zu behalten, mussten wir die Beine anheben und gleichzeitig aufpassen, nicht vom Pferd zu fallen.

Ja, das war gar nicht einfach, denn mit den Beinen stabilisierten wir uns zu beiden Seiten. Wenn wir die Beine anhoben, hielten wir uns am Sattelknauf fest, der vorn in der Mitte des Sattels angebracht war, um den fehlenden Halt auszugleichen.

Wieder einmal durchquerten wir so ein tiefes Wasser, als zwei Pferde vor mir (auf einem davon saß Edi), aus dem Wasser stiegen und kurz darauf plötzlich davonrasten, wie von einer Tarantel gestochen. „Um Gottes Willen, was tun, wenn auch meines durchgeht?", fragte ich mich. Kaum gedacht, stob mein Pferd mit mir davon. Ich krallte mich vor Schreck fest.

Ein Pferd beruhigte man mit einem ruhigen Ruf: „Hooo, hooo!" Das versuchte ich jetzt und merkte schnell, dass meine Hohoho-Rufe hektisch wirkten. Nun musste ich mich beherrschen und mit ruhiger, möglichst tiefer Stimme meine Hoohoo-Rufe wiederholen. Mit der Zeit beruhigte sich nicht nur das Pferd, sondern auch ich, und ich saß noch immer oben. Auch Edi war im Sattel geblieben.

Was war geschehen? Alexis erklärte, dass das erste Pferd in ein Hornissennest getreten sei, dessen Bewohner aufgescheucht hatte, und dass die armen Pferde gestochen worden waren. Wir hatten wirklich Glück gehabt – waren wir doch nur mit einem Schrecken davongekommen – und atmeten auf.

Hungrig erreichten wir wieder unsere Unterkunft und setzten uns an den klobigen, langen Tisch, wo dampfendes Essen aufgetischt wurde. Nach dem anstrengenden Tag schmeckten uns allen die venezolanischen Speisen hervorragend.

Duschen mal anders

Frühmorgens am nächsten Tag waren wir mit dem Jeep auf dem Weg ins tief gelegene Sumpfgebiet Los Llanos zu unserer nächsten Herberge „Funda Caña Fistola", wo wir zwei Nächte verbringen wollten. Die Naturstraßen dorthin befanden sich in einem bedenklichen Zustand.

Immer wieder musste unser Fahrer Alexis großen, tiefen Schlaglöchern, abgesackten Straßenstücken und Hindernissen ausweichen. Durch die heftigen Regengüsse waren die Vertiefungen natürlich mit Wasser gefüllt und deren Tiefe nicht abzuschätzen. Die letzten zehn Kilometer waren lediglich eine holperige Piste, die völlig aufgeweicht war.

Alexis fand während dieser „Slalomfahrt" noch immer Zeit, uns zu erklären, wie wir verschiedene Tiere entdecken konnten: Kleine, schwarze Erhebungen, die aus dem Wasser ragten, seien die Augen und Nasen von Krokodilen, von denen es hier nur so wimmelte; glänzend nasse Steine seien Schildkröten, und die größeren, unförmigen Tiere im und am Wasser seien Wasserschweine.

Wir befanden uns mitten im riesigen, zu dieser Jahreszeit weitgehend überschwemmten Teil des Llanos-Gebietes; eine unendlich weite Ebene, fast ganz ohne Erhebungen. Nur einzelne kleine Baumgruppen ragten daraus hervor.

Während dieser Jahreszeit kommen die Fische vom Meer über die Flüsse herauf, um in den seichten Gebieten zu laichen. Auch Piranhas tummeln sich hier und haben besonders reiche Beute. Jede Menge Zugvögel aus ganz Nordamerika fliegen hierher, um ebenfalls an der Fülle an Nahrung teilzuhaben.

Die Abendsonne ließ die rote Erde flammend erglühen und in den großen Pfützen widerspiegeln, als wir „Caña Fistola" erreichten.

Nach einer einfachen Mahlzeit suchten wir müde unser Nachtlager auf. In einer schlichten Hütte, die aus 4 Wänden und einem Dach aus Palmwedeln bestand, hingen einige Hängematten mit Moskitonetzen darüber.

Als Beleuchtung dienten mit etwas Öl gefüllte Coca-Cola-Flaschen, aus denen jeweils ein Docht ragte und deren Flämmchen ein gespenstisches Licht verbreitete. Während der Nacht raschelte es im Palmwedeldach, und Fledermäuse flogen durch den Raum.

Mal wieder gab die sanitäre Einrichtung Anlass, darüber zu berichten. Sie war zwar mit einer WC-Schüssel (ohne Brille) ausgestattet, doch deren Wasserspülung erfolgte manuell. Eine große, mit Wasser gefüllte Tonne stand gleich daneben. Daraus musste mit einem Plastikbehälter das Wasser geschöpft und in die WC-Schüssel geschüttet werden.

Die Dusche funktionierte auf dieselbe Weise, mit demselben Schöpfgefäß. Bei jedem Schöpfgefäß voll Wasser aus diesem Fass, das ich mir über den Kopf goss, musste ich die Luft anhalten, weil das Wasser von der Nacht her kühl war. Wer hier auf eine warme, lange dauernde Dusche hoffte, war völlig fehl am Platz!

Noch mehr Wasserbewohner

Eine Fahrt mit einem Einbaum auf dem schmalen Flüsschen Guaritico war angesagt. Gemächlich wurden wir an den Ufern entlang gepaddelt und entdeckten exotische Tiere, als wir im Schatten von Bäumen anhielten und uns schließlich gesagt wurde, hier könnten wir baden. „Zwischen Piranhas und Krokodilen?", dachten wir entsetzt. „Niemals!"

Ohne Furcht sprangen die Einheimischen ins Wasser, und ich erwartete Schreie von den Badenden, die von Piranhas und Krokodilen angegriffen wurden. Doch es herrschte Ruhe; nur das Plätschern der Schwimmer war zu hören; sie wurden nicht gefressen! Oh, Wunder!

Umgehend wurde uns erklärt, dass sich weiße, fast blinde Flussdelfine in der Nähe aufhielten, die sich gegen die Piranhas und Krokodile behaupteten und sie verscheuchten. Erleichtert atmete ich auf, denn es wäre nicht lustig gewesen, den Todeskampf der Einheimischen mit den Piranhas und/oder den Krokodilen miterleben zu müssen.

Nachdem die schon Badenden wirklich noch lebten, trauten auch wir uns vorsichtig ins erfrischende Nass. Weiße Flussdelfine tauchten fast in greifbarer Nähe von uns immer wieder auf, schwammen um uns herum.

Welch fremde Welt, staunte ich, und fühlte mich doch nicht ganz so wohl. Obwohl das Wasser erfrischend war, kletterte ich gerne wieder in das Boot, wo ich mich abgeschirmt und vor den lauernden Gefahren sicher fühlte.

Zurück in unserer Hacienda und nach einer einfachen Mahlzeit war eine Ruhepause angesagt. Im Schatten eines riesengroßen Mangobaumes befanden sich Hängematten, bereit für uns für eine Siesta. Ein sanfter Wind und der Schatten machten die Hitze erträglich. Träge schauten wir auf dem Hof umher: Es tummelten sich verschiedenfarbige Hühner und ein stolzierender Gockel, Enten, Papageien, zwei zahme Rehe, Hunde, Schweine und Kinder, die mit Wasserpistolen spielten.

Uns hatten die Piranhas beim Baden zwar verschont, doch wollten wir sie trotzdem für unser Abendessen angeln. Der Haken mit dem Köder daran wurde dazu möglichst weit ins Wasser geworfen, und sobald man an der Angelschnur nur einen kleinen Widerstand spürte, zog man diese schnell ein. Meistens war der Fisch schneller, hatte den Köder schon längst verzehrt und war wieder weg, bevor der Angler die Angel eingeholt hatte.

Edi hatte als erster Glück – natürlich ein Naturtalent! Nachdem genügend dieser Fische geangelt worden waren, wurden sie am Abend in der Funda gebraten und serviert. Sie schmeckten gut, waren wegen der vielen Gräten jedoch mühevoll zu essen. Einen Kiefer eines Piranhas bewahrten wir auf. Wie kräftig dieser Kiefer war, und wie scharf die Zähne!

Auf dem Rückweg vom Fischen entdeckte Alexis zwischen Gestrüpp ein Nest eines Krokodils mit ungefähr zwölf Eiern, das er uns zeigte. Sie waren etwa so groß wie Enteneier und rau wie Sandpapier. Das Muttertier sei immer in der Nähe des Nestes, sagte er uns. Erschrocken schaute ich um mich, denn ich wollte keinem dieser Tiere begegnen; hatte ich doch hier etliche Hunde mit nur drei Beinen gesehen …

Am Abend im Dunkeln kam uns ein nur aus Rundungen bestehendes Tier entgegen: Pepe, ein zahmes Wasserschwein. Während der Hitze am Tag hielt es sich bei seinen wilden Kollegen im Wasser auf, und die Nacht verbrachte es auf der Hacienda.

Eigentlich ist es gar kein Schwein, sondern gehört in die Familie der Nagetiere, die bekanntlich kräftig beißen können. So natürlich auch Pepe, der allerdings nicht daran dachte, einen von uns zu beißen, denn er war ja zahm. Er suchte sich Edi als Freund aus, quietschte und grunzte gleichzeitig vor Vergnügen, lief ihm wie ein Hündchen hinterher, und Edi, dieser Lausbub, spielte Verstecken mit ihm. Beide hatten ihr lachendes und quietschendes Vergnügen an diesem Spiel.

Viel zu schnell war unsere Zeit in Los Llanos vergangen, und wir bepackten den Jeep für die Rückfahrt. Pepe, der Treuherzige, lief um Edis Beine herum, um mit ihm zu spielen und gekrault zu werden. Er machte uns den Abschied noch schwerer, als er schon war. Gerne wären wir trotz der lauernden Gefahren länger geblieben.

Lebensweisheiten

Nach wie vor war die Naturpiste völlig aufgeweicht. Der Jeep blieb im Morast stecken, und es hieß: „Alle Mann aussteigen!" Tapfer kletterten wir aus dem Auto und … versanken knöcheltief im Morast. So eine Schweinerei! Die Schuhe blieben im Matsch stecken. Auch das noch!

Schuhe wieder rausfischen und barfuß die paar Schritte weitergehen. Alexis fuhr mit dem Auto, das mit Vierradantrieb ausgestattet war, schaukelnd vor und zurück, bis er genügend Schwung hatte und aus dem Matschloch herausfahren konnte.

So gut es ging, streiften wir den Schmutz von unseren Füßen ab und stiegen wieder ein. Weitere unliebsame Unterbrechungen der Fahrt gab es nicht. Während einer Pause kam Edi mit zwei Bauernjungen aus dem Llanos, etwa neun und zwölf Jahre alt, ins Gespräch.

Sie ritten gemächlich auf Eseln vorbei und hatten jeder eine Machete unter den Arm geklemmt. Sie äußerten auf die Frage, ob sie die Schule besuchen würden, Folgendes: „Warum zur Schule gehen? Wir haben Eltern, die uns erziehen. Wir brauchen niemanden, der uns schlägt und an den Ohren hochzieht."

Die weitere Unterhaltung verlief ebenso zwanglos, und die Jungen erzählten aus ihrem jungen Leben. „Vor Pferden braucht man sich nicht zu fürchten, hingegen vor Frauen. Die erste Frau eines Mannes ist eine Eselin." Daraufhin wurde Edi gefragt: „Wie war es bei dir?" Edi zog es vor, darauf nicht zu antworten.

Im Laufe des Nachmittags erreichten wir unsere Herberge in Merida, in der es fließendes, warmes Wasser gab – welch eine Wonne, nach diesen enthaltsamen Tagen mit warmem Wasser duschen zu können.

Eine Flachlandtirolerin in den Bergen

Außerhalb Meridas fuhr eine Gondelbahn auf den 4.765 m hohen Pico Espejo, einem Nebengipfel des höchsten Berges Venezuelas, dem Pico Simon Bolivar mit 4.980 m/M. Morgens um sechs Uhr vergewisserten wir uns, ob der Gipfel klar zu sehen war, gingen zur Talstation und zur Kasse. Die Strecke war in vier Etappen aufgeteilt. Leider sei die Bahn für die letzte Etappe außer Betrieb, informierte man uns.

Nun waren wir schon mal hier und gaben uns mit der Höhe von 4.045 m über dem Meer zufrieden, was ja auch schon beachtlich ist. Auf der dritten Station angekommen, galt es auszusteigen. Wir folgten einem steinigen Pfad und erreichten einen Pass, den Alto de la Cruz.

Von der anderen Seite näherte sich eine Gruppe Händler mit schwerbeladenen Eseln. Wie in alten Zeiten fand der Transport noch statt. Unglaublich! Schritt für Schritt bewegte sich die Karawane über den Pass und begann auf der Seite der Bergbahn den Abstieg.

Ich als „Flachland-Tirolerin" (so nenne ich mich scherzhaft), schnappte beim Hinaufsteigen nach Luft. Das mache ich sowieso immer, wenn es hinaufgeht, aber hier oben ist die Luft zudem dünner, was mein Nach-Luft-Schnappen noch verstärkte.

Über Geröll, Steine und an wenigen seltsamen Pflanzen vorbei, bahnten wir uns den Weg in die Höhe. Es war ein tolles Gefühl, oben auf einem Gipfel zu stehen und dabei rundherum in die tiefen Täler zu schauen und in der Ferne weitere Bergmassive zu sehen.

Allerdings wehte ein kühler Wind, der unsere Bewunderung für die Landschaft verkürzte und uns zur Bergbahnstation zurücktrieb. Es war immer noch früher Morgen, als wir die Station erreichten. Daher entschieden wir uns, zu Fuß zur nächsten tiefergelegenen Station zu gehen. Die fremdartige Umgebung faszinierte uns.

Der Pfad begann mit einem angenehmen, leichten Gefälle. Doch bald änderte sich das Gelände, wurde uneben, und wir mussten über Steine klettern, meiner Meinung nach tiefe Stufen hinabsteigen und aufpassen, dass sich kein Stein löste und hinab ins Tal rollte. (Von Edi, dem Bergsteiger, hatte ich gelernt, ein losgetretener Stein könne einen Menschen erschlagen.)

Das sportliche Gefühl in mir war bald vergessen, denn ich rutschte unbeholfen auf dem Hosenboden über Steine und Geröll, während Edi dieses Gelände überhaupt nichts ausmachte. Als sei er gar nichts anderes gewohnt, ging er sicheren Schrittes abwärts. Es reichte mir!

Leider half das nichts, denn wenn ich umgekehrt wäre, hätte ich bergan steigen müssen, was ich als sehr schwierig ansah. Mich hier auszuruhen, war mir zu ungemütlich. Auch wollte ich nicht zugeben, dass ich schlapp machte. Also biss ich die Zähne zusammen und kletterte und rutschte weiter hinab. Mir war zum Heulen zumute. Aber auch das hätte mir nicht weitergeholfen.

Edi rief ungeduldig aus der Tiefe: „Nun komm doch!" Der Gedanke „Wären wir doch mit der Bahn gefahren!" war mir schon längst gekommen. Nun entlud sich auch noch eine Wolke auf uns, durchnässte mich völlig und machte den Weg noch rutschiger.

Ich war am Verzweifeln. Schier endlos und unüberwindbar kam mir die steile Strecke vor, und ich musste auch noch mit dem leichtfüßigen Edi mithalten. Irgendwann hatte auch ich es geschafft und Edi an der Station eingeholt. „Nie wieder", nahm ich mir vor, „werde ich zu Fuß bergab gehen, wenn es eine Bahn gibt!"

Aufatmend stieg ich in die Gondelbahn. Als sie losfuhr, genoss ich dieses schwankende, schwebende Gefühl und konnte mich wieder der beeindruckenden Landschaft widmen. Meine müden und fast träumenden Blicke schweiften zu den Bergmassiven, dann zu dem sich uns nähernden Tal und schließlich auf den Abhang. Hoppla, sah ich richtig?

Tatsächlich: Da arbeitete sich die kleine Karawane der Händler und bepackten Esel den Berg hinunter. Schritt für Schritt bewegten sie sich vorwärts. Die Beine der schwerbeladenen Esel wirkten dünn wie Streichhölzer, und ich staunte, dass sie nicht brachen.

Diese Gruppe war heute früh ja schon bis zum Pass hinaufgestiegen, hatte den Abschnitt bereits hinter sich gebracht, den ich mehr auf dem Hosenboden runtergerutscht als gegangen war, und noch immer waren sie nicht zusammengebrochen! Als würden langsam laufende Motoren sie antreiben – unermüdlich!

Sicher hatten sie das gleiche Ziel wie wir, Merida, und bis dahin noch immer eine große Wegstrecke vor sich. Was diese einfachen Menschen und Esel in wilder Natur schafften! Große Bewunderung kam in mir auf. Still ob dieses Eindrucks stieg ich an der Talstation aus.

Abschied mit Hindernissen

Unser Aufenthalt in Merida näherte sich dem Ende, daher wollten wir unsere Unterkunft und unseren Ausflug ins Llanos-Gebiet bezahlen. Mit einer MasterCard sollte man genügend gut ausgerüstet sein, deswegen hatten wir wenig Bargeld bei uns. Unterwegs hatten wir Ende September problemlos auf einer Bank Bolivar abgehoben. Jetzt brauchten wir wiederum Bargeld, um Markus zu bezahlen.

Wir gingen in eine Bank, zeigten den gültigen Pass und die Kreditkarte und erwarteten, dass man uns das Geld auf den Tresen zählen würde. Nichts da! Der Bankangestellte sagte uns etwas auf Spanisch. Was wollte er uns bloß mitteilen?

„Zahlen Sie doch einfach das Geld aus! Mehr wollen wir doch nicht!", dachte ich. Statt der Geldscheine kam der Bankdirektor und erklärte uns, dass er uns kein Geld auszahlen könne. Weder auf der nächsten noch der übernächsten, nein, auf gar keiner Bank waren wir in der Lage, Geld zu bekommen.

Wir baten Markus, mit uns zur Bank zu gehen und uns zu übersetzen, was da nicht in Ordnung sei. Man könne uns nichts auszahlen, war die schlichte, aber wenig zufriedenstellende Erklärung. Also konnte auch er nicht helfen.

Wir überlegten, dass unsere Kreditkarte doch neu war und andernorts kürzlich noch prima funktioniert hatte. Nun standen wir ohne Bargeld da. Gut, ein wenig Taschengeld befand sich noch im Portemonnaie, aber damit konnten wir weder unser Zimmer noch unseren Llanos-Ausflug bezahlen.

In der Herberge überlegten wir in Ruhe, was zu machen sei. Dann kam uns die Idee: Markus ist ein Schweizer! Wir versprachen ihm, die notwendige Summe auf sein Konto in der Schweiz zu überweisen, sobald wir zurück in Santa Cruz an Bord seien. Er war einverstanden. Welch brillante Idee!

Erleichtert konnten wir die letzte Zeit in Merida genießen. Da es hier eine reichhaltige Auswahl an frischem Gemüse und Früchten gab, deckten wir uns damit vor unserer Rückreise ein und nahmen es im klimatisierten Bus mit nach Puerto de la Cruz.

Müde und übernächtigt kamen wir am nächsten Morgen auf der SINGLE MALT in Puerto La Cruz an. Sofort machte ich mich daran, das Eingekaufte wie immer zu waschen, damit keine Kakerlaken an Bord geschleppt würden.

Edi machte unterdessen das Schiff wieder wohnbereit, indem er den Landstrom und den Kühlschrank einschaltete. „Was ist denn nun schon wieder los?", war Edis verzweifelte Stimme zu hören. Die Kühlwasserpumpe des Kühlschrankes arbeitete nicht.

Unser Eingekauftes lag in der Hitze, daher musste als Erstes diese Pumpe repariert werden. Korallen hatten sich schon wieder, innerhalb so kurzer Zeit, darin angesiedelt. Sie mussten beseitigt werden.

Wenn wir schon kontrollierten, dann auch die Frischwasserpumpe. Sie funktionierte nicht, musste demontiert, abgenutzte Teile ersetzt, zusammengefügt und wieder eingebaut werden. Erst am späten Nachmittag waren diese Arbeiten erledigt und das Werkzeug weggeräumt. Geschafft.

Erschöpft und ausgehungert bereiteten wir das Nachtessen zu, das erst um zwanzig Uhr auf den Tisch kam. Gierig verschlangen wir diese Mahlzeit, und schon bald nach dem Abwasch konnte man uns in der Koje schnarchen hören.

Arepas auf dem Holzkohlenfeuer

Wöchentlich fand auf dem Gelände der Marina ein Flohmarkt statt, den wir regelmäßig besuchten, um andere Segler kennenzulernen und Kontakte aufrechtzuerhalten. Auch konnten wir hier unsere ausgebaute Windsteuerungs-Anlage verkaufen.

Bei einem dieser Anlässe hatten wir uns mit Omar leicht angefreundet, einem etwa dreißigjährigen Venezolaner, der ein wenig Englisch sprach. Ab und zu besuchte er uns an Bord, und eines Tages lud er uns zu einem Picknick mit seiner Familie ein. „Welch gute Idee!", freuten wir uns. „Das ist mal etwas ganz anderes."

An einem frühen Morgen holte er uns wie verabredet ab, und gemeinsam mit seiner Frau und seinen beiden Kindern kauften wir für das Picknick ein. Gut proviantiert fuhren wir an einen reißenden Bach in wilder Landschaft bei Paso Hondo. Omar hatte eine Biegung des Baches mit Sandstrand ausgesucht, wo wir wie auf einer flachen Halbinsel saßen.

Die Kinder kletterten auf einem umgefallenen Baum herum und plantschten im Wasser. Omar zündete die Holzkohle an, damit sich die Glut zum Grillen bilden konnte, während seine Frau aus Maismehl mit etwas Salz und Wasser einen dicken Brei knetete. Auch ich sollte beim Kneten helfen, steckte meine Hand in die Masse und begann zaghaft zu kneten. Der Teig war erst fertig, als er sich von der Schüssel und den Händen löste.

Nun erfuhr ich, was das Wort „Arepas" bedeutet: flachgedrückte Kugeln aus Maismehl. Allmählich hatte sich die nötige Glut gebildet, sodass die Arepas und Hähnchenteile gegrillt werden konnten. Die Arepas waren fertig gegart, sobald sie hohl klangen, wenn man darauf klopfte.

Das war mal eine einfache Testmethode! Die gefiel mir. Andauernd klopfte ich mit einem Fingerknöchel auf die Arepas, um sie zu testen. Wir genossen sie mit den gegrillten Hühnerteilen – hervorragend!

Es war ein gemütliches Gelage. Ein wenig lästig waren einige Insekten, die ich nicht sah und denen ich daher keine Beachtung schenkte. Sie kitzelten mich an den Beinen, sodass ich mit den Händen wiederholt darüberfuhr, um dieses undefinierbare Gekrabbel zu verscheuchen.

In dieser ansonsten ungestörten Idylle liefen gackernde Hühner um uns herum. Ein kleines Schwein und Hunde schnüffelten, ob für sie etwas Fressbares abfallen würde. Woher kamen die eigentlich? Wir sahen doch weder einen Weg noch ein Haus.

Die Kinder hatten schnell gegessen, da sie sich wieder mit Wasser bespritzen wollten, was für sie viel interessanter war. Währenddessen unterhielten wir Erwachsenen uns mit ein bisschen Englisch und viel Zeichensprache und genossen die schöne Zeit. Irgendwann packten wir alles zusammen und machten uns auf den Rückweg.

In den darauffolgenden Tagen litten Edi und ich unter entsetzlichem Juckreiz an Armen und Beinen. Das „undefinierbare Gekrabbel", das uns während des Picknicks „überfallen" hatte, waren Sandflöhe gewesen. Einheimische Leute werden offenbar nicht so sehr von diesen Plagegeistern angegriffen oder sind immun. Wir dagegen litten sehr!

Explosion

Gefühlt waren wir schon so lange in dieser Gegend, dass uns „schon bald Wurzeln aus den Füßen wachsen werden, sodass wir gar nicht mehr wegkommen", wie Edi betonte. Auch mich hatte ein gewisses Reisefieber erfasst, und so begannen wir mit den Vorbereitungen für einen Aufbruch.

Da wir mit Gas kochten, hatten wir uns vorsorglich bereits zwei leere Gasflaschen auffüllen lassen, um weiterhin kochen zu können. Nun schlossen wir eine der frisch gefüllten Flaschen an. Brokkoli war fertig gerüstet zum Kochen. Mir lief schon das Wasser im Mund zusammen, da ich hungrig war. Edi drehte das Ventil an der neu gefüllten Gasflasche auf, dann öffnete ich den Haupthahn in der Kabine.

„Der geht ungewohnt schwer! Da stimmt etwas nicht!", rief ich Edi zu. „Komm du und fühle mal!" „Ja", stellte Edi fest. „Der geht schwerer zu drehen als normal." Nun öffnete er auch das Ventil am Herd und hielt einen Gasanzünder ans Gas. „Wummmmm!", krachte es dumpf und schmiss Edi fast einen Meter zurück. Eine Explosion!

Geistesgegenwärtig schloss Edi augenblicklich den Haupthahn, obwohl seine Augenbrauen und sämtliche Haare an den Oberschenkeln versengt waren – zum Glück hatte er keine Hautverbrennungen erlitten.

Flämmchen züngelten noch kurz um den Herd herum und verlöschten kurz darauf. Die Gefahr schien erst einmal gebannt. Doch an ein Kochen bei uns war nicht mehr zu denken, und der Hunger nagte immer heftiger.

In der Hoffnung, jemanden zu finden, der unseren Brokkoli kochen würde, ging ich von Boot zu Boot und klopfte. Eine mitfühlende Französin erbarmte sich unser und lud auch Edi an Bord ein.

Sie erkundigte sich, ob wir Butter und Knoblauch mögen, und zauberte einen hervorragenden Brokkoli. Seitdem bereiten wir Brokkoli auf diese Weise zu. Das Unglück, bei dem wir eine Menge Glück gehabt hatten, schenkte uns also auch noch etwas Gutes.

Am folgenden Tag gingen wir auf die Suche nach der Ursache unserer flammenden Überraschung. Es schien, dass unsere Gasflasche derart vollgefüllt worden war, dass durch den Überdruck beim Öffnen des Ventils an der Flasche flüssiges Gas durch das Reduzierventil und die Leitung bis zu den Regulierventilen am Herd gelangen konnte. Dies führte beim Anzünden zu einer Explosion.

Das Reduzierventil stoppte den Gasfluss augenblicklich, doch die Wucht der Explosion hatte die Ventile am Herd durchgeschlagen. Sämtliche Dichtungen waren zerstört!

Es blieb Edi nichts anderes übrig, als sämtliche Ventile auszubauen und mit neuen Dichtungen zu versehen. Als dies vollbracht war, funktionierte der Herd wieder. Seitdem prüfen wir bei jeder Flasche vor dem Anschließen, ob Flüssiggas austritt, wenn wir auf das Auslassventil drücken.

Pactor-2

Wir hatten uns ein „Pactor-2"-Gerät angeschafft. Es war dafür vorgesehen, einen Computer mit einem Amateurfunkgerät zu verbinden, um auf dem Meer über ein Netz von Amateurfunkstationen und einem besonderen Programm (Airmail/Winlink) Wettermeldungen und kurze Mitteilungen via Internet empfangen und senden zu können.

Bei unserem Furuno-See-Funkgerät handelte es sich allerdings um ein professionelles Gerät, das andere Anschlüsse hatte als die üblichen Amateurfunkgeräte. Niemand war in der Lage, Edi beim Einrichten zu helfen – weder die Herstellerfirma des Funkgerätes noch die des Pactors.

Nach langem Überlegen und Herumprobieren zeichnete sich eine Lösung ab. Nur einen speziellen Stecker benötigten wir. „Das sollte doch einfach sein", dachten wir. Edi fand eine Firma in Aberdeen, Schottland, die diesen Stecker herstellte.

Doch diese Firma belieferte keine privaten Kunden. Schlussendlich, nach weiterer Recherche, bekamen wir den Stecker aus den USA über den Furuno-Vertreter in Maracaibo, zu einem 80-mal (!) höheren Preis (inkl. Transport, Zoll usw.) als aus England.

Beim Testen nach dem Einbau dieses Pactor-Gerätes funktionierte die ganze Einrichtung nicht. Was war wohl defekt? Vor Enttäuschung und gleichzeitigem Ärger hätten wir uns die Haare ausraufen können.

Ironischerweise hatte Edi unterdessen auf einer deutschen Yacht, auf der das System bis dato nicht funktionierte, erfolgreich einen Pactor-2 eingerichtet – aber bei uns? Das sollte erst viel später Wirklichkeit werden.

Pactor – Die Lösung für technisch Interessierte

Die Speisung des Pactor-Gerätes mit Gleichstrom erfolgt bei Amateurfunkgeräten über einen normierten Stecker, der für die Verbindung für die Datenübermittlung vom Pactor zum Funkgerät und zurück dient. Bei unserem professionellen Furuno-Gerät existierte lediglich ein Verbindungsstecker für einen „Telefonhörer" oder für ein Telefaxgerät.

Das Furuno-Gerät lieferte zwar eine Speisespannung über diesen Anschluss, doch war diese viel zu gering für den Pactor. Als Edi das herausfand, brauchte es nur noch eine externe Speisung für das Pactor-Gerät, und alles funktionierte bestens.

Kein Geld auf der Bank

Endlich setzten wir Segel und fuhren zur nahegelegenen Isla de Margarita, um Proviant und Getränke einzukaufen, die dort zollfrei zu bekommen waren. Besonders bei Wein und Spirituosen machte sich das angenehm im Portemonnaie bemerkbar.

Edi und ich hatten ein gemeinsames Konto, von dem wir alles bezahlten, was zum normalen Seglerleben gehörte. Zusätzlich zu unseren Kreditkarten für unser gemeinsames Konto besaßen wir je ein eigenes Konto mit eigener Karte für private Zwecke (Steuern, Krankenkasse usw.). Diese Karten blieben normalerweise gut verstaut an Bord.

Zunächst versuchten wir mit unseren gemeinsamen Karten bei zwei Geldautomaten Bargeld auszulösen: unmöglich. Im Zentrum des Ortes wollten wir in der dortigen Bank Deutsche Mark wechseln: auch unmöglich. Es wurden nur Dollar gewechselt. Was nun?

Mit einer Gruppe von Seglern machten wir uns trotzdem in einem Bus auf den Weg zu einem Einkaufszentrum und waren überzeugt, dass wir mit unseren Karten bezahlen könnten. Vor dem Einkauf erkundigte ich mich sicherheitshalber, ob wir mit unserer MasterCard bezahlen könnten: selbstverständlich.

Unsere Ware ging glatt durch die Kasse und wurde säuberlich in Kartons verpackt. Als es ans Bezahlen ging, wurde unsere gemeinsame neue Karte, mit der wir andernorts ein paar Wochen zuvor noch problemlos Geld abheben und bezahlen konnten, durch den Kartenleser nicht angenommen.

Da standen wir nun, mit fünf Wagen voller Waren. Die anderen Segler warteten bereits ungeduldig im Bus. Ein riesiger Frust! Glücklicherweise fiel mir rechtzeitig ein, dass ich meine persönliche Kreditkarte mitgenommen hatte. Und siehe da: sie funktionierte! Wir konnten unseren Rieseneinkauf mitnehmen.

Der Transport der vielen Kartons mit unserem kleinen Beiboot war nicht einfach, lief aber gut ab. Sofort, und ohne die Sachen zu verstauen, setzte Edi sich an den Computer, um ein E-Mail an unsere Bank vorzubereiten. Diese sollte noch vor Geschäftsschluss beim Shipchandler (der nächsten Internetmöglichkeit) abgesetzt werden.

Umgehend setzten wir uns ins Dingi und fuhren zum Shipchandler, doch, oh Schreck, die Meldung wurde von dessen Computer nicht gelesen. Es blieb mir nichts anderes übrig, als schnellstens mit einem Taxi in die Stadt zu fahren, während Edi sich aufmachte, Motorenöl zu kaufen.

Endlich konnte ich die Nachricht in einem Internet-Café in der Stadt erfolgreich absetzen. Ich fuhr zurück, um Edi abzuholen, und fand ihn zornerfüllt vor. Auch in dem Geschäft für Motorenöl wurde unsere gemeinsame Kreditkarte nicht akzeptiert. (Seine persönliche lag gut verstaut an Bord.) Ich konnte mit meiner privaten Karte aushelfen. Zwar waren wir in dem Moment erleichtert, doch das eigentliche Problem war nicht gelöst.

Zu diesem Zeitpunkt konnten wir jedoch nichts weiter tun, als die Antwort der Bank abzuwarten. Also lichteten wir Anker und erreichten mit gutem Wind unseren Ankerplatz bei der Isla Cubagua, südlich der Isla de Margarita.

Der Anker schleppt

Bei der Insel Cubagua, wo es eigentlich nichts Besonderes zu sehen gab, lagen wir vor Anker und freuten uns am Abend über die Windstille und den sternenklaren Himmel, bevor wir uns in die Kojen legten.

Mitten in der Nacht wurden wir durch heftige Windböen und starken Regen geweckt. Als Erstes hasteten wir durch das Schiff, um alle Luken zu schließen. Dabei spürten wir schon ruckartige Bewegungen des Schiffes, was uns vermuten ließ, dass der Anker schleppte, obwohl wir ihn durch Rückwärtsfahren eingegraben hatten.

Es regnete so stark, dass in der Dunkelheit nichts um uns herum, auch kein Land, zu erkennen war. Dennoch hatten wir den Eindruck, dass der Anker nicht mehr hielt. Zudem hörte sich die Brandung laut, d. h. bedenklich nahe an. Damit war unser Schlaf beendet. Würden wir abdriften und auf den Strand treiben? Vorsichtshalber ließen wir mehr Ankerkette raus, damit die längere, durchhängende Kette federnd wirkte. Bis zum Hellwerden beobachteten wir unsere Lage.

Tatsächlich waren wir mehr als zweihundert Meter verschoben worden. Wir wollten herausfinden, warum der Anker nicht hielt. Da wir weder von oben sehen konnten, was das Problem war, noch hinuntertauchen wollten, lichteten wir den Anker und sahen prompt die Ursache: Ein riesiges, schweres Wurzelgeflecht hing daran. Wie es da hingekommen war, war uns schleierhaft.

Kein Wunder jedenfalls, dass der Anker nicht hielt. Wegen des Wurzelballens konnte er sich nicht mehr im Boden eingraben oder sich anderswo verhaken, sodass er einfach mitsamt dem Wurzelgeflecht über den Meeresboden geschleift wurde.

Immerhin war es nochmal gut gegangen. Die SINGLE MALT schwamm noch, und wir konnten einfach neu ankern. Im Radio vernahmen wir, dass es bei einigen anderen Schiffen weniger gut ausgegangen war: Sie waren auf den Strand getrieben worden.

Die Archipele Los Roques und Las Aves und eine Menge Vögel

Gemütlich segelten wir weiter gen Westen, ankerten für eine Nacht vor der Insel Tortuga und erreichten eines Mittags die Bucht vor Puerto El Roque, einem kleinen Ort auf der Inselgruppe Los Roques.

Das Einklarieren nahm mal wieder viele Stunden in Anspruch, da weite Wege zurückgelegt werden mussten. Der Capitán del Puerto und das Zollamt befanden sich an einem Ende der Stadt, die Küstenwache und endlich die Superintendencia P.N.A.I.R. (die Naturschutzverwaltung) am gegenüberliegenden Ende. Von der P.N.A.I.R. benötigten wir eine besondere „Autorización" (eine Genehmigung).

Als wir endlich alles ordnungsgemäß erledigt hatten, waren wir um fast hundert US-Dollar leichter, besaßen dafür aber eine Menge unterschriebener und abgestempelter Formulare sowie eine großartige Krankenversicherung (zusätzlich zu unserer bereits vorhandenen), die uns freien Arztbesuch, Krankenhausaufenthalt und kostenlosen Flugtransport in die nächstgelegene Klinik versprach.

Der Preis erschien uns so hoch, dass wir uns fragten, ob wir wohl diese Dienste für die ganze Bevölkerung bezahlt hatten, oder ob die Müllbeseitigung, ebenso inbegriffen, derart teuer war.

Immerhin fanden wir später auf jeder kleinsten Insel Müllbehälter vor, die nach Plastik, Metall, Glas und biologischen Abfällen getrennt waren. Viele Benutzer hielten sich offenbar nicht so genau an die Regeln, denn es lag mehr Unrat neben als in den Behältern.

Der kleine Ort Puerto El Roque mit nur neunhundert Seelen besaß sogar einen Flugplatz, auf dem recht große Flugzeuge landen und starten konnten. Eine kleine, offene Flugmaschine, ein Leichtflugzeug, zog Edis Aufmerksamkeit auf sich. Es hatte einen einfachen Sitz für den Piloten und einen zweiten für einen Passagier.

Dahinter hing ein Motor, dessen Schläuche, Pumpen, Kabel und Schalter offen zu sehen waren, darüber die Tragflächen aus gespanntem Stoff. Edi schaute sich dieses simple, luftige Flugzeug mit glänzenden Augen an. Mit so einem „Ding" würde er gerne einmal fliegen.

Auf den Inseln von Antigua bis Trinidad hatten wir bis jetzt Pelikane als einzeln lebende Vögel beobachtet. Ab Venezuela traten sie jedoch in Scharen auf. So auch auf diesen Inseln. Wir wurden nicht müde, sie zu beobachten.

Kleinere, weiße Vögel hielten sich gerne in der Nähe der Pelikane auf in der Hoffnung, dass auch für sie mal ein Beutestück abfiel. Einer dieser gewitzten Vögel saß sogar dreist auf dem Rücken eines Pelikans, den das offenbar nicht störte.

Die Vogelwelt war hier sehr vielfältig: elegante Fregattvögel, laute Tölpel, behände Strandläufer, durch die Luft flitzende Schwalbenarten und kreischende Möwen. Die Tölpel bevölkerten die Bäume, saßen auf kahlen Ästen, und ihre Jungen schauten mit langen Hälsen neugierig aus ihren Nestern hervor.

Zur westlich gelegenen Inselgruppe Aves segelten wir innerhalb weniger Stunden. Sie besteht aus zwei Gruppen von Korallenbänken: Barlovento (luvseitig, also in Richtung des Passates) und Sotavento (leeseitig), die etwa zwölf Seemeilen auseinanderliegen und je einen nach Osten hin geschlossenen Halbkreis von etwa sechs Meilen bilden. Am äußeren Gürtel dieser Riffe bricht sich die See schwer, weshalb im Laufe der Zeit viele Schiffe dort gestrandet sind. Beide Gruppen werden im Süden durch je eine schmale, flache und etwa drei Meilen lange Insel (ebenfalls Korallenriffe) abgegrenzt, die mit hohen Mangrovenbäumen bewachsen sind.

Hier lagen wir daher nicht in einer geschlossenen Bucht, sondern im Schutze eben dieser Korallenriffe. Tagsüber tönte es laut von den Mangrovenbäumen herüber: Tausende verschiedenster Vögel nisteten darin. Jetzt wussten wir, woher der Name dieses Archipels stammte: „Archipelago de las Aves" heißt „Archipel der Vögel".

Heftige Gewitter mit ununterbrochenen Blitzen, die während der Nacht alles geisterhaft beleuchteten, leiteten Westwinde ein. Im Gürtel der Passatwinde, in dem wir uns befanden, ist dies äußerst selten.

Obwohl der Wind uns heftig entgegenblies, wollten wir am nächsten Morgen, der uns Sonnenschein bescherte, mit unserem kleinen Dingi die Vögel aus der Nähe sehen und fuhren spazieren. Weil der ungewöhnliche Westwind jedoch anhielt, entschlossen wir uns, unsere Vogelbeobachtung abzubrechen und zurückzufahren.

Hurrikan Lenny und die Insel Bonaire

Auf unserer Rückfahrt machten wir einen Abstecher zu einer amerikanischen Segelyacht, unserem „Nachbarn", mit dem wir kurz plaudern wollten. Kaum begrüßt wurden wir gefragt, ob wir die letzte Meldung über „Lenny" (den Hurrikan) gehört hätten, was wir verneinten. Seine Richtung habe jetzt eine südliche Tendenz, was bedeutete, dass er in unsere Richtung ziehen würde.

Die Frau auf dieser Yacht erzählte uns, sie heiße „Gale", zu Deutsch „Sturm", und sie würde Stürme geradezu anziehen – was für ein lustiger Zufall. Es wehte zu der Zeit allerdings nur ein schwacher Hauch. War das die Stille vor dem Sturm?

Sicherheitshalber eilten wir zurück zum Schiff, um den Zwei-Uhr-Wetter-Bericht auf 14.325 kHz, einer Amateurfunkfrequenz, zu hören, auf der die Prognosen der amerikanischen Wetterzentrale verbreitet wurden.

Seit Tagen wussten wir von diesem äußerst späten und völlig ungewöhnlich verlaufenden Hurrikan (von West nach Ost, statt umgekehrt), glaubten jedoch nicht, dass er sich nach Süden und damit in unsere Richtung bewegen würde. Laut der neusten Meldung jedoch hieß es, „Lenny" würde in etwa 30 Stunden über uns brausen. Das Barometer fiel stetig.

Trotz Edis Überzeugung, dass wir sicher seien, wollten wir kein Risiko eingehen, machten das Schiff bereit, lichteten Anker und fuhren bei gutem Licht aus dem Korallenriff hinaus, um so weit wie möglich nach Süden auszuweichen. Mit dem „eisernen Segel" (dem Motor) auf Hochtouren steuerten wir in Richtung der venezolanischen Küste, die etwa neunzig Seemeilen entfernt lag.

Um zwei Uhr nachts meldete die amerikanische Wetterzentrale, dass sich Lenny nicht weiter nach Süden, sondern ostwärts bewege. Ob dieser guten Nachricht fiel mir ein Stein vom Herzen, denn ich war mir nicht sicher, ob wir einen Hurrikan heil überstanden hätten. Erleichtert wechselten wir unseren Kurs in Richtung der Insel Bonaire, die westlich des „Vogel-Archipels" lag.

Müde und übernächtigt näherten wir uns im Morgengrauen dieser Insel. Uns fiel auf, dass nur ein einziges Boot an einer der Bojen vor der Insel lag. Wir fuhren durch die schmale Einfahrt in den Hafen ein, wo die SINGLE MALT zwischen zwei Yachten improvisiert festmachen durfte. Bevor wir mit dem Festmachen fertig waren, hatte sich die Windrichtung geändert, und kurz darauf rollte die plötzlich gewaltig gewordene Dünung von „Lenny" in den Hafen.

Es war wie in einer Waschmaschine. Das Wasser lief durch die enge Einfahrt mehrere Meter hoch herein, füllte das Hafenbecken, wobei es wie ein Strudel wirbelte, und schon ebbte es wieder ab und lief hinaus. Mit jeder Welle gab es das gleiche erschreckende Schauspiel. Welche Energie! Richtig ungemütlich!

Die Schiffe ruckten durch die wirbelnden Strömungen in alle Richtungen, rissen an ihren Leinen und rieben aneinander. Natürlich waren Fender zwischen ihnen aufgehängt, doch durch die gewaltigen Kräfte wurden diese flach gedrückt. Auch die SINGLE MALT, die zwischen zwei Schiffen lag, gebärdete sich wie wild. Leinen rissen und mussten ersetzt werden. Notgedrungen brachten wir noch mehr Fender aus. Den ganzen Tag waren wir damit beschäftigt. An Schlaf war nicht zu denken.

Am Mittag lag „Lenny" hundertfünfzig Meilen nördlich von uns, um Mitternacht war das Schlimmste vorübergezogen. Die

Gefahr ebbte ab, ebenso unser Adrenalinspiegel, und endlich konnten wir in die Kojen fallen und schlafen.

Am nächsten Tag machten wir einen Spaziergang und sahen die schlimmen Zerstörungen: Weggerissene Landestege, ausgerissene Palmen, weggeschwemmte Tauchergeschäfte (ein wichtiges Tourismusgeschäft auf dieser Insel) – einfach fortgespült.

Und das Segelboot, das wir an der Boje gesehen hatten, lag jetzt als Wrack an diesem Strand. Derart große Schäden soll es hier das letzte Mal 1984 gegeben haben und eine ähnliche Zugbahn eines Hurrikans 1909, vor mehr als hundert Jahren.

Als wir wieder an Deck kamen, tauchten auch die Segler auf unseren Nachbarbooten ausgeruht wieder auf. Nun konnten wir über anderes als durchgescheuerte Leinen und zerquetschte Fender sprechen. Es waren sympathische Nachbarn, die ihre

Sorge um ihre Schiffe jetzt hinter freundlich lächelnden Gesichtern verbargen.

Ein Spaziergang in den Ort durfte natürlich nicht fehlen, und so machten wir uns bei Gelegenheit dorthin auf. Schon in unserem Hafenbecken war mir ein besonderer Leuchtturm aufgefallen, den wir uns nun genauer ansahen. Sein Grundriss war sechseckig, er war nicht besonders hoch und hatte offenbar die Aufgabe, als Leading Light (Richtfeuer) die Boote bei Nacht sicher in den kleinen Hafen zu leiten.

Auf dem Weg in die Ortschaft Kralendijk kamen wir an einem großen See vorbei, der offenbar nicht tief war, denn es standen unzählige Flamingos darin. Noch nie hatte ich solche in freier Natur gesehen und war überrascht, dass sie ganz und gar zartrot gefärbt waren. Ihre langen, staksigen Beine, ihre gekrümmten Schnäbel sowie ihre elegant gebogenen Hälse waren ein unvergesslicher Anblick für mich.

Der Ort wirkte mit den in frischen Farben gestrichenen Häusern freundlich und einladend. Obwohl er die Hauptstadt der Insel war, gab es für uns dort nicht viel zu sehen. Immerhin hatten wir uns mal wieder an Land bewegt, und so machten wir uns nach einer kurzen Erfrischung auf den Rückweg.

39. Curaçao

November 1999

Nachdem sich der Passatwind wieder eingespielt hatte, entschlossen wir uns, nach Curaçao, einer der Nachbarinseln, zu segeln. Durch eine kanalähnliche Einfahrt gelangten wir in die weitverzweigte Bucht „Spaanse Water".

Entlang mit einfachen Mitteln markierten Riffen tasteten wir uns vor zu unserem Ankerplatz, unweit des durch Segler belebten Restaurants „Sarifundi", das auf einer schmalen Halbinsel stand. Dort wurden auch Fax- und E-Mail-Möglichkeiten angeboten. Viele Segelboote ankerten in dieser riesigen Bucht, und es war noch immer Platz für mehr.

Nach den unruhigen Tagen auf Bonaire freuten wir uns über die Ruhe. Nur leicht blies der Wind über uns hinweg, und der Windgenerator erzeugte selten Strom. Die Sonne, die sich meistens hinter Wolken versteckte, lud die Akkus nur teilweise wieder auf, was bedeutete, dass wir mit dem Strom an Bord haushalten mussten.

Den Generator zum Laden der Akkus wollten wir nicht herausholen, da der tief unter den Segeln verstaut lagerte und Lärm und Gestank verbreitet hätte. Einer unserer Nachbarn war technisch wohl wenig gut ausgerüstet, denn stunden- und nächtelang ließ er seinen „Jockel" (den Generator) laufen, um seine Akkus zu laden.

Den monotonen Generatorenlärm dieses Nachbarn so anhaltend zu ertragen war besonders nervtötend, weil ansonsten rundherum Stille herrschte. Nur leise zischelten die Propeller der Windgeneratoren auf den Segelbooten. Und mitten hinein dieser Lärm, der unter Deck noch lauter tönte, weil das Wasser Geräusche besonders gut leitet. Zu allem Überfluss blies der Wind auch noch den Gestank des Generators zu uns herüber.

Edi fuhr mit dem Beiboot hinüber und bat unseren Nachbarn höflich, den Generator auszuschalten. „Go to hell! (Geh zur Hölle!)", wurde er angebrüllt. Auf weitere höfliche Anfragen wurde der Mann noch aggressiver. Heftig beschimpft und unverrichteter Dinge kehrte Edi zurück an Bord.

Am folgenden Tag erzählten wir unseren amerikanischen Freunden, Marie und Fred von der SY QUESTER von Edis erfolglosem Unterfangen. Doch schon konnten wir scherzen und gaben zum Besten, dass wir die Koordinaten zur Hölle auf keiner Seekarte gefunden hätten. Ob wir den Nachbarn wohl danach hätten fragen sollen?

Bis auf diesen rücksichtslosen Menschen trafen wir viele freundliche Segler aus Amerika, Deutschland, der Schweiz, aus Schweden, Israel, Polen und sogar aus der Türkei.

Edi setzte mehrere Schreiben auf: Der elektronische Windanzeiger war defekt und musste ersetzt werden, und die Reparatur seines teuren Fernglases war mangelhaft ausgeführt worden, was der Firma rechtzeitig innerhalb der Garantiezeit mitgeteilt werden musste.

Noch wussten wir nicht, von wo aus wir dieses Fernglas nach Europa schicken könnten, noch wohin es uns zurückgesandt werden sollte. Auch musste Edi durchgescheuerte und gerissene Leinen ausmessen und ersetzen. Mal wieder viel zu tun.

Während Edi sich darum kümmerte, fuhr ich mit einem altertümlichen Bus nach Willemstad, der Hauptstadt Curaçaos, um dort einzuklarieren und Proviant einzukaufen. Schon auf Bonaire wirkten die Häuser sauber und adrett, und sie waren verschiedenfarbig angestrichen. So auch auf dieser Insel.

Am meisten freute ich mich jedoch, endlich wieder eine Armbanduhr und einfachen Schmuck tragen zu dürfen. Auf den ABC-Inseln (Aruba-Bonaire-Curaçao) brauchte man keine Angst vor Räubern und Überfällen wie in Venezuela zu haben, wo fast täglich Segler überfallen und ausgeraubt wurden.

Dort hatte ich vorsorglich keinen Schmuck mehr angelegt, das Geld versteckt in einer zusätzlichen Innentasche der Shorts getragen und weder Hand- noch Gürteltasche mitgenommen. Eine Hand hatte ich immer am Pfefferspray parat und war für Einkäufe nur mit einem Rucksack ausgerüstet unterwegs.

Ich hatte gelernt, die Menschen, die mir begegneten, zu beobachten und ihnen rechtzeitig auszuweichen, wenn sie nicht vertrauenerweckend wirkten. Gruppen ging ich generell aus dem Weg.

Es war eine Erleichterung, hier auf Curaçao ohne Angst vor Überfällen unterwegs zu sein. Natürlich blieb die Wachsamkeit, und der größere Geldbetrag wurde weiterhin in der versteckten Innentasche getragen. Man kann ja nie wissen!

Als wir an einem anderen Tag gemeinsam mit unserem Dingi zum Restaurant Sarifundi fuhren, um unsere Weihnachtspost und Fax-Schreiben abzusenden, regnete es heftig. „Bei starken Regenfällen fallen unsere Telefonleitungen aus und somit die Fax- und Internet-Verbindungen", wurden wir informiert. „Wie können wir jetzt unsere Post absetzen?", überlegten wir.

Edi kam auf die glorreiche Idee, er habe immer noch viel an Bord zu erledigen, doch ich könne allein in die Stadt fahren. Das bei diesem Regen? „Es ist ja warm", tröstete ich mich und erklärte mich damit einverstanden.

Doch schon während der langen Fahrt im Dingi zum Landesteg in der Nähe der Bushaltestelle wurde ich trotz Regenzeug voll durchnässt und fröstelte. (Heute frage ich mich, warum ich nicht das Segelzeug anlegte; wahrscheinlich, weil es schwer und sperrig ist.)

Kurz dachte ich ans Umkehren, aber nun war ich schon so weit gekommen, dass ich nicht zurückwollte. Also fuhr ich mit dem nostalgischen Bus in die Stadt, wo mich strahlender Sonnenschein überraschte, der mich trocknete.

Ich konnte die Weihnachtspost aufgeben, die Faxe absenden und mich nach zwei, drei kleineren Einkäufen auf den Rückweg machen. Zum Glück regnete es auch auf dem Rückweg nicht mehr.

Mit Marie und Fred von der SY QUESTER, mieteten wir uns ein Taxi und besuchten die Tropfsteinhöhlen von Hato, die vor mehreren Millionen Jahren gleichzeitig mit der Insel entstanden. Versteckte Lichter in warmgelben Farben schufen eine geheimnisvolle, surrealistische Atmosphäre.

Obwohl die Höhlen recht groß waren, fühlte ich mich in dieser bizarren, wenig Gemütlichkeit ausstrahlenden Umgebung eher eingeengt und war froh, nach dem Besuch das Tageslicht wieder zu erblicken.

Für den Abend hatte man uns das Fort Waakzaamheid in Willemstad empfohlen, das 1803 auf einem Hügel zur Verteidigung gegen die Franzosen errichtet wurde. Inzwischen beherbergte es ein Restaurant, von dem sich am Abend ein Blick auf das Lichtermeer der Stadt bot. Sogar Livemusik gab es, bei der eine Sängerin „ihr Bestes" gab. Das war so laut, dass wir uns kaum unterhalten konnten und wir unsere bestellten Speisen kaum schmeckten. Schade.

Auf den 7. Dezember hatten wir ausklariert, doch uns fehlte ein bestelltes Ersatzteil, das noch nicht angekommen war. Daher konnten wir nicht, wie geplant, am Morgen auslaufen. Die SY QUESTER hatte dieses Problem nicht und lichtete planmäßig Anker. Etwas neidvoll schauten wir ihr hinterher, riefen ihr aber dennoch gute Wünsche für die Fahrt nach Cartagena, Kolumbien, hinüber.

40. Eine raue Fahrt

November 1999

Im Laufe des Vormittags erhielten wir erfreulicherweise unsere Sendung und konnten Anker lichten. Der erst schwache Wind wurde stark und stärker, was wir auch ohne unseren defekten Windmesser merkten – mussten wir doch die Segel mehr und mehr reffen.

Ein bis zu 5.750 m hoher Gebirgszug unweit der Küste verursacht in dieser Gegend bei gewissen Wetterlagen heftige Fallböen, die eine wilde See aufbauen können. Letztere wird durch eine Meeresströmung zusätzlich verstärkt.

Laut einem Seehandbuch gilt dieses Seegebiet als das raueste der ganzen Karibik, und die Fahrt von den ABC-Inseln nach Cartagena kann zu einer der fünf härtesten Strecken überhaupt werden.

Das Kap nordöstlich von Cartagena umrundeten wir deshalb in gebührendem Abstand (etwa vierzig Seemeilen). Nach Passieren dieses Kaps galt es, Kurs in Richtung Cartagena anzulegen. Jetzt trafen uns die Fallböen mit voller Kraft von der Seite und drohten, uns flachzulegen. Gleiches galt für die kurzen, steilen Wellen. Sie prallten mit aller Wucht auf das Deck und zerbarsten darauf.

Es war furchterregend, hörte es sich doch so an, als ob Steine auf das Deck prasseln würden. Auf einer schönen großen traditionellen Yacht, die parallel zu uns, jedoch etwas dichter der Küste entlang segelte, wurden die Skylights – die Oberlichter – eingeschlagen.

Gegen Morgen, als ich in der Koje lag, donnerte mal wieder eine besonders heftige Wassermasse auf uns nieder. Danach trat eine gespenstische Stille ein. Selbst im Schlaf hatte ich diesen Lärm und die folgende Stille wahrgenommen.

Ich stand sofort auf, um zu kontrollieren, ob alles in Ordnung sei. Edi rief in dem Moment: „Almuth, komm doch mal!" Ich erschien sofort. „Leg deinen Sicherheitsgurt an und löse mich bitte ab, aber mach schnell!"

Während das Boot mich hin und her warf, versuchte ich schlaftrunken, die Sicherheitsgurte zu sortieren und anzulegen. Das dauerte eine Weile, besonders weil ich die Gurte selten brauchte und daher keine Übung darin hatte, sie bei Dunkelheit anzulegen.

Edi kam es vor, als dauerte es eine Ewigkeit, bis ich so weit war. Er wurde immer ungeduldiger und rief: „Wo bleibst du denn?" Erst als ich endlich ins Cockpit kletterte, sah ich, dass er vollkommen durchnässt war und vor Kälte schlotterte. Er erzählte mir, dass eine Welle ins Cockpit eingestiegen war. Dieses Mal waren zum Glück sämtliche Luken und ebenso der Niedergang geschlossen gewesen, so dass kein Seewasser in die Kabine eindringen konnte.

Diese Nacht war die dritte, die wir inzwischen unterwegs waren. Nach diesem Zwischenfall war an Schlaf nicht mehr zu denken, denn wir waren in Alarmstimmung. Ich saß nun in Öljacke und sicher angegurtet im Cockpit, während Edi am Kartentisch Positionen eintrug und rechnete, wie lange wir wohl noch bis Cartagena mit der See zu kämpfen hätten.

Erst nach etlichen langen Stunden wurde die See etwas ruhiger, weil wir in die Abdeckung des Festlandes kamen. Gegen Mittag sahen wir die Hochhäuser der Stadt. Wir atmeten auf: „Bald haben wir's geschafft!"

41. Cartagena, Kolumbien

Dezember 1999

Ankunft in Cartagena

Cartagena, Sir Francis Drake und andere Piraten

Anlässlich seines ersten „Besuches" hatte Francis Drake 1572 handstreichartig und lautlos ein spanisches Schiff aus dem inneren Hafen Cartagenas entführt. Als er am frühen Morgen damit provokativ vor der Stadt vorbeisegelte, wurden die Alarmglocken geläutet. Etwas zu spät. 1585 brannte er sogar die ganze Stadt nieder, als man ihm das verlangte Gold nicht aushändigen wollte.

Aufgrund solch schlechter Erfahrungen wurde Cartagena und die Zufahrt zu ihrem Hafen, in dem die Spanier ihre Schiffe nach Europa hauptsächlich mit Gold beluden, immer weiter gesichert und befestigt. So wurde bei Boca Grande eine Unterwassermauer gebaut und nur eine schmale Lücke offengelassen.

Die Stadt erhielt immer mächtigere Mauern, und vor der Stadt entstand das gewaltige Fort San Felipe. Drei kleinere Festungen schützten den Eingang Boca Chica. Dahinter folgten weitere, Castillo Grande und Manzanillo, und schließlich Boquerón.

Der englische Admiral Edward Vernon sollte sich 1741 seine Zähne daran ausbeißen. Mit unwahrscheinlichem Aufwand gelang ihm der Durchbruch durch Boca Chica, sodass er bis hin zur Festung San Felipe kam. Von der dortigen Anhöhe mit dem Kloster La Popa hatte er einen idealen Überblick über die Stadt.

> *Jedoch war seine Truppe durch Krankheiten derart geschwächt, dass er seine Kanonen nicht an Land bringen konnte, um die letzte Festung und die Stadt zu stürmen. So musste er schlussendlich unverrichteter Dinge abziehen.*

Als wir Cartagena erreichten, entschieden wir uns für die Einfahrt durch die enge Lücke in der Boca Grande, die heute mit Baken markiert ist. Damit ersparten wir uns den langen Umweg durch die Einfahrt Boca Chica, der uns fast drei Stunden extra gekostet hätte.

Allerdings bescherte uns die herrschende Dünung in dieser schmalen Einfahrt unter Segel noch einen zusätzlichen Adrenalinstoß. Immerhin wurden wir schon von Weitem von einer Marienstatue begrüßt, die mitten in der Bucht stand. Am frühen Nachmittag ankerten wir heil und sicher vor Cartagena.

Durch die vergangenen aufregenden Stunden waren wir derart aufgewühlt, dass vorerst an Schlaf nicht zu denken war. Erst nach dem Abendessen spürten wir die Müdigkeit und schliefen die ganze Nacht tief und fest.

Am nächsten Morgen erzählte uns eine Seglernachbarin, dass sie mitten in der Nacht während etwa einer halben Stunde einen Einbaum mit einem Einheimischen neben der SINGLE MALT beobachtet habe, der offensichtlich gelauscht habe, ob wir schliefen und dabei schnarchten. Erst als der Mann sich von ihr beobachtet fühlte, glitt er lautlos davon.

Während derselben Nacht wollte ein Einheimischer auf ein anderes Schiff klettern, wurde jedoch rechtzeitig bemerkt und konnte verjagt werden. Ziel dieser Leute waren anscheinend Außenbordmotoren und Wertsachen. Gut, dass andere, weniger erschöpfte Segler wie unsere Nachbarin an Deck waren und die Augen offenhielten.

Wie Fred von der SY QUESTER später erzählte, war seine Überfahrt nach Cartagena ebenso schwer wie unsere. Sein Windmesser hatte 55 Knoten angezeigt. Er meinte, man hätte ihn in dieser Nacht samt Boot stehlen können, ohne dass er etwas gemerkt hätte. So ging es auch uns. Nichts und niemanden hätten wir gehört.

Inzwischen ausgeruht verlegten wir unsere SINGLE MALT zur Sicherheit noch am selben Tag in den einfachen Hafen des Club Nautico Cartagena an einen seiner wackligen Stege.

Ein Segelmacher

Wir bestellten einen Segelmacher, der unsere neue, aber durch die heftigen Bewegungen leicht beschädigte Genua reparieren sollte. In einem Rollstuhl kam er begleitet von seinem Mitarbeiter zur SINGLE MALT. Seine Beine waren gelähmt, doch das hinderte ihn in keinster Weise daran, seinen Beruf als Segelmacher auszuüben. Professionell nahm er die Arbeit in Augenschein und füllte einen Auftragszettel aus.

Als er den Namen unseres Bootes einsetzte, sagte er spontan: „Das klingt ja nach Whisky. Habt ihr einen an Bord? Gerne würde ich einen probieren!" Sofort ging ich in die Kabine, öffnete die Tür zur Bar und bemerkte, dass die „Hausflasche" mit Whisky (eine spezielle, seemännisch umflochtene Glasflasche, die immer wieder aufgefüllt wurde) leer war.

Die beiden Männer warteten auf dem Steg auf ihr Getränk. Also musste ich schnell handeln, ergriff die danebenstehende Flasche, öffnete sie, da sie noch nicht angebrochen war, und schenkte zwei gute Maß ein.

Der Segelmacher lobte den Whisky. Noch nie hätte er so guten gehabt und bat nach einem weiteren und noch einem dritten. Edi kam nach dem Gespräch an Bord und wunderte sich, dass auch ihm der Whisky außergewöhnlich gut geschmeckt hatte. Vielleicht, weil er sich nach den Strapazen erholt habe, mutmaßte er.

Doch das war es nicht. Aus Unwissenheit hatte ich den besten Single Malt ausgeschenkt, den wir an Bord hatten, den Lagavulin, von dem Edi sich nur höchstselten einen Tropfen gönnen wollte … Jetzt erwartete ich ein Donnerwetter, doch das blieb erstaunlicherweise aus.

Cartagena und ein „schauriger" Ausflug

Nachdem wir die dringendsten Arbeiten erledigt hatten, wollten wir die interessante historische Stadt besuchen. Hastig wurde noch schnell die Sonnenbrille geholt und … autsch. Ich hatte an einer Ecke eine Zehe angestoßen, die jetzt ganz heiß wurde. Noch lange hatte ich das Andenken an diese Minute.

Die Zehe muss angebrochen gewesen sein, denn während der nächsten Zeit humpelte ich unter Schmerzen in Cartagena herum. So gerne wäre Edi ausgeschritten und hätte den kurzen Weg in die Stadt zu Fuß zurückgelegt. Unter diesen Umständen nahmen wir jedoch ein Taxi.

Es war Sonntag, die Straßen fast menschenleer, und wir spazierten vorbei an den typisch spanischen Fassaden mit ihren Balkonen und gedrechselten Balkonbrüstungen. Liebevoll waren Blumen darauf gepflanzt, deren Blüten in der Sonne leuchteten. Wir freuten uns an der Farbenpracht und genossen die Ruhe in den Gassen.

An Wochentagen wimmelte es in den engen Straßen nur so von Menschen, Autos, hölzernen Karren und kleinen Verkaufsständen. Straßenverkäufer und Passanten zwängten sich durch die Enge, und es war kaum ein Durchkommen.

Aus den Geschäften eilten uns Verkäufer entgegen, boten uns Tee und Kaffee an, um uns in ihre Geschäfte zu locken. Lästig! Ich traute mich gar nicht mehr, in die Schaufenster der Geschäfte zu schauen, denn sofort wurde darin ein Interesse gesehen und ich angesprochen.

Wir lernten Roque, einen Taxifahrer kennen, der uns immer wieder über den Weg gelaufen war und das Gespräch mit uns suchte. Ihn empfanden wir ebenso als lästig und wehrten ihn ab, doch irgendwann überlegten wir, dass es doch ganz angenehm sei, uns von ihm die Gegend zeigen zu lassen. Er war lustig und gewitzt, und er wollte uns am folgenden Tag einige schöne Plätze zeigen.

Schon Stunden vor der Zeit kam er aufgeregt rufend auf dem Pier zu uns geeilt. Heute würde ein Kreuzfahrtschiff erwartet, und er könne viel Geld verdienen, ob wir die Tour auf den nächsten Tag verschieben könnten. Wir stimmten zu und waren froh darüber, da es später stark regnete.

Roque fuhr uns tags darauf zum Kloster La Popa, das auf einer dominierenden Bergkuppe nahe der Stadt stand, von wo auch der englische Admiral Edward Vernon 1741 hinuntergeschaut hatte. Es bot sich uns von dort oben ein unglaublich schöner Ausblick auf die Stadt, die Bucht und die Umgebung.

Unser nächstes Ziel war eine Farm außerhalb der Stadt, auf der Blumen gezüchtet wurden. Bis vor wenigen Jahren wurden von hier exotische Blumen nach Europa exportiert, bis andere Länder sie günstiger anboten. Gerade, als wir die Pflanzungen ansehen wollten, kam ein Wolkenbruch herunter, der alle Wege unter Wasser setzte und uns einen Strich durch die Rechnung machte.

Stattdessen besahen wir uns dort ein von Quellwasser gespeistes Schwimmbad, dessen Wasser Heilkräfte haben soll, gut gegen Bluthochdruck sei und Menschen helfe, die zum Hyperventilieren neigen. Wir litten zum Glück unter keiner dieser Beschwerden.

In einem einfachen Restaurant unter einem großen Dach aus Palmenblättern nahmen wir eine Kleinigkeit zu uns. Dieses so hübsch wirkende Dach hatte einige Löcher, durch die das Wasser unter anderem auf unseren Tisch lief – „tropfen" konnte man zu diesem Rinnsal nicht mehr sagen.

Mitsamt unserem Tisch rückten wir immer wieder von neu entstehenden, inzwischen zu Sturzbächen angeschwollenen Wasserfällen weg, bis wir eine einigermaßen trockene Stelle gefunden hatten.

Der Regen hörte auf, und wir kauften Eintrittskarten für den botanischen Garten. Geschlungenen, auf und ab führenden Pfaden folgend, lasen wir interessiert die Namensschilder der verschiedenen Palmenarten, Laub- und Nadelbäume sowie Sukkulenten, bis, ja, bis der nächste Regenguss kam.

„Wir sind gut gewappnet!", sagten wir uns und zogen unsere Regenmäntel an. Der Regen wurde jedoch derart heftig, dass sich reißende Bäche über die Wege und Beete ergossen. Edi zog seine Schuhe aus, während ich es vorzog, samt Schuhen bis zu den Waden durch das strömende Nass zu waten.

War das ungemütlich! Die Regenmäntel waren nicht dicht genug für diese Wetterverhältnisse. Uns schien es noch immer unvorstellbar, welche Wassermassen hier bei Regen herunterkamen. Nun wollten wir so schnell wie möglich zurück.

Der Boden hatte sich voll Wasser gesogen, wir versanken tief in dem Matsch, und an eine Abkürzung quer über die Beete war nicht zu denken. Darin wären wir noch tiefer eingesunken. Tropfnass, aber lachend, gelangten wir endlich zum Taxi und wünschten, wir hätten Kleidung zum Wechseln mitgenommen.

Das Fort San Filipe in Cartagena bestand fast nur aus Festungsmauern. Eine breite Straße, früher Rampe für die Kanonen, führte hinauf. Wie interessant – alte Mauern schauten wir uns immer gerne an. Auf halber Höhe erreichten wir das Eingangstor, doch ein Blick zum Himmel ließ uns erkennen, dass der nächste Regenschauer schon bald niederprasseln würde.

„Nein! Das brauchen wir nicht nochmal!", entschieden wir, verzichteten auf den gepriesenen Ausblick auf die Stadt, eilten zum Taxi zurück, und schon trafen uns die ersten dicken Tropfen. Bei Roques Freunden in der Stadt stillten wir unseren Durst, ehe er uns zum Club Nautico zurückbrachte. Erst an Bord der SINGLE MALT konnten wir uns trocknen und wieder aufwärmen.

Nach etwa zehn Tagen wollten wir weitersegeln. Doch die „Agentur", die für uns einklariert und sich angeboten hatte, auch das Ausklarieren für uns zu erledigen, erklärte, dass wir dies selbst machen müssten.

Das verstanden wir überhaupt nicht, denn bei unserer Ankunft hatten sie damit geprahlt, wie zuverlässig sie diese administrativen Aufgaben für die Segler für die „kleine" Summe von 60 $ erledigen würden. Und nun dies! Die Standorte der verschiedenen Behörden lagen weit voneinander entfernt, und wir wussten nicht einmal, wo die sich befanden.

Roque besuchte uns täglich und erschien im richtigen Moment. Wir erzählten aufgebracht von unserem Problem und waren über den unverhofften Sinneswandel dieser Agentur empört. In diesem Moment erwies Roque sich als wahrer Freund, denn er fuhr uns zu den richtigen Büros, sodass wir die Formalitäten erledigen konnten.

Als alles geschafft war, wollten wir Roque am Ende dafür bezahlen. Doch er war fast beleidigt, als wir ihm das Geld in die Hand drückten. (Natürlich nahm er es trotzdem an, denn davon lebte er ja!)

Diese Prozedur des Ausklarierens verzögerte unser Auslaufen um einen Tag. Das war zwar prinzipiell nicht schlimm, doch wollten wir die Weihnachtstage auf den San-Blas-Inseln verbringen und lieber einen Tag zu früh als zu spät dort ankommen.

42. Panama

Januar und Februar 2000

Bei den Kuna-Indianern auf den San-Blas-Inseln

Isla de Pinos alias Tupbak

„Ein Wal, ein Wal!", wurde ich nach der zweiten Segelnacht geweckt. „Waaas? Hier?" Verschlafen krabbelte ich aus der Koje und suchte neugierig den Horizont ab. „Siehst du die Insel da vorne nicht? Sie heißt Tupbak, Wal, in der Sprache der Kuna-Indianer." „Ach", ein bisschen enttäuscht schaute ich drein, doch nun war ich schon mal wach und schaute, wie wir uns dieser Insel, der Isla de Pinos, näherten.

Als wir um das südliche Kap herumsegelten, bot sich überraschend ein Anblick wie aus grauer Vorzeit. Zwischen hohen Palmen standen Hütten, deren Wände aus zusammengebundenen Bambusstöcken und deren Dächer aus Palmenwedeln bestanden. Wie romantisch!

Die Kuna-Indianer konnten sich bis heute hier halten, sprachen noch immer ihre eigene Sprache, pflegten ihre Traditionen und hatten, mit Ausnahme derjenigen auf den westlichen Inseln, wenig Kontakt mit der Außenwelt. Doch von dort waren wir noch weit weg. Hierher kamen nicht viele Yachten, da Seekarten fehlten, und noch weniger verirrten sich Touristen hierher.

Wir erreichten diese Insel Pinos frühmorgens am Heiligen Abend. Nach dem Ankern bei Port Plenty landeten wir mit dem Dingi in der Nähe des „Dorfes" Mamimulu. Es bestand aus etwa vier Hütten. Strom gab es hier nicht. Freundliche Bewohner schauten uns schon entgegen.

Ein Junge, der nach meiner Schätzung etwa zwölf Jahre alt sein mochte, klärte uns mit tiefer, männlicher Stimme auf, dass der „Sahila", der Inselälteste, uns im Dorf Pinos erwartete, und zeigte uns die Richtung. „Meine Schätzung mit dem Alter war ja wohl total daneben", dachte ich überrascht, „der muss bereits ein erwachsener Mann sein". Später stellte ich fest, dass die Kuna-Indianer ein kleiner Menschenschlag sind.

Port Plenty

Dieser versteckte Ankerplatz, an dem wir uns aufhielten, wurde 1572 von Sir Francis Drake genutzt, als er sich auf einen Überraschungsangriff auf den spanischen Goldhafen „Nombre de Dios" vorbereitete. Er nannte die Bucht „Port Plenty" (Hafen des Überflusses), da es dort gutes Trinkwasser und viele Kiefern für seine Reparaturen an den Schiffen gab.

Wir machten uns auf den Weg in die angegebene Richtung und erreichten bald dichtes Gestrüpp, das unter Wasser stand. Der schmale Pfad durch das Dickicht war wegen des Regens in den letzten Tagen völlig überflutet. Mit dem Dingi außenherum war es viel einfacher dorthin zu gelangen. An einem langen, wackeligen Anlegesteg aus Holz konnten wir festmachen. Da viele Planken des Steges fehlten, war der Weg zum Land ein Balanceakt.

An der Seite dieses Steges war ein kleines Häuschen angebracht, in das ich neugierig hineinlugte. „Darin fehlen ja auch Planken!", dachte ich entsetzt. Erst auf dem Rückweg zu unserem Dingi kam ich auf die Idee, dass dieses Häuschen eine Toilette sein könnte. Und genau das war es auch – das Plumpsklo des Dorfes.

Das Dorf Pinos bestand aus einigen Dutzend Hütten, ebenfalls aus Bambuswänden mit Dächern aus Palmenwedeln, wie wir sie am anderen Ende der Insel gesehen hatten, und auch hier gab es keinen Strom. Den Sahila fanden wir im „großen" Gemeinschaftshaus in einer Hängematte ruhend. Er setzte sich auf, als wir uns näherten, sodass wir ihn ansprechen konnten.

Nach unserer Sitte wünschten wir ihm ein frohes Weihnachtfest und baten, seine Insel besuchen zu dürfen. Er war distanziert, aber korrekt, setzte seine Mütze auf (um besser nachdenken zu können?) und erteilte uns die Bewilligung.

Seinem Sekretär namens Suarez, der etwas Englisch sprach und dessen Wangen und Nase tätowiert waren, bezahlten wir sechs USD zu Gunsten der Gemeinde, wofür wir eine Quittung erhielten. Ja, es ging hier mit rechten Dingen zu.

Die Bewohner waren sehr kleinwüchsig, wie bereits erwähnt. Mit meinen 1,76 m reichten sie mir nur knapp bis zur Schulter, und ich muss ihnen wie eine Riesin vorgekommen sein.

Auch hier trugen die Männer Tätowierungen auf Wangen und Nasen, während sich die Frauen mit einer Art Nasenring aus Gold schmückten, in etwa so, wie man das in Europa bei Stieren sieht, die zu bändigen sind, oder wie es früher bei Sklaven üblich war. Auch bei uns hat sich heutzutage dieser Brauch bei jungen Leuten eingebürgert, was ich sehr verwunderlich finde.

Die Frauen trugen Arm- und Beinstulpen mit geometrischen Dekorationen, die sie aus kleinen, farbigen Glasperlen angefertigt hatten. Bei genauerer Betrachtung der Menschen fragte ich mich unwillkürlich: „Haben die sich die Hände nicht gewaschen?"

Sämtliche Frauen und Kinder hatten schwarze Hände. Doch wie ich bald herausfand, waren sie nicht schmutzig, sondern geschwärzt; ebenfalls eine Dekoration (so wie bei uns etwa schwarz lackierte Fingernägel?).

Am interessantesten fand ich die „Molas", rechteckige Motive, die sich die Frauen vorne und hinten auf die Oberteile ihrer Kleider aus bunten und großblumigen Stoffen aufgenäht hatten. Molas sind aufwändige Handarbeiten, bei denen drei oder mehr verschiedenfarbige Stoffe aufeinander geheftet werden.

Die oberen Stofflagen werden je nach Farbwunsch und Muster so eingeschnitten, dass die gewünschte Stofffarbe durch den Schlitz zu sehen ist. Diese Einschnitte werden feinsäuberlich vernäht, sodass dadurch zum Teil feine und komplizierte Muster mit geometrischen Formen, Blumen oder Tieren in primitiver Kunst entstehen.

Nach der Anmeldung beim Sahila und den ersten Eindrücken kehrten wir zurück zur SINGLE MALT, wo wir schleunigst unsere Weihnachtsdekoration am Schiff anbringen wollten.

Die dünnen Drähte der Lichterketten brachen immer wieder, aber Edi gab nicht auf und lötete sie wieder und wieder zusammen. Voilà: Am Ende waren drei Ketten in Betrieb, die sich oben am Mast zu einer Spitze trafen. Der ganze Aufwand war nicht einmal für uns gedacht, sondern für die wenigen „Zuschauer" an Land.

Am Abend, während unser Mast in der Form eines Weihnachtsbaumes leuchtete, hörten wir Freudenrufe der Leute an Land. Bei uns gab es währenddessen unser Nachtessen: frischen Salat und Spinat aus Kolumbien.

Weihnachten kochte Edi Dörrbohnen mit geräuchertem Schinken aus der Schweiz. Natürlich durfte ein guter Tropfen Rotwein nicht fehlen. Hervorragend!

Während unseres nächsten Besuchs im Dorf Pinos stellte sich uns ein Mann mit dicker Hornbrille und Schirmmütze vor. Er hieß Horacio, sprach Englisch und lud uns zu sich nach Hause ein. Darauf waren wir neugierig.

Der Weg führte um eine Hütte herum, bevor wir seinen „Vorhof" erreichten. Knapp erspähte ich Bewegungen auf dem Hof – Kakerlaken, die in ihre Löcher flitzten, um sich zu verstecken. Schwupps, waren sie verschwunden.

Vor einem Nebengebäude, das als Küche diente, in der auf offenem Feuer gekocht wurde, befand sich eine Überdachung, die Schutz vor der brennenden Sonne bot. Darunter tummelten sich Frauen und Kinder; sie kamen auf uns zu und begrüßten uns.

Die Frauen wirkten unfreundlich und barsch. Uns wurde erzählt, dass dies die Art der Frauen sei. Man habe den Eindruck, sie würden schimpfen, dabei meinten sie es herzlich. Für mich war das gewöhnungsbedürftig, doch ich nahm ihre Art so hin, wie sie war.

Eine alte, handbetriebene Nähmaschine funktionierte nicht mehr, und Edi wurde gefragt, ob er sie reparieren könne. Zweifelnd schaute er sich das Gerät an und fragte: „Ist die jemals gereinigt worden?"

Als er sie kopfüber hielt, flüchtete eine große Kakerlake aus dem Inneren. Wenn ich mich vor diesem Tier nicht so geekelt hätte, hätte ich richtig Mitleid mit ihm gefühlt, in so einem engen Käfig gefangen gewesen zu sein.

Ohne Werkzeug konnte Edi nichts ausrichten, weshalb wir am nächsten Tag zurückkehrten, ausgerüstet mit Werkzeugen, Petroleum zum Reinigen und Öl zum Schmieren sowie Putzlappen.

Viele Kinder und Erwachsene standen erwartungsvoll um Edi herum und schauten laut schnatternd zu, wie die Nähmaschine in ihre Einzelteile zerlegt, gereinigt und wieder zusammengefügt wurde. Die Spannung der Fäden zu regulieren war meine Sache.

Wie selbstverständlich wurde die Maschine am Ende wieder in Betrieb genommen. Kein kleines Lächeln war sichtbar, das die Freude über die Reparatur hätte zeigen können. Frauen aus anderen Hütten kamen, um darauf zu nähen. Offenbar hatte jede eine bestimmte Zeit an der Maschine „gemietet", die sie jetzt beanspruchten.

Edi wurde außerdem gebeten, ein kleines Radiogerät, das Armband einer Uhr und einige andere Sachen zu reparieren, was er natürlich tat. Wie hätte man diese Bitten auch ablehnen können?

Das Dorf besaß einen einfachen Backofen, der von allen genutzt wurde. Täglich boten sie uns von ihrem dort frisch gebackenen Brot an, was wir gern nahmen. Es schmeckte uns sehr gut, besonders, da wir nur selten frisches Brot an Bord hatten.

Während eines unserer ersten Besuche der Insel, gefiel mir eines der Muster, das eine Frau auf ihrem Kleid trug, besonders gut. Nach meiner dementsprechenden Bemerkung schnitt sie dieses von mir begehrte Mola kurzerhand aus ihrem Kleid heraus, und ich konnte es ihr abkaufen.

Es gab weitere Motive, z. B. mit einem Elefanten, dem Krallen verpasst worden waren, oder Löwen, Tiger, Vögel und Fische. Ich war von dieser kunstvollen Arbeit so begeistert, dass ich mehr kaufte als je vorgesehen. Einige Kissen an Bord bezog ich mit solchen Molas, worüber ich mich noch heute freue.

Auch wollte ich mir gern eine schmale Version eines Armbands nach Indianerart anpassen lassen. Die Frau, die sich dazu bereit erklärte, holte Glasperlen in vielen Farben herbei, fragte mich, welche Farben mir am besten gefielen und zog diese auf einen Faden.

Sie war dabei sehr konzentriert, denn schon beim Auffädeln hatte sie – wie ich erfuhr – in Gedanken vor Augen, welches

Muster das Armband am Ende zieren sollte. Natürlich musste sie dazu bei den üblichen Bändern, die vom Handgelenk bis zum Ellenbogen reichten, sowohl die Armdicke als auch die Verjüngung des Arms vom Ellenbogen zum Handgelenk beachten.

Mein Armband sollte ja nur schmal werden und wenige Reihen erhalten, die alle gleich lang werden sollten. Schon dafür saß ich mit der jungen Indianerin mindestens eine Stunde vor der Hütte. Wie lange sie wohl für ein Armband braucht, dass den ganzen Unterarm bedeckt?

Es wurde ein sehr schönes Armband, und der Tradition folgend behielt ich es so lange am Arm, bis es riss. (Diesen Indianern gefiel es nicht, fotografiert zu werden, sodass wir später nur wenig von dieser schönen Kunst zeigen konnten.)

Suarez, der Sekretär des Sahila, besuchte uns einmal an Bord, zusammen mit seinem Freund. Zufällig hatten wir gerade deutsche und amerikanische Segler an Bord, die wir zu einem Drink eingeladen hatten. Es ergab sich eine interessante Mischung von Gesprächen in Deutsch, Englisch, einem Kauderwelsch von Spanisch und einigen Brocken in Kuna, und wir erfuhren von den Bräuchen und der Denkweise der Indianer. Rührend war der Anblick der Dingis, die hinten an der SINGLE MALT dümpelten: Schlauchboote in verschiedenen Farben und dazwischen ein einfacher Einbaum – Völkerverständigung.

Im riesigen, langen Einbaum des Sahila (mit starkem Außenbordmotor) fuhren wir eines Tages zusammen mit etwa zwölf Dorfbewohnern in einstündiger Fahrt zum nächsten größeren Dorf, Mulatupu, auf das Festland. Während der Fahrt saßen wir auf den Planken, denn andere Sitzgelegenheiten gab es nicht.

Der Wind blies von der Bugwelle rechte Gischtwolken über uns, sodass wir zum Schutz unseren Regenschirm aufspannten, den wir zufällig dabeihatten. In Mulatupu angekommen mussten wir uns dem dortigen Sahila ebenso vorstellen wie dem auf der Insel Pinas. In diesem einfachen, doch sauberen Dorf konnten wir Zwiebeln und Eier kaufen.

An Silvester war ein Einhandsegler in diese Bucht eingefahren und erzählte, er würde – wenn möglich – immer an Land essen. Auf der Insel Pinos gab es allerdings kein Restaurant. Daher entschlossen wir uns, ihn zusammen mit einem amerikanischen Seglerpaar zu uns einzuladen. Freudig wurde der Vorschlag angenommen.

Wir hatten von den Einheimischen als Dank für die Reparaturen am Vortag eine große Languste erhalten, die wir in einem Netz über Bord im Wasser aufbewahrten. Wir bereiteten sie in Tomatensauce zu und servierten sie mit Spaghetti.

Jane von der SY CORMORANT zauberte einen Salat aus Dosengemüse, und sogar Jim von der SY NEPENTHE, der Einhandsegler, brachte einen überbackenen Schinken mit, der mit Ananasstücken dekoriert und mit einer mit Nelken aufgekochten Orangensauce serviert wurde. Wirklich ausgefallen! Ein Festmahl! Und mit uns fünf Leuten an Bord ging es lustig und nicht gerade leise zu.

Nach dem Abendessen auf unserer SINGLE MALT folgten wir der Einladung auf den Katamaran SY FAN CHUAN zu Christiane und Bernd, um den Eintritt ins neue Millenium zu feiern. Deren Boot bot sehr viel mehr Raum als ein übliches Einrumpfboot.

Als wir nach unserem Festmahl bei ihnen ankamen, schauten sie nicht gerade glücklich drein. Als die beiden erfuhren, dass wir soeben Languste gegessen hätten, schauten sie noch weniger glücklich drein.

Der Grund für ihre unglücklichen Mienen offenbarte sich uns bald: Sie hatten zwar eine Languste bestellt, jedoch keine erhalten. Davon wussten wir nichts, sonst hätten wir sie natürlich zu unserem Langusten-Essen ebenso eingeladen. Nun ja, das war nicht mehr zu ändern.

Wir begannen zu plaudern, und nach kurzer Zeit war die Enttäuschung vergessen. Um Mitternacht prosteten wir einander zu, und mit abgelaufenen Not-Leuchtraketen wurde das alte Jahr verabschiedet und das neue Millenium eingeläutet.

Die Kunas an Land gaben ihre Freude zu unserem improvisierten Feuerwerk mit lauten Ahh- und Ohh-Rufen kund, und wir Segler plauderten bis weit in die Nacht hinein.

Am Neujahrstag besuchten wir zum letzten Mal unsere Freunde auf Tupbak (Isla de Pinos) und verabschiedeten uns. Die SY QUESTER mit Marie und Fred, die wir das letzte Mal in Cartagena getroffen hatten, war inzwischen in die Bucht eingelaufen. Sogleich stießen wir mit ihnen auf das neue Jahrtausend an, um, kaum dass wir uns wiedergetroffen hatten, schon wieder „Good bye" zu sagen.

Bleiben konnten wir nicht mehr, denn schon wieder sahen wir in Gedanken, wie sich an unseren Füßen „Wurzeln" bildeten. Deshalb hieß es am zweiten Januar früh „Anker auf!", obwohl der Himmel bedeckt war und wir somit keine guten Bedingungen für die Fahrt durch die Riffe nach Ustupu, eine etwas weiter westlich gelegene Insel, hatten. Die Isla de Pinos verließen wir durch eine enge Lücke zwischen zwei Riffen. Dahinter wartete die Karibische See mit gut drei Meter hohen Wellen auf uns.

Isla Ustupu

Das Dorf Ustupu auf der gleichnamigen Insel, nur einige Hundert Meter vom Festland entfernt, zu erreichen war leichter gesagt als getan, denn zuverlässige Seekarten dieser Gegend gab es nicht. Es hieß ganz einfach „unsurveyed" (nicht vermessen). Mal hatten wir weiße Brandung von den Riffen rechts von uns, dann wieder links von uns, bis wir uns vorsichtig um Ustupu herumgetastet und unseren Ankerplatz gefunden hatten. Auf einer der Hütten bemerkten wir eine rote Fahne: Nicht Ansässige sollten nicht landen, denn das Dorf feiere einen wichtigen Festtag. Also blieben wir erst einmal an Bord.

Ein Einbaum nach dem anderen besuchte uns. Teils zeigten Frauen ihre Molas, in der Hoffnung, sie zu verkaufen, teils fragten Kinder nach Süßigkeiten, während sie mit einer Selbstverständlichkeit mit diesen schweren Holzbooten umgingen, dass es für uns an ein Wunder grenzte.

Ruhig glitten die Boote über das Wasser, und es schien, als erfordere es kaum Kraft, sie vorwärtszubewegen. Wir konnten uns an diesem Anblick nicht sattsehen. Viele Einbäume glitten in allen Richtungen an uns vorbei, waren beladen mit Kokosnüssen oder Feuerholz, und die Ruderer riefen ein freundliches „Buenos" herüber.

Auch der Sekretär der Insel kam vorbei. Er informierte uns, dass wir einen Ankerobulus zu entrichten hätten und wir trotz roter Fahne im Ort willkommen seien. Bei unserem Landgang waren die Indianer wiederum äußerst freundlich. Kleine Kinder liefen auf uns zu, ergriffen kurz unsere Hand, begrüßten uns scheu und liefen lachend und kichernd wieder davon.

Süß sahen die Kinder aus, mit ihrer dunklen Haut, den vor Freude blitzenden braunen Augen und dem struppigen schwarzen Haar. Einige Albinos waren unter ihnen – ungewöhnlich, diese weiße, fast durchscheinende Haut, das helle, weißblonde Haar und die grünlichen Augen.

Selbstverständlich galt es auch hier, sich dem Sahila vorzustellen, der uns die Bewilligung erteilte, das Dorf zu besuchen. Wir hatten einen kleinen Abfallsack mit an Land genommen und fragten, wo der Abfall gesammelt werde. Verständnislos wurden wir angesehen und erhielten die Antwort: „Ins Meer werfen."

Nun waren wir es, die große Augen vor Verwunderung bekamen. Wir werfen doch Plastikabfälle nicht ins Wasser! Nur biologische Abfälle gehen auf hoher See über Bord.

Mir war damals nicht so bewusst, dass die einheimische Bevölkerung traditionell ja nur natürliche Abfälle hatte. Plastik und anderen schädlichen Unrat gab es nicht bei einem Volk, dass von und mit der Natur lebte. Unverrichteter Dinge nahmen wir den Sack wieder zurück an Bord und waren froh, dass wir nur wenig Plastikabfälle hatten.

Vom Sahila hatten wir auch die Bewilligung erhalten, den naheliegenden Fluss auf dem Festland hinaufzufahren. Bereits am nächsten Morgen fuhren wir mit unserem Dingi los und suchten die Einfahrt zwischen Mangroven und Überresten von riesigen Baumstämmen, die der Fluss bei einem Unwetter im Jahr 1925 mitgerissen hatte. Noch heute, 75 Jahre danach, waren sie vor allem für ein empfindliches Gummiboot wie unseres ein böses Hindernis.

Zwischen Mangroven folgten wir dem Fluss hinauf und entdeckten einen Friedhof der Kuna-Indianer. Für jeden Verstorbenen stand dort eine kleine Hütte aus Bambus mit einem Dach aus Palmenwedeln, in der Kokosnüsse und andere Gaben aufgehängt waren. (Fotografieren war verboten, denn der Sahila hatte uns die Bewilligung dazu nicht erteilt.)

Alligandi, Snug Harbour, Isla Tigre und Holandes Cays

In jedem kleinsten Ort, so auch in Alligandi, unserem nächsten Ankerplatz, mussten wir mit dem Sahila sprechen, um eine Genehmigung für unseren Aufenthalt zu erhalten. Sein Sekretär und Dolmetscher, ein Albino, half. Er hatte als Bibliothekar gearbeitet und zeigte uns stolz seinen früheren Arbeitsplatz mit seinen Büchern über Berlin, Wilhelm Tell und sogar über Henry Dunand. So etwas in dieser Abgelegenheit!

Seit unserem Aufenthalt auf der Isla de Pinos segelten wir in Gesellschaft der beiden amerikanischen Yachten CORMORANT und NEPENTHE. Es wurde besprochen, wer wie weit segeln wollte. Am Ende zog es uns alle in die gleiche Bucht. Wir machten uns gegenseitig auf Riffe und Untiefen aufmerksam, halfen uns bei der „Augapfel-Navigation", und gemeinsam gingen wir auf Entdeckungstouren.

Die weiteren Etappenziele waren Snug Harbour (09°20'N; 76°15'W), Isla Tigre (09°26'N; 78°31'W) und anschließend die Holandes Cays. Nach nur wenigen Stunden hatten wir jeweils unser Ziel erreicht und lagen ruhig und sicher wie in Abrahams Schoß. Das Meer brach auf den Riffen, brauste und toste, dass durch die Vibrationen der Brandung sogar die SINGLE MALT leicht bebte, doch hinter den Riffen waren wir vollkommen geschützt.

Auf allen Inseln wurden uns Molas angeboten, und wir stellten fest, dass diejenigen von Pinos am kindlichsten und daher besonders liebenswert wirkten. Je weiter wir zu häufiger besuchten Inseln kamen, desto mehr ähnelten die Figuren auf den Molas den Formen aus Comic-Heften.

Fahrt nach Colón

Als wir die Korallenriffe der östlichen San-Blas-Inseln verließen, trennten sich unsere Wege vorläufig von denen unserer amerikanischen Freunde. Wir besuchten keine der westlichen Inseln, weil dort durch die Kreuzfahrtschiffe bereits reger Tourismus herrschte. Stattdessen segelten wir direkt in Richtung Panama.

Heftige Gewitter ergossen sich über uns, sodass wir nur die tosende Brandung hörten, aber nichts mehr sahen. Weil hier reger Schiffsverkehr herrschte, schaltete Edi das Radargerät ein. Entsetzt stellte er fest, dass es nicht mehr funktionierte! Er weckte mich, da ich für den Ausguck gebraucht wurde.

Als die Gewitter nachließen und die Sicht etwas besser wurde, näherten wir uns bereits der Einfahrt von Colón. Dort ankerten wir vorerst in den „Flats", einem Ankerplatz für kleine Schiffe, bevor uns im kleinen Hafen des Panama Canal Yacht Clubs bei Colón ein Platz zugewiesen wurde.

Durchfahrt durch den Panama-Kanal

Januar 2000

Wasserscheide zwischen Atlantik und Pazifik

Im Jahre 1513 erblickte Vasco Nuñez de Balboa als erster Europäer von der Wasserscheide aus den Stillen Ozean auf der einen, und den Atlantischen Ozean (die Karibische See) auf der anderen Seite. Ein Jahr später erschien Kolumbus in dieser Gegend und gründete in der Nähe des heutigen Colón die Stadt Portobelo.

Alle Gebiete bis weit hinunter nach Peru waren laut Dekret des Papstes fest in spanischen Händen, als am 11. Februar 1573 Francis Drake, ein Engländer, erschien – unentdeckt von den Spaniern.

Geführt von seinen Freunden vom Volk der Cimarronen, die wie er die Spanier bekämpften, erblickte er den Pazifik – wahrscheinlich von derselben Stelle aus wie Vasco Balboa 60 Jahre vor ihm.

Leiterartige Stufen waren von den Cimarronen in den Stamm eines mächtigen Baumes geschlagen und in der vielästigen gigantischen Krone eine Art Plattform errichtet worden. Von dort aus hatte man einen fantastischen Blick in alle Richtungen: Auf der einen Seite dehnte sich endlos der Pazifik aus, auf der entgegengesetzten schimmerte die blaue Karibik.

Drake rief seine Devonshirer Gefährten zu sich, kniete nieder und bat seinen Herrgott, er möge ihn nur einmal in einem britischen Schiff auf jenem Meer fahren lassen.

Das Schicksal gewährte es John Oxenham, einem seiner Offiziere, noch vor seinem Kapitän eine Furche durch jene matten Wasser zu ziehen. Von diesem Abenteuer kehrte er jedoch nicht zurück. Von Sir Francis Drake hingegen werden wir später noch mehr erfahren.

Die SINGLE MALT erschien 427 Jahre nach Francis Drake in den Gewässern Panamas und erreichte Anfang Januar 2000 Colón, um sich für die Durchfahrt durch den Panama-Kanal vorzubereiten.

Colón, das Edi Anfang der fünfziger Jahre gesehen hatte, war damals eine lebendige Hafenstadt gewesen. Nun wirkte es ziemlich verkommen. Von der einstigen Bedeutung dieses Ortes zeugten nur noch einige alte Kolonialhäuser, an deren Fassaden Namen von Reedereien standen, die es inzwischen nicht mehr gab.

Colón sei ein gefährliches Pflaster, wurden wir gewarnt. „Geht auf keinen Fall zu Fuß, sondern nehmt für jeden Weg ein Taxi!" Nach unseren Erfahrungen auf Guadeloupe nahmen wir diese Warnung ernst. Als es um das Einklarieren ging, suchten wir uns ein Taxi und hatten Glück, dass der Fahrer Englisch sprach, übersetzen konnte und die nötigen Büros kannte.

Derart viele Ämter, Beamte und Stellen wie hier in Colón hatten wir beim Einklarieren noch nirgends besuchen müssen. Überall waren ein paar Dollar fünfzig zu bezahlen; dort brauchten wir Marken, die wir bei der Bank kaufen mussten; anderswo mussten wir einen Vertrauensarzt aufsuchen.

Dieser begrüßte uns freundlich mit einem Händedruck, und schon wusste er, dass wir gesund waren und bestätigte für zweiundzwanzig USD, dass wir keine Krankheiten wie Syphilis, Aids oder andere hatten. Offenbar ein Arzt mit Röntgenblick und eingebautem Krankheits-Detektor.

„Die wollen doch alle nur unser Geld", ärgerte ich mich. Am Ende waren wir insgesamt hundert USD an Gebühren losgeworden, dazu kam noch das Taxi, mit dem wir den ganzen Tag unterwegs waren.

Nun ja, auch so kann man den Tag rumkriegen, und die Behörden wollen ja auch leben. Unterwegs wurden wir Zeugen, wie ein Einheimischer, der aus einer Bank trat, überfallen und ausgeraubt wurde. Wir waren also zu Recht gewarnt worden.

Die Gebühr für die Kanaldurchfahrt zu entrichten, war einfacher, dafür höher. Die Durchfahrt für unsere Schiffsgröße kostete fünfhundert USD. Zudem war ein „Depot" in Höhe von achthundert USD zu hinterlegen, eine Art Versicherung für den Fall, dass wir den Kanal oder die Schleusen beschädigten – alles in Bargeld!

Dazu schüttelten wir nur sprachlos den Kopf. Für die SINGLE MALT bestand in der Schweiz eine Haftpflichtversicherung, und ein derartiger Schaden wäre um ein Vielfaches abgedeckt gewesen. Da jedoch viele Länder keinen Versicherungszwang haben, wurde von allen, auch von solchen mit Versicherungsschutz, dieser Betrag verlangt.

Man versicherte uns, dass der Scheck nach der Passage an die Heimatadresse zurückgeschickt würde, so wir denn keinen Schaden angerichtet hätten. Dort könne er eingelöst werden. Natürlich würde bei jeder Umrechnung in die andere Währung ein Verlust entstehen. Doch was nützte das Jammern? Wenn wir durch den Kanal wollten, hatten wir keine Wahl.

Als nächstes mussten wir unsere SINGLE MALT genau vermessen lassen. „Stehen die Maße nicht schon genauestens in den Schiffspapieren?", fragten wir. „Nein, das ist nicht genau genug."

Also stand am nächsten Tag eine Beamtin mit Maßband am Pier und maß Länge und Breite der SINGLE MALT. Sie nahm es nicht so genau; bei der Breite fehlte ein halber Meter – Edi bestand darauf, dass sie das richtige Maß notierte. An der gemessenen Länge hatten wir nichts auszusetzen.

Wir verstanden nicht, warum unser Boot vermessen werden musste, besonders, weil diese Beamtin es gar nicht genau nahm. Nach einigen Überlegungen mutmaßten wir, dass sie einfach offiziell beschäftigt werden musste.

Der Panamakanal

Bereits 1534 wollte König Carlos von Spanien einen Kanal durch den Isthmus in Panama bauen lassen, um das Gold aus Peru einfacher transportieren zu können. Doch daraus wurde nichts. 1880 versuchten es die Franzosen unter Ferdinand de Lesseps – nach seinem großartigen Erfolg beim Suez-Kanal. Es sollte ebenfalls ein Kanal auf Meereshöhe werden.

Dies war zumindest zu jenem Zeitpunkt eine Fehlentscheidung. Das Projekt war zu gewaltig für die damaligen Möglichkeiten; gleichzeitig erschwerten fürchterliche Seuchen die Arbeiten. Um die dreißigtausend Leute sollen dabei ihr Leben verloren haben. 1889 musste der Plan aufgegeben werden. (In einer früheren Stelle berichteten wir von Paul Gauguin, der hier ebenfalls vergeblich sein Glück versucht hatte.)

Am 03.11.1903 nahmen die Amerikaner ein neues Projekt in Angriff. Inzwischen war es bekannt, dass

Malaria und Gelbfieber durch Mücken übertragen werden. Daher wurde zuerst einmal der ganze Isthmus gesäubert, um die Krankheiten unter Kontrolle zu halten. Zudem sollte mittels Schleusen der Durchbruch durch die Cordilleren vereinfacht werden. Am 15.8.1914 konnte der Kanal eröffnet werden.

Auf der Atlantikseite werden die Schiffe bei Gatun in drei Schleusenkammern auf ca. sechsundzwanzig Meter angehoben und auf der Pazifikseite in zweimal zwei Stufen bei Pedro Miguel und Miraflores wieder auf Meereshöhe abgesenkt. Die gesamte Länge des Kanals (mit den Zufahrten) beträgt etwas über achtzig Kilometer.

Der Bau dieses Kanals kostete um die 352 Mio. USD, etwa viermal mehr als der Suez-Kanal. Fünftausendsechshundertundneun Leute haben dabei ihr Leben durch Krankheit oder Unfall verloren. Unterdessen haben die Amerikaner den Kanal immer wieder verbreitert und modernisiert und dabei um die drei Milliarden USD investiert.

Seit dem 1.1.2000 gehört der Kanal der Republik Panama. (Die Leitung wurde einer chinesischen Firma übertragen.)

Für unsere Fahrt durch den Kanal kauften wir in Colón alte Autoreifen als robuste Fender und hüllten sie in kräftige Plastiksäcke ein, um unseren gepflegten, weißen Schiffsrumpf vor Kratzern und Teer zu schützen (Kosten: 7,00 USD). Zudem mussten wir vier lange, dicke Taue zum Festmachen mieten: 60,00 USD (inkl. Rücktransport). Da vier Linehandlers (Leinenfestmacher) von den Schleusenbetreibern verlangt wurden, mussten wir drei anheuern (Nr. 4 war ich), was uns insgesamt einschließlich Rückfahrt per Bus weitere 165,00 USD kostete; Verpflegung und Getränke durch uns.

Die Linehandlers sollten am Tag unserer Durchfahrt um fünf Uhr früh bei uns eintreffen. Natürlich waren wir zwei Stunden vorher aufgestanden, um bereit zu sein. Weit vor unserer abgemachten Zeit, in noch tief dunkler Nacht, standen die drei Männer am Steg und riefen uns zu: „Der Lotse hat angerufen und ist unterwegs; wir müssen sofort losfahren und ihn übernehmen!" Nichts lieber als das. Wir hatten unseren Tee und Kaffee getrunken und waren bereit.

Ich hatte die Aufgabe, den Anker einzuholen und staunte, dass die Ankerkette nicht mehr gespannt war. „War unser Heck schon losgemacht?", wunderte ich mich und holte die Kette mit Anker ein. Ja, das ging ja schneller als das Brezelbacken! Wir tasteten uns hinaus in die Nacht.

Ein Lotsenschiff suchte mit grellem, blendendem Scheinwerfer das Wasser nach uns ab, näherte sich, und der Lotse stieg mit Leichtigkeit zu uns an Bord. Trotz starker Dünung berührten sich die auf und ab tanzenden Boote nicht.

Anschließend wurden mit demselben Lotsenboot Lotsen auf das große Schiff NORTHERN OBELISK gebracht, ein riesiges norwegisches Containerschiff, mit dem wir zusammen durchgeschleust werden sollten.

Wir hatten noch Zeit, in den Flats zu ankern und allen einen Kaffee anzubieten. Plötzlich fiel mir auf, dass die SINGLE MALT vom Ankerplatz wegtrieb. „Wir driften! Alarm!", rief ich entsetzt. Fast gelangweilt kam Edis Antwort: „Ja, ja, ich weiß, wir warten ja nur für kurze Zeit!"

Ich machte große Augen; bei anderen Gelegenheiten war Edi bei so einem Alarm ganz und gar nicht zufrieden, und hier auf einmal so gelassen? *Das* behielt *ich* jetzt aber im Auge! Ich wollte sichergehen, dass wir nicht irgendwo auflaufen, anecken oder womöglich auf ein anderes Schiff treffen würden.

Allmählich tagte es, und das norwegische Schiff lichtete im Vorhafen Anker. Für uns bedeutete das, zügig den ziemlich langen Weg zur Gatun-Schleuse unter Motor in Angriff zu nehmen, denn auf uns würde man nicht warten.

Der Norweger wurde mit Schleppern in die Schleuse bugsiert. An jeder Seite hatte das riesige Schiff weniger als zwei Fuß (ca. 50 Zentimeter) Platz zur Schleusenwand. Da musste die behäbige Dame schon in der richtigen Lage hineingeschoben werden, ehe sie den schweren, kraftstrotzenden Lokomotiven übergeben wurde.

Die Lokomotiven fuhren auf den Schleusenmauern entlang, überwanden den Höhenunterschied mittels Zahnradantrieb und zogen das jeweilige Schiff an dicken Stahlseilen, die in Kabeltrommeln versteckt aufgerollt waren, von einer Schleuse in die nächste.

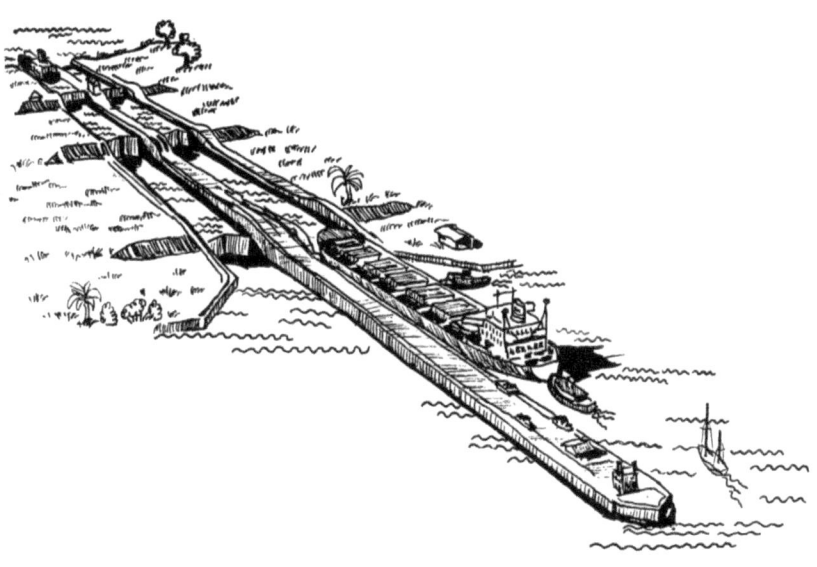

Zwei Schlepper fuhren hinter der NORTHERN OBELISK in die Schleuse, und nachdem diese festgemacht hatten, legten wir an einem der Schlepper an. Robert, unser Lotse, lobte Edi wegen des gekonnten Anlegemanövers.

Wir waren froh, dass wir nur auf einer Seite ein Schiff liegen hatten; so konnten wir alle sechs Reifen auf dieser Seite ausbringen, um uns vor den schwarzen Fendern des Schleppers zu schützen. Schon schlossen sich die gewaltigen Schleusentore, das Wasser wurde brodelnd eingelassen und hob uns an.

Dabei zerrte die SINGLE MALT an den Leinen, wurde hin und her geworfen und, oh Schreck, auch gegen den Schlepper gedrückt, der zu allem Unglück zwei lange, röhrenförmige, schwarze Fender hatte, die schräg nach unten abstanden und trotz unserer Reifen drohten, unseren Schiffsrumpf zu berühren.

Edi war zur Stelle, gab klare Kommandos, an einer Stelle Leinen loser anbinden, Reifen zwischen die gefährdeten Stellen, und Leinen wieder dichtholen. Das ging noch einmal gut. Wir entspannten und hatten Zeit, herumzuschauen.

Nach den Gatun-Schleusen befanden wir uns im Gatunsee, einem großen Stausee im Urwald mit Inseln und Untiefen. Ein großer, klarer Regenbogen begleitete uns lange Zeit.

Robert, unser Lotse, empfahl uns, unter Segeln eine Abkürzung zu nehmen, den Banana Cut, der uns mitten durch den Urwald führte. Auf einem Felsen wärmte sich ein Krokodil in der Sonne. Für das leibliche Wohl des Lotsens, der Linehandlers und der SINGLE MALT-Besatzung hatte ich Brote belegt.

Den Norweger hatten wir wegen der Abkürzung durch den Banana Cut hinter uns gelassen, sodass wir die nächsten Schleusen, die nach den ehemaligen und jetzt überfluteten Ortschaften benannt worden waren, mit einem anderen Schiff passieren konnten; zuerst die zwei Stufen von Pedro Miguel, dann durchfuhren wir einen kleinen See und ließen uns die letzten zwei Stufen von Miraflores hinunterschleusen.

Dabei mussten wir uns vor zwei Schleppern äußerst in Acht nehmen, die offenbar nur „Volldampf voraus" kannten und dadurch das Wasser derart aufwühlten, dass das Manövrieren für uns fast unmöglich wurde. Die SINGLE MALT drohte, gegen die Schleusenmauer geworfen zu werden. Den entsprechenden Hinweis unseres Lotsen übergingen die Schlepperkapitäne.

Wir waren empört! Wollten wir doch unsere SINGLE MALT nicht zerschmettern lassen! Doch am Ende waren die Manöver ohne Schaden überstanden, und wir konnten erleichtert ausfahren.

Nach der letzten Schleuse kamen wir an einer alten Zugbrücke vorbei, die seit einem halben Jahr nicht mehr in Betrieb war, da sie von einer neuen Brücke abgelöst wurde, die in hohem, elegantem Bogen die Balboa-Bucht überspannte.

Der Lotse wurde mitsamt den Linehandlers und gemieteten Leinen mit einem Boot abgeholt. Er wollte noch am selben Tag zu einer Hochzeitsfeier fahren, weshalb ihm daran gelegen war, den Kanal in nur einem Tag zu durchqueren.

Normalerweise müssen Segelboote im Gatun-See ankern und übernachten und brauchen daher zwei Tage für die Durchfahrt. Dank unserer Abkürzung durch den Banana Cut überholten wir große Schiffe, was sonst nicht erlaubt gewesen wäre. Dadurch blieb uns diese Übernachtung erspart.

Kurze Zeit später machten wir an einer Boje des Balboa-Yacht-Clubs fest, ganz in der Nähe der Kanalausfahrt in Panama City. Der Name versprach viel, jedoch gab es nichts außer der Boje, einem Wasser-Taxi-Service und einem Büro, das hohe Gebühren für die Nutzung einkassierte.

Das Klubhaus war vor einiger Zeit abgebrannt und seitdem nicht wieder aufgebaut worden. Es gab kein Telefon, weder Duschen, Waschmaschinen noch einen Klubraum oder etwa eine kleine Gaststätte in der Umgebung, in der man sich hätte stärken können.

Mehr und weniger erfolgreiche Besorgungen

Am Tag darauf wollten wir uns eigentlich von den Vorbereitungen und Aufregungen der letzten Tage erholen, doch wir waren mit Besorgungen beschäftigt. Unsere Spiegelreflexkamera musste repariert werden. Dafür gaben wir sie in einem Geschäft ab, wo wir die Rechnung im Voraus bezahlten.

Da die Reparatur eine Woche dauern sollte, wir aber nicht so lange vor Ort bleiben wollten, holte ein Taxifahrer später den reparierten Apparat für uns ab und brachte ihn zum Flugplatz, von wo er nach Contadora, unserem nächsten geplanten Ankerplatz, geflogen wurde. Als wir ihn dort glücklich in unseren Händen hielten, probierten wir ihn gleich aus und … welche Enttäuschung! Er funktionierte nicht!

Bei meiner neuen Sonnenbrille war durch den Salzgehalt in der Seeluft eine Schraube durchgerostet und musste ersetzt werden – auch diese Aktion blieb erfolglos.

Unsere Rettungsinsel war für eine Inspektion fällig, und unsere „Unglückssträhne" riss nicht ab: Für die Inspektion musste die Insel nach Colón geschickt werden, woher wir eben gekommen waren. Das konnten wir natürlich vorher nicht wissen. Aber immerhin sollte sie bereits am Tag darauf am späten Nachmittag fertig und abholbereit sein.

Wir wunderten uns über die Geschwindigkeit, in der die Arbeit ausgeführt werden sollte – so etwas waren wir nicht gewohnt. Ob Edi am Abend am Pier warten könne, wurden wir gefragt, dann würde die Rettungsinsel angeliefert werden. Diese Idee gefiel uns gar nicht.

Um diese Zeit wäre es stockdunkel, es gab keine Beleuchtung, keine Straßenlampen, weder ein Restaurant noch andere Sitzgelegenheiten. Trotzdem fuhr Edi am Abend auf gut Glück an Land, doch kam er enttäuscht ohne die Insel zurück und befürchtete, dass er Schwindlern auf den Leim gegangen sei, denn die teure Inspektion hatte er bereits bezahlt.

Das Abendessen schmeckte ihm gar nicht. Noch lange saßen wir im Cockpit und überlegten, was zu tun sei, und ob wir ohne diese Sicherheitsausrüstung überhaupt weiterfahren konnten. „SINGLE MALT! SINGLE MALT!", hörten wir da plötzlich jemanden rufen. „Zu dieser späten Stunde kommt noch jemand zu uns?", staunten wir.

Ob wir auf eine Rettungsinsel warteten, wurden wir gefragt. „Jaaa!", riefen wir überrascht, denn die hatten wir tatsächlich längst abgeschrieben. Eine halbe Stunde später wurde sie zum Schiff gebracht. Uns fiel ein Stein vom Herzen!

Nach diesem emotionalen Auf und Ab nahmen wir das umständliche Verstauen dieses verloren geglaubten Stücks gerne in Kauf. Die Rettungsinsel lagerte normalerweise unten in einer Kiste, während der Platz darüber unserem Gemüse gewidmet war.

Wir leerten also unsere Gemüsekiste und versenkten mithilfe eines Flaschenzugs die Insel darin. Darüber wurde ein Brett gelegt, auf das die Körbe mit den Frischwaren wieder einsortiert wurden. Erleichtert nahmen wir noch einen Drink. *Das* war jetzt wirklich einen Single Malt wert!

Die Las Perlas-Inseln

Die Las Perlas-Inselgruppe gehört zu Panama und besteht aus einer Anzahl größerer und kleinerer Inseln mitten im Golf von Panama, etwa 80 km südöstlich von Panama City. Sie erstreckt sich in nordsüdlicher Richtung über 50 km und in ostwestlicher Richtung etwa 35 km. Contadora gehört ebenfalls zu dieser Inselgruppe und liegt im nördlichen Teil, die größte Insel dieser Gruppe, Isla del Rey, im südlichen.

Kulinarische Philosophie

Endlich war es Zeit, Panama City zu verlassen. Wir lichteten Anker und tasteten uns mit den damals ungenauen Karten weiter zu unserem nächsten Ankerplatz auf der Ostseite der Isla

Bayoneta, ebenfalls eine der Las Perlas-Inseln. Hier konnten wir von einem vorbeifahrenden Fischer einen Fisch kaufen – einen ziemlich großen. Was damit tun? Edi erfand ein neues Rezept.

Ich filetierte erst einmal diesen Fisch und zerschnitt ihn in mundgerechte Stücke, während Edi mit den Gräten einen Fischfond zubereitete. Er dünstete Zwiebeln an, legte sie zur Seite, kochte im Fischfond Kartoffelwürfel, die er ebenso zur Seite legte.

In derselben Pfanne bräunte er Mehl leicht an, fügte die Zwiebeln zu, löschte das mit dem Fond ab und köchelte das Ganze auf kleinem Feuer. Mit Knoblauch, getrockneten Kräutern, Pfeffer, Salz und Safran schmeckte Edi die Sauce ab und gab die Fischstücke und die Kartoffelwürfel hinein. Wieder einmal ein Hit: Hmm!!!

Was schrieb doch Joseph Conrad (Jósef Theodor Konrad Naleçz Korzenjowski, 1857 bis 1924), Kapitän und späterer Schriftsteller? „Von allen Büchern, die seit Menschengedenken mit Fleiß und Talent geschrieben wurden, sind nur die, die sich mit dem Kochen befassen, frei von Verdächtigungen und Argwohn. Jedem anderen Stück Prosa sollte man misstrauen. Der Sinn eines Kochbuches hingegen ist einzig und unmissverständlich: Es soll die Menschen glücklicher machen." Nach dem Genuss dieser köstlichen Kreation Edis konnte ich Joseph Conrad wieder einmal aus vollem Herzen beipflichten.

Die Isla Contadora und ein Amateurfunker

Die Isla Contadora, nördlich der Isla Bayoneta, war unser nächstes Ziel. Sie ist eine Wochenendinsel für reiche Menschen aus Panama, die mit kräftigen Motorbooten, eigenen Flugzeugen oder Helikoptern hierherkommen. Einige wenige Europäer leben ganzjährig hier. Die kleine Anzahl lokaler Leute arbeitet meistens in den Ferienvillen.

Die meist riesigen Villen stehen weit auseinander, sodass die Insel nach wie vor grün erscheint. Leider lässt es sich hier nicht gut wandern, denn es ist, als würde man in einem Villenviertel mit vielen Sackgassen spazieren gehen. Andere Gebiete der Insel sind breitflächig mit Müll und Unrat dieser Wohlstandsgesellschaft verunstaltet.

Auf Contadora wohnte ein Amateurfunker, mit dem wir bereits seit Langem in Funkkontakt standen, und der Ersatzteile sowie Post aus der Heimat für uns vorliegen hatte. Schon lange bevor wir die Insel anliefen, verkündete er über Funk, dass er ein Fax von meiner Mutter an mich erhalten habe, und las diese privaten Zeilen an mich vor, ohne zu fragen, ob mir das recht sei. Er war nicht aufzuhalten.

Ich war empört, klickte immer wieder die Mikrofontaste, was natürlich nichts half. Alle, die an ihren Funkgeräten saßen, hörten die persönlich an mich gerichteten Worte. Fast wäre ich vor Wut explodiert!

Wir hatten in einer Bucht vor Contadora geankert und besuchten ihn. Meine Wut zeigte ich nicht, da wir ja von ihm abhängig waren. Er wusste schließlich nicht einmal, dass er so eine Wut in mir entfacht hatte. Diesbezüglich ahnungslos begrüßte Gunter uns nach Kölner Art lustig und herzlich. Na, da konnte ich ja nicht mehr böse sein.

Bei Kaffee und lustigem Geplauder lernten wir uns kennen, und er übergab uns die ersehnte Post und Ersatzteile.

Tückische Brandung

Während des erheiternden Besuchs bei Gunter war es dunkel geworden, und wir machten uns auf den Weg zum Dingi. Das lag natürlich hoch oben am Strand und war gut an einem Busch festgebunden, so, wie wir es zurückgelassen hatten. Wir waren bei Flut an Land gegangen, und der Tidenhub ist hier beachtlich. Nun hatten wir Ebbe …

Der Strand war entsprechend breiter geworden, und wir mussten die Last des Beiboots samt schwerem Motor den nun deutlich längeren Weg hinunter zum Wasser tragen. Dort sahen wir wegen der Dunkelheit nichts und lauschten daher dem Klang der heranrauschenden Brandung. Es heißt, jede siebte Welle sei höher als die anderen. Für uns klangen hier jedoch alle Wellen gleich.

Also trugen wir das Dingi über die Brandung hinweg und setzten es mit dem Bug voran ins Wasser. So schnell Edi konnte, stieg er hinein, kippte den Motor hinunter und startete ihn, während ich das Boot zu stabilisieren versuchte. Unverhofft näherte sich ein tosender Lärm: Eine große brechende Welle (offenbar die siebte), rollte heran, brach über dem Bug unseres Dingis und goss eine Ladung Wasser mit Sand hinein.

Es galt, blitzschnell zu handeln. Jede Sekunde des Zögerns würde die Situation nur noch verschlimmern. Zu meinem Entsetzen legte sich das Beiboot auch noch quer zur Brandung, sodass die nächste Welle, obwohl weniger hoch, das Boot seitlich hätte umschlagen können.

Mit aller Kraft richtete ich das Dingi wieder mit dem Bug gegen die nachfolgenden Wellen, gab dem Boot einen kräftigen Stoß in Richtung Meer, und im letzten Moment, bevor ich in tiefes Wasser geriet und Boden verlor, warf ich mich bäuchlings auf den Rand des Bootes. Geschafft!

Fast gleichzeitig legte Edi den Vorwärtsgang ein. Zwar zappelten meine Beine noch irgendwo in der Luft, doch in vertrautem Ton tuckerte der Motor und schob das Boot voran. Der Lärm der nun hinter uns liegenden Brandung ebbte ab.

Froh, dass alles gut verlaufen war, erreichten wir unser schwimmendes Zuhause, wo wir das Beiboot an den Davits hochzogen. Schließlich konnten wir trockene Kleidung anlegen und uns von dieser Anspannung erholen.

Technische und andere Probleme

Natürlich machten wir uns gleich am nächsten Tag an die Arbeit, denn jetzt hatten wir die nötigen Ersatzteile und konnten loslegen. Die Antriebskupplung für den Autopiloten und das Radargerät wurden repariert, der neue Windgenerator am Besanmast angebracht und neue Kabel dafür eingezogen. Ebenso brachte Edi das neue Windmessgerät oben auf dem Top des Großmasts an.

An das Auswechseln des alten gegen den neuen Wasserfilter erinnern wir uns nur ungern. Zwar hatten wir morgens mit der Arbeit begonnen, doch gegen den nahenden Abend waren wir noch nicht fertig, und die Zeit drängte. Für den Abend waren wir in ein Restaurant eines Deutschen zu Matjes in Sahnesoße eingeladen – hmm, eines meiner Lieblingsgerichte. Das wollten wir nicht verpassen.

Es stellte sich heraus, dass der neue Wasserfilter größer als der vorhandene war und nicht an die ursprünglich vorgesehene Stelle passte. Außerdem gehörten Schläuche mit anderem Durchmesser daran, die wir natürlich nicht an Bord hatten. Unterdessen floss ein kleines Rinnsal Seewasser durch ein Leck im alten Schlauch ins Schiff, weil das Seeventil wegen Muscheln nicht völlig geschlossen werden konnte – bedenklich!

Edi wollte das Boot unter diesen Umständen nicht für mehrere Stunden sich selbst überlassen. Vor Aufregung und Ärger litt er zudem auch noch an fürchterlichem Durchfall – noch ein Grund, der Einladung nicht zu folgen. Er entschied sich, an Bord zu bleiben, und brachte mich an Land, damit wenigstens ich Matjes essen gehen konnte.

Ich erlebte einen lustigen Abend mit einem guten Essen und übernachtete wegen vorgerückter Stunde bei unseren neuen Freunden Gunter und seiner Frau. Am nächsten Morgen ging ich ausgeschlafen zum Strand, von wo ich Edi laut rufen wollte, sodass er mich abholen könnte.

Zu meiner Überraschung lag dort unser Dingi einsam am Strand. Ich ahnte, dass Edi sich entschlossen hatte, nach Panama zu fliegen, weshalb er ohne den Motor an Land gerudert war.

Ohne Motor war das Boot relativ leicht. Ich bat einen sonnenbadenden Mann mir zu helfen, das Boot zum Wasser zu tragen, was er hilfsbereit tat. Zurück an Bord kontrollierte ich natürlich als Erstes, ob Wasser in die Bilge geflossen war. Das bisschen, das ich darin fand, pumpte ich in Nullkommanichts aus.

Aufgrund einer Notiz wusste ich, dass Edi noch am selben Tag zurückkehren würde. So verbrachte ich den Rest des Tages mit kleineren Arbeiten.

Am Abend holte ich Edi vom Flugplatz ab. Er kam voll beladen nicht nur mit den Verbindungsstücken, sondern auch mit frischen Lebensmitteln. Ein freundlicher Inselbewohner bot ihm an, ihn mit dem Auto zu „unserem" Strand zu fahren – natürlich nahmen die beiden mich auch mit.

Gunter war so glücklich darüber, endlich wieder einmal Gesellschaft zu haben, dass er uns jeden Morgen zum Kaffee einlud. Diese Kaffeeeinladungen dehnten sich immer weiter aus. Stolz erzählte er, dass er vielen Seglern bereits geholfen habe.

Ja, auch uns hatte er geholfen, hatte er doch neue Batterien für uns über Panama aus Amerika bestellt, worüber wir sehr froh waren. Auch mit seinem Fax, hilfreichen Tipps, seiner Werkstatt und vielen anderen Dingen war er eine unschätzbar wertvolle Unterstützung für uns.

Die Treffen mit ihm waren wirklich vergnüglich, doch wir hatten viel zu tun, bevor wir weiterfahren konnten. Da Gunter ein gemütliches Leben an Land gewohnt war, konnte er nicht verstehen, dass wir derart viele Arbeiten vor einer langen Fahrt in so kurzer Zeit erledigen mussten. Wussten wir doch, dass wir während der kommenden Monate mit keiner Hilfe mehr rechnen konnten.

Um unseren in allen Belangen ausgesprochen hilfreichen Gunter bei Laune zu halten, dabei aber trotzdem mit unseren Arbeiten weiterzukommen, schickte Edi mich allein zu dem Funker, immer mit der Ermahnung, möglichst bald zurückzukommen, weil er mich als „Handlanger" brauchte.

Leider funktionierte dieses Arrangement nicht so, wie Edi sich das vorgestellt hatte. Ich tat mir schwer, mich von Gunter zu verabschieden, da er doch so offenkundig glücklich über meine Gesellschaft war und mich einfach nicht gehen ließ. Edi warf mir vor, ich würde mich viel zu lange an Land bei Kaffee amüsieren, während er doch meine Hilfe an Bord brauche. Dabei saß ich unruhig wie auf heißen Kohlen bei Gunter.

Edi und ich bekamen deswegen Streit; das erste Mal während unseres Zusammenseins. Wir waren beide sehr unglücklich. Der Schiffssegen hing schief, das Essen schmeckte nicht mehr – es war eine schlimme Zeit. Daher waren wir froh, als wir endlich – nach vier langen Wochen – Segel setzen konnten.

Unerwünschte Mitbewohner

Jedes Mal, wenn wir von Contadora mit unserem Dingi zurück zur SINGLE MALT fuhren, stellten wir fest, dass die „Muschelsiedlung", die sich an unserer Ankerkette gebildet hatte, täglich wuchs. Bereits einen Tag vor unserer Abfahrt reinigten wir die Kette so gut wie möglich und waren der Meinung, alles, was möglich war, getan zu haben. Froh, dass mit dem Ende der Besuche auf der Insel der Schiffssegen nun wieder geradegerückt war, hieß es: „Anker auf!"

Wie üblich holte ich mit Hilfe der Ankerwinsch die Kette hoch, zog am Ende den Anker hoch und befestigte ihn am Bug, sodass er nicht hin und her schlug. Nun gab Edi Gas und wollte aus der Bucht fahren. Doch das Schiff schien sich nicht zu rühren. Er gab mehr Gas, sodass es aus dem Auspuff qualmte, und nur langsam nahmen wir Fahrt auf. Was konnte bloß der Grund sein?

Vermutlich war, wie zuvor die Ankerkette, ebenso die Schraube über und über mit Muscheln bewachsen. Derart bewachsene Propellerblätter bremsen eher, als dass sie vorantreiben. Eine gefährliche Sache in diesen engen Gewässern mit starken Strömungen. Bevor man Fahrt aufnimmt, ist das Boot schnell auf ein Riff getrieben ... Da wir nun schon unterwegs waren und den Motor unter Segel nicht brauchten, entschieden wir uns, dieses Problem später anzugehen.

Wir ankerten in verschiedenen Buchten, u. a. im Canal Gibraleon zwischen Isla Gibraleon und Isla Casaya. Bei einem unserer Landgänge bot uns ein Mann namens Alberto schwarze Perlen an. Eines dieser natürlichen, unregelmäßig geformten Exemplare erstanden wir als Erinnerung.

Die berühmte einunddreißigkarätige Peregrina-Perle in der Krone der Tudor-Königin Mary stammt von den Las-Perlas-Inseln. Dem ursprünglich reichen Vorkommen an Perlen verdanken diese Inseln auch ihren Namen: Archipiélago de las Perlas – Archipel der Perlen. Längst sind diese Perlengründe abgeräumt, doch einige Menschen wie Alberto versuchen noch heute, als Perlenfischer etwas Geld zu verdienen.

Ihn baten wir, unseren Propeller zu reinigen, und tatsächlich stieg er in das kalte Wasser. Doch bei der starken Strömung konnte er nichts ausrichten. Zudem war die Temperatur des

Wassers so niedrig, dass er lange brauchte, ehe er sich danach in der Sonne mit einem Schluck Rum wieder aufgewärmt hatte.

Wahrscheinlich wurde ihm höchstselten ein derartiges hochprozentiges Getränk angeboten, und gerne nahm er auch noch ein zweites Gläschen Rum. Damit Alberto beim Tauchen mit weniger Strömung zu kämpfen hatte, verlegten wir in eine andere Bucht, wo er zusammen mit zwei Freunden an einem anderen Tag innerhalb kurzer Zeit den Muschelbewuchs entfernte. Natürlich brauchte jeder von ihnen einen Rum zum Aufwärmen, den wir ihnen gerne einschenkten.

Unsere Mahlzeiten am Abend nahmen wir wenn möglich im Cockpit ein, wo ich auch rüstete. Es herrschte bereits eine finstere, mondlose und wolkenbedeckte Nacht, als ich dort den Tisch deckte und sich das Tuckern eines Bootes näherte. Edi brachte soeben die Pfanne mit Fisch herauf. Also: Pfanne zurück auf den Herd stellen und schauen, wer da kommt.

Ein großer Einbaum mit Außenbordmotor mit etwa sechs Leuten an Bord kam längsseits. Alle waren fest in warme Kleidung und Plastik gehüllt als Schutz gegen die Kälte und das Spritzwasser. Sie hatten in dieser dunklen Nacht die Orientierung verloren und fragten etwas auf Spanisch, was wir so deuteten: „Wo ist Pueblo Casaya?"

Diese Leute hatten tatsächlich keine Ahnung, wo sie waren, und das in diesen mit Felsen und Riffen gespickten Gewässern in tiefer Finsternis! Sie hatten unser Ankerlicht gesehen und waren darauf zu gefahren. Edi fertigte schnell eine Zeichnung mit den umliegenden Inseln und Riffen an und erklärte damit den Weg so gut es ging.

Sie fuhren in die angegebene Richtung, und wir beleuchteten ihnen mit einem starken Scheinwerfer zunächst die nahen Felsenriffe, dann den allgemeinen Kurs für den weiteren Weg zum Dorf, bis sie in der Dunkelheit verschwunden waren.

Liebenswerte Menschen und eine Machete

Auf der Insel Pedro Gonzales, einer der Nachbarinseln, in einem Dörfchen hoch auf den Felsen, sollte es laut einem alten Handbuch Gemüse und Früchte geben. Deswegen entschlossen wir uns, dorthin zu fahren. Kaum war der Anker gesetzt, als zwei junge, neugierige Eingeborene in ihren Einbäumen angepaddelt kamen.

Sofort fragten wir sie nach „verduras y frutas" (Gemüse und Früchte). Nein, das hätten sie nicht, antworteten sie, nahmen verlegen einen angebotenen Keks an und paddelten davon.

Kurze Zeit später kehrten sie zurück und hatten viele kleine, grüne Bananen, von denen wir gerne einige nahmen. „Was kosten sie denn?" Die Jungen schüttelten den Kopf. Nein, nein, sie wollten nichts dafür, drängten uns sogar den Rest ihrer Bananen auf und verschwanden wieder. Sprachlos, ja, fast ein wenig beschämt schauten wir ihnen hinterher.

Beim Landgang wurden wir von vielen Kindern am Strand umringt, die alle hilfreich am Dingi anfassten und es unter fröhlichem Lachen mit uns über angeschwemmte Muschelscherben, Seeigel, dicke Äste, tote Fische und Unrat hinweg den Strand hinauftrugen.

Die Sandwege im Dörfchen waren sauber gefegt. Wieder fragten wir nach Fisch, Gemüse oder Früchten. Es gab einen kleinen Laden, wo aber nichts dergleichen angeboten wurde. „Geht zu Josephine", wurde uns geraten.

Also suchten wir Josephine auf, eine gemütliche, dicke Frau, die uns Yucca-Wurzeln anbot. Sie zeigte uns, wie diese geschält und Fasern aus deren Mitte herausgeschnitten werden. Eine derartige rübengroße Wurzel drückte sie mir in die Hand. Auf die Frage, wieviel die koste, lachte sie nur; das sei ein Geschenk.

Auch begegneten wir einem Mann, der uns auf unsere Frage nach Gemüse zu seiner „Plantage" führte und uns Platanos (Kochbananen) schenkte. Auf unserem Rückweg überreichte uns seine Frau einen Plastiksack gefüllt mit Früchten aus ihrem Garten. Zum Glück hatten wir Zigaretten bei uns, mit denen wir uns wenigstens auf diese Weise erkenntlich zeigen konnten.

Als wir mit Hilfe der vielen Kinder unser Dingi wieder zum Wasser trugen, wurde uns ein weiterer Plastiksack mit grünen Früchten in die Hand gedrückt. So viele Spenden von hilfsbereiten Bewohnern hatten wir nicht erwartet, waren fast sprachlos und konnten gerade noch stammeln: „Muchas gracias! Muchas gracias!"

Mit vielen frischen Sachen hatte man uns beschenkt: Kürbis, Ananas, Papaya, eine mir unbekannte Frucht, die an eine kleine Melone erinnerte, und viele kleine, grüne Früchte, die wie Paprikaschoten aussahen. Da hatten wir unverhofft Vorrat für unsere lange Fahrt zu den Galapagosinseln und dachten später noch oft an diese guten Inselbewohner.

Eine weitere Erinnerung nahmen wir von dieser Insel Pedro Gonzales mit: An einem Haus waren an einem Bindfaden paarweise kleine weiße Kugeln aufgehängt. Für eine Halskette waren diese Kugeln zu dick. Dies seien Eier von Leguanen. Sie werden einen Tag in Salzwasser eingelegt, dann, noch weich, mit einem Bindfaden zusammengeschnürt, aneinandergeknotet und einige Tage an der Sonne getrocknet.

„Dürfen wir so ein Ei probieren?", fragten wir wissbegierig. Schon wurde ein Junge losgeschickt, der bald mit ein paar solcher Eier zurückkam. „Die weiche Schale entfernen", wurden wir angewiesen und das getrocknete Innere essen – gut und würzig, jedoch etwas anders als ein Hühnerei.

Vor einem der Häuser hockte eine Frau. Sie saß nicht etwa auf einem Stuhl oder Holzblock, nein, sie saß in der Hocke. Staunend stellte ich fest, dass sie dabei nicht umkippte. Nein, es wirkte sogar, als hätte sie es durchaus bequem.

In der einen Hand hielt sie einen Leguan, mit der anderen schwang sie ihre Machete und zerteilte ihn, ohne sich die Finger abzuhacken. Mit den abgetrennten Teilen füllte sie ihren Kochtopf, in dem schon das Wasser brodelte. Auch dieses Gericht soll sehr gut schmecken, es jedoch zu probieren hatten wir keine Gelegenheit.

Was sich mir einprägte war Folgendes: Diese Frau hatte keine Arbeitsfläche und keine passenden Messer zum Zerteilen des Tieres. Alles machte sie freihändig, und sie nutzte dazu eine Machete – ein vielseitiges Werkzeug, das für alles Mögliche genutzt wird.

Während der Rückfahrt mit dem Dingi konnten wir Fischern einen Fisch abkaufen; einen stattlichen, guten Fisch mit festem Fleisch, den die Fischer zwar auf Wunsch entschuppt und ausgenommen hatten, doch an Bord waren immer noch meine Fähigkeiten die Haut abzuziehen und ihn zu filetieren gefordert. Mit der Zeit bekam ich richtig Übung darin.

Ein paar Tage später kam ein kräftiger Wind auf, den wir nutzen wollten. Wir lichteten Anker, segelten durch die Inselgruppe und nahmen dann Kurs auf den Galapagos-Archipel.

TEIL VII

Südsee
Von Panama bis Tonga

März bis November 2000

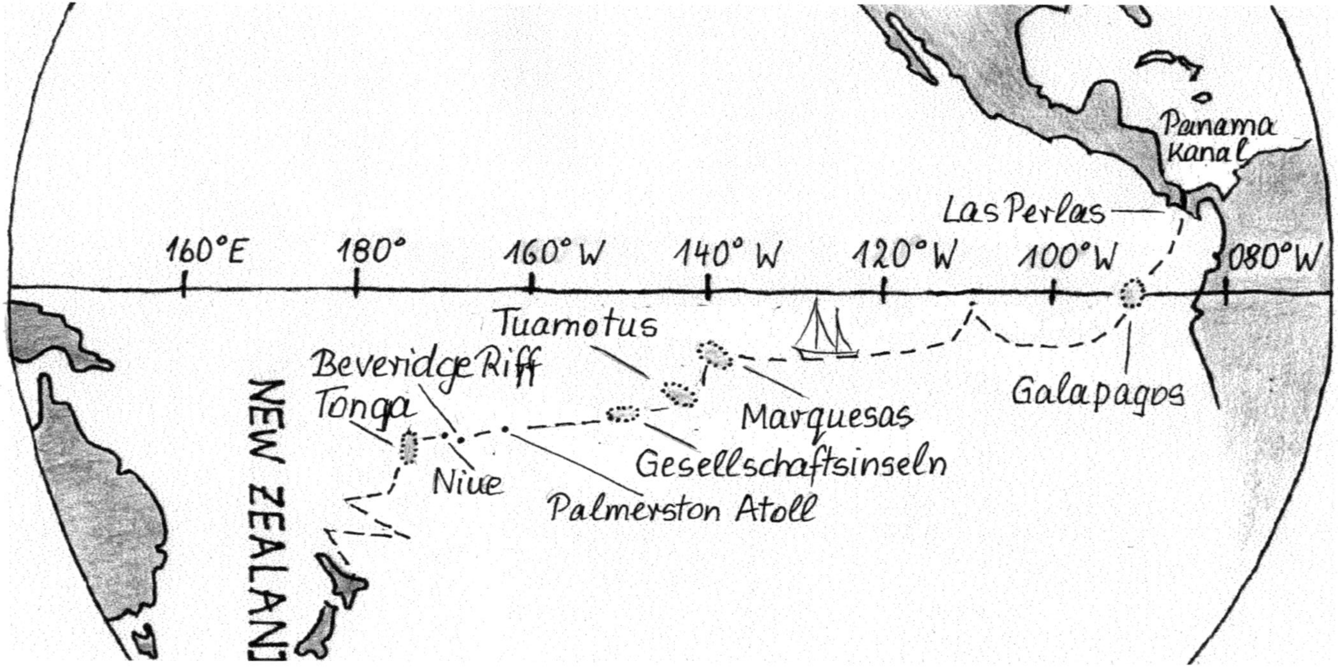
Panama Kanal
Las Perlas
160°E
180°
160° W
140° W
120° W
100° W
080° W
Tuamotus
Beveridge Riff
Tonga
Galapagos
Marquesas
Gesellschaftsinseln
Niue
Palmerston Atoll
NEW ZEALAN

43. Mit Doluca Rosé über den Äquator zum Galapagos-Archipel

Jedes Mal, wenn ein neuer Abschnitt unserer Reise beginnen sollte, besprach Edi mit mir, welches Ziel er sich vorstellte, und fragte, ob ich einen anderen Vorschlag hätte. Da ich mich überhaupt nicht auskannte und Edi vertraute, stimmte ich seinen Vorschlägen meistens zu.

Von den Galapagos-Inseln hatte ich zwar schon gehört, jedoch weder von den Inselreichen, die vor uns auf unserer Strecke lagen, noch von vielen anderen Inseln der Südsee.

Wie so oft schaute ich nach unseren Besprechungen fassungslos vor Staunen auf die Seekarte, den sogenannten Übersegler, und tatsächlich waren diese kleinen, mir unbekannten Inseln darauf verzeichnet.

Ich wollte am liebsten alles kennenlernen, merkte jedoch bald, dass das nicht möglich war. So hatte ich ihm auch zugestimmt, nach Galapagos zu segeln.

Der verheißungsvolle Segelwind, der uns anfangs so schöne Fahrt Richtung Galapagos bescherte, ließ uns leider bald im Stich. „Dann lassen wir uns einfach treiben!", sagten wir uns wieder einmal, „denn wir sind ein Segel- und kein Motorboot!" Edi dachte auch daran, dass er alle 150 Stunden Filter- und Ölwechsel vornehmen musste und dies gerne durch Nichtnutzen des Motors hinauszögerte.

Nachdem wir eine Nacht gedriftet waren, stellten wir fest, dass wir uns bereits im äquatorialen Gegenstrom des Humboldt- oder Peru-Stroms befanden, der uns viele Meilen dorthin zurückgetrieben hatte, woher wir kamen. Diese Strecke mussten wir also noch einmal zurücklegen und schalteten dafür den Motor ein.

Das Meer war spiegelglatt – nur eine wunderschöne, lange Dünung rollte von Norden heran, und Nebel hüllte uns ein – ein Resultat der warmen, feuchten Luft über dem kalten Strom.

Da wir vorankommen wollten, fuhren wir unter dem „eisernen Segel" weiter.

Obwohl wir ruhiges und fast „langweiliges" Vorwärtskommen erlebten, überraschten uns doch immer wieder neue Beobachtungen wie atemberaubende Sonnenauf- und -untergänge, faszinierende Spiegelungen im Meer und vieles mehr.

Eines Nachts schien es uns, als würde ein Gespenst um unseren Bug herumflattern, etwas Helles, Geisterhaftes. Versuchte etwa ein Vogel, sich auf die Reling zu setzen? Tatsächlich, es war ein Vogel.

Damit der arme Kerl landen und sich ausruhen konnte, schalteten wir ihm das Decklicht ein. Aber nein, seine Absicht war eine ganz andere. Unsere Positionslichter am Bug lockten Fische an, die zudem durch das Licht auch noch gut beleuchtet wurden. Dieser gefiederte Jäger machte sich das zunutze und hatte somit leichte Beute.

Nach drei Tagen und Nächten unter Motor ohne Anzeichen von Wind und immer mit einer kräftigen Gegenströmung, machten wir uns langsam Gedanken, ob der Treibstoff wohl bis Galapagos reichen würde. Während Edi deshalb über das „ölige" Meer (ölig wirkend, da so spiegelglatt) ohne Wind gar nicht glücklich war, freute ich mich dagegen über den ruhigen Ozean.

Hatte ich doch bei dem Gedanken an den Pazifik große Angst vor Stürmen und hohen Wellen gehabt und erlebte ihn jetzt so sanft. Nach einigen weiteren Tagen kam ein leichter Wind auf, wir konnten Segel setzen und unsere Sorgen, wir könnten unser Ziel nicht erreichen, verblassten.

In dieser Zeit, in der die SINGLE MALT sorg- und problemlos auf dem Südpazifik voranpreschte, hing ich während meiner ruhigen Wachen persönlichen Gedanken nach. Dabei formte sich in meinem Kopf ein Brief an meine Mutter, den ich später niederschrieb:

Liebe Mutti,

hier und jetzt, in diesem Moment, bin ich in meinem Traum angekommen. Wir segeln unter blauem Himmel mit geblähten Segeln gemütlich dahin und leben mit unseren Pflichten routinemäßig in den Tag hinein. Ich bin auf Wache, bei der mir warmer Wind durch die Haare streicht und mich die Sonne wärmt. Selbst die Wellen sind langgezogen und schaukeln uns fast liebevoll, wie eine Wiege. Genau so habe ich mir das Segeln in meinem Traum vorgestellt.
Eigentlich ist es sogar noch tausendmal schöner als in meinem Traum, denn jetzt fühle und erlebe ich das, was sich vorher nur in meinem Kopf abgespielt hat. Schaue ich in Richtung Sonne, erscheint das Meer glitzernd wie Millionen funkelnder Sterne; drehe ich ihr den Rücken zu, öffnet sich mir im tiefen Ozean ein unergründliches Blaugrün, ein Farbton, der mich in der Seele berührt.
So ganz nebenbei fühle ich die Gewissheit, die Unbilden des Meeres mit Edi bis jetzt gemeistert zu haben, was meine Zufriedenheit vertieft.

Hier möchte ich Dir, liebe Mutti, meinen tiefen Dank aussprechen mit Worten, die meine Freude und die mich erfüllende Zufriedenheit nur schwach wiedergeben. Es wäre vermessen, wenn ich das Wort „selig" benutzen würde. Doch das kommt meinem Gefühl im Moment am nächsten.
Ich bin mir sicher, dass Du mich lieber in Deiner Nähe wüsstest als in unerreichbarer Weite. Doch Du als Mutter spürtest meinen Drang aufs Meer zu gehen, zeigtest Deine Größe und gabst mich frei von gefühlsmäßigen Bindungen indem Du sagtest: „Du musst gehen!"

Danke!

Bald darauf näherten wir uns wieder einmal etwas Ungewöhnlichem: „Was ist denn das Braune, das da aus dem Wasser ragt? Darauf sitzt ein Vogel. Hier ist das Meer doch einige Tausend Meter tief! Wie kann da ein Stein herausragen?", rätselte ich.

Beim Näherkommen erkannte ich eine Schildkröte, die sich von der Sonne wärmen ließ und dem Vogel einen Rastplatz bot. Mich wunderte, dass der Panzer nicht dunkel- sondern hellbraun war, mit hell umrandeten Segmenten. Auch Kopf und Beine waren hell.

Unter Segel überquerten wir am Freitag, den 17. März 2000, um 17:42 (22:42 GMT) bei 083°24,3' West den Äquator. Diesen wichtigen Moment feierten wir mit einer kühlen Flasche Doluca Rosé, die noch aus der Türkei stammte.

Eine Äquatortaufe war nicht nötig, da jeder von uns bereits „getauft" war; Edi auf einer seiner Fahrten als Offiziersanwärter, und ich als Passagier auf einem Frachtschiff auf einer Fahrt nach Brasilien.

44. Galapagos

März 2000

Schließlich lag unser Ziel direkt vor uns: Kurz nach Tagesanbruch erreichten wir die Wreck Bay (Bahia de Naufragio bzw. Wrack-Bucht) der Isla San Cristóbal, einer der Galapos-Inseln, und ankerten dort.

Mir war Galapagos bekannt durch die Fernsehsendungen des Frankfurter Zoodirektors B. Grzimek, in denen er von den seltsamen Tieren auf Galapagos berichtete. Mich hatten diese Berichte fasziniert, und doch hatte ich mich nie getraut, überhaupt den Wunsch zu äußern, einmal dorthin zu fahren. Es schien mir einfach unerreichbar, ja, nahezu vermessen, überhaupt daran zu denken.

Für Edi dagegen waren diese Inseln ein durchaus erreichbares Ziel. Angeregt durch die Bücher von I. Eibl-Eibesfeldt sowie H. Bechtel (Silva-Verlag) und aus beruflichen Gründen hatte sich der tatendurstige Edi als Seekadett auf den Weg gemacht. Und hier waren wir nun. Ich konnte mein Glück kaum fassen.

Galapagos

Die Galapagos-Inseln wurden am 10. März 1535 zufällig entdeckt, als Bischof Tomás Berlanga mit einer heimlichen Aufgabe von Panama nach Peru unterwegs war, um seinem König Carlos V. zu melden, welche Fortschritte die Eroberung dieses Landes machte (eine etwas eigenartige Aufgabe für einen Bischof ...). Durch die heftigen und immer wechselnden Meeresströmungen wurde das Schiff zu den Galapagos-Inseln verschlagen.

Später dienten diese Inseln lange Zeit als Versteck und Basis für Seeräuber. Im 18. und 19. Jahrhundert wurden sie von englischen und amerikanischen Walfängern auf ihren langen Fahrten in die Antarktis und zurück zum Proviantieren mit Schildkröten und Wasser angelaufen.

Besiedlungsversuche bis ins 20. Jahrhundert scheiterten immer wieder mangels Wasser und einer ungenügend dicken Humusschicht. Zwei der Inseln wurden allerdings bis 1958 als Gefängnisinseln genutzt.

Von den insgesamt 13 größeren Inseln, den 6 kleineren und den 42 Inselchen sind heute nur vier bewohnt: San Cristóbal, Santa Cruz, Isabela und Floreana. Die Hauptbeschäftigung der kleinen Inselbevölkerung ist der Tourismus, Land- und Viehwirtschaft sowie Fischerei. Der größte Teil der Inseln ist heute Nationalpark, von dem auch gegen viel Geld nur der kleinste Teil besucht werden darf, und dies nur mit einem Führer.

Im September 1835 erreichte HMS BEAGLE diese Gewässer; mit an Bord war der Naturforscher Charles Darwin. Er stellte fest, dass diese Inseln mit ihren ca. 200 Kratern sehr jung sind (3 bis 5 Mio. Jahre; je weiter westlich, desto jünger), und dass die beschränkte Zahl von Tierarten vor langer Zeit hierher verschlagen worden sein musste.

Die Tiere haben sich hier völlig anders entwickelt, als ihre Artgenossen auf dem Festland. Für sie galt es, sich den harten Lebensbedingungen anzupassen oder umzukommen. Aufgrund seiner Beobachtungen entwickelte Darwin seine Entwicklungstheorie, die er 1859 unter dem Titel „On the Origin of Species by Natural Selection" veröffentlichte. Diese Theorie war für die katholische Kirche ein saurer Brocken.

Bevor ich mich in mein Galapagos-Abenteuer stürzen konnte, mussten wir uns allerdings erst einmal den profanen Dingen widmen, also zuerst einmal einklarieren. Bei der Immigration trafen wir auf einen Offizier, der freudig erzählte, er werde bald aufs Festland versetzt, wo ihm von der Behörde ein Rechtsstudium finanziert werde.

Wir kamen zum Thema Einklarieren, und dieser junge Offizier wollte uns nicht nur die üblichen Gebühren, sondern pro Person noch zusätzlich einen beträchtlichen Betrag als sogenannte Sondergebühr in Rechnung stellen. „Tut uns leid, soviel Geld haben wir nicht bei uns. Können wir heute eine Anzahlung machen und den Rest morgen bezahlen?", fragten wir. „Ja, selbstverständlich!", war die Antwort.

Gleichentags gerieten wir zufällig mit dem Inhaber eines Elektronikgeschäfts ins Gespräch, der zudem ein Amateurfunker und Mitglied des „Tourist Board" war. Wir erwähnten, dass beim Einklarieren neuerdings eine hohe Sondergebühr verlangt würde. Erstaunt erwiderte er, dass er davon nichts wisse.

Am nächsten Tag gingen wir mit einer Anzahl Dollarnoten in der Hand wieder zur Immigration zu dem jungen Offizier. Edi verwickelte ihn zuerst einmal in ein freundliches Gespräch und fragte dann, wann er denn aufs Festland zur Universität gehen würde, und ob er wirklich Recht studieren wolle. Antwort: „Ja, sicher!"

Daraufhin erwähnte Edi, er habe das Geld für die Sondergebühr in der Hand, wisse aber, dass es diese überhaupt nicht gäbe, denn er habe mit einem Mitglied des Tourist Board gesprochen, der ihm dies bestätigt habe. Ob er immer noch Recht studieren wolle? Die Gesichtsfarbe des jungen Mannes erblasste, und umgehend wandte er sich an seinen Unteroffizier, sagte ihm etwas in seiner Sprache, und im Nu gab er uns die gestrige Anzahlung zurück. Damit war die Sache für uns erledigt.

Viele Wochen später erfuhren wir, dass nachfolgende Segler beim Einklarieren gefragt wurden, ob sie die SINGLE MALT kennen würden. Bei Bejahung wurde nichts von einer Sondergebühr erwähnt, im anderen Fall wurde diese gefordert …

Zum Einklarieren gehörte es, auch den Hafenkapitän der Marine (Armada) aufzusuchen. Während unseres Besuches bei ihm zeigte er uns Fotos von einer großen amerikanischen Yacht, die hier im Februar aufgelaufen und von den Wellen innerhalb kurzer Zeit völlig zerstört worden sei – nicht gerade ermutigend, jedoch eine Warnung, besonders achtsam zu sein!

Neben den üblichen Papieren verlangte er von uns ein „Entrattungszertifikat". Vor dem waren wir zum Glück in Panama gewarnt worden und hatten uns dort ein derartiges Dokument ausstellen lassen. Ansonsten hätten wir die SINGLE MALT hier für viel Geld gegen Ratten vergasen lassen müssen.

Abgesehen von den hohen Kosten gab es noch einen guten Grund, das Vergasen zu vermeiden: Wegen aggressiver Mittel im Gas werden dabei Dichtungen und Kabelummantelungen angegriffen.

Mit klaren Warnungen, uns auf keinen Fall in unerlaubte Gebiete zu begeben und ohne Naturführer keine anderen Inseln als die bewohnten aufzusuchen, waren wir in diesem riesigen Naturschutzreservat einklariert.

Seelöwen und Zaubervögel

Schon beim Einfahren in die Bucht von San Cristóbal waren uns neben der tosenden Brandung zusätzliche Geräusche um uns herum aufgefallen. Seelöwen stimmten gegen Abend eine Nachtmusik an. Ihre Laute waren so vielfältig, als hätte da ein ganzes Orchester Typ „Bremer Stadtmusikanten" angestimmt. Es blökte, bellte und heulte.

Gerne beobachteten wir diese Tiere, die mit einer Selbstverständlichkeit von jedem Boot, auf das sie hinaufgelangen konnten, Besitz ergriffen. Sie ließen sich nur widerwillig vertreiben,

als würden sie sagen: „Wer ist hier wohl der Stärkere?" Freunde von uns fanden ihr Dingi mit so einem Koloss besetzt und mussten den Seelöwen mit einem Paddel drohend vertreiben.

Ich stieg die Badeleiter hinunter, um zu schnorcheln, und während ich noch an der Leiter hing, erschien und beäugte mich unverhofft ein Seelöwenkopf, der in greifbarer Nähe unter dem Schiffsrumpf hervorgetaucht war. Wer von uns staunte wohl mehr? Glucks, und der neugierige Gast war wieder verschwunden.

Edi machte mich auf eine Schildkröte ganz in der Nähe aufmerksam, und ich verharrte bewegungslos, um sie nicht zu verscheuchen. Sie war neugierig und kam herangeschwommen, umkreiste mich mit wenigen Metern Abstand und verschwand. Welch großartiger Moment!

Mit einem Taxi-Boot fuhren wir nach Los Lobos, einer kleinen vorgelagerten Insel. Schon von Weitem erblickten wir eine Horde junger Seelöwen, die sich im Wasser tummelte. Als wir ins Wasser stiegen, schwammen sie um uns herum, auf uns zu, drehten erst im letzten Moment ab, schlugen Purzelbäume, drehten sich um sich selbst herum und schwammen auf dem Rücken liegend wieder auf uns zu, um im letzten Moment behände wieder abzudrehen. Bald machten wir es ihnen nach, drehten und wendeten uns – natürlich lange nicht so elegant wie diese jungen Seelöwen –, und es bereitete uns riesigen Spaß, sie immer wieder an überraschend neuer Stelle zu entdecken. Am meisten wunderten wir uns darüber, dass uns diese Tiere mit ihren scharfen Gebissen nicht angriffen.

Herbert, ein Deutscher, der hier schon seit vielen Jahren lebte, lud uns mit der Besatzung der SY MOTU zu einer Inselrundfahrt in seinem Auto ein. Er fuhr uns zu einem ruhigen, tiefblauen Kratersee, um den wir auf einem Trampelpfad im Gänsemarsch herumwanderten. Wir beobachteten Fregattvögel in ihrem eleganten Flug und mit den in der Balz angeschwollenen rubinroten Kröpfen. Farbenprächtig!

Die Einheimischen nennen diesen Vogel Pájaro Brujo – Zaubervogel. Mich wunderte immer wieder, dass sie nicht abstürzten, denn durch die große „Blase" unter ihrem Schnabel wirkte die Gewichtsverteilung kopflastig. Dieser rote Ballon war natürlich nur mit Luft gefüllt. Also war meine Sorge unbegründet.

Heckanker fort

Eines frühen Morgens erwachte Edi, weil sich unsere SINGLE MALT anders als bisher bewegte. Eine Kontrolle ergab, dass die Leine zum Heckanker senkrecht ins Wasser hing. Beim Heraufholen der Leine stellten wir fest, dass diese nicht zerrissen, sondern durchgeschnitten war. Der Heckanker fehlte! Das war auch der Grund, weshalb wir parallel zur Dünung lagen und das Boot rollte, wovon Edi aufgewacht war.

Zudem hatten wir uns im Ankergeschirr des Nachbarbootes verfangen, weil sich unsere SINGLE MALT, nur an einem Anker schwingend, jetzt anders verhielt als geplant. Sofort mussten wir neu ankern, nicht zuletzt auch zur Kontrolle, ob wenigstens der vordere Anker noch an der Kette war.

Da die Ankerwinsch viel Strom brauchte, wollte Edi den Motor anlassen, um zusätzlichen Strom zu produzieren. Doch der Motor sprang nicht an. Auch das noch! Edi hatte kürzlich am Motor gearbeitet und überlegte nun, ob sich vielleicht noch etwas Luft im System befand und der Motor deswegen nicht startete. Also stieg er hinunter in den Motorraum und entlüftete das System. Danach startete der Motor wie gewohnt. Das war mal eine einfache Problemlösung.

Nun zog ich mit der Ankerwinsch die Kette hoch. Der Anker, das kostbare Stück, hing noch daran. Mir fiel ein Stein vom Herzen, denn ohne Anker wären wir hilflos gewesen und hätten nur noch in irgendeinem Hafen festmachen können. Einen derartigen Hafen gab es hier allerdings weit und breit nicht.

In so einer Situation stellt man erst fest, wie kostbar ein Gegenstand sein kann, der einem selbstverständlich erscheint. Zum Glück konnten wir neu ankern und unseren Tag nach diesem Schreck mit einem Frühstück fortsetzen.

Eines schien klar: Unsere Ankerleine zum Heckanker war durchschnitten worden. Eine Suche nach diesem Anker war für uns wegen des trüben Wassers und der Wassertiefe undenkbar. Ein solcher Verlust in einem derartigen Gebiet ist nicht lediglich ein finanzieller Verlust, denn ein Ersatz ist fast unmöglich. Es ging vor allem um die Sicherheit des Schiffes.

Die durchschnittene Ankerleine und den verlorenen Anker wollten wir melden und besuchten die entsprechende Behörde, um Anzeige zu erstatten. Viel Zeit verbrachten wir damit, diese Anzeige aufzusetzen.

Ganz genau wollten die Beamten wissen, welcher Typ Anker gestohlen worden war, wie groß er war, wann und wo das passiert sei. Ob wir ein Bild davon hätten? Natürlich nicht in unserer Tasche. Im Fotoalbum klebte eines, aber das wollte ich nicht herausreißen, weshalb ich es nicht erwähnte.

Auch die Besatzung einer anderen Yacht meldete den Diebstahl ihres Ankers, was unsere Vermutung verstärkte, dass hier wirklich ein Ankerdieb unterwegs war und nicht nur ein Vandale, der gerne Ankerleinen durchschnitt.

Unseren neuen Bekannten Herbert, den Funkamateur und Mitglied des Tourist Board, besuchten wir nach diesem Zwischenfall. Während unserer Unterhaltung kam auch der Diebstahl unseres Ankers zur Sprache. Es seien bereits mehrere Male Anker gestohlen worden, erzählte er uns und war sehr an diesem Vorfall interessiert.

Es galt, diesen Dieben Einhalt zu bieten. Eine Häufung solcher Vorfälle hätte sich mit Sicherheit herumgesprochen, was zu einer Meidung der Bucht und damit Einbußen im Tourismusgeschäft geführt hätte.

Herbert schlug vor, den Meeresgrund um unser Schiff von einem Taucher absuchen zu lassen. „Gute Idee!", begrüßten wir seinen Vorschlag. Kaum waren wir zurück auf dem Schiff, erschien ein Boot mit drei jungen Tauchern.

Sie waren bereits im Bild. Zwei von ihnen sprangen sofort ins Wasser, während der dritte den Meeresgrund systematisch vom Boot aus mit einem kleinen Anker absuchte. Sehen konnte man wegen des aufgewühlten, braunen Wassers keine dreißig Zentimeter weit.

Nach mehr als einer Stunde kamen die Taucher in ihrem Boot zu uns, hielten einen Anker hoch und fragten, ob das unserer sei. „Ja, ist er!", jubelten wir. Das gute Stück war somit wieder an Bord, und die Leine konnte später wieder zusammengespleißt werden.

Voller Freude luden wir die Taucher zu einem Bier an Bord ein. Einen Finderlohn wollten sie erst nicht annehmen, da sie Tauchen als ihr Hobby sahen. Doch schließlich verstanden sie, dass wir uns irgendwie bedanken wollten und nahmen das Geld an.

Bissige Fische

Einige Tage später verließen wir die Insel San Cristóbal und segelten zur Insel Santa Fé, die zwischen San Cristóbal und Santa Cruz liegt. Wir ankerten vor der Insel, denn an Land gehen durften wir hier nicht.

Als wir einfuhren, wurde uns von einem kleinen Boot eine Warnung zugerufen: „Passt auf die Fische auf, die da rumschwimmen. Sie beißen!" „Ach, das gibt es doch gar nicht", dachte ich und überredete Edi, es trotz seiner Probleme mit der Schnorchelbrille ein letztes Mal zu versuchen und mit mir schwimmen zu gehen.

Ihm war jedes Mal Wasser in Augen und Nase gelaufen, wenn er mit dem Kopf unter Wasser geriet (eigentlich kein Wunder, denn er trug einen Schnurrbart). Ich hatte kürzlich eine neue Schnorchelbrille gekauft, die unterhalb der Nase ein Ventil hatte, durch das eingedrungenes Wasser abfloss, sobald man auftauchte. Edi jedoch bekam trotz dieser großartig durchdachten Brille Wasser in Augen und Nase, sogar in die Lunge! Er hustete und schnaubte wie ein Walross und drohte fast zu ertrinken. Daher schwamm er zurück zu unserer Badeleiter.

Ich beobachtete währenddessen die Fische, Spitzkopfkugelfische, die mich neugierig beäugten und so nah an mich heranschwammen, dass ich sie fast berühren konnte. Wie vertrauensvoll sie waren, ganz ohne Angst. Ich freute mich und merkte mir die Konturen, um sie zeichnen zu können.

Alle konnte ich nicht im Auge behalten, und tatsächlich saugte plötzlich einer von ihnen an meinem Finger. Oh Schreck! Er hatte zwar nicht gebissen, aber das war mir wirklich nicht geheuer. Weitere Fische wollten an meinen Zehen- und Fingerspitzen saugen.

Hektisch versuchte ich, sie mit großen Armbewegungen von meiner Hand zu verscheuchen, aber das Wasser bremste meine Bewegungen, und so half das wenig. Schon befanden sich weitere dieser Tiere an meinen Zehen. Das reichte mir, und ich konnte es kaum erwarten, bis Edi endlich die Badeleiter hochgeklettert war, um ihm an Bord zu folgen.

Kaum waren wir aus dem Wasser gestiegen, als ein heimisches Motorboot in die Bucht einfuhr und ankerte. Was stand da eigentlich in unseren Büchern von einsamer Bucht?

Anscheinend eilig machten die Leute ihr Beiboot bereit, kamen zu uns gefahren und warnten uns: Neuerdings würden sich fünf männliche Haie in dieser Gegend tummeln, die hier vorher nie gesichtet wurden, und die sehr angriffslustig seien. Vor etwa vierzehn Tagen sei in dieser Bucht ein Franzose von einem Hai angegriffen und getötet worden; wir sollten hier auf keinen Fall schwimmen oder schnorcheln!

Da hatten wir ja wieder einmal Glück gehabt, dass wir nicht gefressen wurden! Ich nahm mir vor, Edi nie, nie wieder zum Schwimmen zu überreden und dachte, dass die kleinen Spitzkopfkugelfische verglichen mit einem Hai richtig harmlos waren.

Mit dem Dingi in dieser Bucht herumzufahren, war dagegen bedeutend weniger gefährlich als zu schwimmen. Also stiegen wir in unser Beiboot. Auf einem der vorgelagerten Inselchen wuchsen baumähnliche Kakteen. Auf den schwarzen Lavabrocken in der Brandung saßen fast unbeweglich, wie versteinert, Leguane, während Vögel mit blauen Füßen, Blaufußtölpel, uns aufmerksam von ihren Aussichtspunkten aus beäugten.

Munterer waren die jungen Seelöwen, mit denen wir wahre Wettrennen fuhren. Erst hatten wir nur viele Köpfe von ihnen in der Brandung entdeckt, die uns mit großen Augen erwartungsvoll ansahen. Als wir an den Riffen entlangfuhren, verfolgten sie uns.

Drehten wir und fuhren in die entgegengesetzte Richtung, machte die Meute ebenso kehrt, holte uns behände ein und schwamm neben uns her. Wenn wir schneller fuhren, beschleunigten auch sie ihr Tempo, schlängelten sich an Lavabrocken und Felsen vorbei, ohne sich zu verletzen oder dagegenzustoßen, und blieben auf unserer Höhe.

Es machte offenbar nicht nur uns Spaß, sondern auch den jungen Seelöwen. Als wir endlich an Bord zurückkehren wollten, ging unverhofft unser Motor aus. Das Benzin war ausgegangen! Die letzte Strecke musste Edi rudern, was er nach so einer lustigen Jagd gerne auf sich nahm.

Auf Santa Cruz, unserer nächsten Insel, ankerten wir in der Academy-Bucht vor dem Ort Puerto Ayora. Hier gab es zu unserem Bedauern keine Seelöwen, die uns auf Santa Fé so amüsiert hatten. In dieser Bucht gab es Wassertaxis, die wir gerne nutzten, da wir auf diese Weise keine Sorgen um das Dingi haben mussten.

Wir gingen einige Male auswärts essen: Gebratene Garnelen in Knoblauchsauce als Vorspeise, Pizza-Hawaii, Spaghetti Pirata mit Meeresfrüchten, panierte und frittierte Garnelen mit Pommes Frites ... Die Auswahl war groß. Wie schön ist es, sich mal verwöhnen zu lassen – kein Schälen und Kleinschneiden, kein Tischdecken, kein Kochen, kein Abwaschen.

Doch alles wurde hier in viel Fett gebacken und kam uns auf die Dauer einseitig vor. Zudem wurden Salate mit Koriander gewürzt, was gar nicht unserem Geschmack entsprach. Daher reichte es uns schon nach wenigen Tagen, und wir zogen das Essen an Bord wieder vor, welches wir natürlich nach unserem Geschmack zubereiteten und würzten. An Bord schmeckte es einfach am besten.

Uns stand eine lange Etappe auf dem riesigen Pazifik bevor. Um uns vor bösen Überraschungen zu schützen, arbeiteten wir an den Vormittagen an Bord: Takelung und Leinen sowie Motor kontrollieren. Dazu gehörten Arbeiten wie Öl- und Dieselölfilter zu wechseln, Luft- und Kühlwasserfilter zu reinigen usw.

Neben diesen eher bekannten Dingen plagte uns noch eine andere Sorge: Im Dieseltank konnte sich Wasser und Schlamm am Boden absetzen, worin sich manchmal eine Art Pilz entwickelt, der die Zuleitung zum Motor verstopfen kann.

Edi hatte diese böse Erfahrung bereits gemacht. Daher: Wasserabscheider ausbauen und kontrollieren – bei uns eine aufwändige und nach Diesel stinkende Angelegenheit. Doch nach der Kontrolle und der Bestätigung, dass alles in Ordnung war, fühlten wir uns wohler, hatten wir doch eine böse Überraschung ausgeschlossen.

Ungewöhnliche Tourguides

Trotz der anstehenden Arbeiten wollten wir als Abwechslung mit der Besatzung der SY MOTU eine Tagestour in das Innere der Insel Santa Cruz unternehmen. Es fing schon gut an: Elke und Erich wollten uns mit ihrem Dingi abholen.

Wir standen „gestiefelt und gespornt" bereit an Deck und beobachteten das Geschehen auf der MOTU. Als Erich den Motor starten wollte, sprang der nicht an, und wir wollten doch um 7 Uhr den Bus nach Santa Rosa erreichen! Eiligst ließen wir unser Beiboot zu Wasser, machten es klar, holten die beiden ab und fuhren schleunigst an Land.

Das alles hatte Zeit gebraucht, und der Bus, den wir nehmen wollten, war weg. Mit einem Taxi holten wir ihn ein, konnten umsteigen und erreichten Santa Rosa, eine Siedlung am Rande des Naturschutzgebietes.

Ein Schild warnte: „GEFAHR! In diesem Gebiet gingen bereits Touristen verloren und starben. Bitte Mr. Roman verständigen, wenn Sie es betreten. Nicht nach zwölf Uhr betreten. Falls Sie sich verirren, bleiben Sie, wo Sie sind und warten Sie auf Rettung!"

Weil dieser Mr. Roman nirgends zu finden war, erkundigten wir uns sicherheitshalber bei einem Bauern, der dort auf seinem Feld arbeitete, nach dem Rundweg durch das Naturschutzgebiet.

Freundlich erklärte er uns diesen und gab uns zusätzlich fürsorglich seine beiden Töchter mit, zehn und vierzehn Jahre alt, die uns den Weg zeigen sollten. Sie begleiteten uns auf Maultieren reitend und kannten ihre Heimat natürlich bestens.

Der überwachsene, dadurch fast unsichtbare Pfad, führte erst durch hohes Gebüsch, dann durch Regenwald, der wegen der vielen, von den Bäumen herunterhängenden Bartflechten wie ein Märchenwald wirkte, vorbei an wild wachsenden Passionsblumengewächsen, Mango- und Papayabäumen.

Die Kinder waren sehr aufmerksam, pflückten von den Früchten und gaben sie uns als erfrischende Wegzehrung. Sie führten uns durch Viehgatter und unter Stacheldrahtzäunen hindurch, bis sie unverhofft innehielten und ins Gebüsch zeigten: eine Riesenschildkröte. Sie fauchte drohend und zog schließlich ihren Kopf zurück in ihren Panzer – ein gewaltig großes Tier, und doch so wehrlos.

Gegen heimische Tiere brauchten sich diese Schildkröten nicht zu verteidigen; sie hatten auf der Insel keine natürlichen Feinde. Siedler führten jedoch Hunde, Katzen, Ratten (ungewollt) aber auch Ziegen ein, die das Überleben der Jungtiere erschweren. Die Gefahr ist erkannt, und zum Schutz dieser exotischen Tierwelt wurde die Charles-Darwin-Forschungsstation auf dieser Insel gegründet, die sich unter anderem um diese Belange kümmert.

Auf dem Rückweg kletterten wir in einen eingefallenen Lavatunnel hinein. Ähnlich wie auf Lanzarote wirkte das Innere bizarr. Ich blickte nach oben zu einer Öffnung, die von Gras und Grünpflanzen umwachsen war. Der Bewuchs brach das einströmende Licht und ließ es in Strahlen in die Höhle eindringen.

Wie malerisch das aussah! Ich konnte leider nur kurz innehalten, da ich der Gruppe folgen musste. Ein Trampelpfad führte leicht bergan und aus der Höhle hinaus. Warmer Regen setzte ein, der fast unmerklich immer heftiger wurde. Wir schritten zügiger aus.

Als wir nach vielen Stunden am frühen Nachmittag wieder in Santa Rosa eintrafen, bedankten wir uns herzlich bei den beiden Mädchen, denn ohne ihre Hilfe hätten wir uns nicht so weit in die Wildnis gewagt und hätten viele der wunderbaren Eindrücke verpasst.

Das einzig Trockene an uns waren die Kehlen. Wir lachten über uns triefendnasse Abenteurer und pflückten in mühevoller Kleinstarbeit die kleinen Samen von unserer Kleidung ab, die zu Hunderten wie Kletten daran klebten.

Lange warteten wir auf einen Bus. Es würden viele fahren, war uns gesagt worden. Der hiesige Zeitbegriff schien sich von dem unseren gewaltig zu unterscheiden. Uns wurde kalt. Wir schlugen die Arme um uns. Edi lief auf der Stelle, um sich zu wärmen. Nichts half.

Das Wasser tropfte aus unserer Kleidung und kühlte uns aus. Hände hatten wir wie Waschfrauen – völlig aufgeweicht. In diesem unangenehm nassen Zustand kam uns die Zeit, die wir warten mussten, wie eine Ewigkeit vor. Vergeblich hofften wir auf ein Taxi, das vorbeikommen könnte.

Endlich näherte sich der ersehnte Bus, der uns zurück nach Puerto Ayora brachte. Als wir dort ausstiegen, schwoll uns unerwartet Hitze entgegen. Sonst litt ich darunter, doch jetzt war ich durchnässt, fror und war froh, gewärmt zu werden.

Hier in Puerto Ayora hatte es nicht geregnet. Die Landschaft sah trocken und staubig aus. So schnell wie möglich begaben wir uns an Bord, zogen trockene Kleidung an und genossen es, von der sonst so unangenehmen Hitze schnell aufgewärmt zu werden.

In der Darwin-Station

Selbstverständlich ließen wir es uns nicht nehmen, die Charles-Darwin-Forschungsstation mit den verschiedenen Arten von Reptilien dieser Inseln und den endemischen Pflanzen zu besuchen. Frühmorgens sei Fütterungszeit, sagte man uns. Daher hatten wir uns früh auf den Weg gemacht und schauten den Riesenschildkröten beim Blätterkauen zu, was gar nicht appetitlich aussah.

Wir durften das Gehege betreten und darin herumgehen, was mich sehr erstaunte. Der hügelige Naturboden war festgetreten, Büsche und Bäume unterbrachen das kahl wirkende Gelände. Da entdeckte ich eine einsame Schildkröte, die gemütlich herumspazierte. „Du, Edi, ich setze mich auf die Schildkröte, und du mach doch bitte ein Foto von mir."

Gesagt getan. Gerade hatte Edi den Auslöser betätigt, als ein Wärter warnend die Hand hob und rief. „Nicht erlaubt! Verboten!" Dabei hatte ich gedacht, dass mein Gewicht dieser großen, schweren Schildkröte nichts ausmachen würde und sie außerdem an Menschen gewöhnt sei. Ein wenig erschrocken rutschte ich vom Panzer hinunter.

Weiter schlenderten wir durch das Gehege, als aus einem Gebüsch ein Stöhnen ertönte. Neugierig kletterte ich über Lavablöcke näher und sah eine Schildkröte, die sich offenbar im Geäst verfangen hat. „Edi, du musst diese Schildkröte befreien. Sie ist im Gebüsch verhakt!" Er begutachtete die Lage und sagte: „Mach dir keine Sorgen, unter ihm ist ja noch eine Schildkröte. Die beiden haben's gemütlich!"

Weiterfahrt mit Hindernissen

Es sollte weitergehen, und dafür mussten wir, wie üblich, ausklarieren. Sorglos suchten wir die Hafenbehörde auf, die ja vierundzwanzig Stunden am Tag erreichbar sei – hatte man uns zumindest versichert. Trotzdem wurden wir morgens um neun Uhr auf elf Uhr vertröstet, dann auf zwölf Uhr und schließlich auf vierzehn Uhr.

Wegen der Hitze standen die Türen und Fenster offen, damit ein kleiner Lufthauch für etwas Kühlung sorgte. Ein zitronengelbes Vögelchen, etwa in der Größe eines Spatzen, kam in den Raum geflogen, sammelte von den Wänden kleine Falter ab und hüpfte vertrauensselig in greifbarer Nähe auf dem Schreibtisch herum über die herumliegenden Papiere und Dokumente. Wie herzig!

Edi hatte genug davon, immer wieder durch die Hitze zu diesem Büro gehen zu müssen, nur um wieder abgewimmelt zu werden. (Ich übrigens auch!) Zudem war an Bord noch genügend für die Fahrt vorzubereiten.

Er fragte den wachhabenden Matrosen, ob für das Ausklarieren der Hafenkapitän oder sein Adjutant zuständig sei. Antwort: „Der Adjutant." Weiter fragte Edi, ob der Dienstgrad

dieses Adjutanten ein höherer Unteroffizier sei, was der Matrose bestätigte.

„Bitte rufen sie ihn an und teilen sie ihm mit, dass wir lange genug gewartet haben; auch ich habe einmal einen Dienstgrad gehabt." „Ja, welchen denn?" „Colonello." Das wirkte!

Nach kurzer Zeit konnten wir ausklarieren und erhielten unsere Dokumente zurück, die wir dort hinterlegt hatten. Gar nicht gerne macht Edi sich wichtig mit seinem Dienstgrad, doch hier war er hilfreich. Wir freuten uns und konnten uns verrichteter Dinge an Bord begeben.

Mit Proviant hatten wir uns gut eingedeckt, und bevor es losgehen sollte, überprüften wir alle Geräte auf ihre Funktion. So auch unsere Funkanlage. Edi hatte einen kleinen Umschalter eingebaut, um vom Mikrotel (eine Art Telefonhörer) auf Pactor umzuschalten.

Von Herbert, dem Elektroniker und Radio- und Fernsehfachmann, hatte Edi außerdem einen Hinweis erhalten, wie er unser Marine-Funkgerät auch für Amateurfunkfrequenzen freischalten konnte. (Ein Trick, der nur lizenzierten Furuno-Vertretern mitgeteilt wird.) Auch das hatte Edi natürlich umgesetzt.

Alles schien nach dem Einbau in bester Ordnung zu sein. Doch als Edi jetzt als Test vor dem Ankerlichten ein Schiff aufrufen wollte, erhielt er keine Antwort und schloss daraus, dass das Funkgerät nicht sendete. Das zu diesem Zeitpunkt! Edis Herz stand fast still vor Schreck!

Sofort machte er einige weitere Tests, immer wieder erfolglos. Edi gab nicht auf und probierte dies und das, und schließlich gelang ein Kontakt. Er atmete auf. Test gelungen! Nun wusste er, dass die Installation in Ordnung war.

Endlich konnten wir Anker lichten und losfahren. „SINGLE MALT!", hörten wir da jemanden rufen. Die vertrauten Stimmen kamen von der SY JONAS; Elfie und Günter wünschten uns gute Fahrt und schickten uns ein „Auf ein Wiedersehen in den Marquesas!" nach.

Von unserem nächsten Ziel hatten wir zwar unsere Vorstellung, doch der vor uns liegende Pazifik war dermaßen weit, die bevorstehenden Distanzen derart groß und unser Boot so klein, dass wir erst einmal lossegeln und schauen wollten, was Äolus und Poseidon für uns bereithielten.

Die anfängliche Segelfreude dauerte nur kurze Zeit an. Der Wind schlief ein. Totale Flaute! In der Nacht spiegelten sich die Sterne im Wasser. Wir beschlossen, die Nacht driftend zu verbringen. Am nächsten Morgen stellten wir fest, dass wir fünf Meilen zurückversetzt worden waren.

Daher starteten wir erst einmal den Motor und liefen Puerto Villamil auf Isla Isabela an, einer Insel der Galapagos-Gruppe, der wir zu diesem Zeitpunkt am nächsten waren. Hier wollten wir die Flaute abwarten.

Da wir keine Detailkarten von der Bucht hatten, die vor uns lag, waren wir bei der Einfahrt mit den vielen Riffen und der beachtlichen Dünung ziemlich angespannt. Das Adrenalin floss uns beinahe aus den Ohren.

Edi rief mir, die ich am Bug nach Untiefen, Riffen und Brandungswellen Ausschau hielt, regelmäßig die Wassertiefe zu. Ich zeigte ihm im Gegenzug welche Richtung er einschlagen sollte, und endlich gefiel uns der Meeresgrund. Er schimmerte hell, was Sand bedeutete, und wir ankerten.

Überrascht stellten wir fest, dass die SY MOTU bereits hier lag. Wir hatten uns von Elke und Erich schon für immer und ewig verabschiedet. Nun trafen wir sie wieder.

Eine Landsmännin und vulkanische Abenteuer

Auf unserem Landgang schauten wir uns in dem kleinen Ort Villamil um und wurden durstig: Das Restaurant „Ballena Azul" (Blauer Wal) sah nicht nur gemütlich aus, sondern war auch das einzige am Ort. Wir kehrten dort ein und trafen überraschend auf eine Wirtin, die aus Bern stammte. Sie betrieb seit elf Jahren in dieser kleinen und einzigen Ortschaft auf der Insel ein kleines Hotel, das „Isabela del Mar", und dieses Restaurant.

Und es gab noch mehr, was uns verblüffte: Man höre und staune, diese Wirtin, Vreni, hatte einst mit Edis inzwischen verstorbener Frau zusammen die höhere Wirtschaftsfachschule (früher THB) in Bern besucht! Edi sei in ihrem Haus der erste Besuch aus Bern, und sie freute sich, nach so langer Zeit wieder einmal Berndeutsch sprechen zu können.

Ihre Freude war so groß, dass wir in ihrem Haus alle Freiheiten genießen, uns jederzeit dort aufhalten und zudem auch duschen durften. Diesen Luxus, das nasse Element unbeschränkt zur Verfügung zu haben, genoss ich ausgiebig, indem ich mich lange von dem wohlgewärmten Wasser berieseln ließ. An Bord mussten wir ja immer sparsam mit Wasser umgehen.

Auch half Vreni uns bei der Planung eines Ausflugs, den wir mit Elke und Erich unternehmen wollten. Gleich am kommenden Morgen ging es los. Wir standen in aller Herrgottsfrühe auf, saßen bereits um 7 Uhr in einem Pickup (einem kleinen Lastwagen, auf dessen Ladefläche Bänke standen) und fuhren einen staubigen Weg hinauf zum Vulkan Santo Tomas, der über tausendvierhundert Meter hoch war.

Am Ende des naturbelassenen Fahrwegs stiegen wir von den achtzig PS des Pickups auf je eine Pferdestärke um und ritten auf unwegsamem Gelände zum Kraterrand hinauf. Es bot sich uns ein fantastischer Ausblick hinunter zum Meer sowie in die riesige Senke des Kraters.

Großartig fühlten wir uns da oben auf den Pferderücken, die Weite überblickend und von einem Windhauch angenehm erfrischt. Zwar fielen die Kraterwände gleich neben dem Pfad furchterregend steil ab, doch die gutmütigen Pferde gingen sicheren Schrittes weiter und wurden hin und wieder durch Schnalzen des Gauchos zu einer flotteren Gangart ermuntert.

Wir amüsierten uns über unsere Reitkünste, denn nur dem Gaucho gelang es, die Pferde anzutreiben, die dann – für uns unerwartet – lostrabten. Besonders Edi brach daraufhin jedes Mal in ein ansteckendes Lachen aus.

Anderthalb Stunden dauerte unser Ritt, ehe wir zu einem Lavafeld gelangten, das wir zu Fuß durchstreiften. Wir gönnten den Pferden, oder besser gesagt uns, eine Pause vom Reiten.

Erstaunlich war die Verschiedenartigkeit der Lavastruktur auf diesem ausgedehnten Lavafeld. An manchen Stellen erinnerte sie an erstarrten Grießbrei, an anderen an Streuselkuchen für einen Riesen oder bei kleineren Kratern und Einbrüchen an brodelnde Hexenküchen – hier war das sonst schwarze und braune Lavagestein schwefelgelb bis zinnoberrot gefärbt. Die Landschaft erinnerte uns an unseren Besuch auf Lanzarote.

Aus besonders tiefen Einbrüchen inmitten des kargen Gesteinsfeldes dampfte es, und an den Rändern, dem heißen Dampf ausgesetzt, wuchsen Pflanzen, meistens Flechten und Farne. Unter unseren Füßen klirrte das Lavageröll wie ausgeglühter Koks, und wir kamen uns vor, als seien wir auf dem Mond.

Je mehr wir uns auf dem Rückweg dem Kraterrand näherten, desto bewachsener wurde das Gelände. Zunächst duckte sich nur eine niedrige Pflanzendecke am Boden, aus der bald Kakteen in die Höhe wuchsen, bis wir schließlich üppiges Grün erreichten, in dem die Pferde auf uns warteten.

Nach einem kurzen Picknick im Stehen brachen wir auf und traten den langen Rückritt an. Ich war schon nach dem Hinritt steif, sodass ich danach kaum gehen konnte, aber nun, nach der langen Zeit auf dem Pferderücken, musste mir vom Pferd heruntergeholfen werden.

Froh, überhaupt stehen zu können, sortierte ich meine Knochen und Muskeln, ehe ich die ersten unsicheren Gehversuche unternahm. Seltsam fühlte sich das Gehen an, nachdem meine Muskeln auf so andere Weise malträtiert worden waren, und es dauerte eine Weile, bis ich wieder normal ausschreiten konnte.

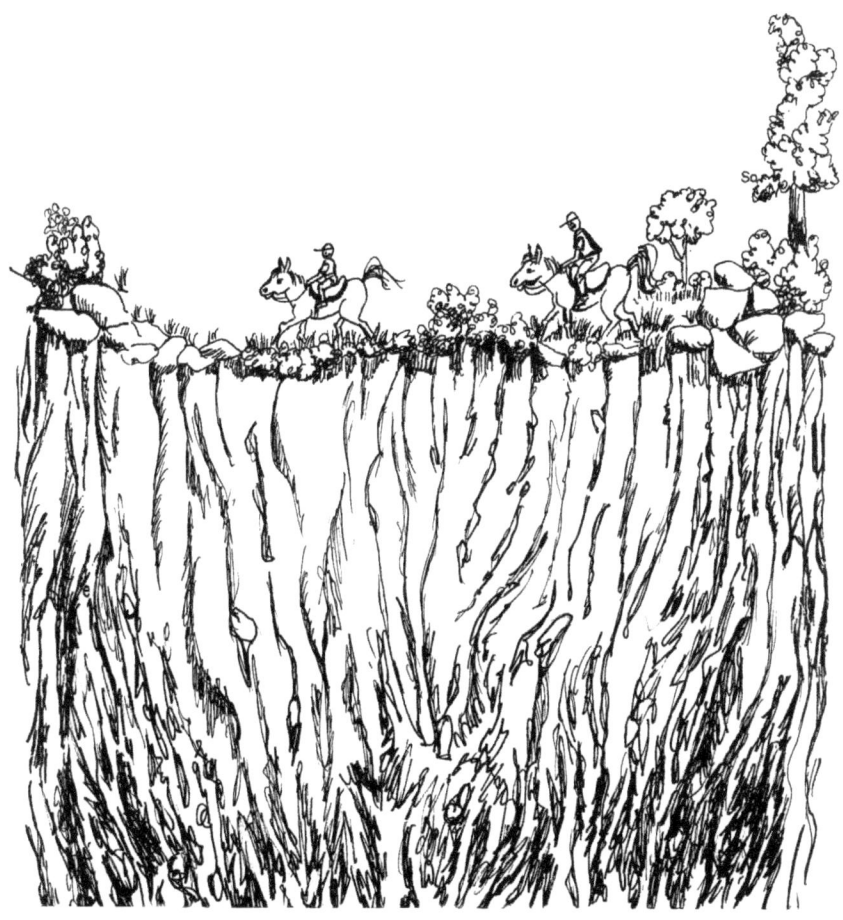

Zur Mauer der Tränen

Bei einem unserer späteren Landgänge waren wir wie immer früh gestartet, um vor der Mittagshitze zurück an Bord oder irgendwo im Schatten sein zu können. Obwohl früh unterwegs, brannte die Sonne bereits heftig, und als wir den Strand entlang gingen, erreichten wir dankbar schattenspendende Mangroven und hohe Bäume.

Allmählich kamen wir in eine ganz andere, abwechslungsreiche und wilde Gegend, wanderten vorbei an Kakteen, die wie Bäume wuchsen, und an kleinen Binnenseen, in denen Flamingos wateten. Eidechsen huschten vor uns davon. Wie lang deren Beine doch sind, wenn sie laufen. Sonst, wenn diese Tiere auf dem Bauch lagen, schienen ihre Beine viel kürzer.

Wir erreichten eine hohe, unregelmäßig gebaute Mauer, die Mauer der Tränen. Die Ecuadorianer hatten hier 1944 eine Gefangenenkolonie errichtet. Da mit den Gefangenen immer wieder Probleme auftauchten, mussten diese die Mauer unter unmenschlichen Bedingungen zur Beschäftigung mit bloßen Händen unter der brütenden Sonne bauen.

Die Mauer begann und endete nirgendwo. Sie wurde für nichts gebraucht und nie fertig, da 1957 das Lager aufgelöst wurde. Heute erinnern lediglich einige Fundamente von Häusern, sowie ein Wasserturm aus einem rostigen, senkrecht aufgestellten Wasserbehälter und nicht zuletzt die Mauer selbst an diese Zeit.

Während unserer Wanderung litt ich nicht nur unter der Hitze, sondern auch unter den Nachwirkungen des Ritts vom Vortag: Meine Beine waren schwer wie Blei. Edi, immer bereit für einen Scherz, spornte mich an, indem er mir ein kühles Bier versprach, sobald wir zurück zu der kleinen Ortschaft Villamil gelangten.

Meine Beine ließen sich trotz dieser erfrischenden Aussicht nicht schneller bewegen. Aber immerhin: Für den Ausflug zur Tränenmauer, die sieben Kilometer vom Dorf entfernt steht, hatten wir trotz der sengenden Hitze und trotz meiner müden Beine einschließlich der Besichtigung nur etwa 4 Stunden gebraucht, was meiner Meinung nach eine beachtliche Marschgeschwindigkeit bedeutete.

In Villamil erhielt ich das versprochene und langersehnte, kühle Bier, das ich mit besonderem Genuss trank.

45. Anker auf, Kurs Richtung Hawaii

März bis Mai 2000

Niemandem hatten wir erzählt, welches Ziel wir uns gesetzt hatten. Zum einen wollten wir unsere Freunde immer mal wieder raten lassen, wo wir waren; zum anderen war es eine alles andere als leichte Route.

Von den Galapagos-Inseln über Hawaii nach Alaska zu segeln bedeutet, auf langen Strecken mit Flauten und auch unvorhergesehenen Wetterbedingungen rechnen zu müssen – und das in einem riesigen Ozeangebiet, in dem kaum Land zu finden ist. Trotzdem wollten wir es versuchen.

Günstiger Wind war aufgekommen, und wir entschlossen uns, Segel zu setzen. Die ersten Stunden waren wir mit unseren beiden Blistern unterwegs. Gemütliches Segeln! Die Freude war jedoch wieder einmal nur von kurzer Dauer, denn schon bald setzte erneut eine Flaute ein. Seufz!

Die SINGLE MALT dümpelte nur so vor sich hin, sodass ich sogar im Pazifik – auf hoher See – baden konnte. Welch angenehme Erfrischung! Entspannt lag ich im Wasser, das mich trug, und kam ins Überlegen, wie groß doch der Ozean ist und welche Tiefe hier unter mir lag: etwa fünf- bis sechstausend Meter.

Ich erschrak! Wenn das plötzlich trockenfallen würde! Doch eiligst verwarf ich diesen angsterregenden Gedanken und genoss die Kühle und die Spiegelung der Wolken in der Wasseroberfläche.

Es folgten mehrere Tage, in denen sich leichter Wind und Flauten abwechselten.

Die Auflösung des Kreditkartenrätsels

Plötzlich hatte Edi eine Idee: „Du, wir sollten noch die Master-Card-Abrechnung kontrollieren, die schon lange unter „Pendenzen" (unerledigte Arbeiten) liegt." Edis Post in der Schweiz wurde von seinem Schwager Theo erledigt, der gewisse Zahlungen vornahm und uns eine Fax-Nachricht mit der Master-Card-Abrechnung nach Contadora geschickt hatte. Die Bankdaten darauf hatte er geschwärzt, sodass nur die Abzüge zu erkennen waren.

Bis dahin hatten wir uns keine Zeit genommen, um einen Blick auf diese Abrechnung zu werfen, aber nun kamen wir ins Staunen. „Schau mal diese riesigen Beträge an, die uns da in Rechnung gestellt wurden – Flüge, Hotels, Restaurants, Parfümerien und Boutiquen, insgesamt umgerechnet etwa 8.800,00 Schweizer Franken! ‚MXN' steht da. Was für eine Währung ist das überhaupt?" Sprachlos schauten wir uns an.

Edi fasste sich als erster und sandte sofort über unser Pactor-Gerät und Kurzwelle ein Mail an Theo mit der Frage, welche Währung mit der Abkürzung „MXN" gemeint sei. Prompt kam die Antwort: Mexikanische Pesos! Mexiko hatten wir jedoch niemals besucht!

„Das kann doch nur Missbrauch sein!" Jetzt fiel es uns wie Schuppen von den Augen: Wir konnten mit den Karten für unser gemeinsames Konto weder Geld beziehen noch Bezahlungen in Geschäften vornehmen, weil unser Konto überzogen war!

Das musste ich erstmal verdauen, während Edis Kampfgeist bereits erwachte. Er verfasste ein Mail an die Kreditkartenfirma mit der Erklärung, dass wir gegenwärtig auf einem kleinen Segelboot mitten auf dem Pazifik unterwegs seien und diesen Missbrauch unserer Karte eben erst festgestellt hätten.

Eine Antwort erreichte uns prompt, in der uns mitgeteilt wurde, dass wir den Termin für die Reklamation verpasst hätten. Edi kochte vor Wut, setzte sich hin und richtete ein Mail an die Direktion der Kartenfirma.

Drei Mal hätte er noch von Venezuela aus an die Kreditkartenfirma geschrieben und gefragt, weshalb wir kein Geld mehr beziehen konnten, und wie wir uns gegen Missbrauch schützen könnten. Auf keine dieser Mails erhielten wir eine Antwort! Wenn jemand einen Termin verpasst hätte, wäre es die Kreditkartenfirma.

All dies zog sich über einige Tage hin, während wir in der Flaute dahindümpelten. Doch siehe da, nach einigen Tagen wurde uns ohne weitere Erklärungen mitgeteilt, dass die Kreditkartenfirma diesen Schaden übernehmen werde. Freude herrschte! Erleichtert atmeten wir auf. Wir konnten weiter unsere Apéros trinken und mussten nicht auf Wasser umsteigen.

Steuersorgen

Als hätte er nur darauf gewartet, dass wir unser Kreditkarten-problem lösten, begann nun der Passatwind zu blasen. Der kräftige Wind wurde von heftigen Böen begleitet, sodass die SINGLE MALT hart durch das Wasser preschte, der Rumpf bebte und zitterte und Seewasser über das Deck rauschte.

Wenn man mit dem Boot unterwegs ist, ist der Körper immer in Bewegung, um die Bewegungen des Schiffes auszugleichen. Daher waren wir froh über jede kleine Pause, in der wir entspannen konnten. Träge schalteten wir mit wenigen Knopfdrücken die elektrische Steuerung ein und überließen ihr die Arbeit.

Anscheinend war ihr das wohl zu viel, denn sie streikte nach einer Weile. Ein schrilles Piepen ertönte, das uns aufschreckte und aktiv werden ließ. Natürlich stellten wir so schnell wie möglich diesen Pfeifton ab, bevor wir irgendetwas anderes taten.

Nun mussten wir unsere Bequemlichkeit überwinden und endlich die Windsteuerung in Betrieb nehmen. Bisher hatten wir uns davor gescheut, weil uns ein Segler – natürlich lange nach unserem Kauf – berichtet hatte, dass er mit einer derartigen Anlage Probleme gehabt hätte.

Zwischen Bonaire und Curaçao hatten wir die Windsteuerung bereits bei harter See ausprobiert, und sie hatte uns damals überall hingesteuert, nur nicht in die gewünschte Richtung; das war also erstmal tatsächlich ein Reinfall.

Während wir irgendwo vor Anker lagen, hatte Edi Verbesserungen an der Anlage vorgenommen, doch seither hatten wir sie noch nicht wieder ausprobiert. Nun war die Stunde der Wahrheit gekommen: Das Schiffsruder wurde blockiert, damit die Windsteuerung mit ihrem eigenen Ruder arbeiten konnte, wir nahmen sie in Betrieb und … sie funktionierte!

Noch zweifelnd schauten wir immer wieder auf den Kompass und kontrollierten den Kurs, doch der wurde gut gehalten. Jetzt fuhr die SINGLE MALT in die gewünschte Richtung. Die Windsteuerung korrigierte die kleinsten Änderungen der

Windrichtung – besser als wir das über längere Zeit von Hand hätten machen können.

Und es wurde noch besser: Der Wind wurde gleichmäßiger, die Wellen länger und wir preschten mit sechs, manchmal sogar bis zu acht Knoten durch das Wasser. Da kam Freude auf!

Neue Aufgaben

Natürlich hätten wir nun gern einfach das Segeln genossen, doch wieder einmal musste etwas repariert werden. Ein Block, eine Art Umlenkrolle, klemmte. Wir bauten sie auf unserem großen Cockpit-Tisch gemeinsam auseinander, wobei ich sehr froh war, dass die See nicht mehr ganz so wild war.

Als Handlanger sammelte ich die vielen kleinen Teile ein, sicherte sie in Gefäßen und staunte über die ausgefeilte Technik, die sich zwischen den beiden Backen verbarg: Zwei Kugel- und ein Wellenlager. Letzteres saß durch Korrosion fest.

Edi feilte, schliff, polierte und fettete sorgfältig, bevor er alles wieder zusammenbaute. Trotz der Bewegung des Schiffes war uns kein Kügelchen, keine Walze und keine Feder verloren gegangen, und der Block funktionierte wieder leichtgängig.

Auf diesem neuen Abschnitt unserer Reise wurde mir innerhalb unserer Arbeitsteilung eine neue Aufgabe zuteil: das Fischen. Ich esse gerne Fisch, ja, aber einen zu angeln löst bei mir keine große Begeisterung aus. Allein das Ausbringen der 50 m langen Schleppleine, die von einem Holzbrett abgewickelt werden musste, war auf dem schwankenden Boot schon schwere Arbeit.

Hinzu kam, dass ich beim Auswerfen des Köders (einem Plastikköder, der einem bunten Tintenfisch ähnelte, mit einem darin versteckten Haken) sehr aufpassen musste, dass er sich nicht in meinen Fingern oder am Schiff festhakte.

Dann hieß es, etwa 45 m Leine nachzugeben und die verbleibenden 5 m mit einem dicken Gummiband an der Reling zu befestigen. Das Gummiband wirkte federnd, damit ein anbeißender Fisch den Haken nicht so einfach mit einem Ruck aus seinem Maul reißen konnte.

Den Rest der Leine legte ich verkehrt herum um eine Winsch, damit die Zahnräder darin knatterten, wenn Zug auf die Leine kam. Das war mein Alarm für einen anbeißenden Fisch. Nun musste noch das allerletzte Stück der Leine auf einer Klampe belegt werden. Puh, geschafft.

Es kann sich sicher jeder vorstellen, dass es eine echte Herausforderung für mich war, das alles zu tun, während ich durch den Wellengang ständig herumgeworfen wurde, mich festhalten musste und dabei die Angelleine auf gar keinen Fall loslassen durfte. Diese Arbeit dauerte etwa eine Stunde.

Selbstverständlich kontrollierte ich währenddessen regelmäßig, ob ein Schiff zu sehen war und ob der Kurs stimmte. Nun denkt vermutlich jeder, dass ich mich ja danach hätte ausruhen können … Tja, theoretisch schon, aber praktisch war dann sicher Essens- oder Apéro-Zeit, oder der Eintrag ins Logbuch war fällig …

Mein erster Angelerfolg

Bereits drei Tage schleppten wir die Leine hinter uns her, ohne dass der Alarm ausgelöst wurde. Schon längst hätte ich sie mal einholen und kontrollieren sollen. Mir kam der Gedanke, dass das Ende vielleicht längst abgebissen worden war. Doch nein!

Soeben hatten wir uns zum Nachtessen im Cockpit niedergelassen, mein Teller stand dampfend vor mir und das Wasser lief mir im Mund zusammen, während ich gerade die Gabel zum Mund führte – da löste der Alarm aus!

Sofort erwachte das Jagdfieber in mir. Meinen Hunger vergessend sprang ich auf, ließ mein Essen stehen und holte die Leine mit dem Fisch am Ende ein. Schon von Weitem sah ich das Spritzen und Aufbäumen des Tieres. Es wehrte sich gegen den Zug, denn wir machten ja flotte Fahrt (6 bis 7 Knoten).

Um den Fisch schnell zu erlösen, hatten wir billigen Alkohol gekauft, den wir ihm hinter die Kiemen gießen wollten, was ihn auf der Stelle getötet hätte. Dies war jedoch nicht mehr nötig, denn als der arme Kerl endlich an Bord war, hatte er sein Leben bereits ausgehaucht.

Kostbar sah er aus mit seiner goldglänzenden Haut und den kleinen schwarzen Flecken. Es war eine Golddorade oder -makrele, die wir genau ausmaßen. Ganze 41 cm maß der Fisch vom Kopf bis zur äußersten Schwanzspitze; nicht gerade der größte, doch er reichte für eine gute Mahlzeit.

Tja, nun hatte ich „den Kampf" gewonnen, den Fisch im Cockpit liegen und musste ihn ausnehmen und filetieren. Langeweile kam einfach nicht auf.

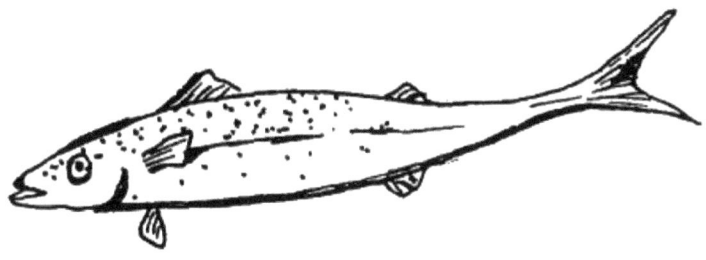

Schwere Entscheidung

Im Buch „Ocean Passages for the World" von Kapitän Robert Jackson (erste Ausgabe von 1895) finden sich Beschreibungen der Routen früherer Segelschiffe. Diese Routen haben noch heute ihre Gültigkeit, und wir richteten uns danach.

Nachdem wir Galapagos verlassen hatten, hielten wir entsprechend Kurs Südwest und trafen bei 4° Süd auf den Passat. So konnten wir Richtung West steuern und kamen gut voran. Gelegentlich wendeten wir uns etwas nördlicher, um bei etwa 110° West den Äquator zu überqueren und von dort Kurs Richtung Hawaii anzulegen.

Langsam „erklommen" wir die Erdkugel wieder nordwärts. Auf 2° Süd erlebten wir heftigste Regenschauer mit stark wechselnden Windrichtungen. Dies bedeutete für uns, dauernd Segelwechsel vorzunehmen, was uns sehr ermüdete. Dann ließ auch noch der Wind nach, also kam das eiserne Segel, der Motor, für einen Tag zum Zug.

Nach alten Publikationen und Karten sollten wir dort, wo wir uns befanden, den Passat und eine für uns günstige Strömung (den südäquatorialen Strom) haben. Beides sollte uns demnach gut vorwärtsbringen. Doch nichts dergleichen.

Offenbar hatten wir bereits den Counter Current, die Gegenströmung, erreicht. Zudem blies uns der Wind oft auf die Nase. Allmählich begannen wir uns zu fragen, ob wir wohl unsere Pläne würden ändern müssen. Am Ostersonntag wollten wir uns entscheiden und stellten um dreizehn Uhr den Motor ab. Es herrschte Flaute. „Hier warten wir auf Wind!", entschlossen wir uns.

Wie nicht anders zu erwarten, legte sich das Boot ohne Wind parallel zu den Wellen und rollte hin und her, hin und her – immer wieder. Ermüdend war das. So ist das Seglerleben: Mal ist es so schön, wie es in Filmen zu sehen ist, manchmal ist es lästig, so wie jetzt mit diesem unangenehmen Rollen.

Wir überlegten, dass wir unter diesen Bedingungen ohne Wind pro vierundzwanzig Stunden ungefähr achtundvierzig Meilen versetzt würden; in einer Woche wären das also mehr als dreihundert Meilen zurück Richtung Galapagos.

Zwei Tage lang harrten wir aus und hofften weiter auf Wind, schwebten in ermüdender Ungewissheit. Doch der erhoffte Wind blieb aus. Es wurde Zeit, wir mussten uns entscheiden.

In Anbetracht der nördlich des Äquators liegenden Kalmenzone (ein nahezu windstilles Gebiet), die wir auf unserer geplanten Route später noch zusätzlich zu durchqueren hätten, sowie unserer nicht allzu reichlichen Dieselreserven, mussten wir unseren Plan, für den wir bis dahin viele zusätzliche Meilen auf uns genommen hatten, schweren Herzens aufgeben. Poseidon und Äolus hatten nicht mitgespielt.

Wir änderten den Kurs auf die Marquesas, einem Seegebiet, von dem wir keine genauen Karten besaßen, da wir uns nur für den nordöstlichen Pazifik ausgerüstet hatten. Wiederum unter Motor fuhren wir südwestwärts, wo wir auf etwa 4° Süd erneut den Passatwind erreichten, der uns von da an nicht mehr im Stich ließ.

Wetterfreuden

Wir waren froh, dass der Wind heftig zulegte und kamen bestens voran. Doch eines Abends wurde es außerordentlich ungemütlich. Die SINGLE MALT wurde heftiger als üblich geschüttelt, und während des Kochens hatte Edi es nicht leicht. Er wollte mir an diesem Abend eine meiner Lieblingsspeisen kredenzen: Knoblauchgratin mit Kartoffeln – definitiv kein Gericht, das man bei schwerem Seegang zubereiten möchte.

Edi kochte einige geschälte Knoblauchzehen in einer kräftigen Bouillon al dente, strich eine kleine Gratinform mit Butter aus, legte die vorbereiteten Knoblauchzehen sorgfältig hinein, würzte sie mit Pfeffer, Salz und Muskat, goss etwas Rahm darüber und belegte das Ganze mit schmelzendem Käse. Soweit war es zwar ein ziemlicher „Eiertanz", aber dank Edis langjähriger Seeerfahrung lief alles gut. Allerdings konnte ich kaum hinsehen, als es an den heißen Backofen ging.

Unser kleiner Kochherd mit Backofen war halbkardanisch aufgehängt. Das heißt, dass er sich trotz der Bewegungen des Schiffes immer möglichst senkrecht ausrichtete. Allerdings kam er bei heftigeren Bewegungen auch ab und zu ins Schwingen und schlug manchmal sogar bis an die innere Bordwand aus. Deshalb war jegliches Kochen, auch wenn unsere Töpfe mit Klammern auf dem Herd befestigt waren, bei Seegang immer etwas trickreich.

Edi hatte das kalte Gratin elegant in den vorgeheizten Ofen befördert. Obwohl er meinte, zu diesem Gratin brauche man zum Glück keine Kartoffeln, überwand er sich an diesem Tag und kochte mir zuliebe einige dieser schmackhaften Knollen dazu. Inzwischen war das Gratin fertig.

Edi hantierte am heißen Backofen während die „Planken" (der Boden) unter ihm tanzten, und unser Nachtessen drohte durch die geöffnete Ofentür in hohem Bogen herauszufliegen. Er musste sehr aufpassen, um sich nicht zu verbrennen oder die Hand zwischen Backofen und Haltestangen einzuklemmen.

Es gelang ihm, das Gratin ohne Verletzungen aus dem Backofen zu holen und auf eine isolierende und gleichzeitig rutschfeste Unterlage zu stellen. Ich war sehr erleichtert, dass alles gutgegangen war.

Jetzt hatte der Koch Pause, setzte sich ins Cockpit, und ich musste runter in die Kombüse (Küche) zum Servieren – Arbeitsteilung eben. Wegen des unruhigen Wetters machte ich einen Tellerservice, verteilte also bereits in der Kombüse das Essen auf die Teller.

Die Speise sah so gut aus, dass ich sie fast nicht zerstören wollte. Doch wir waren ja hungrig, und so reichte ich bald die gefüllten Teller zu Edi hinauf und folgte ihnen unverzüglich. Es schmeckte gut, doch die Umstände waren wenig gemütlich, denn wir drohten von der Cockpitbank geworfen zu werden und mussten uns irgendwie verkeilen.

Wenn wir zwischendurch etwas trinken wollten, mussten wir aufstehen und das Glas aus einer speziell dafür angebrachten Halterung nehmen. Gleichzeitig musste man sich selbst sichern, den Teller samt Gabel halten, und zudem noch die Hand für ein Glas freihaben. Tja, ein richtiger Balanceakt.

Während eines anderen Nachtessens setzten wir uns beide auf die Leeseite, die dem Wind abgewandte Seite. Auf dieser Seite sitzt man bei einer solchen Schräglage des Schiffes recht gemütlich, da man förmlich auf den Sitz fällt. Normalerweise saß einer von uns auf der unbequemeren Luvseite, der andere auf der Leeseite.

Was für ein Glück, dass wir in diesem Fall beide auf der Leeseite saßen, denn einer der vielen Gischtkämme verirrte sich ins Cockpit, und das Seewasser ergoss sich über die Töpfe (auf denen glücklicherweise Deckel lagen) und auf unsere Teller. Die Gläser mit Wein hatten wir zufällig in den Händen.

Das Wasser spritzte uns sowie die Sitzkissen nass, und da der Niedergang offen war, fand es seinen Weg auch auf den Kartentisch. Ein entsetzlicher Schrecken fuhr uns in die Glieder, denn beide dachten wir sofort an die Katastrophe auf dem Atlantik, bei dem der Computer, der Drucker und vieles mehr rettungslos unter Wasser standen.

Edis Angst, der Computer könnte überschwemmt sein, war riesig, doch er traute sich nicht, sofort zu kontrollieren, ob dieser trocken geblieben war. Er wischte erst überall das Salzwasser weg – vom Kartentisch, von der Treppe und vom Fußboden – und stellte dabei erleichtert fest, dass fast kein Wasser eingedrungen war.

An seinen Computer wagte er sich erst ganz zum Schluss. Der war durch einen Plastiküberzug geschützt und unversehrt! Edi atmete auf. Nochmal Glück gehabt. Nach diesem Wassereinbruch schlossen wir die Falltür am Niedergang konsequenter als zuvor, obwohl das zum Ein- und Aussteigen bedeutend unbequemer war.

Das Essen war zwar in der Zwischenzeit kalt geworden, doch wir waren froh, dass es überhaupt noch essbar war, also nicht in Seewasser getränkt. Auch kalt war es gar nicht schlecht.

Nach dem Abwasch hielt Edi Wache und hatte mit den starken Böen zu tun. Allein reduzierte er die Segel, ließ sie wieder raus, wenn es ruhiger wurde und war nach Mitternacht, als ich ihn ablöste, so erschöpft, dass er direkt in seiner Koje verschwand.

Der Wind heulte in den Wanten und wurde auf meiner Wache immer stärker. Schon bald musste ich den bereits schlafenden Edi rufen. Die Genua bei so heftigem Wind allein zu reffen, traute ich mir nicht zu. Wie immer war er ohne zu murren sofort zur Stelle und fragte: „Fahren wir noch?"

Gerade in diesem Moment hatte die Bö nachgelassen, das Schiff Fahrt verloren, und die Windsteuerung konnte nicht mehr funktionieren. „Die Genua backt!", kam es vorwurfsvoll von Edi. Ich sah rot vor Empörung, musste tief Luft holen, denn ich hatte ihn doch gerufen, weil ich mit der Situation nicht allein klarkam.

Die Lage war zu ernst für Einwände oder lange Diskussionen, also hielt ich den Mund. Es war ja gut, dass Edi jetzt in diesem Moment da war und die Situation retten konnte. Bald gingen wir wieder auf Kurs.

Nach diesem Manöver war Edi derart angeregt, sein Adrenalinspiegel offenbar hochgeschnellt, dass er keinen Schlaf mehr fand. Er legte sich zwar in die Koje in der Achterkabine, doch trotz Übermüdung rief er immer wieder ins Cockpit: „Ist alles in Ordnung?" „Jaaa!", schrie ich genervt zurück und musste dabei den Lärm des Windes und der rauschenden Wellen übertönen.

Rettung dank Amateurfunk

Etwa sechs Segler aus den Vereinigten Staaten, England, den Niederlanden und Norwegen trafen sich über Funk, um Positionen und Wettermeldungen auszutauschen und, wenn nötig, einander Rat zu geben oder sogar zu helfen. In dieses Netz hatten wir uns hineingemeldet, da wir jetzt in die gleiche Richtung wie sie, zu den Marquesas, segelten.

Wir hatten unsere Position durchgegeben, welches Wetter wir erlebten und welches Ziel wir ansteuerten. Da kam die Frage in die Runde, ob jemand unter den Seglern sei, der das Wetter (zu erwartende Windrichtung und -stärke sowie Wellenhöhe) in nächster Zeit durchgeben könne. Edi meldete sich zu Wort und erklärte, er sei zwar nicht vorbereitet, aber in den kommenden Tagen könnte er das gerne übernehmen.

Diese Wetterinformationen sind für Segler sehr wichtig, da wir dementsprechend unseren Kurs ändern oder andere Vorsorge treffen könnten. Alle waren sehr froh über diese erhoffte Nachricht und bedankten sich schon im Voraus bei Edi.

In den folgenden Tagen druckte Edi dafür Wetterkarten und Satellitenbilder aus, die ihm das Wetterfaxgerät lieferte, und bereitete sich vor. Allmorgendlich gab jeder Segler wie üblich seine Position an, die ich notierte. Edi gab dementsprechend das zu erwartende Wetter durch.

Durch den Kontakt mit all diesen Seglern erfuhren wir, dass sich bei einer der Yachten auf etwa 120° West der Kiel zu lösen begann und Wasser einströmte. Die Bilgenpumpe würde diese Menge nicht für den Rest der Fahrt schaffen, und die Segler mussten daran denken, ihr Boot aufzugeben. Sie baten über Funk um Hilfe. Wir waren noch etwa 500 bis 600 nm entfernt – zu weit.

Eine andere Yacht befand sich zufällig nicht allzu weit entfernt, änderte ihren Kurs und konnte die Besatzung bei guter Gesundheit aufnehmen. Das Leben der beiden und ihre Wertgegenstände hatten sie retten können, doch allein der Gedanke, sein Boot, in unserem Falle die SINGLE MALT, aufzugeben, verursachte eine Gänsehaut bei mir.

Ein schrecklicher Gedanke, sein schwimmendes Heim aufgeben zu müssen. Umso dankbarer nahm ich jedes Schwanken und jede Unbill auf der SINGLE MALT in Kauf.

Edi las während seiner Wachen „Looking for a Ship" von John McPhee. Zwei makabre Bemerkungen aus diesem Buch belustigten ihn, wie Segler Seeleute beurteilen:
- „Handelsschiffe sind Schiffe, auf deren Brücken niemand außer einem Hund steht ..." (Hundewache)
- Ein Kapitän eines Containerschiffs wird unmittelbar nach dem Festmachen in einem Hafen gefragt: „Haben Sie kürzlich ein Segelschiff gesehen?" „Nein!" „Sie sollten! An Ihrem Steuerbordanker hängt ein Mast samt Takelung."

Ich muss zugeben, auch ich kam nicht umhin, über diese Zitate zu schmunzeln.

Unerwünschte Passagiere

Hin und wieder krabbelte uns in der Kabine ein kleiner Käfer, etwa 2 bis 3 mm lang, über den Weg. Natürlich nicht immer derselbe. Jeder, den wir erblickten, wurde eiskalt mit dem Fingernagel zerdrückt und dann über Bord befördert. Trotzdem häuften sich diese Entdeckungen. Wir überlegten: Sie konnten sich nur zwischen irgendwelchen Lebensmitteln wohl fühlen.

Daher begann ich, die Kisten in der Kabine, in denen unser Trocken-Proviant verstaut war, auszuräumen, zu reinigen, mit Insektengift auszusprühen und schließlich die Pakete doppelt in Plastik zu verpacken. Wir hatten einige Käfer zur Strecke gebracht und verbuchten das als Erfolg.

Eines Tages brauchten wir Reis aus einer Lebensmittelkiste aus dem hintersten Winkel der Kabine. Dieser Bereich war so abgelegen, dass ich ihn noch nicht ausgeräumt hatte. Zwar bewahrten wir dort in erster Linie Konserven auf, aber auch Reis und Teigwaren, die wir erst kürzlich gekauft hatten.

Genau in diesem Reis und in diesen Teigwaren krabbelte und lebte es ganz munter. „Wie entsetzlich!", ekelte ich mich, bekam eine Gänsehaut und meine Haare sträubten sich! Diese Viecher mussten wir aus dem Geschäft in Galapagos als kostenlose Zugabe eingeschleppt haben.

Schon einmal, vor etwa einem Jahr, hatten wir einige solcher Besucher an Bord, die wir sofort mit chemischen „Kampfmitteln" erfolgreich vernichteten. Segler hatten uns damals beruhigen wollen und behauptet, wenn man diese Käfer mitkoche, sei das eine wertvolle Proteinzugabe. Nein danke! Nicht für mich!

Es musste gehandelt werden. Meinen Ekel überwindend suchte ich tapfer diese Käfer mit einem Löffel aus dem Reis heraus und sammelte sie in einem Behälter. Bevor ich die krabbelnde Beute schwungvoll über Bord feuerte, zeigte ich sie Edi, um ihm zu zeigen, wie tapfer ich war und wieviel Erfolg ich hatte.

„Aäääääähhhhhhhhhhhhhh!", kam ein fast nicht enden wollender Ekelschrei – dieses Mal aus Edis Kehle. Ihm wurde speiübel, was nur mit einem Single Malt zu kurieren war. Noch oft danach träumte Edi von schwarzen Käferchen, die ihm im Traum haufenweise vor der Nase herumliefen.

Sorgfältig schüttete ich das gereinigte Gut in einen verschließbaren Behälter und nahm mir anschließend die nächste verseuchte Ladung zum Aussortieren vor. Bei den starken Bewegungen des Schiffes war das alles andere als einfach.

Als ich das erste Gefäß wieder verstauen wollte, warf ich vorsichtshalber noch einen Kontrollblick hinein. Vor meinen Augen tummelten sich jetzt auch noch kleine weiße Würmer! Nein! *Das* war zu viel für mich! *Das* reichte mir!

Kurzerhand schleuderte ich „das Zeug" – eigentlich eine kostbare Reserve – als Fischfutter über Bord ins Meer. Die weiteren Lebensmittelpakete waren zum Glück weniger befallen, wie ich beruhigt feststellte, als ich den Inhalt kontrollierte. Alles wegzuwerfen konnten wir uns nicht leisten, da wir während der nächsten Monate voraussichtlich nichts dergleichen kaufen können würden.

Ab sofort wurde das von Käfern am stärksten befallene Gut nach erneuter sorgsamer Kontrolle so rasch wie möglich verbraucht. Wer hätte gedacht, dass wir dazu fähig sein würden, derart befallene Sachen zu kochen und zu essen? Ich am wenigsten. Doch wenn man nichts anderes hat, treibt der Hunger es rein!

Während unseres Kampfes gegen die Käfer wurden unsere Etmale (die Tagesstrecken, also die von Mittag bis Mittag zurückgelegten Seemeilen) immer größer. Einmal schafften wir sogar hundertsiebenundsechzig Seemeilen – nicht schlecht für unser kleines Schiff.

Wir näherten uns den Marquesas somit schneller als gedacht – eine erfreuliche Abwechslung zu dem Herumgedümpel an den vielen Flautentagen, die wir zuvor erdulden mussten. Um nicht bei Nacht in das für uns unbekannte Seegebiet der Marquesas zu kommen, reduzierten wir sogar unsere Geschwindigkeit, da wir keine bösen Überraschungen erleben wollten.

46. Die Marquesas-Inseln

Mai und Juni 2000

Nach vierundzwanzig Tagen auf See machten wir während des ersten Büchsenlichts die Schattenrisse der Insel Fatu Hiva vor uns aus. Doch kurz darauf verschwand alles wieder hinter einer schwarzen Regenwand, die sich bald auf das Heftigste über uns ergoss. Als sich die Regenwand ebenso plötzlich auflöste, wie sie gekommen war, gab sie in der Morgendämmerung einen großartigen Blick auf die wilden, schroffen und steilen Felswände der Insel Fatu Hiva frei.

Wir umrundeten die Nordspitze der Insel und fanden im Nordwesten die tief eingeschnittene Bucht Hana Vave (Jungfrauenbucht). Nach 3.010 nm (5.800 km) gruben wir hier unseren

NUKU HIVA

UA HUKA

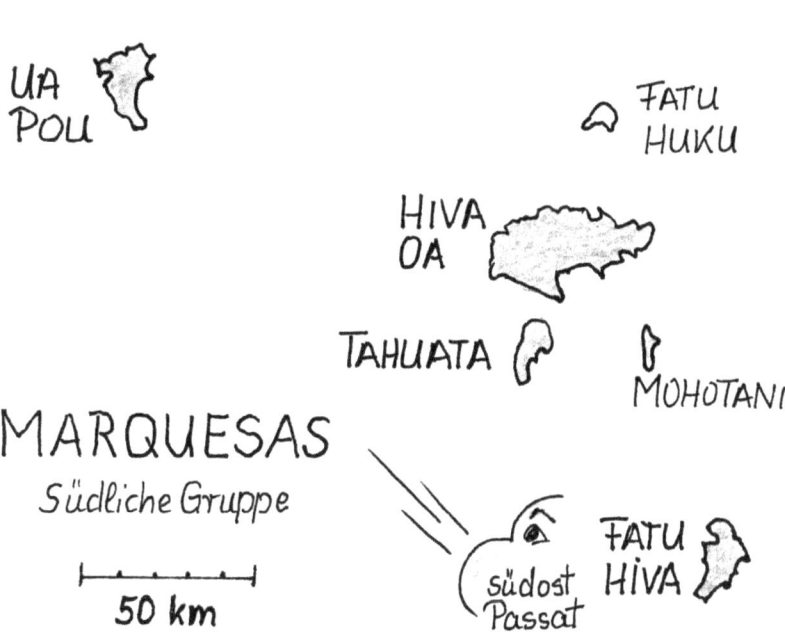
UA POU

FATU HUKU

HIVA OA

TAHUATA

MOHOTANI

MARQUESAS

Südliche Gruppe

50 km

südost Passat

FATU HIVA

Anker fest und sicher ein. Heftige Fallböen mit manchmal sogar über 30 Knoten (etwa 55 km/h) rasten die hohen Berg-
wände herunter und erschütterten die müde SINGLE MALT.

Die Marquesas

*Die Marquesas-Inseln sind relativ jung, vulkanischen
Ursprungs und hoch, steil und zerklüftet. Vor langer
Zeit schon wurden sie von Polynesiern aus dem Wes-*

ten her besiedelt, und vielleicht stammen die Urein-
wohner Hawaiis auch von diesen Inseln.

Als erster Europäer erblickte 1595 der Spanier Al-
varo Mendaña de Neira die südlichen vier Marquesas-
Inseln. Zu Ehren der Sponsorin seiner Expedition, der
Marquise von Mendoza, Gattin des Vize-Königs von
Peru, nannte er sie Marquesas. Zwischen 1774 und
1791 wurden auch die übrigen Inseln der Gruppe von
verschiedenen Seefahrern wie Kapitän James Cook,
Joseph Ingraham und dem Franzosen Étienne Mar-
chand gesichtet.

Durch den Vertrag des Admirals du Petit Rhou-
ras mit den Häuptlingen der ansässigen Indigenen im
Jahr 1842 wurden die Inseln französisches Protekto-
rat. Dennoch konnte sich hier noch lange der Kanni-
balismus behaupten, eine wichtige Proteinquelle für
die nicht Aufgefressenen!

Fatu Hiva

So wie wir, war auch ein norwegisches Segelboot, das ebenso
etwa vier Wochen zu den Marquesas unterwegs gewesen war,
bereits in der Hana Vave-Bucht vor Anker gegangen. Wie üblich meldeten wir uns in unsere Funkrunde hinein, und Edi gab
das zu erwartende Wetter durch.

Zum Ende der Funkrunde meldete sich Christina von ihrer
norwegischen Segelyacht zu Wort und begann zu unser aller
Überraschung zu singen: „Welcome to the Marquesas, welcome
to Fatu Hiva!", und weiter sang sie selbstgedichtete Verse, in
denen sie über jedes Boot aus der Runde etwas zum Besten gab.

Uns, der SINGLE MALT-Besatzung, dankte sie im Namen
aller teilnehmenden Segler für die Wetterberichte. Gerührt
lauschte ich ihrem Vortrag und bewunderte gleichzeitig den
Mut, vor den ihr fremden Seglern zu singen.

FATU HIVA, HANA VAVE

Innerhalb einiger Tage trafen auch die anderen Boote unserer Funkrunde in dieser Bucht ein, und schlussendlich lagen hier drei Boote aus den Vereinigten Staaten, eines aus Norwegen, eines aus Deutschland und wir.

Eine Besatzung der Runde hatte alle zusammen auf ihr Boot eingeladen, sodass wir in deren kleinem Cockpit eng zusammenrückten und endlich mal wieder neue Gesprächspartner hatten. Bei erfrischenden Getränken erzählte jeder von sich und seiner Heimat, bevor wir alle unsere Eindrücke von unterwegs zum Besten gaben.

Obwohl sich die einzelnen Inseln der Marquesas-Gruppe auf den Seekarten kaum von einem Fliegendreck unterscheiden,

403

erweisen sie sich, wenn man einmal dort ist, doch als relativ groß. Nachdem wir ausgeschlafen hatten, erlebten wir die uns umgebende, imposante Kulisse erst richtig. Steile, schroffe Felswände umrahmten diese Bucht, und eine tief eingeschnittene Schlucht gab uns den Blick frei auf weitere wilde Felsformationen.

Auch wurden wir nicht müde, die ewig donnernde Brandung zu beobachten. Die langen Wellen brachen an den Felsen und ließen die Gischt hoch aufspritzen. Trotz hoher Dünung gelang es uns anzulanden, ohne, dass das Beiboot durch die Brandung kenterte.

Unser erster Landgang führte uns durch die kleine Ortschaft Hana Vave, in der wir sofort nach Tauschobjekten wie T-Shirts, Lippenstiften, Parfum, Jagdmunition und Angelzeug gefragt wurden. Edi erinnerte sich, eine einzelne Jagdpatrone (Kaliber zwölf) auf einem Spaziergang in der Türkei gefunden zu haben. Beim nächsten Landgang wurde sie gerne im Tausch gegen Früchte angenommen.

Am Ende des Dorfes angelangt wanderten wir weiter, erst durch Kokospalmenhaine, später durch Urwald, in dem der schmale Pfad durch kleine Steinmännchen gekennzeichnet war. Diese Steinmännchen gefielen mir, da es für mich eine ganz neue und praktische Art der Wegmarkierung war.

Es schien mir, als ob Wanderer, die den Weg vor uns gegangen waren, immer wieder mal einen flachen Stein vom Wege aufgelesen und die Markierung damit erhöht hatten, denn es waren kunstvolle Figuren entstanden.

Wir folgten diesen Stapelmännchen und wurden durch einen kleinen Bach, über Steine und umgestürzte Bäume geleitet. Unerwartet gelangten wir zu einer Stelle, wo unser Pfad durch einen kürzlich niedergegangenen Erdrutsch verschüttet war. Ein Weitergehen war nicht möglich, und wir mussten umkehren.

Auf unserem Rückweg gerieten wir mit einem Fischer ins Gespräch, der sich bereit erklärte, uns am folgenden Morgen von

Bord abzuholen und mit seinem kleinen Boot zur Hauptsiedlung Omoa zu bringen. Es herrschte noch eine frische Kühle, als wir zur vereinbarten Zeit in sein Fischerboot stiegen und entlang der zerklüfteten Küste fuhren – ein eindrückliches Erlebnis.

Fröstelnd stiegen wir am Ziel an Land und schritten aus, damit uns warm wurde. Ich war mir damals nicht bewusst, dass Thor Heyerdahl mit seiner Frau Liv 1938 für etwa anderthalb Jahre hier gelebt hatte, und dass ihn das Leben in Omoa derart beeindruckte, dass er ein Buch über diese Zeit schrieb „Fatu Hiva – zurück zur Natur". Seinen Spuren sollten wir später noch einmal begegnen.

Einer Straße aus festgetretenem Sand folgend, spazierten wir durch das langgezogene Dorf, in dem gepflegte Hütten und einfache Häuser in grünen Gärten großzügig weit auseinander standen.

Die Bewohner des Ortes schienen alle beschäftigt zu sein, denn wir begegneten niemandem und entdeckten auch weder ein Geschäft noch ein Restaurant, in dem wir uns ein Getränk hätten kaufen können. Die weiß getünchte, adrett wirkende Kirche betraten wir nicht, denn es lag noch eine lange Wanderung von etwa vier Stunden vor uns.

Die erste Hälfte des Weges führte steil bergan. Kurze Regenschauer erfrischten uns, und wenn die Sonne wieder durchkam, malte sie unterhalb von uns die schönsten doppelten Regenbögen auf die grünen Berghänge. Am Wegrand entdeckten wir eine Bank, auf der wir eine Rast einlegten.

An Bord hatte ich ein zierliches, silbern glänzendes Kanisterchen entdeckt, das ich mit Whisky gefüllt und in den Rucksack gepackt hatte. Dies holte ich jetzt samt einem Picknick hervor. Endlich war ich zur heiligen Stunde, dem Apéro um elf Uhr, einmal nicht zu spät. Überraschung gelungen! Edi lachte erfreut auf und seine Augen leuchteten.

Gestärkt schnaufte ich nach unserer Pause weiter bergan, während Edi natürlich mal wieder überhaupt keine Anstrengung anzumerken war. Wir erreichten die Passhöhe, auf der wir uns bereits in den Wolken befanden (auf etwa 950 m/M).

Das letzte Wegstück führte uns über leicht geschwungene Wege bergab durch eine lieblichere Landschaft mit Wiesen, auf denen verwilderte Ziegen dafür sorgten, dass buschiger Urwald sich nicht ausbreiten konnte. Am Nachmittag erreichten wir das Dorf Hana Vave, vor dem unser Schiff vor Anker lag.

Wir begegneten einigen Einheimischen, die uns freundlich grüßten. Eine geschäftstüchtige Frau sprach uns an und schlug vor, für uns eine Mahlzeit zu kochen. Nach dieser langen Wanderung empfanden wir es als gute Idee, nicht kochen zu müssen und sagten nach kurzem Überlegen zu.

Margrit und Henning von der deutschen Yacht DIAETHYL hatten sich angeboten, uns nach unserer Rückkehr mit ihrem Dingi vom Strand abzuholen. Wir erzählten ihnen über unser Handfunkgerät von der Aussicht auf ein Essen bei Einheimischen, und sie schlossen sich uns spontan an. Natürlich ließen wir die freundliche Frau wissen, dass wir noch zwei Freunde mitbringen würden.

Zur angegebenen Zeit fanden wir uns vor dem Haus der Frau ein. „Was würde uns wohl erwarten?", fragten wir uns. Es wurde bereits dunkel, und Kerzen wurden angezündet. Unsere Schuhe sollten wir ausziehen. Barfuß betraten wir einen Raum, der mit Linoleum ausgelegt war, und erreichten einen weiteren mit rohem Holzfußboden.

Auf einem langen, groben Holztisch standen große, gefüllte Schüsseln für uns bereit, die durch Kerzenlicht nur knapp beleuchtet waren. Auf harten Bänken hatten wir Platz genommen, als die Frau erklärte, was sie zubereitet hatte: Gebratene Geflügelstücke mit Mais, roher, in Zitronensaft eingelegter Fisch mit Kokosnussmilch übergossen, Spaghetti mit gebratenen roten Bananen, wovon sich so viel in einer riesengroßen Schüssel befand, dass es sicher auch noch genug für ihre ganze Familie war.

Eine für uns ungewohnte Speisefolge, doch es schmeckte gut. Als Getränk wurde gesüßter Zitronensaft gereicht. Für diese gelungene Abwechslung zahlten wir der Frau gerne einen Obolus. Gut gesättigt brachten Margrit und Henning uns später zu unserer SINGLE MALT zurück.

Vom Zoll erwischt

Nach einigen erholsamen Tagen segelten wir während etwa zehn Stunden zur Insel Tahu Ata, die nordwestlich von Fatu Hiva liegt, wo wir in der lieblichen Bucht Vaitahu einige Ruhetage einlegten.

Und da! Vogelgezwitscher! Ich horchte erstaunt auf. Vermutlich Spatzen. Es durchfuhr mich ein Erkennen und das Gefühl, dieses einfache Gezwitscher eine Ewigkeit nicht mehr gehört zu haben. In der Heimat kaum wahrgenommen, weil so selbstverständlich, manchmal wegen der Lautstärke sogar lästig, war es hier nach so langer Zeit etwas erfreulich Vertrautes. Fast kam ein wenig Heimweh auf.

An Bord hatten wir das UKW-Gerät eingeschaltet und hörten zufällig Unterhaltungen anderer Segler mit. So erfuhren wir, dass ein uns bekannter amerikanischer Katamaran unterwegs zwischen den Inseln von einem französischen Zollboot aufgebracht und kontrolliert worden sei.

Offenbar wurden Unregelmäßigkeiten in der Deklaration entdeckt. Deshalb wurde er nach Hiva Oa zum Zollanlegesteg beordert, wo das gesamte Boot bis in die hintersten Winkel auf Alkohol durchsucht wurde. Alles Gefundene wurde ausgeräumt und auf der Hafenmauer ordentlich aufgestapelt. Es war nicht wenig.

Trotz Protestes der beiden Segler wurden sie und die ganze Prozedur von einem Fernseh-Team gefilmt und vermutlich in den lokalen Nachrichten gezeigt. Der Alkohol wurde konfisziert und den beiden Amerikanern eine Buße von 520,00 USD auferlegt. Als wir uns später zufällig trafen, erzählten sie uns, dass sie den Alkohol für weitere fünfhundert USD hätten zurückkaufen können. Davon hatten sie allerdings abgesehen.

Wir waren sicher nicht die Einzigen, denen der Schreck ob dieser Begebenheit in die Glieder gefahren war. Jedes ausländische Boot konnte durch den Zoll jederzeit, vor Anker oder unterwegs, angehalten und kontrolliert werden.

Üblicherweise genügte zum Einklarieren die Angabe: Ship's stores/Proviant. Damit waren seit unserer Abfahrt von der Türkei sämtliche Behörden zufrieden gewesen. Deshalb hatten wir natürlich die Flaschen nie genau gezählt und wussten nur ungefähr, wieviel Wein und Spirituosen wir an Bord hatten – nun wurden wir nervös!

Weil wir auf den ersten beiden Inseln, Fatu Hiva und Tahu Ata, nicht hatten einklarieren können, hatten wir vor, als nächstes Ziel Hiva Oa anzulaufen, um das Administrative zu erledigen. Dort mussten wir mit einer Zollkontrolle rechnen. Etwas derart Peinliches wie unseren amerikanischen Bekannten sollte uns nicht passieren!

Also biss ich in den sauren Apfel und zählte unsere Flaschen. Wir wussten, dass Wein und alkoholische Getränke im Pazifik sehr teuer waren und hatten aufgestockt, wo immer möglich. Aus Platzgründen hatte ich dafür Stauraum in den entlegensten Ecken der SINGLE MALT zweckentfremdet.

Diese „Schätze" musste ich nun suchen, die einzelnen Flaschen ausräumen, zählen, eine Strichliste anfertigen und nach meiner Kontrolle wieder einräumen. Das alles bei tropischer Hitze zwischen 30° und 40 °C im Schiff! Mein ganzer Körper war schweißnass, mein Badeanzug klebte am Körper, Schweiß lief mir in die Augen und brannte, tropfte von der Stirn auf die Brillengläser und trübte meinen Blick. Als meine Liste endlich vollständig war, nahm ich mir vor, ab sofort genauestens Buch zu führen! Auf jeden Fall erfrischte ich mich nach dieser Tortur mit einem kühlen Bad im Meer, aus dem ich wie aus einem Jungbrunnen wieder an Bord stieg. Ich hätte jauchzen können; das Zählen der Flaschen war erledigt, und ich fühlte mich sauwohl!

Durch die Geschichte mit dem Katamaran rechneten wir täglich mit dem Besuch eines Zollbootes. Bevor es uns aufsuchen und unser Lager versiegeln oder sogar ausräumen würde, genossen wir unseren Wein und Apéro. Doch die befürchtete Visite erschien zu unserem Glück nicht.

Hiva Oa

Als wir schließlich die Insel Hiva Oa erreichten und vor der Hauptstadt Atuona ankerten, suchten wir selbst die Behörden auf und klarierten ein. Kein Mensch war an unserem mitgeführten Alkohol interessiert – „Ship's stores" genügte.

Bis es so weit war, mussten wir allerdings – mal wieder – lange warten, denn obwohl die französischen Behörden vierundzwanzig Stunden pro Tag im Dienst sein sollten, waren die Büros stundenlang geschlossen.

Als wir endlich einklarieren konnten, tauchte ein neues Problem auf: Die Marquesas-Inseln gehören zur EU (Französisch-Polynesien), weshalb Edi als Nicht-EU-Bürger auf der Bank ein Depot in Höhe der Kosten eines Rückflug-Tickets zu hinterlegen hatte.

Flugs gingen wir zur Bank, doch die erfreute sich einer Mittagspause und öffnete zudem noch mit einer knappen Stunde Verspätung. Vor der Tür hatte sich bereits eine Schlange von Bankkunden angesammelt, in der wir die letzten waren – und das bei nur einem einzigen Schalter!

Irgendwann hatten wir es geschafft und hatten nun nicht nur einklariert, sondern waren auch im Besitz einer Aufenthaltsgenehmigung für Französisch-Polynesien, zu dem neben den Marquesas unter anderem auch die Tuamotus und die Gesellschaftsinseln gehören – alles Inselgruppen, die wir noch besuchen wollten.

Schlussendlich hatten wir einen ganzen Tag mit dem Einklarieren und dem Warten auf der Bank zugebracht. Eigentlich hätten wir inzwischen längst an den Zeitaufwand gewöhnt sein sollen, aber irgendwie war uns das nie gelungen. Natürlich hätten wir die Zeit lieber anders verbracht.

Nun konnten wir uns der Erkundung der örtlichen Gegebenheiten widmen. Obwohl Atuona die Hauptstadt des Marquesas-Archipels ist, gab es für uns nicht viel zu sehen; ein kleiner Ort mit Lebensmittelgeschäft, Bar, netten Menschen, einem Markt … das war es auch schon. Der Hauptteil der Insel war mit Wildnis bedeckt.

Gegen sein Lebensende lebte und wirkte Paul Gauguin, dem wir bereits auf der Insel Dominica in der Karibik „begegnet" waren, hier auf Hiva Oa in Atuona. Auch hier konnten wir in dem kleinen, ihm gewidmeten Museum keine Originale sehen, vermutlich wegen des feuchten Klimas. Allerdings gab es einige gut gelungene Kopien zu bewundern. Unweit dieses Museums befindet sich Gauguins Grab, das bei uns keinen großen Eindruck hinterließ.

Auf der Seekarte entdeckten wir im Nordwesten der Insel eine vielversprechende, einsame Bucht und segelten dorthin. Der malerische und geschützte Ankerplatz, den wir vorfanden, war von hohen Bergen eingerahmt, sodass die Sonne dort später auf und früher unterging als anderswo, was uns bei der herrschenden Hitze besonders angenehm war.

Wir fuhren mit dem Beiboot zum Strand, der mit vielen Kokospalmen bewachsen war, und stiegen über abgebrochene Palmwedel und heruntergefallene Kokosnüsse hinweg. Dabei hofften wir inständig, dass uns keine dieser Früchte aus den Wipfeln auf den Kopf fallen würde, weil wir uns das ganz schön schmerzhaft vorstellten. Erst viel später erfuhren wir, dass solche „Treffer" des Öfteren tödlich endeten.

Die Gegend wirkte naturbelassen. Zwei Männer begegneten uns in dieser Wildnis, und natürlich begannen wir ein Gespräch. Sie erzählten, dass sie verwilderte Schweine jagten. Ihre Gehilfen seien ihre Hunde und die Waffen Messer, die sie mit Stöcken zu Spießen verlängert hatten.

Wir waren beeindruckt von diesen tapferen Männern, die vor uns standen und es als das Selbstverständlichste auf der Welt ansahen, auf diese Art zu jagen. Eine ziemlich gefährliche Tätigkeit, doch wirkten diese Männer mit ihrem Leben und dem Jagen zufrieden, denn sie verdienten damit gutes Geld.

Unbeholfen stolperten wir noch eine Weile über verschiedenste Hindernisse, doch bald verging uns das „Beinevertreten" und wir fuhren zurück an Bord. Dort wurde es uns nicht langweilig. Endlich nahmen wir uns Zeit zu schreiben, zu lesen und in den Tag hineinzuleben.

Ua Pou

Irgendwann hatten wir genug der Ruhe und segelten zur Insel Ua Pou, nordwestlich Hiva Oas. Dort legten wir noch einige Tage einen Zwischenhalt ein und ankerten in der romantischen Bucht Haka Hetau, wo einst auch Missionare angelandet waren.

Ua Pou und seine beliebten Missionare

Der Hauptort der Insel lag früher bei der Bucht Haka Hetau, in der wir vor Anker lagen. Sie lag geschützt, und es gab reichlich gutes Wasser. Als Missionare eintrafen, erlaubte man ihnen, auf der anderen Seite der Insel zu leben, wo heute der Hauptort Haka Fetau liegt.

Die Bucht dort war offen und ungeschützt. Zudem gab es dort fast kein Wasser. Die damaligen Insulaner wussten eben, wo es sich gut leben ließ, und wie man ungebetene Gäste unterbringen konnte, ohne offen feindselig zu wirken.

Die ersten englischen protestantischen Missionare kamen um 1792 an. Schon kurze Zeit später gab es keine mehr, denn die hiesigen Vorväter liebten Missionare, vor allem mit etwas Salz und gut gekocht ...

1810 traf eine weitere Gruppe nichtsahnender Glaubensboten ein. Diese Leute mussten mit dem nächsten Schiff, das vorbeikam, fliehen, denn sie hatte heilige Bäume gefällt, weswegen die Einheimischen neben ihrem Proteinbedarf noch einen weiteren Grund hatten, ihnen nach dem Leben zu trachten.

Französische katholische Missionare trafen 1838 ein, zusammen mit Militär, das sie schützen sollte. Dank dieser Wächter endeten diesmal keine der Kirchenvertreter im Kochtopf.

UA POU

Nuku Hiva – andere Sitten

Als nächstes steuerten wir die nordwestlichste der Marquesas-Inseln, Nuku Hiva, an und ankerten in der Hanga Haa-Bucht, einer einsamen, tiefen Bucht am Südostzipfel dieser Insel. Dort gesellte sich das amerikanische Segelboot NATIVE DANCER zu uns, und gemeinsam unternahmen wir eine Wanderung in das Tal, wo einst der kannibalische Stamm der Taipi Vaii lebte.

Der Schriftsteller Herman Melville, vor allem bekannt durch sein Buch „Moby Dick", lebte – und überlebte – für einen guten Monat bei diesem Stamm. Er hatte auf einem Walfängerschiff angeheuert, auf dem ihm die Bedingungen jedoch derart unzumutbar erschienen, dass er bei einem Zwischenhalt auf Nuku Hiva 1842 von Bord ging. Der darauffolgende Aufenthalt im Tal der Taipi Vaii lieferte ihm den Stoff für sein Buch „Typee", welches ich durchaus lesenswert finde.

In diesem durch üppige Natur düster erscheinenden, engen Tal, entdeckten wir überwucherte, rechteckige Grundmauern und Plattformen, deren Ecken durch einfache, aus Stein gehauene Tiki (Götzenfiguren) markiert waren. Lebhaft konnten wir uns vorstellen, wie es zur Zeit Melvilles hier bei diesen Kannibalen ausgesehen haben und hergegangen sein musste.

Auch auf dieser Insel ergaben sich dank Edis Französisch-kenntnissen gute Kontakte mit den Einheimischen. Bei unserer üblichen Frage nach Gemüse trafen wir auf Pierre, der bis zu seiner Pensionierung bei der „Gendarmerie" auf den französischen Inseln in der Karibik tätig war.

Nachdem wir in Guadeloupe überfallen worden waren, hatte uns der Direktor der Marina bereits darauf hingewiesen, dass wir wohl besser zur Gendarmerie als zur Polizei gegangen wären. Von Pierre erfuhren wir Genaueres: Die Gendarmerie der Franzosen entwickelte sich historisch aus dem Militär.

Ihren Ursprung hat sie in der Gendarmerie Nationale, einer Polizeitruppe in Frankreich. Diese ist seit ihrer Gründung 1791 Teil der französischen Streitkräfte und daher im Unterschied zu den übrigen französischen Polizeikräften dem Verteidigungsministerium unterstellt.

Die Gendarmerie übernimmt polizeiliche Aufgaben im ländlichen Raum, während die Police Nationale für die Städte zuständig ist. Beide Wachkörper sind voneinander unabhängig.

Nachdem Pierre sich in der Karibik nicht nur durch seine Polizeiarbeit, sondern auch durch seine sportlichen Leistungen bei internationalen Polizei-Wettkämpfen Ansehen erworben hatte, betätigte er sich hier auf dieser Insel als Gemüsebauer. Welch ein Kontrast!

Lange saßen wir in seiner einfachen, aber gemütlichen Hütte bei einer Flasche Wein zusammen, während er seine unglaublichen Geschichten zum Besten gab. Manches versuchte er, auf Englisch zu erklären, damit auch ich etwas verstand. So auch die Geschichte über seine Frau: Auf Tahiti begegnete er ihr und wusste: „Das ist meine zukünftige Frau!"

Nach einem eigenartigen Unfall, der ihr eines Tages zustieß, sei sie klinisch tot gewesen. Pierre habe sich intuitiv zu ihr gelegt, Fußsohlen an Fußsohlen. Plötzlich begannen sich ihre Beine zu bewegen, und sie sei wieder zu sich gekommen. Wieder erwacht habe sie ihm erzählt, sie sei gerannt und gerannt (daher wohl die sich bewegenden Beine).

Sie erzählte weiter: Pierres verstorbener Vater sei ihr erschienen und habe ihr gesagt, dass sie noch gebraucht würde. Sie solle Pierre einen Geheimcode mitteilen, den nur Pierre als einziger Sohn kenne. Damit sollte sie beweisen, dass sie ihm tatsächlich begegnet sei.

Pierre war der Meinung, seine Frau sei mit einem Voodoo-Zauber belegt gewesen, durch den es zu dem Unfall gekommen sei. Die Heilung, die sich hier vollzogen hatte, löste angeblich den Zauber auf.

Auch erzählte er uns, auf Nuku Hiva gäbe es trotz der sauberen Luft und des warmen Klimas Menschen, die schwer unter Asthma litten. Wenn die Ärzte nicht mehr weiterhelfen könnten, schickten sie Pierres Berichten zufolge die Patienten zu ihm – er konnte sie offenbar heilen.

Eine Einheimische litt an einer Unterleibskrankheit und sollte deshalb operiert werden. Pierre empfahl ihr, einen Sud aus Knoblauchschalen mit einigen seiner Kräuter aufzugießen und zu trinken. Eine Operation sei danach nicht mehr nötig gewesen; die Frau sei heute gesund.

Wir wunderten uns natürlich über Pierres Schilderungen, die er auf lebendige und gestenreiche Weise vortrug. Doch diese Geschichten wurden uns von seinen Nachbarn bestätigt.

Pierre gab noch mehr von sich preis: Grundsätzlich gehe er barfuß in seinen Garten, um mit der Erde verbunden zu sein. Dabei kämen ihm intuitiv Heilungsmöglichkeiten in den Sinn. Auch fühle er schon bei der ersten Begegnung mit einem Menschen, ob er demjenigen vertrauen oder sogar helfen könne.

Fühle er beim Händedruck Kälte in seinem Arm, dann lehne Pierre jede Hilfestellung ab. Zudem ist unser Freund überzeugt, dass er die Fähigkeit, Menschen zu helfen, nur so lange behält, wie er anständig und ehrlich lebt.

Viel frisches Gemüse und beste Früchte erhielten wir von ihm. Offenbar hatte er bei unserer Begrüßung keine kalten Arme bekommen, sonst hätte er uns wohl kaum so vertrauensvoll aus seinem Leben erzählt.

Einem anderen Pierre begegneten wir, dem Petit Pierre, der außerhalb der Ortschaft wohnte. Edi kam mit ihm ins Gespräch. Sie hatten sich viel zu erzählen, und schließlich lud der „kleine" Pierre uns für den nächsten Tag zum Mittagessen ein.

Als wir bei ihm erschienen, legte seine Schwester mir Ketten aus farbigen Fruchtkernen und -schalen zur Begrüßung um – viele rote, kleine Kerne, von braunen Ringen umrahmt, hintereinander auf eine Schnur aufgezogen. Wie schön dieser Schmuck wirkte, und welch aufmerksamer Empfang dies war!

Fremde verirrten sich kaum hierher, daher freute sie sich besonders, uns als Gäste zu empfangen. Sie führte uns herum und zeigte uns stolz ihre Vanillepflanzen. Sobald diese blühten, müsse sie sie von Hand bestäuben, weil es die entsprechende Bienenart, die dies natürlicherweise tun würde, nicht auf diesen Inseln gebe.

Wir kehrten zu ihrer Holzhütte zurück, die solide gebaut war und einen Boden aus rauen, im Laufe der Zeit glattgetretenen Brettern hatte. Mich überraschte der ordentliche Eindruck des Hauses. Für die Fenster waren niemals Glasscheiben vorgesehen. Sie waren, ebenso wie die Tür, lediglich rechteckig ausgesägte Öffnungen in den Holzwänden, die sauber mit Leisten ausgekleidet waren. Ein Wellblechdach schützte das Haus und die Terrasse vor Regen.

Mein erster Blick fiel auf einen riesigen Krebs, der unter der Terrasse hervorkrabbelte. Offensichtlich fühlte er sich schon lange wohl in dieser Umgebung und lebte hier wie ein Haustier, denn sonst wäre er längst im Kochtopf gelandet und verspeist worden. Trotzdem verspürte ich keinerlei Verlangen, diesen Krebs zu streicheln. Zu leicht hätte er mir einen Finger abzwicken können.

Im nächsten Moment erblickte ich einen gefährlich aussehenden Eber, der gemächlich um die Ecke des Hauses kam und zunächst auf dem Boden herumstöberte, dann auf der Terrasse weiterschnüffelte. Furchterregend sah er mit seinen gefährlichen Hauern aus, und schon schaute ich mich nach einem Zufluchtsort um.

Aber das sei nicht nötig, beruhigte Pierre mich; der Eber sei als Ferkel zu ihnen gekommen und bei ihnen aufgewachsen. Er würde keinem Menschen etwas zuleide tun, und so ließen wir ihn gewähren. Ich atmete auf und dachte, dass ich hier ganz andere Bräuche und Gewohnheiten kennenlernte als zu Hause.

Der Hausherr zog sich zurück in seine Hütte und hantierte mit Töpfen und Schüsseln, um das Essen zu servieren, das bereits fertig war. Jeder erhielt einen gut gefüllten Suppenteller mit rohem Fisch, der mit Zitrone beträufelt und in Kokosmilch eingelegt war. Dazu servierte Pierre süßen Reis und frische Bananen.

Einen blechernen Suppenlöffel reichte mir die Schwester als Besteck, den ich wortlos entgegennahm. Sie selbst und Pierre aßen das Essen mit den Fingern; es würde ihnen aus der Hand besser schmecken, sagten sie. Was kann man dazu sagen? Jeder, wie er es gewohnt ist.

Wir hatten unsere gut gefüllten Teller in einer Hand, den Löffel in der anderen und, weil wir es gewohnt waren, beim Essen zu sitzen, schauten wir uns nach einer Sitzgelegenheit um. Eine alte Kabelrolle und ein Stück eines Baumstamms boten sich an. Wir setzten uns darauf und ließen es uns schmecken, während der Eber friedlich um unsere Beine strich.

Da ich kein Französisch sprach, konnte ich mich nur per Zeichensprache verständigen und rieb nach Beendigung der Mahlzeit meinen Bauch, um zu zeigen, dass es mir gut geschmeckt hatte. Bedanken konnte ich mich in französischer Sprache gerade eben. Edi unterhielt sich während des Essens angeregt mit Pierre.

Als es ans Abschiednehmen ging, schenkten die beiden uns Fisch aus ihrer Tiefkühltruhe und gaben uns Bananen und Zitronen mit. Nein, nach so einer guten, sättigenden Mahlzeit wollten wir nicht noch mehr Geschenke annehmen. Doch sie trugen ohne viele Worte die Sachen zu unserem Beiboot und beluden es damit.

Herzlich bedankten wir uns bei ihnen. Sie halfen noch, unser Dingi zum Wasser zu tragen und winkten uns nach. Mal wieder fehlten uns Worte, um unsere Gefühle auszudrücken.

Wir verlegten unseren Ankerplatz in die weite Bucht vor Taiohae, die auf unserer Seekarte als Taichae beschriftet war. Taiohae ist ein großer Ort auf Nuku Hiva, in dem wir einiges erledigen konnten, z. B. für die nächste Etappe proviantieren und ausklarieren.

Am Strand hatten wir ein Häuschen mit einer Dusche darin entdeckt und davor ein großes Waschbecken – mit Wasser im Überfluss: etwas Seltenes für uns. Das war ein Grund,

einen Waschtag einzulegen. Wir nahmen unseren prall gefüllten Wäschesack und fuhren an Land. Ausgelassen spritzten wir uns gegenseitig nass, wuschen die Wäsche, und zum
Schluss uns selbst.

Dass uns No-No-Fliegen beim Waschen überfallen hatten,
merkten wir erst am folgenden Tag. Es juckte am ganzen Körper bestialisch. Wir waren mit unzähligen Stichen übersät, die
uns noch viele Tage plagten – grausam! Kein Wunder, dass dieses Duschhäuschen von den Einheimischen gemieden wurde ...

Einige Tage blieben wir hier vor Anker und erholten uns von
den juckenden No-No-Stichen. Von hier aus beabsichtigten wir,
direkt zu den Tuamotus (Motu = Insel) zu segeln.

Weil uns detaillierte Seekarten fehlten, fragten wir andere Segler, ob sie Karten von diesem Seegebiet hätten, und ob
wir Fotokopien davon machen dürften. Gerne halfen sie aus,
liehen uns Bücher und Karten, aus denen wir Ausschnitte kopieren ließen. Mühsam klebten wir diese A4-großen Teilstü-

cke zusammen, die ich später kolorierte, damit sie übersichtlicher wurden.

Das Ausklarieren aus den Marquesas verlief weitgehend normal. Edi verlangte natürlich das hinterlegte Geld zurück, das er auf Hiva Oa deponieren musste, doch wir befanden uns ja auf Nuku Hiva, einer anderen Insel. Es dauerte einige Tage, bis Edi sein Geld erhielt und wir weiterfahren konnten.

Weltuntergangsstimmung

Wir lichteten Anker. Draußen war das Meer allerdings derart ruppig und unbequem, dass wir uns entschlossen, die Insel Ua Pou noch einmal anzulaufen, dieses Mal, um Schutz vor den Wellen hinter einer Mole des Ortes Haka Hau zu finden.

Hier verbrachten wir eine Woche, während der wir auf bessere Bedingungen warteten. Wir trafen einige bekannte Gesichter wieder, nahmen an einem Essen mit Einheimischen auf der Mole teil und besuchten an Pfingsten den katholischen Gottesdienst. Uns war von dem Gesang der Einheimischen vorgeschwärmt worden.

Das Singen der klang- und sehnsuchtsvollen Lieder hallte in der Kirche tatsächlich träumerisch, und es gelang Edi, sogar das „Kyrie" und „Agnus Dei" herauszuhören, obwohl er nicht katholisch ist.

Von hier aus hatten die Amerikaner Barbara und David vor, auf ihrer SY BROWN BEAR nach Hawaii zu segeln, da sie zum Arbeiten zurück in ihre Heimat mussten. Bereits kurz nach unserem Einlaufen hatten sie auf der Mole gestanden und gefragt, ob wir nicht auch in diese Richtung segeln würden.

Wieder erwachte der alte Wunsch in uns, über Hawaii nach Alaska zu segeln. Wir waren hin- und hergerissen. Edi vertiefte sich nachts in die Bücher, um sich über die Wetterbedingungen und Möglichkeiten zu informieren.

Die Tatsache, dass in diesem Jahr die Hurrikan-Saison im Nord-Pazifik besonders früh eingesetzt hatte und bereits der zweite tropische Sturm dort oben im Norden wütete, sowie der Hinweis, dass die Zahl dieser Stürme in diesem Monat, im Juni, signifikant ansteigen würde, genügte, um unseren Plan ein zweites Mal zu begraben.

Wir hofften natürlich, dass die Fahrt nach Hause für die beiden Amerikaner, die auf Hawaii lebten, sicher verlaufen würde. Leider verloren wir den Kontakt, weshalb wir nicht erfuhren, ob sie ihr Ziel sicher erreichten.

Wir segelten zu der im Westen der Insel Ua Pou gelegenen Bucht Haka Otu, um dort unser Schiff in Ruhe für die Weiterfahrt vorzubereiten. Am Funkgerät schwärmten wir von der absolut ruhigen und einsamen Bucht mit den imposanten Felswänden.

Unverhofft erschien die SY DANCING DA MARA, der wir bis dahin noch nicht begegnet waren, und ankerte in der Nähe. Wie das unter Seglern üblich ist, luden wir sie zu einem Plausch zu uns an Bord ein. Gerne kamen Theresa und Frank herüber und leisteten uns bei einem Drink Gesellschaft. Auch sie hatten vor, am nächsten Morgen weiterzusegeln, und wir verabredeten, zur gleichen Zeit Anker zu lichten.

Nach einer ruhigen Nacht waren wir zur verabredeten Zeit bereit, und ich begann, mit der Ankerwinsch die Ankerkette einzuziehen. Plötzlich rumpelte es gefährlich, die SINGLE MALT bebte, und der Bug neigte sich nach unten. Was war los?

Anscheinend hing die Kette irgendwo fest. Es waren noch etwa vierzig Meter davon im Wasser. (Wir hatten unsere Kette alle 10 Meter mit einer entsprechenden Anzahl Bändsel gekennzeichnet, sodass ich die Länge im Wasser abschätzen konnte.)

Am Grund musste ein „dicker Brocken" liegen, der unsere Kette „festhielt", denn es war nichts zu machen. Ich holte meine Schnorchelausrüstung hervor und tauchte zum Nachschauen ins Nass. Es war absolut nichts zu sehen. Das Wasser war einfach zu trüb.

Wir versuchten, auf gut Glück langsam im Kreis um einen vermuteten Korallenkopf herumzufahren und hofften, somit die Kette davon abzuwickeln. Ohne Erfolg! Die Besatzung der SY DANCING DA MARA bot sich an, uns im Kreis herumzuziehen. Immer noch steckten wir fest.

Sie zogen uns ein zweites Mal vorsichtig herum. Doch die Kette saß nun noch fester als zuvor und war sogar „kürzer" geworden. Um Schäden durch Wellen und Flut zu vermeiden, mussten wir wieder Kette rauslassen.

Wir waren mit unserem Latein am Ende. Unsere besorgten Freunde konnten uns nicht weiterhelfen, wollten uns jedoch nicht allein lassen. Erst nach langem Drängen konnten wir sie überzeugen, doch weiterzusegeln.

HAKA OTU
(Insel OA POU)

Da lagen wir nun mit unserer um irgendetwas gewickelten Ankerkette. Edi überlegte, dass sich dieser Zustand eigentlich nur verschlimmern konnte. Die feststeckende Kette würde sich immer weiter um den Korallenblock (oder was auch immer) wickeln, und wir müssten immer mehr Kette geben, bis schlussendlich das bittere Ende käme.

Dann würde der Bug der SINGLE MALT immer weiter nach unten gezogen werden, bis wir untergingen. Es würde zwar einige Tage oder sogar länger dauern, aber der Schiffsuntergang wäre gewiss!

Es herrschte Weltuntergangsstimmung an Bord. Edi hatte mit der Welt abgeschlossen, denn sein Schiff würde er nicht verlassen. Nie und nimmer! Er kommandierte: „Ich gehe mit dem Schiff unter! Aber du, Almuth, du musst von Bord gehen und dich retten!" Da brauchte ich nicht lange zu überlegen, um ihm zu erwidern: „Was denkst du denn? Erstmal schwimmt die SINGLE MALT ja noch, und ich lass dich doch nicht allein untergehen!"

Den Rest des Tages verbrachten wir bis auf die düstere Stimmung normal mit unseren Speisen, sogar Apéros, und ich fertigte eine Zeichnung an. Allerdings gesellten sich zu unserem Unglück noch mehr schlechte Nachrichten: Edi stellte fest, dass unsere neuen, vielgepriesenen und sündhaft teuren Gel-Batterien, die wir erst vor etwa fünf Monaten aus den USA hatten kommen lassen, die Spannung nicht mehr hielten.

Für uns eine Herausforderung, denn was wird nicht alles elektrisch betrieben?! Instrumente für die Navigation, Windanzeiger, Computer, Radio, Wasserpumpen usw. Zu diesen Problemen stellte Edi fest, dass sein ziemlich neuer Rasierapparat beim Wiederaufladen derart heiß wurde, dass auch der bald seinen Geist aufgeben würde.

Edi war verzweifelt. Doch ich wunderte mich sehr ob dieser seltsamen Situation. „Wieso kümmert dich all das überhaupt noch?", fragte ich ihn. „Wir gehen doch sowieso bald unter!"

Während der Nacht fand Edi vor Sorge keinen Schlaf, während ich mich damit tröstete, dass die SINGLE MALT erstmal noch schwamm. Edi ging während seiner schlaflosen Stunden alle Möglichkeiten durch, die ihm einfielen. Eine Idee klang vielversprechend: Da das Wasser trüb war, könnte vielleicht ein Taucher etwas ausrichten?

Als der Morgen graute, fragte er über Funk, ob jemand in erreichbarer Nähe sei, der tauchen und uns helfen könnte, unsere Kette von dem unsichtbaren Hindernis abzuwickeln. Tatsächlich war trotz der frühen Stunde schon jemand auf der SY BLUE NOSE wach und antwortete.

Er sei Taucher und würde selbstverständlich zusammen mit seinem Sohn mit seinem Beiboot den weiten Weg zu uns unternehmen. Seine Familie schlafe noch, doch sobald sie aufwache, würde er sich bereitmachen.

Der neue Tag begann, und ich bereitete das Frühstück zu, denn ich hatte Hunger und war mir sicher, dass es Edi ebenso ging, er vor lauter Sorge jedoch keinen Gedanken daran verschwendete. Er war nervös und schmeckte nichts von seinem Frühstück.

Er hatte kaum einen Bissen heruntergeschluckt, als er aufstand und beiläufig über Bord ins Wasser schaute. Plötzlich rief er: „Du, Almuth, schau doch mal! Das Wasser ist klar!" Augenblicklich sprang ich auf, ließ alles stehen und liegen, legte meine Schnorchelausrüstung an und stieg ins Wasser.

Tatsächlich konnte ich bis auf den Grund sehen und einen riesigen Korallenkopf in der Tiefe erkennen, um den die Kette fast dekorativ gewickelt war. Über Sand führte sie weiter bis zum Anker, der da wieder in Korallen lag. Ich berichtete Edi, dass ich unsere Kette gut sehen konnte, da sie glänzte (sie war aus Edelstahl). Allerdings müsse ich ihr ein wenig Schwung geben, um zu erkennen, wie sie aufgewickelt sei.

Es war schwere Arbeit für mich, die Kette zu bewegen, aber bald konnte ich erkennen, in welcher Richtung sie erst einmal abgewickelt werden musste. Edi startete den Motor, um das Schiff in die entsprechende Richtung zu fahren, und langsam aber sicher gab der Korallenkopf die Kette Stück für Stück frei.

Edi wechselte immer wieder zwischen Cockpit und Ankerwinsch, um je nach Bedarf etwas Kette nachzulassen oder heraufzuholen und dann wiederum in die eine oder die andere Richtung zu fahren, je nachdem, was ich ihm zurief.

Die Kette hatte sich in die verschiedensten Richtungen um und über die bizarr geformten Zacken gelegt. Fast sah es aus, als hätte eine Katze mit einem Wollknäuel gespielt. Es war wirklich schwierig, aber irgendwann war es geschafft! Edi konnte den Anker hochziehen, ich an Bord kommen. Wir waren frei!

Edi steuerte langsam aus der Bucht hinaus, aber ich war nass, musste mich trocknen und Kleidung anlegen. Und das Frühstück stand noch immer auf dem Tisch. Wenn ich es nicht bald wegräumte, würde ein wüstes Chaos entstehen. Gehetzt räumte ich auf.

Währenddessen begab Edi sich ans Funkgerät, rief die Besatzung der SY BLUE NOSE und hoffte, dass Vater und Sohn noch nicht losgefahren waren. Nein, sie antworteten, dass sie soeben bereit seien und losfahren wollten. Diese Hilfsaktion konnte Edi glücklich abblasen und sich für den guten Willen bedanken, uns zu helfen.

Schnell war klar Schiff gemacht, ich warm angezogen, und der Segelalltag konnte beginnen. Unterwegs war so viel zu tun, zu überlegen, auf den Kurs zu achten, Mahlzeiten zu kochen, und natürlich sollte auch jeder seinen Schlaf bekommen ... Also schauten wir nach vorne und sprachen nicht mehr über die vergangenen Sorgen.

426

47. Die Tuamotus –
Inseln der schwarzen Perlen

Juni und Juli 2000

Die Tuamotus – ein gefährlicher Archipel

Erstmals wurden die Atolle, aus denen die Inselgruppe der Tuamotus besteht, von Ferdinand Magellan 1521 gesichtet, doch nicht besonders vermerkt. Der Portugiese Pedro Fernandes de Queirós, der 1606 im Dienst der spanischen Krone unterwegs war, entdeckte diesen Archipel offiziell.

Zehn Jahre später (1616) befuhr der holländische Kapitän Le Maire den nordwestlichen Teil dieses Archipels in Begleitung des Seefahrers Willem Schouten. Le Maire war zu der Zeit auf seiner Fahrt nach Batavia (heute Indonesien) um das Kap Hoorn, dem er den Namen gab. Auch entdeckte er während dieser Fahrt eine Meeresenge, die später nach ihm benannt wurde (die Le-Maire-Straße).

Der Tuamotu-Archipel erstreckt sich von Nordwest nach Südost in zwei Reihen über etwa 15 Längen- und 10 Breitengrade, mit einer Längenausdehnung von über 2000 km und einer Fläche von über 2 Mio. km². Auf dieser Fläche, die größer als Westeuropa ist, befinden sich etwa 75 Atolle und unzählige Riffe. Die gesamte Landfläche beträgt nur etwa 850 km². Zum Vergleich: Berlin erstreckt sich über eine Fläche von 892 km².

Atolle sind Überbleibsel vulkanischer Inseln, bei denen sich vor langer Zeit nach und nach ein Saumriff um die Insel bildete. Mit der Zeit erodierte die eigentliche Insel

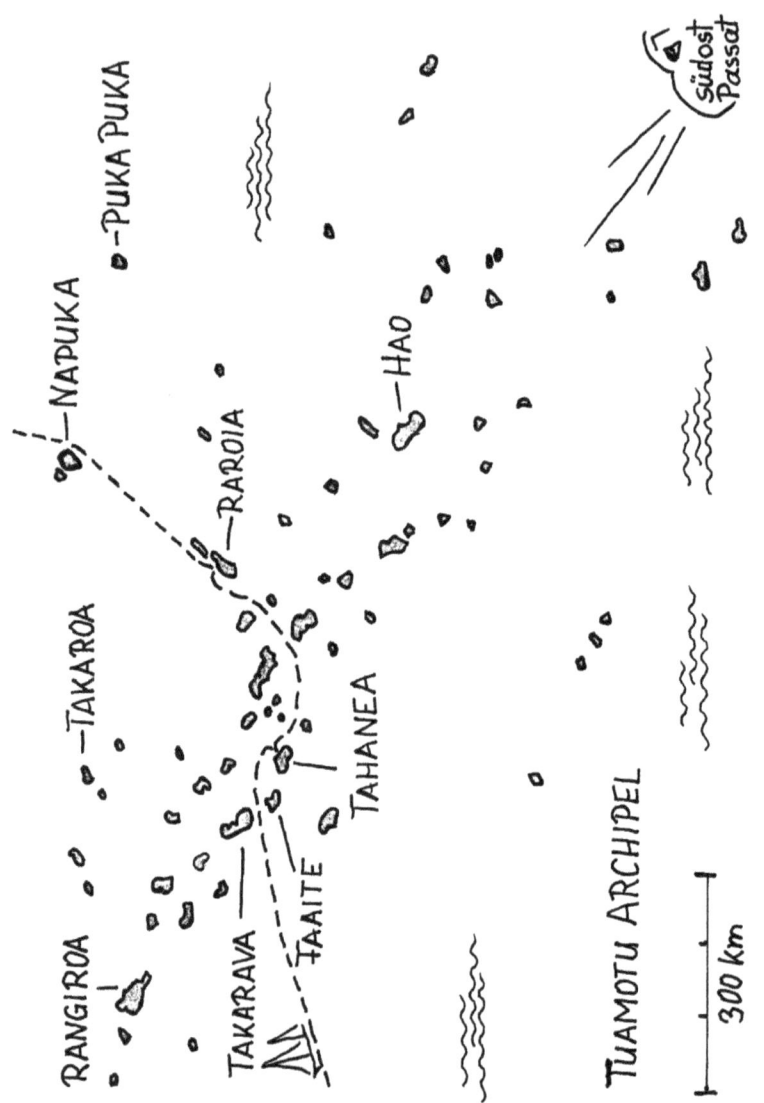

RANGIROA
TAKAROA
NAPUKA
PUKA PUKA
RAROIA
HAO
TAKARAVA
FAAITE
TAHANEA
Südost Passat
TUAMOTU ARCHIPEL
300 km

und/oder sank ab, während das Korallenriff weiter nach oben wuchs. Irgendwann blieb lediglich das Atoll übrig: ein flaches, ringförmiges Korallenriff, das eine Lagune umrahmt; es wirkt etwa wie ein See im Ozean.

Teile eines solchen Riffs wurden manchmal durch Erdbewegungen etwas angehoben, sodass sich einige der kleinen Inseln (Motus) über der Wasseroberfläche bildeten, auf denen mit der Zeit Palmen und andere Pflanzen wuchsen. Diese Atolle sind selbstverständlich nicht kreisrund und können einen Durchmesser von 20 und mehr Kilometern aufweisen. Zum Teil erodierten sie im Laufe der Zeit stark, und oft blieben nur verstreute Riffe übrig.

Die Navigation in und um diese Atolle und die unzähligen zerstreuten Riffe ist gefährlich. Nicht zuletzt deswegen hieß dieses Gebiet „Dangerous Archipel" und wurde über lange Zeit von den Seefahrern gemieden.

Als wir uns in diesem Seegebiet aufhielten, waren die Informationen auf den Seekarten äußerst mager, und Tidenangaben fehlten völlig. Auf Contadora gab uns der Funker Gunter eine lange, unvollständige Liste mit Koordinaten von Riffen, die auf den Seekarten nicht eingezeichnet waren.

Die Einfahrt durch die Riffe in diese Lagunen ist nicht überall möglich, doch bei etlichen Atollen gibt es sogenannte Pässe. Dies sind enge Durchfahrten zwischen den Riffen, durch die sich bei Tidenwechsel die reißende Flut- oder Ebbströmung mit großer Geschwindigkeit hinein- oder hinauszwängt. Derartige Pässe sind oft erst spät zu erkennen, während zu beiden Seiten die Brandung gewaltig tobt.

Um unser nächstes Ziel, Raroia, zu erreichen, mussten wir so hoch wie möglich am Wind segeln. Daher verlief unsere Fahrt ziemlich ruppig. Nach einigen Tagen segelten wir während dunkler Morgenstunden in einer Entfernung von etwa 10 nm an dem Atoll Napuka vorbei und konnten trotz Vollmond nichts davon sehen, da dieses Atoll zu niedrig ist. Selbst auf dem Radar war nichts erkennbar.

Edi hatte unsere Position auf der Karte gekoppelt und war sich sicher, dass wir den Kurs um einige Grad ändern konnten. Das taten wir sogleich, wodurch die Fahrt etwas gemütlicher wurde. Wir freuten uns schon auf einen ruhigen Ankerplatz, dem wir uns bald darauf bei Tageslicht näherten. Genau zu der von Edi nach dem Mond berechneten Zeit erreichten wir den „Passe du Nord" des Raroia-Atolls.

Raroia

Dort, wo der starke Ebbstrom auf das Meer stieß, kochte und brodelte das Wasser vor uns gefährlich. An ein Durchfahren gegen diese starke Strömung war nicht zu denken, da wir niemals dagegen angekommen wären. Also warteten wir auf- und abkreuzend vor dem Atoll auf eine Veränderung der Gezeitenströmung. Nach etwa einer Stunde hatte die Strömung so weit nachgelassen, dass wir hindurchfahren konnten.

Innerhalb des Atolls war noch nicht alles geschafft, denn gefährlich knapp unter der Wasseroberfläche versteckt befanden sich Korallenköpfe, die nur bei Sonnenschein und möglichst glattem Wasser sichtbar waren. Diese Korallen konnten unserer SINGLE MALT wirklich gefährlich werden, weshalb wir sie so sicher wie möglich umfahren mussten.

Derartige Einfahrten in Lagunen sollten wir noch viele erleben. Jede war für uns neu und unbekannt, und da wir nur spärliche Informationen besaßen, waren sie immer aufregend für uns. In diesem Fall wartete eine zusätzliche Überraschung auf uns: ein tropischer Regenschauer.

Das Wasser ergoss sich über uns wie aus Eimern geschüttet, und wir sahen außer der dichten Regenwand nichts mehr. Das Schlimmste war, dass nicht nur die Sicht um uns herum gleich Null war, sondern auch die Wasseroberfläche zu einer ganz und gar undurchsichtigen Fläche wurde, unter der sich die unzähligen gefährlichen Korallenköpfe verbargen.

Unter langsamer Fahrt tasteten wir uns voran und konnten nach angespanntem Ausschauhalten vor der kleinen Siedlung Ngarumaova auf der Insel Raroia ankern, ohne auf einen Korallenkopf gestoßen zu sein. „Das haben wir gut gemacht", klopfte ich mir in Gedanken auf die Schulter.

Bevor wir uns unseren Ankerdrink gönnten, mussten wir erst einmal trocknen: Das Adrenalin war uns während der heiklen Fahrt nur so aus den Ohren geflossen – oder waren wir vielleicht nur vom Regenwasser nass?

Warum hatten wir gerade dieses der vielen Atolle der Tuamotus gewählt, obwohl wir wussten, dass es für uns bedeutete, unbequem hoch am Wind zu segeln? Einfacher wäre es gewesen, die Tuamotus stattdessen mit angenehmerer Windrichtung nach Westen anzulaufen. Doch unsere Entscheidung war ganz bewusst auf Raroia gefallen: 1947 war Thor Heyerdal, dem wir auf Fatu Hiva bereits „begegnet" waren, mit seiner KONTIKI auf diesem Atoll gestrandet – und wir wandeln gern auf historischem Gebiet.

Während unseres ersten Spaziergangs im kleinen Dorf Ngarumaova, wo es kein einziges Geschäft, keinen Strom und kein Telefon gab, waren wir an das Ende eines Trampelpfades geraten und landeten bei einer Hütte, vor der Kinder im Sand spielten. Freundlich riefen sie uns „Bonjour" herüber.

Einen großen Haufen bunter Wolldecken vor der Hütte hatten wir bis dahin nicht beachtet. Er kam in Bewegung und zog unsere Aufmerksamkeit auf sich, da er so unwirklich wirkte, dass wir fasziniert auf das Bündel starrten und ein Fabelwesen erwarteten, das sich aus den Falten schälen würde.

Stattdessen krabbelte verschlafen eine mollige Frau aus Fleisch und Blut daraus hervor, erhob sich und kam freundlich lächelnd auf uns zu. Mit einem festen Händedruck hieß sie uns willkommen und begann mit Edi auf Französisch eine Unterhaltung. Wenn sie lächelte, entblößte sie nicht nur einige Zähne, sondern auch Zahnlücken, die sie gemütlich wirken ließen.

Tatsächlich war sie eine gutmütige Frau, die scheinbar keinen Vornamen hatte, sondern von allen „Maman" genannt wurde. (Dieses „Maman" bedeutet, wie man sich denken kann, Mama, und wird im Französischen mit einem leicht näselnden N am Ende des Wortes ausgesprochen.)

Wir sollten uns setzen. Sie reichte uns etwas Zitronensaft und begann, mit uns zu plaudern. Sie interessierte sich brennend dafür, wie viele Kinder wir hätten, wie alt wir seien, ob es Enkelkinder gäbe und überhaupt für alles, was uns betraf.

Zum Glück sprach Edi Französisch und konnte ihre Fragen beantworten. Zwar behauptete er, sein Französisch sei schlecht, aber wie sagt man? Unter den Blinden ist der Einäugige König!

Der erwachsene Sohn der Frau, Enrico, hatte sich während des Gesprächs zu uns gesellt, und als wir nach einem Plauderstündchen zu unserem Dingi am Strand gingen, begleitete er uns und lud uns für den folgenden Tag zum Mittagessen ein.

Pünktlich nach Schweizer Art erschienen wir und wurden gebeten, auf einer Art Terrasse Platz zu nehmen. Fast beiläufig, als wäre es das Normalste auf der Welt, überreichte Enrico uns von seiner Mutter drei schwarze Perlen als Willkommensgeschenk! Sie schimmerten in seidigem Anthrazit – wunderschön!

Zwar hatte ich irgendwann einmal von schwarzen Perlen gehört, sie jedoch zu sehen, geschweige denn sie in meinen Händen zu halten, war außerhalb meiner Vorstellungskraft gewesen. Nun lag eine derartige Seltenheit in meinen Händen. Welch überraschende Geste!

Wir hatten eine Flasche Rotwein mitgebracht, etwas, was für die hiesigen Leute unserer Meinung nach etwas Außergewöhnliches war. Das Essen war einfach und schmackhaft. Es gab gebratenen Fisch (entschuppt, aber mit Kopf, Haut und Gräten) mit Zwiebeln (letztere kamen über Tahiti von Neuseeland), Poisson cru (roher, in Zitrone und Kokosnussmilch eingelegter Fisch) und dazu Reis.

Während der Mahlzeit floss eine muntere Unterhaltung, in der Edi ausführlich von uns erzählte und im Gegenzug nach dem Leben auf dieser Insel fragte. Es gab hier einen Kindergarten, jedoch zur Schule müssten sie nach Tahiti fahren und bei Verwandten wohnen.

Man lächelte mir zu, und immer wieder wurde ich aufgefordert, doch noch von diesem und jenem zu probieren, aber irgendwann war ich so gesättigt, dass nichts mehr in mich hineinpasste. Es war eine wirklich nette Familie.

Ich begann mich darüber zu ärgern, kein Wort dieser lieben Leute zu verstehen, so sehr ich mich auch bemühte. Der schlimmste Ärger ist der über sich selbst: „Warum war ich früher in der Schule so faul?", grummelte ich innerlich vor mich hin. „Hätte ich gewusst, dass ich Französisch später brauchen würde, hätte ich diese Sprache gewählt anstatt eines anderen Faches, das mir damals leichter schien.

Wenn ich je eine Gelegenheit bekomme", schwor ich mir, „dann werde ich Französisch lernen!" Meinen Ärger über mich selbst zeigte ich natürlich nicht, denn das hätten diese aufmerksamen Leute nicht verdient. Freundlich lächelte ich sie an und lachte, wenn alle anderen lachten, obwohl ich gar nicht verstand, worum es ging.

Während dieser Unterhaltung muss auch der Wunsch der ältesten Tochter Anna zur Sprache gekommen sein, unser Boot zu sehen, denn nach dem Essen begleitete sie uns mit ihrer kleinen Tochter und ihrem jüngsten Bruder Christoph im Dingi zur SINGLE MALT.

Wir waren allesamt soeben an Bord der SINGLE MALT gestiegen, jeder hatte einen Platz im Cockpit gefunden, hielt ein erfrischendes Getränk in der Hand, mit dem wir gerade auf unser aller Wohl anstoßen wollten, als sich zwei fremde Dingis näherten.

Während unseres Aufenthalts an Land waren zwei Yachten eingefahren, deren Besatzungen ihre Beiboote bereitgemacht hatten und nun herübergefahren kamen, um uns kennenzulernen. Als Fahrtensegler ist man viele Tage, wenn nicht sogar Wochen nur für sich, und freut sich daher jederzeit über Besuch und jede weitere Abwechslung.

Wir hießen die vier Segler willkommen und baten sie an Bord. Mit den „Insulanern" waren wir insgesamt neun Personen im engen Cockpit. Wir machten uns miteinander bekannt und hatten uns viel zu erzählen, was dank erfrischender Getränke und gegenseitiger Sympathien trotz der Enge zu einem richtig schönen, gemütlichen Abend führte. Es stellte sich heraus, dass die Segler Deutsche waren und wir keine Verständigungsprobleme hatten, worüber ich besonders froh war.

In dem kleinen Ort auf der Insel, in dem jeder jeden kannte, waren natürlich auch wir schnell bekannt wie zwei bunte Hunde. Jeder auf der Insel begrüßte uns, meistens mit Handschlag, und sagte jeweils einige Worte auf Französisch. Kinder kamen uns entgegengelaufen, wollten uns kennenlernen, riefen munter „Bonjour", nahmen uns bei den Händen und begleiteten uns ein Stück des Weges.

Einer der kleinen Jungen schenkte mir eine polierte Muschelschale und lief sofort wieder weg, ohne mein Dankeschön abzuwarten. Sie schillerte grün und blau, und immer wieder strich ich mit meinen Fingern über diese spiegelglatte Fläche, weil sie sich so angenehm anfühlte.

Eines Vormittags spazierten wir zur äußeren Seite des Riffs, wo die Brandung laut brauste und hoch aufspritzte. Schwarze, scharfkantige Korallen ragten in skurrilen Formen in die Höhe wie ausgefallene Kunstwerke. Am Fuße dieser Formationen lagen zerschlagene Muschelscherben, die teilweise bis zu Sand zerrieben waren. Daneben tummelten sich in Salzwasserpfützen kleine Meerestiere.

Es war abenteuerlich, über diese Unebenheiten zu klettern, denn ich fühlte mich unsicher, schwankte und drohte auf diese bizarren Spitzen zu fallen und mich zu verletzen. Was war bloß mit mir los? Sonst taumelte ich doch nicht wie eine Betrunkene?

Erst später kam mir in den Sinn, dass ich ja noch „Seebeine" hatte und daher an Land wie ein „Seebär" (oder sollte ich sagen, wie eine Seebärin?) torkelte. Während der Zeit an Bord gleicht man intuitiv die Bewegungen des Schiffes aus. Nach längerer Zeit auf dem Boot geht das derart in Fleisch und Blut über, dass man später, wenn man an Land geht, diesen Ausgleich ebenso intuitiv weiterhin durchführt, obwohl es gar nichts mehr auszugleichen gibt.

Perlenzucht

Das Raroia-Atoll hat eine ovale Form von etwa 40 km mal 10 km. Es ist also so groß, dass man die andere Seite nicht sehen kann. In der Nähe des Dorfes hatten wir einige kleine Hütten entdeckt, die auf Pfählen im Wasser standen. Ob da, so abgelegen, wohl Menschen lebten? Und wenn ja, was machten sie dort wohl?

Eines frühen Morgens machten wir uns mit unserem Dingi zu einer dieser Hütten auf, bei der wir Leben entdeckt hatten. Ein Ehepaar arbeitete dort, begrüßte uns freundlich, und wir stellten uns gegenseitig vor. So abgelegen, wie sie hier lebten, bekamen die beiden nur selten Besuch.

Gerne erzählten Kathi und ihr Mann Viritahi, dass sie Perlenzucht betreiben. „Wie macht ihr das?", wollten wir wissen. Die beiden freuten sich über unser Interesse, und Viritahi begann sofort zu erklären: Zunächst werden sogenannte „Collecteurs" (Sammler) ausgelegt.

Diese bestehen aus langen Stricken, die an einem Schwimmer ins Wasser gehängt werden und am unteren Ende mit Gewichten versehen sind. Mit der Zeit setzen sich daran junge Muscheln fest. Dass das gut funktioniert, hatten wir vor Contadora unfreiwillig herausgefunden, als sich dort Muscheln innerhalb weniger Wochen an unserer Ankerkette und am Propeller angesiedelt hatten.

Hier machte man sich das zunutze und musste nur abwarten, bis die Muscheln zur gewünschten Größe gewachsen waren. Um uns ihre Arbeit vorzuführen, holte der Mann mit seinem Boot einen derartigen Strick mit einigen Muscheln daran herbei. Kathi reinigte die Muscheln mit einer groben Bürste von Algenbewuchs und kleineren Tieren.

Derart vorbereitet konnte Viritahi mit dem Pfropfen (frz.: „greffer") beginnen. Dafür öffnete er eine der Muscheln ganz, sodass das Tier auf einer seiner halben Schalen frei lag, wobei eine schwarze Kante (Mantelgewebe) sichtbar wurde. Viritahi interessierte sich lediglich für diesen schwarzen Rand, den er sorgfältig abschnitt und in kleine Quadrate aufteilte, die er für den späteren Einsatz als Implantat zur Seite legte.

Nun nahm er die nächste noch geschlossene Muschel zur Hand, steckte vorsichtig eine Spezialzange zwischen die Schalen und öffnete sie behutsam nur etwa fünfzehn Millimeter weit. Mit einer feinen Schere machte er an einer ganz bestimmten Stelle im Mucheltier einen Schnitt, sodass eine kleine Tasche entstand.

Mit einem Instrument, das einem zahnärztlichen Gerät ähnelte, öffnete er die soeben geschnittene Tasche, setzte sorgfältig die Nourriture (eines dieser vorbereiteten schwarzen Implantate) ein und drückte zusätzlich in dieselbe Öffnung eine winzig kleine Kugel aus Perlmutt. Damit war die Operation abgeschlossen, und die nächste Muschel konnte „operiert" werden.

Zum Abschluss dieser heiklen Aktion wurde ein kleines Loch in die Schale jeder Muschel gebohrt, durch welches je ein Bändsel gezogen wurde. Damit wurden die Tiere am „Collecteur" festgebunden, bevor Viritahi letzteren wieder ins Wasser absenkte.

Nun war wieder Geduld angesagt. Er hoffte, nach etwas über einem Jahr eine schöne schwarze Perle ernten zu können. Nicht immer entsteht eine ebenmäßige Kugel. Auch die Farbe kann variieren. Aber das macht die Perlen ja gerade so außergewöhnlich schön.

Bis kurz vor unserer Ankunft hier war es nicht üblich, bei dieser Tätigkeit zuschauen zu dürfen, denn die Japaner und Chinesen hielten diese Methode geheim. Wir hatten also Glück, hier zur richtigen Zeit erschienen zu sein.

Viritahi bedeutete uns, einen Moment zu warten, und fuhr zusammen mit Kathi im Boot davon. „Was wollen sie uns jetzt noch zeigen?", rätselten wir. Kurze Zeit später kehrten sie mit einem Kollektor zurück, an dem zehn Muscheln hingen. Die seien bereits vor achtzehn Monaten gepfropft worden und hingen seitdem im Wasser.

Jetzt zeigte Kathi uns, wie die Ernte vor sich ging. Sie pflückte eine der Muscheln vom Kollektor ab, und nachdem sie die Schalen gereinigt hatte, trieb sie einen kleinen Holzkeil zwischen die Schalen.

Viritahi hatte an einem Tischchen Platz genommen und nahm sich dieser geöffneten Muschel an. Mit einem Spezialwerkzeug begann er, die verborgene Perle vorsichtig herauszunehmen, möglichst ohne das Tier zu verletzen. Er wusste ja genau, an welcher Stelle er suchen musste.

Eine der Muscheln war leider tot, doch aus den neun anderen kamen schwarze Perlen zu Tage. Nicht alle waren so ebenmäßig gewachsen wie bevorzugt. Sechs der Muscheltiere konnte er noch einmal pfropfen, die anderen drei eigneten sich nicht mehr dafür.

Drei der Perlen steckte Kathi in ein leeres Mayonnaiseglas, worin sich grobes Meersalz befand, überreichte es mir und erklärte mir, ich solle dies eine gute Stunde schütteln. „Wozu soll das wohl gut sein?", fragte ich mich. Doch ich tat, wie mir geheißen.

Natürlich wurde meine Hand bald müde, auch die andere Hand war nach kurzer Zeit erlahmt, weshalb Edi mir beim Schütteln half. Es schien eine Ewigkeit zu dauern. Als die Stunde vorüber war, öffnete die Frau das Glas, nahm die nun atemberaubend schön schimmernden Perlen heraus und schenkte sie mir.

Auf französisch einkaufen und
ein Geburtstag in der Südsee

Das Versorgungsschiff war angekommen, lag vor Ngarumaova vor Anker, und auf der Insel herrschte geschäftiges Treiben. Natürlich wollten wir wissen, was genau dort ablief, und
fuhren mit unserem Dingi an Land, direkt zum Ort des Ge-
schehens. Wer etwas kaufen wollte, ließ sich mit dem Tender
(Beiboot) des Versorgungsschiffes zum Schiff übersetzen. So
auch wir.

Edi zog es zum Kapitän, denn offenbar hielt er sich gerne
auf der Brücke auf, unterhielt sich mit dem Kapitän und seinen Offizieren und versuchte, Informationen für die Navigation zu erhalten.

Er beabsichtigte, Seekarten von Hand zu kopieren, während
er mich – ohne Französischkenntnisse – mit der Bestellung von
Hähnchenkeulen beauftragte. Er verriet mir gerade noch das
Wort dafür auf Französisch und tat, als wäre es das Selbstverständlichste der Welt, dass jemand auch ohne Sprachkenntnis-
se etwas kaufen könne.

Also hegte ich auch keine Zweifel an meinem Können und
reihte mich an Bord des Schiffes in die lange Schlange von Käu-
fern ein, die vor einem Schalter stand. Als ich an die Reihe kam,
bestellte ich „Cuisses de poulet" (Hähnchenschenkel), woraufhin ich etwas gefragt wurde, was ich nicht verstand.

Die Frage wurde einige Male immer eindringlicher und lauter wiederholt, als würde ich es in hoher Lautstärke besser verstehen. Alle Leute um mich herum schauten mich erwartungsvoll an. Daher nickte ich schließlich und sagte dazu „Oui!" (Ja).
Als ich die Ware bezahlte, wunderte ich mich sehr über den hohen Preis und kratzte das letzte Geld aus unserem Portemonnaie dafür zusammen.

Irgendwann wurde meine Bestellung aus dem Laderaum
heraufgezogen, zufällig im gleichen Moment, in dem Edi von
der Brücke herabstieg und sich wieder unter die Normalsterb-
lichen einreihte.

Er schaute auf den Bestellzettel und stutzte. „Wie viele Kilo hast du denn bestellt?" „Das weiß ich doch nicht! Ich wollte ein kleines Paket haben. Allerdings musste ich ein bisschen viel bezahlen!" Nach Edis Berechnungen hatte ich Ahnungslose etwa zwanzig Kilo bestellt!

Gerade rechtzeitig war er erschienen, sodass er diese Unmengen abbestellen und in zwei Kilo ändern konnte. An denen hatten wir lange genug zu essen. Zwanzig Kilo hätten wir niemals in unserem kleinen Kühlschrank unterbringen, geschweige denn essen können. Die ganze Insel hätten wir einladen müssen, aber auf die Idee kamen wir zu dem Zeitpunkt nicht.

Maman (die Frau, die an unserem ersten Tag unter dem Haufen Decken hervorgekrochen kam) hatte Geburtstag und lud uns am Abend zu ihrer Feier ein. Mit einem Geschenk und einer selbstgezeichneten Geburtstagskarte erschienen wir bei Maman, die immer so sympathisch lächelte, dass wir sie einfach liebgewonnen hatten.

Vor ihrem Haus zwischen Palmen und unter dem Sternenhimmel ließen sich alle Verwandten und Gäste bei Kerzenlicht nieder, aßen und tranken. Schon bald setzten sich drei Musikanten mit zwei Banjos und einer Gitarre zusammen und begannen, sehnsuchtsvoll hallende polynesische Lieder zu singen, und wer konnte, stimmte mit ein.

Es herrschte eine unvorstellbare Harmonie und Einigkeit in der Dunkelheit, eine Zufriedenheit unter Palmen und dem klaren Sternenhimmel, die mich in ihren Bann zogen – ein romantischer Abend, wie es ihn nur in der Südsee geben kann.

Kontiki

Auf den Spuren Thor Heyerdahls

Im Jahr 1947 entdeckten eines Tages die Einwohner von Ngarumaova angeschwemmte Konservenbüchsen auf dem Strand ihrer Lagune, die nicht rostig waren. Daraus schlossen sie, dass ein Schiff auf der Luvseite des Atolls gestrandet sein musste.

Umgehend segelten sie mit ihren leichten Segelkanus mit Auslegern (Außenbordmotoren gab es hier damals noch keine) auf die andere Seite des Atolls. Bei einem kleinen Motu fanden sie Thor Heyerdahl mit seiner Besatzung und der gestrandeten, schwer beschädigten KONTIKI.

Der Besatzung wurde spontan geholfen und die KONTIKI über das breite Riff in die Lagune gehievt. Von dort wurde sie zum Dorf geschleppt und später auf Umwegen nach Norwegen transportiert. Inzwischen wurde sie dort restauriert und ist im Marinemuseum in Oslo zu sehen.

Während des Geburtstagsfestes fragte Edi Michel, den Mann des Geburtstagskindes, ob er sich an die KONTIKI erinnern könne. „Ja", meinte er, „ich habe bei den Filmaufnahmen mitgewirkt." „Nein, nicht den Film meine ich, sondern wie die KONTIKI in der Realität entdeckt wurde!", widersprach Edi.

Als Michel das bejahte, fragte Edi weiter, ob er die SINGLE MALT durch die Lagune zum Fundort der Kontiki führen könne, ohne an einem (oder mehreren) der vielen Korallenköpfe anzuecken. (Wir wussten, dass die Kontiki auf einem Motu (polynesisch für Inselchen oder Eiland) gestrandet war, das später den Namen Kontiki-Motu erhielt und das so weit von hier entfernt lag, dass man es von unserem Standort aus nicht sehen konnte.)

Gerne würde Michel das machen; ob er seinen sechsjährigen Enkel Christoph mitbringen dürfe? Selbstverständlich durfte er, und am nächsten Morgen holte Edi die beiden wie verabredet mit unserem Beiboot zu uns an Bord.

Vom Cockpit aus beobachtete Michel, wie ich Anker lichtete. Als Edi auf Kurs ging, dirigierte Michel Edi trotz bedecktem Himmel erfolgreich an allen Hindernissen vorbei. Für uns wäre es unmöglich gewesen, auch nur einen der Korallenköpfe zu erkennen. Erschwerend kam hinzu, dass sich heftige Regenschauer auf uns ergossen, die die Sicht zusätzlich behinderten.

Michel wies den Kurs mal zu der einen, mal zu der anderen Seite und brachte uns trotz allem sicher an den unzähligen Korallenköpfen vorbei. Wir staunten, dass er – scheinbar ohne etwas zu sehen – genau wusste, wo er entlangfahren musste.

Am Nachmittag konnten wir vor dem kleinen Kontiki-Motu ankern. Noch immer regnete es. Daher fuhren wir vorerst nicht an Land, sondern kochten uns ein Nachtessen, das alle mit Appetit verspeisten. Wir lagen ruhig wie in Abrahams Schoß vor Anker, während unweit von uns auf der Luvseite des Riffs die Pazifikbrandung ununterbrochen toste.

Dabei war nicht jede einzelne Welle, die sich brach, zu hören, sondern ein gleichmäßiges Rauschen, das so beruhigend wirkte, dass wir bald den beiden ihre Kojen zeigten. Christoph, der Enkel, räkelte sich nur kurz und schlief sofort ein. Michel verschwand in der Bugkabine und versank sicher auch bald, wie wir in der Achterkabine, im Reich der Träume.

Am folgenden Morgen war das Wetter so schön, wie man es sich nur erträumen konnte. Nach einem Frühstück machten wir das Beiboot bereit und fuhren gemeinsam zum Kontiki-Motu.
Klein war es, mit wenigen Kokospalmen, einigen wenigen Bäumen und Sträuchern darauf. Ansonsten huschten nur Krebse über Sand und Korallen, und weiße Vögel flitzten elegant durch die Luft. Ohne Hilfe der Inselbewohner hätte die Besatzung der KONTIKI hier nicht lange überleben können.

Michel schlug vor, mit dem Dingi noch etwas weiter Richtung Norden zu fahren, wo er uns ein namenloses, winziges Motu zeigen wollte, auf dem drei Palmen wuchsen. Er habe vor einigen Jahren drei keimende Kokosnüsse dorthin gelegt, die sich offensichtlich prächtig entwickelt hatten. Der Anblick war zum Schmunzeln; wie drei Brüder in der Einsamkeit, die sich einig waren.

Unter Michels Anweisung fuhren wir mit unserem Beiboot zwischen für uns unsichtbaren Korallenköpfen hindurch zu dem Inselchen. Wir landeten an einem schmalen Sandstrand, wo Michel half, unser verletzliches Dingi hinaufzutragen.

Es folgte eine mühsame Wanderung über das durch die Ebbe freigelegte Riff, das wiederum aus zackigen und spitzen Korallen bestand. In den Vertiefungen der Korallen hatten sich kleine Tümpel gebildet, in denen sich noch Fische befanden, die nicht rechtzeitig vor der Ebbe geflohen waren.

Über diese karstige Landschaft zu gehen war nicht einfach, obwohl wir schützende Plastikschuhe angelegt hatten. Ich hatte nicht nur Sorge umzuknicken, sondern es gerieten zudem Sand und scharfkantige Muscheln in die Schuhe, die das Gehen erschwerten.

Der sechsjährige Christoph lief barfuß darüber und, oh Wunder, erlitt keine einzige Verletzung an seinen Füßen. Er besäße gar keine Schuhe und liefe immer barfuß, erzählte Michel uns. Ich konnte es nicht glauben und schaute mir seine Fußsohlen genau an. Sie waren unversehrt.

Was gab es auf diesem Korallenriff nicht alles zu sehen: Viele verschiedenartige Fische, die sich in den flachen Wassertümpeln auf die Seite legen mussten, da das Wasser zum normalen Schwimmen nicht tief genug war. Krebse, Muscheln, Schnecken und Getier, das wir nicht kannten, waren hier zu Hause.

Muränen hatten sich in Korallenhöhlen versteckt, und Michel zeigte mir eine, von der man lediglich den Kopf sehen konnte, der auf Beute lauernd aus einem Loch hervorlugte. Um diese Fische machten wir lieber einen großen Bogen, denn es hieß, sie seien angriffslustig und mit einem Biss von ihnen sei nicht zu spaßen.

Wegen Trunkenheit gesunken

1969 fuhr die MS MANURE mit 20 Schulkindern vom Fakahina-Atoll zum Makemo-Atoll. Der Kapitän hatte offenbar mehr als einen (alkoholischen Tropfen) über den Durst getrunken und lief daher mitten in der Nacht mit seinem Schiff etwa zwei Kilometer nördlich vom Kontiki-Motu auf das östliche Riff des Raroia-Atolls auf.

Wieder gab es dadurch Aktivität im kleinen Dorf, und es lief eine Rettungsaktion an. Alle Schulkinder wurden gerettet, doch das Schiff lag hoch und trocken, und wir konnten nur noch einige von der Brandung zerschlagene Überreste dieses Schiffes sehen: den verrosteten, aufgerissenen Motorblock, die Propellerwelle und viele andere abgefallene, vor sich hin rostende Teile.

Christoph sammelte spielerisch Reste alter Kettenglieder, vermutlich von der Ankerkette des Wracks, auf und warf sie in hohem Bogen wieder von sich. Michel hatte sich mehrmals gebückt und etwas eingesammelt. Unverhofft gab er mir vier Schnecken in die Hände, die so groß waren, dass ich sie kaum mit meinen beiden Händen halten konnte.

Genau betrachtete ich sie. Jede davon war mit einem Deckel verschlossen wie mit einer Halbkugel aus Kalk. Etwas ratlos schaute ich wohl drein. „Und was nun? ... Uuuhuuhuu, die bewegen sich ja!", zuckte ich erschrocken zusammen und hätte sie fast fallengelassen.

In letzter Sekunde beherrschte ich mich, denn es war ja ein Geschenk. Eine der Schnecken hatte ihre „Tür" langsam geöffnet, was ich in der Hand gespürt hatte und worüber ich so erschrocken war. Offenbar hatte Michel das gesehen und nahm mir diese mir unbekannten Tiere ab.

Er schlug die Schnecken gegeneinander, sodass die Gehäuse zerbrachen, zog ein Tier aus den Gehäusesplittern heraus und reinigte es von den Innereien. Der kleine Christoph stand vor seinem Großvater und schaute ihm fasziniert zu.

Offenbar war eins der Tiere schließlich genügend gesäubert, denn Christoph ergriff es und steckte sich so ein rohes Ding in den Mund. Brrr, schüttelte ich mich vor Ekel. Das kann man roh essen? Offensichtlich, denn genüsslich und wie selbstverständlich verzehrte er schmatzend dieses Meerestier.

Michel ermunterte uns, doch auch davon zu probieren. Edi wagte sich daran und nahm ein kleines Stück davon. Er empfand es als zäh und nicht gerade als eine Delikatesse, während ich die Finger davonließ, und das, obwohl ich doch sonst immer so wissbegierig war.

Doch hier sind die Bewohner an diese Art Ernährung gewöhnt. Tagtäglich stromern sie am Riff entlang und suchen nach Essbarem. Auf den kleinen Inseln bieten ihnen nur Kokospalmen ihre Früchte.

Wenn man etwas Frisches möchte, wird eine Palme geschlagen und ihr Herz herausgeschält – nicht gerade vielseitig. Erst seitdem das Versorgungsschiff ziemlich regelmäßig kommt, stehen auch andere Lebensmittel auf dem Speiseplan der Inselbewohner.

Bei Ebbe auf diesem Riff zu stehen, sich den steten Wind durch die Haare wehen zu lassen, zuzuschauen, wie die ewige Brandung aufwirbelt und wieder abflacht und dabei die Urgewalt des Meeres zu spüren, hatte etwas Besonderes an sich. Stundenlang hätte ich dieses Schauspiel genießen können.

Doch die Gezeiten hatten da ja auch noch ein Wörtchen „mitzureden". Bevor die Flut einsetzte und uns überraschen konnte, wateten wir zurück zu unserem Dingi und gelangten zur SINGLE MALT. Nach einer kurzen Erfrischung lichteten wir Anker, und Michel äußerte den Wunsch, doch auch mal ein „großes" Segelschiff steuern zu dürfen, weil er nur kleine Holzboote gewohnt war.

Vertrauensvoll überließ Edi ihm das Steuer. Konzentriert und selbstsicher fuhr er uns zurück an sämtlichen Korallenköpfen vorbei, ohne einen davon zu treffen. Am späten Nachmittag ankerten wir vor dem Dorf und brachten Michel, unseren zufrieden strahlenden Navigator, und seinen Enkelsohn zurück auf ihre Insel.

Abschied vom Paradies

Auf unseren Spaziergängen auf Raroia kamen wir meistens nicht weit, da uns immer wieder ein Inselbewohner zu Tee einlud und mit uns sprechen wollte. So eines Tages Enrico, der in seiner Hütte Brotteig knetete, den er bald in den Ofen schieben würde.

Nach dem Tee wollten wir uns endlich auf den Weg machen, als er uns zwei seiner frischgebackenen Brote in die Hände drückte. Mit diesem frisch duftenden und knusprigen Brot konnten wir nicht auf den Spaziergang gehen, sondern fuhren zurück zur SINGLE MALT und ließen es uns schmecken. Einfach köstlich!

Einmal luden wir sechs Kinder zu uns ein; mehr passten nicht in unser Beiboot. Im Cockpit gaben wir ihnen Papier und Buntstifte, damit sie zeichnen konnten, was sie eifrig taten. Bevor wir sie zurück an Land brachten, fragte Edi sie, ob sie singen könnten. Ein erfreutes „Jaaaa!" schrien sie einstimmig.

Edi hielt ihnen das Mikrofon unseres Lautsprechers vor ihre Münder, und sie begannen nach kurzem Überlegen aus vollem Herzen zu singen, sodass es über das ganze Dorf schallte – nicht etwa ein Kinderlied, sondern die Marseillaise, die französische Nationalhymne …

Ehe wir uns versahen, waren fast drei Wochen um, die wir in diesem wundervollen Teil der Welt verbracht hatten. Es wurde für uns Zeit, sich zu verabschieden. Wir könnten doch nicht ein-

fach so wegsegeln, wurde uns fast ein wenig entrüstet gesagt. Sie würden am Abend ein Abschiedsessen für uns zubereiten.

Pünktlich erschienen wir und wurden in Michels Haus gebeten. Es ging richtig vornehm zu! Michel hatte der Familie von unserem Apéro an Bord erzählt und ließ es sich nicht nehmen, uns einen kühlen Drink zu servieren. Woraus der bestand, erinnere ich mich nicht, doch es war sehr feierlich.

Zum Essen wurden wir auf die Terrasse mit Kerzenlicht gebeten. Als Vorspeise gab es ein großes Palmenherz! Hmm, schwelgte ich. Endlich, nach langer Zeit, war das einmal etwas anderes Frisches. Wir sollten nicht zu viel davon essen, sagte uns Maman, machte eine kleine Pause, und ich schaute sie enttäuscht an. Von diesem frischen und knackigen Palmenherz sollte ich nichts mehr essen?!

Erst dann fuhr sie fort: „Den Rest nehmt ihr mit an Bord!" Sie muss meine Erleichterung gespürt haben, denn schon bot sie mir rohen Fisch, eingelegt in Zitrone und Kokosmilch an. Dieses Mal war dem Fisch jedoch sorgfältig die Haut abgezogen worden, und zu unserer Überraschung lag eine Schicht frisch geraspelter Palmenherzen gemischt mit Karotten aus Neuseeland darüber.

Maman und Michel hatten sich richtig ins Zeug gelegt. In anderen Schüsseln befanden sich gegartes Rindfleisch, gebratene Geflügelteile, eine Art Kartoffelsalat und frisch gebackenes Brot. Unglaublich, diese Mühe, die sich unsere Gastgeber für uns gemacht hatten. Wir langten begeistert zu, denn alles schmeckte uns hervorragend.

Voll gesättigt rieben wir uns wohlig die Bäuche und wollten aufbrechen, als Enrico sich erhob und uns zum Abschied je eine selbstgemachte Kette aus kleinen Schneckenhäusern umhängte, die er selbst gesammelt und aufgefädelt hatte.

Dazu überreichte er uns im Namen Mamans feierlich drei erstklassige schwarze Perlen und bedeutete uns, zwei davon seien für meine Ohren gedacht und die etwas größere für Edi als Anhänger. Ich konnte vor Staunen nur stammeln: „Merci, merci beaucoup!", denn das hatte ich inzwischen gelernt.

In der Dunkelheit begleitete Michel uns bis zum Dingi und half, es zum Wasser zu tragen. Fast taumelnd vor Freude über diese überschwängliche Gastfreundschaft fuhren wir zu unserer SINGLE MALT zurück und fielen bald müde in unsere Kojen.

Edi ließ mir später, als wir für kurze Zeit in die Schweiz flogen, ein Collier mit den schwarzen Perlen anfertigen, die wir auf dieser Insel von ihren wunderbaren Bewohnern geschenkt bekommen hatten.

Dazu ließ er von einem Juwelier einige Zeichnungen anfertigen, von denen ich mir das Modell aussuchen durfte, das mir am besten gefiel. Das ist nicht nur eine meiner schönsten Erinnerungen, sondern auch eine der schönsten Liebeserklärungen, die Edi mir machte.

Ein Eimer voller Langusten

Wir schwebten noch immer wie auf Wolken. Ausgeschlafen wollten wir Segel setzen und wurden prompt und unsanft daran erinnert, dass unser Seglerdasein nicht immer so idyllisch war wie in den vergangenen Tagen.

Die Ankerkette hatten wir vorausschauend bereits am Vortag von kleinen Korallenköpfen abgewickelt, in der Hoffnung, am nächsten Tag gleich den Anker lichten und lossegeln zu können. Immerhin war Eile geboten, denn wir hatten nur wenig Zeit, um bei ablaufendem Wasser durch den Pass ins offene Meer hinauszufahren.

Allerdings hatte sich die Kette während der Nacht wieder in einem dieser verflixten Korallengebilde verfangen. „Gottfried Stutz!" (Kreuzdonnerwetter noch einmal!), ließ Edi seinem Ärger freien Lauf. Ein soeben mit seiner SY COMTESSA eingefahrener Segler hatte in der Nähe geankert und Edis Schimpfausbruch gehört.

Sofort bot er seine Hilfe an, und nachdem Edi sein Problem erklärt hatte, stieg der Segler kurzerhand mit seiner Schnorchelbrille ins Wasser und zeigte uns, wie und wo unsere Ankerkette verhakt war. So kamen wir schnell frei.

Na, das war echte Kameradschaft! Selig bedankten wir uns, denn dank dieses freundlichen, hilfsbereiten Seglers kamen wir gerade eben noch durch den Kanal, bevor er wieder unpassierbar wurde. Geschafft!

Glücklich draußen auf See setzten wir Segel. Oh, nein! Was war denn schon wieder mit meinem Magen los? Ich knabberte zwar trockene Kekse, die ihn beruhigen sollten, aber er rebellierte, und mir war gar nicht wohl, obwohl ich eine Tablette gegen Seekrankheit eingenommen hatte.

Tagsüber hielt ich mich im Cockpit auf Wache oder schlafend in der Koje auf. Am ersten Abend schmeckte mir das Essen nicht, das Edi mit so viel Liebe gewärmt hatte, und kurz nach dem Essen übergab ich das wenige, das ich zu mir genommen hatte, Neptun und seinen Fischen. Und das, obwohl wir schönstes Segelwetter hatten: leichten Wind, etwa zwölf Knoten und kaum Seegang ...

Mich elend fühlend und schlapp über der Reling hängend, musste ich aufpassen, nicht über Bord zu fallen. Der Abwasch sowie die Navigation lagen nun allein auf Edis Schultern. Er bemängelte, dass er sich derart Mühe gegeben habe und er jetzt enttäuscht sei, dass ich das gute Essen den Fischen übergeben hätte ...

Das verstand ich natürlich, doch hätte ich gerne etwas Mitgefühl gespürt. Nun hatte ich neben der Seekrankheit auch noch ein schlechtes Gewissen. Das fing ja gut an. Nach reichlich Schlaf jedoch konnte ich Edi in der Nacht ablösen. Offenbar hatte sich mein Körper inzwischen angepasst, und ich war endlich wieder voll einsetzbar.

Wir mussten vorausschauend handeln. Unser Ziel war das etwa hundertfünfzig Meilen entfernt liegende Atoll Tahanea, das wir etwa zur Mittagszeit erreichen sollten. Zu dieser Zeit hätten wir nämlich mit einlaufendem Wasser einfahren können. Doch der Wind war zu schwach, als dass wir unser Ziel zur rechten Zeit erreichen konnten.

Daher planten wir eine zweite Nacht draußen auf dem Meer ein und ließen uns während neun Stunden treiben. Lästig! Ich durfte mich zwar in die Koje begeben, jedoch ließ Edi sich stündlich durch den Wecker aus dem Schlaf reißen, der natürlich auch meinen Schlaf jedes Mal unterbrach. Ich war froh, mich einfach umdrehen und weiterschlafen zu können, während Edi gewissenhaft unsere Position kontrollierte und somit sicherstellte, dass wir nicht auf ein Riff getrieben würden.

Pünktlich zur berechneten Zeit setzten wir wieder Segel. Der Wind hatte aufgefrischt, und wir passierten wie geplant den Pass. „Ist das Ankommen in ruhigem Wasser schön!", dachte ich – und hatte prompt wieder Hunger.

Auf unserem ersten, kurzen Landgang auf dieser Insel namens Tefatakanna erkannten wir bald, dass es die Siedlung Kari Karina, die auf unserer alten Seekarte eingezeichnet war und vor der wir ankerten, nicht mehr gab. Kein Mensch war zu sehen; nur Sand und Kokospalmen.

Mit unserem Beiboot fuhren wir zum nächsten Motu, auf dem wir einige verfallene Hütten entdeckten – auch diese Siedlung war verlassen. In der Ferne von einem anderen Ufer winkte uns ein Mann zu. Na, so etwas; doch noch ein Mensch! Er beschrieb mit seinen Armen einen großen Bogen, was wir glücklicherweise richtig deuteten: Wir sollten um ein im Wasser verborgenes Riff herumfahren und zu ihm kommen.

Bei ihm angelangt, half er uns, an einer Anlegestelle festzumachen. Pierot und sein Kamerad Marcelan, der sich inzwischen zu ihm gesellt hatte, stellten sich vor und begrüßten uns freudig. Besuch hätten sie hier auf dieser Insel noch nie erhalten!

An einem einfachen Holztisch auf groben Holzbänken boten sie uns Platz an. Auf dem Tisch befand sich ein wüstes Durcheinander: Besteck, Konservendosen, Plastikbehälter mit Tee, Kaffee und weiteren Vorräten. Ein Stillleben! In dieser Einsamkeit kam es ja auch gar nicht auf Ordnung an, und wir hatten uns zudem nicht angemeldet, überlegte ich schmunzelnd.

Vor circa dreißig oder vierzig Jahren seien die Bewohner dieser Insel nach Takarava, einer Nachbarinsel, gezogen, wo mit Perlenzucht viel mehr Geld mit weniger mühsamer Arbeit verdient werden könne als mit Kopra (getrocknetem Kokosfleisch), erfuhren wir von Pierot.

Er und sein Freund verbrachten auf dieser einsamen Insel drei Monate, während denen sie fischten und Langusten von Hand fingen. Ihre Beute lagerten sie in einer Tiefkühltruhe. Der dafür nötige Generator stand in einiger Entfernung von uns und brummte gleichmäßig.

Den Fang verkauften sie für gutes Geld an einen chinesischen Kaufmann auf Tahiti. Der schickte jede Woche ein kleines Schiff, mit dem die Ware abtransportiert wurde. Nach diesen einsamen drei Monaten würden sie etwa genauso lange auf Faaite, einem benachbarten Atoll verbringen, um sich der Perlenzucht zu widmen.

Während des Gesprächs erzählten wir beiläufig von unserer Begegnung auf Raroia mit einer Familie, die uns ein Palmenherz geschenkt habe, das uns besonders gut geschmeckt hätte. Ohne viele Worte stand Pierot auf und fällte mit seiner langen Machete eine junge Palme.

Edi wollte ihn daran hindern und rief ihm zu: „Nein, nein, keine Palme für uns fällen!" Aber Pierot lächelte gelassen und erklärte, es würden hier sowieso viel zu viele Palmen zu dicht nebeneinander wachsen. So sei es gut, wenn wenigstens eine dazwischen gefällt würde.

Er schälte für uns gekonnt aus dem „Fuß" dieser gefällten Palme das Herz heraus. Ja, wenn das wirklich zutraf, konnten wir das Herz ja genießen. Das taten wir auch und nahmen es ohne schlechtes Gewissen mit an Bord. Wir gingen sparsam damit um und aßen immer nur ein Stück davon mit Salat.

Am Abend kamen die beiden in ihrem kleinen Boot zu uns und brachten einen ganzen Eimer voller Langusten sowie einige Trink-Kokosnüsse. „Einen ganzen Eimer voller Langusten!", staunte ich mit großen Augen.

So viele auf einmal hatte ich noch nie zuvor gesehen. Zudem wären sie in Deutschland oder der Schweiz nicht zu bezahlen gewesen. Daher fragten wir, was sie denn dafür haben wollten. Nichts, nichts, alle Langusten seien ein Geschenk für uns.

Bei aller Liebe zu dieser Köstlichkeit, soviel konnten wir davon nicht essen, dachten wir. Betonung auf dachten! Wir suchten uns vier von den Tieren aus und bedankten uns mit einer Flasche Wein.

Später, als wir nach dem Genuss der Körper mühsam die harten Beine und Scheren der Tiere knackten, um satt zu werden, bereuten wir unsere Bescheidenheit: „Hätten wir bloß alle genommen!" Unseren verbleibenden Hunger stillten wir mit trockenen Crackern. (Richtiges Brot hatten wir schon lange nicht mehr.) Das hat man nun von seiner Bescheidenheit!

Verhungern mussten wir allerdings nicht, denn die Fischer versorgten uns gut. Am folgenden Tag besuchten sie uns mit sechs kleinen, bereits ausgenommenen Rotbarben (Rougets). Das war natürlich wieder mal ganz toll: Nur noch die Haut musste ich entfernen, und Edi bereitete sie mit Weißwein zu. Hmm – lecker. So ließ es sich leben!

Mit dem Beiboot waren wir zum Strand der einsamen Insel gefahren, einfach, um mal von Bord zu gehen. Das Wasser war spiegelglatt, und über dem hellen, sandigen Meeresboden waren die Fische klar zu sehen.

Unverhofft, wie aus dem Nichts, entdeckten wir spitze Rückenflossen, die aus dem Wasser ragten und in Richtung Strand schwammen. Zwei kleine Schwarzspitzenhaie (etwa achtzig Zentimeter lang) näherten sich uns. Mir waren die Gewohnheiten dieser Haie nicht bekannt. Ich hatte nur irgendwann einmal gelesen, dass sie angriffslustig seien, was ich lieber nicht ausprobieren wollte.

Daher blieben wir lieber in unserem sicheren Dingi sitzen und unternahmen eine Spazierfahrt. Nach dieser Entdeckung ging ich hier nicht mehr so gerne schwimmen. Allerdings hatte ich doch noch vor, unsere mit Muscheln bewachsene Schraube zu reinigen.

Bevor ich mich der Dringlichkeit wegen doch ins Wasser wagte, suchte ich die Wasseroberfläche genauestens nach derartigen Rückenflossen ab. Unbehelligt konnte ich die Schraube reinigen und mit einem Schwamm die Wasserlinie am Rumpf waschen. Erfrischt stieg ich danach aus dem Nass und war froh, mich etwas bewegt zu haben.

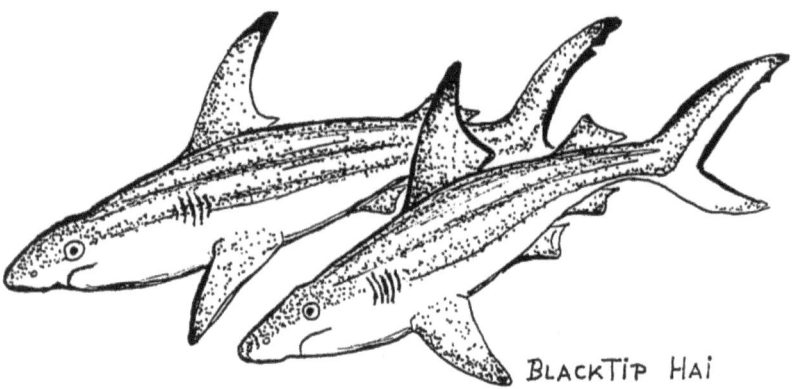

BLACKTIP HAI

Obwohl noch immer kein Wind aufgekommen war, zog es uns weiter, und wir verabschiedeten uns einige Tage später von den freundlichen Fischern. Pierot bedauerte es, keine Perlen bei sich zu haben, denn gerne hätte er uns einige geschenkt. Wir beteuerten, dass es uns wichtiger sei, gute Freunde gewonnen zu haben. Und das meinten wir auch so.

48. Die Gesellschaftsinseln

Juli und August 2000

Wie bei der Einfahrt brodelte und spritzte das Wasser, als wir durch den Pass aus dem Tahanea-Atoll hinausfuhren. Für kurze Zeit hatten wir gerade genug Wind zum Segeln, doch bald flaute auch dieses bisschen ganz ab. Gelegentlich blies uns ein schwacher Windhauch – wie sollte es anders sein – direkt auf die Nase.

Wind aus dem Westen gibt es in dieser Jahreszeit sonst nicht, doch wir trafen mal wieder – wie schon so oft auf dieser Reise – auf Ausnahmezustände. So mussten wir leider wieder unser eisernes Segel, den Motor, einschalten und tuckerten damit Richtung Gesellschaftsinseln.

Papeete auf Tahiti

Die letzte süße Pampelmuse (Grapefruit), die wir auf den Marquesas erstanden hatten, gab es zum Frühstück, kurz bevor die beiden Inseln Tahiti Iti und Tahiti Nui in Sicht kamen. Nur wenig später passierten wir den „Venus Point" im äußersten Norden der Hauptinsel Tahiti Nui, auf dem seit 1867 ein Leuchtturm steht.

Es ist immer ein ergreifender Moment, ein derartiges, für die Seefahrt wichtiges Bauwerk zu passieren, das an fast unerreichbarem Ort platziert wurde. Wie viele Schiffe sind vorher wohl an dem Riff zerschellt und wie viele Menschen haben hier ihr Leben verloren, bevor der Leuchtturm vor Gefahren warnte?

Die Gesellschaftsinseln

Zu den Gesellschaftsinseln gehören Tahiti, Moorea, Huahine, Bora-Bora und viele andere. Erwähnenswert ist vielleicht auch Maupihaa (Mopelia), wo das Kaperschiff SEEADLER mit dem gerissenen Kapitän Graf Felix von Luckner 1917 strandete. Dessen Lebensgeschichte bis zum 2. Weltkrieg ist lesenswert und in den Büchern „Seeteufel – Graf Felix von Luckner" (1926) und „The Sea Devil" von Sam Jefferson (Seite 238 ff.) zu finden.

Die Inseln bestehen aus hohen, schroffen und längst untätigen Vulkanen, die von schützenden Ringriffen

umgeben sind. Zwischen den Riffen und der jeweili-
gen Insel liegt eine manchmal bis zu einer Meile breite,
smaragdgrüne bis türkisblaue Lagune mit ihren tücki-
schen Korallenbänken und -köpfen und einer Wasser-
tiefe zwischen null und dreißig Meter.

Am „Venus Point" auf der Insel Tahiti Nui stellten
am 3. Juni 1769 Leutnant zur See James Cook und
sein Astronom Charles Green während ihrer ersten
Reise in den Pazifik auf der ENDEAVOUR ihre Ins-
trumente auf, um den Durchgang der Venus vor der
Sonne zu beobachten.

Sobald die Einfahrt durch das Riff hinter uns lag, befanden wir uns in der Lagune Tahiti Nuis. Für die notwendigen Formalitäten wollten wir die verschiedenen Behörden auf kürzestem Weg erreichen können und ankerten deshalb vorerst direkt vor Papeete, der Hauptstadt nicht nur Tahitis, sondern ganz Französisch-Polynesiens.

Wie schnell die Zeit vergeht, wurde uns beim Einklarieren bewusst. Drei Monate galt unsere Aufenthaltsgenehmigung für Französisch-Polynesien. Davon waren gerade noch zwei Wochen übrig, und wir wollten doch noch einiges von den Gesellschaftsinseln sehen.

Deshalb beantragten wir bei der entsprechenden Behörde eine Verlängerung der Aufenthaltsbewilligung. „Warum nur für einen weiteren Monat?", fragte ich Edi, „Geh doch auf Nummer sicher und sage gleich zwei oder drei Monate." „Nein, auf keinen Fall, denn wir müssen Ende August von hier verschwunden sein!"

„Warum das? Es ist doch so schön hier." Geduldig erklärte Edi, dass wir rechtzeitig weitermüssten, um vor der Taifun-Zeit einen sicheren Hafen zu erreichen, der außerhalb der Region der Tropenstürme lag.

Etwa vier Wochen hatten wir uns im Gebiet der Tuamotus aufgehalten und waren sparsam mit unseren Frischwaren umge-
gangen. Selbst die Palmenherzen hatten wir in viele Portionen
aufgeteilt. Hier in Papeete begeisterte uns die Fülle an Früchten und Gemüse auf dem Markt, und wir deckten uns reichlich mit allem ein.

Endlich konnten wir unsere Salatschüssel wieder ganz füllen und brauchten uns nicht einen Salat aus einer Tomate oder
einer halben Gurke teilen. Als wir im Supermarkt auch noch
Leckerbissen aus Frankreich entdeckten, konnten wir nach den
kulinarisch etwas eintönigen Wochen nicht widerstehen. Wir
gönnten uns Gänsebrust-Terrine, spezielle Käsesorten, Lamm-
filets und endlich wieder Joghurt natur.

Edi packte auch ein kleines Glas mit Seehasenrogen ein.
Während mir schon der Name dieses „deutschen Kaviars" unbekannt war, wusste Edi genau, was er damit vorhatte: Er ver-
rührte den Rogen mit feinst geschnittener Zwiebel und Crème
fraîche zu einer Delikatesse, die wir mit frischem Baguette genossen.

Erstaunt war ich, als wir im Supermarkt auf Wein in einem 5-Li-
ter-Pappkarton stießen. „Ob der wohl trinkbar ist?", fragten
wir uns. Nach dem Motto „Wer nicht wagt, der nicht gewinnt"
kauften wir eine Box.

Schon als es an Bord ans Probieren ging, wurde es etwas
abenteuerlich: Wie öffnet man das Ding wohl? Laut Gebrauchs-
anweisung ganz einfach: An gekennzeichneter Stelle mit einem
Fingerknöchel kräftig draufhauen.

Mit seinen schalkhaft blitzenden blauen Augen meinte Edi,
er stelle sich vor, mich zu schlagen, als er diese Anweisung aus-
führte. In das entstandene Loch lugten wir neugierig hinein
und entdeckten einen kleinen Zapfhahn, der aus einem Wein-
beutel aus Plastik herausragte.

Diesen Zapfhahn pfriemelten wir heraus, klemmten ihn in
die runde Öffnung des Pappkartons und zapften uns endlich

etwas Wein heraus. Und der war gar nicht schlecht! Es war ein gut trinkbarer Tischwein, den wir uns danach häufiger kauften.

Neben dem Gemüse-, Obst-, Fleisch- und Fischangebot, freute mich der Anblick der Blumenkränze und -ketten, die feilgehalten wurden und mit denen sich viele Frauen schmückten. Damit war das Südseeflair perfekt! Mir gefiel der Blütenschmuck, doch ich mag es etwas schlichter, und so steckte ich mir bei jedem Landgang eine Hibiskus- oder Tiarablüte hinters Ohr.

Im Hafen vor Papeete war es wegen der vielen Fähren, Lotsenboote und anderer kleiner Schiffe, die alle schnell fuhren und Wellen verursachten, recht unruhig. Deswegen verlegten wir nach dem Einklarieren in eine ruhige Bucht, wozu wir zwischen der Insel und dem Korallenriff in einer gut betonnten Schifffahrtsstraße am Flughafen vorbei zu unserer ausgewählten Bucht fuhren.
Die Brandung rauschte laut wie reger Straßenverkehr von dem einige Hundert Meter entfernten Riff herüber, doch wir spürten nichts von der Bewegung des Meeres. An dem Riff spritzten die Wellen meterhoch weiß auf und verloren ihre Kraft endgültig auf den Korallen. An diesem ruhigen Ankerplatz gesellten wir uns zu einigen anderen Booten, von denen wir manche bereits kannten.

Der Künstler Gauguin hatte sich zweimal auf Tahiti aufgehalten, und ihm war auch hier ein Museum gewidmet. Es lag fast fünfundfünfzig Kilometer südöstlich von Papeete in einer grün bewachsenen Umgebung.
Bereits die Fahrt dorthin in einem einfachen Bus war ein Erlebnis für sich. Wie sich herausstellte, kam die dortige Bezeichnung „Truck" für diesen Bus nicht von ungefähr, denn tatsächlich bestand er aus einem Lastwagenchassis, auf den eine einfache Kabine gesetzt worden war.
Mit diesem abenteuerlichen Gefährt fuhren wir entlang der Küste, wo am entfernten Riff die Brandung malerisch hoch aufspritzte. Im Süden zwischen Tahiti Nui und dem Riff lagen

zwei winzig kleine Inseln mit einigen Palmen darauf, die zum Träumen einluden. Auf der anderen Straßenseite begleitete uns üppig grüne Landschaft, und wir hielten in vielen kleinen Orten an Bushaltestellen an.

Die Kleidung der einheimischen Frauen hob sich sehr von meiner ab. Ich war sportlich mit Shorts und T-Shirt bekleidet, während die Frauen weite, lose Kleider mit großen Blumenmustern (hauptsächlich Hibiskusblüten) trugen.

Das Gauguin-Museum, das wir nach dieser abwechslungsreichen Fahrt erreichten, zeigte wohlgeordnet viele Dokumente und zeitgenössische Fotoaufnahmen. Die wichtigsten Schätze waren fünf Originalabzüge von Holzschnitten, eine in einem besonderen Verfahren hergestellte Zeichnung, sowie drei handgeschnitzte Holzlöffel mit Verzierungen.

Selbstverständlich waren daneben Kopien seiner wichtigsten Gemälde ausgestellt. Verglichen mit den Museen bei St. Pierre auf Martinique und in Altoana auf Hiva Oa (wo Gauguin begraben ist), gefiel uns das hiesige am besten.

Der Einfluss der Europäer auf die polynesische Bevölkerung

Der Künstler Paul Gauguin war als siebenundzwanzigjähriger fünf Jahre zur See gefahren und als zuverlässiger Vollmatrose entlassen worden. Bereits anlässlich seines ersten Aufenthaltes auf Tahiti hatte er sich negativ über den Einfluss der Europäer (insbesondere der Missionare) auf die lokale Bevölkerung geäußert.

Nachdem Gauguin einige Jahre später über Neuseeland wiederum Tahiti erreichte, war er derart über die vielen Veränderungen enttäuscht, dass er einige Zeit später nach Hiva Oa übersiedelte, wo er auch verstarb.

Die Polynesier, wie sie die ersten Europäer gesehen und erlebt haben, gibt es schon längst nicht mehr. Die frühen Besucher, insbesondere die Walfänger Ende des 18. bis Mitte des 19. Jh., brachten nicht nur Mäuse, Ratten, verschiedene Mückenarten und anderes Getier mit, sondern auch Seuchen, die die Bevölkerung der Inseln stark dezimierten.

Weil es den Franzosen nach der Annexion Französisch-Polynesiens um Kopra ging, die lokale Bevölkerung jedoch nicht gewohnt war, für andere zu arbeiten, führten sie Chinesen als Arbeitskräfte ein. Diese vermischten sich mit der Zeit mit den wenigen übriggebliebenen Einheimischen. Bei genauem Hinsehen erkennt man immer wieder asiatische Züge, die auf den frühen Zeichnungen bis etwa Mitte des 19. Jahrhunderts nicht zu finden sind.

Auch bei Gauguin lässt sich dies erkennen. Den stolzen Häuptling und die kräftigen, sehnigen Krieger, wie auf den alten Zeichnungen, aber auch Gemälden Gauguins abgebildet, gibt es längst nicht mehr. Geblieben ist der Brauch des Tätowierens, wenn auch nicht mehr in dem Maße wie früher.

Ein Großteil der Bevölkerung ist heutzutage bedenklich übergewichtig; dies gilt zum Teil bereits für ganz junge Leute. Der gesamte Perlenhandel und andere einträgliche Geschäfte liegen heute fest in chinesischen und japanischen Händen. Vereinfacht ausgedrückt: Das Land gehört den einheimischen Polynesiern, das Geschäft den Chinesen und die Politik den Franzosen.

Je weiter man sich von Papeete, wo Geschäftemachen an erster Stelle steht, entfernt, desto gastfreundlicher sind die Inselbewohner. In diese abgelegenen Gebiete gelangt der übliche Tourist nur schwerlich oder überhaupt nicht. Hier lebt der von Melville beschriebene Brauch, dass trotz Rangunterschieden alles geteilt wird, auch heute noch weiter; die Menschen sind bereit, alles mit dem Besucher zu teilen.

Auf Bora Bora hingegen war die Bevölkerung während unseres Aufenthaltes bereits ziemlich geschäftstüchtig, was während des Zweiten Weltkrieges durch den Einfluss des amerikanischen Truppenkontingents seinen Anfang genommen haben dürfte.

Später entwickelte sich dort ein wenig erfreulicher Tourismus. In einem Hotel an der Südseite der Insel kostete die Übernachtung für eine Person ohne Frühstück bereits tausend CHF; ein kleines Bier im Yacht Club Bora Bora vierhundert CFP, was etwa sechs CHF entspricht. Wir fragten uns, wer das wohl bezahlen konnte.

Reparaturen, Reparaturen, Reparaturen

Wie üblich gab es mal wieder einiges zu reparieren. Seit Galapagos bockte der Autopilot. Nach vielem Hin und Her mit der Firma und einer gefühlten Ewigkeit konnten wir das Problem sogar vor Ort ohne weitere Hilfe lösen. Hurra!

Für die Stromversorgung brauchten wir ein Ersatzteil, das uns erst viel später erreichte. Es war mal wieder Geduld angesagt. Auch das bei Contadora montierte neue Windmessgerät funktionierte nie richtig.

Es stellte sich heraus, dass die Grundprogrammierung, die üblicherweise im Herstellerwerk vorgenommen wird, bei unserem Gerät nicht erfolgt war. Das durften wir nun selbst erledigen, und dazu musste einer von uns die Windfahne ausrichten, während der andere die Programmierung vornahm. Klar, wer von uns die Windfahne übernahm.

Da diese oben am Mast befestigt war, musste ich wohl oder übel dort hinauf. Es war mein erstes Mal, und ich war überhaupt nicht begeistert von der Idee. Edi zog mich im Geschirr nach oben, und ich starb zunächst tausend Tode. Doch als ich oben aus der Vogelperspektive über die Umgebung blickte, waren alle Ängste wie weggeblasen. Der Ausblick war so schön, dass ich gar nicht mehr hinunterwollte.

Naja, immerhin hatte ich ja erst einmal noch einen Job zu erledigen. Zuerst galt es, die Windfahne in Richtung Bug festzuhalten und sie dann langsam zu drehen, damit Edi am Gerät die entsprechenden Einstellungen vornehmen konnte. Glücklicherweise funktionierte das alles problemlos.

Es ist kaum vorstellbar, wie hilfreich uns bei den zahlreichen Reparaturen die Möglichkeit war, über Kurzwelle an Bord E-Mails zu versenden. Zu Hause konnte man jederzeit mit dem Telefon oder Fax Rat einholen oder Ersatzteile bestellen.

An Bord dagegen war das bis zu dieser Errungenschaft kaum möglich. Obwohl die Verbindung ausgesprochen langsam war, konnten wir immerhin per E-Mail kommunizieren.

Auf nach Moorea

Die große Stadt Papeete hatte uns nicht besonders beeindruckt, mal abgesehen von dem Markt und dem Supermarkt mit der großen Auswahl an Produkten. Was wir vom Rest der eher schwer zugänglichen Insel gesehen hatten, genügte uns. Daher zog es uns weiter nach Moorea, der nächsten westlich von Tahiti gelegenen Insel.

Nun, da die wichtigsten Instrumente wieder funktionierten, machte das Segeln wieder richtig Spaß. Nach Moorea waren es nur etwa dreizehn Meilen. Da sollte es doch reichen, wenn wir erst am frühen Nachmittag losfahren würden, dachten wir, als die Besatzung der SY PEPPERMINT uns zuwinkte.

Wir hatten bereits einige schöne Zeiten miteinander verbracht, und sie wollten uns nicht wegfahren lassen, ohne noch einmal mit uns zusammen gesessen zu haben. Wir ließen uns darauf ein und genossen das Essen und die Zeit mit den beiden.

Unsere Zeitplanung erwies sich in mehrfacher Hinsicht als Fehleinschätzung. Wir hatten nicht berücksichtigt, dass wir zusätzlich zu den dreizehn Meilen zwischen den Inseln auch noch über eine Stunde brauchen würden, um aus dem Ringriff Tahitis hinauszufahren. Auch hatten wir nicht bedacht, dass der schöne Passatwind, der tagsüber so zuverlässig blies, gegen Abend üblicherweise einschlief.

So näherten wir uns bei schwachem Wind nur langsam unserem Ziel und segelten eine Weile am Riff entlang, bis wir den Pass erreichten, der unser Zugang nach Moorea war.

Unterdessen war es dunkle Nacht geworden. Ich stand am Ruder und Edi warnte mich, nicht so weit nach Backbord zu steuern, da das Riff nahe sei. Wenn ich die SINGLE MALT jedoch etwas weiter vom Riff entfernt hielt, schlug der Besanbaum mit lautem Knall auf die andere Seite und wir verloren Fahrt.

Auf den Seekarten, die Edi im Vorfeld studiert hatte, waren so unterschiedliche Angaben zu finden, dass sie uns überhaupt nicht weiterhalfen. Dennoch entschloss Edi sich, trotz der Dunkelheit die Einfahrt durch das Riff in die Cook's Bay zu wagen. Er bereitete einen starken Scheinwerfer vor, mit dem ich uns etwas Licht ins Dunkel bringen sollte.

Die Einfahrt war gut markiert, und wir vermuteten, dass in der Bucht bereits viele Segelboote vor Anker liegen würden. Dem war auch so, doch offenbar konnten sich einige der Segler nicht vorstellen, dass eine Yacht bei Nacht hier einfahren würde – die Boote waren in keinster Weise beleuchtet, nicht einmal mit dem üblichen Ankerlicht.

Aber ich war ja gut gewappnet und schaltete den Scheinwerfer ein. Dabei hatte ich nicht bedacht, dass das Licht von der Genua und der Reling derart stark reflektiert würde, dass es mich blendete. Schnell beugte ich mich über die Reling, um jede Reflexion zu vermeiden, und hielt den Scheinwerfer mit gestrecktem Arm vor mich.

Nur langsam gewöhnten sich meine Augen wieder an die Dunkelheit, jedoch sah Edi durch mein langsames Hin- und

Herschwenken des Lichtes genug, um den ankernden Schiffen auszuweichen.

Endlich hatten wir unbeschadet einen brauchbaren Ankerplatz mit genügend Wasser unter dem Kiel und Abstand zu ankernden Booten erreicht. Nach abgeschlossenem Ankermanöver entfuhr uns sozusagen ein gemeinsamer Seufzer der Erleichterung. Das waren aufregende Stunden gewesen, und wir beruhigten uns mit einem Gläschen Wein, ehe wir mit dem Kochen begannen.

Ein Verlust und eine unruhige Nacht

Nach einer erholsamen Nacht fiel uns am folgenden Morgen auf, dass irgendetwas am Heck anders aussah als gewohnt. Was war das bloß? ... Die Windfahne fehlte, fiel uns mit Schrecken auf! Wir hatten den Besanbaum beim Segeln nicht festgebunden, weshalb er tags zuvor bei einer unfreiwilligen Halse mit Schwung auf die andere Seite geschlagen war. Dabei hatte es laut gekracht.

Nun fiel es uns wie Schuppen von den Augen: Das Krachen stammte nicht nur von dem Baum, sondern auch von der Windfahne aus Sperrholz, die bei diesem unschönen Manöver abgeschlagen worden war. Ein kümmerlicher Rest davon klemmte noch in der Halterung. Wie gut, dass wir einen Ersatz an Bord hatten, den wir im Laufe des Tages montierten.

In der folgenden Nacht riss uns plötzlich ein Heidenlärm aus dem Schlaf. Wind pfiff mit fünfundvierzig bis fünfzig Knoten durch die Wanten, und die SINGLE MALT schwojte heftig. Wir bangten, ob unser Anker wohl halten würde, oder womöglich andere Boote auf uns treiben würden. Beides hätte heillosen Schaden anrichten können.

Wie es aussah, hielt unser Anker, doch an Schlaf war nicht zu denken. Es toste wie wild, und wir waren in Alarmstimmung. In dieser Nacht sank die Temperatur auf 19 °C, und das hier in den Tropen! Wir zündeten in der Kabine die Petroleumlampe an, damit sie uns wärmte. Die angenehme Wärme machte uns irgendwann schläfrig und so kuschelten wir uns in die Kojen.

Am nächsten Morgen sah die Welt etwas anders aus. Mehrere Schiffe lagen an anderen Orten als am Abend zuvor – ihre Anker hatten geschleppt. Zum Glück war die Bucht langgezogen und das Riff in weiter Entfernung. Über Funk hörten wir einen Segler scherzhaft einen „Davongetriebenen" fragen, ob ihm seine Gesellschaft nicht mehr angenehm gewesen sei. Schmunzel!

Allerdings ist ein schleppender Anker der Albtraum eines jeden Seglers. Eine kleinere Yacht mit defektem Motor, die in der Nähe des Riffes geankert hatte, war tatsächlich auf dem Riff gestrandet. Es war unwahrscheinliches Glück, dass sie sanft darauf getrieben worden war und sich der Schaden daher in Grenzen hielt.

Die betreffenden Segler hatten bereits vorsorglich ihre Papiere in einem wasserdichten Seesack verstaut und waren auf das Schlimmste gefasst. Doch es gelang einigen der anderen Segler, das Boot mit ihren starken Dingis vom Riff herunter und zu einem sicheren Ankerplatz zu ziehen. Die beiden Havarierten waren nochmal mit dem Schrecken davongekommen und konnten ihren Seesack wieder auspacken.

Unterwegs auf Moorea

Nach einigen regenreichen Tagen wagten wir uns auf eine kleine Wanderung zum Aussichtspunkt Belvedere. Gerne schritten wir wieder einmal forsch aus, und die 8 km leicht bergan waren uns recht.

An dem Aussichtspunkt ließen wir uns von der kühlen Brise erfrischen und schauten in die Runde: Zur einen Seite lag Cook's Bay, zur anderen die Oponohu Bay. Dazwischen ragte der Mont Tohiea mit 1.207 m eindrucksvoll in die Höhe. Dieser Berg wirkte wie ein Wahrzeichen der Insel.

Anderntags mieteten wir uns einen Motorroller. Unsere geplante Vergnügungsfahrt wurde häufig unterbrochen, auch, um Pausen oder ein Picknick einzulegen, aber hauptsächlich wegen heftiger Regengüsse.

Leider war nur selten ein Unterschlupf zu finden, sodass wir wiederholt völlig durchnässt wurden und uns der Fahrtwind trocknen musste. Ich dachte schon, uns würden bald Schwimmhäute wachsen, doch in der Opunohu-Bucht meinte Petrus es endlich gut mit uns.

Die Sonne wärmte uns, und unter Palmen aßen wir das letzte Rüebli und Radiesli von unserem Proviant. Dieser Abschluss versöhnte uns mit dem Tag, und am Abend gaben wir den vom Regen saubergewaschenen Motorroller am Ausganspunkt wieder ab.

In unserer Bucht, der Cook's Bay, trafen wir unter anderem einen Segler wieder, der uns seit den San-Blas-Inseln bekannt war, und der Besuch von seinem Sohn aus Deutschland erwartete. Welch glücklicher Zufall! Der Sohn erklärte sich bereit, unsere neuen Kreditkarten mitzubringen, denn unsere alten hatten wir ja wegen Missbrauchs sperren lassen müssen.

Als wir die Karten endlich in unseren Händen hielten, war es ein großartiges Gefühl, endlich wieder im Besitz dieser Wunder bewirkenden Karte zu sein. Wir brauchten nur noch wenig Bargeld in der Tasche zu haben, was uns beruhigte, wenn wir an die stets präsente Möglichkeit eines Überfalles dachten.

Ein anderer Segler brachte uns unerwartet Post nach, die erst nach unserer Abfahrt von Papeete eingetroffen war. Was für eine schöne Überraschung! Am Abend konnte man uns in der Kabine sitzen sehen, völlig vertieft in die Lektüre unserer Briefe. Es tat gut zu wissen, dass unsere „Daheimgebliebenen" noch an uns dachten.

Ein erfreuliches Hindernis vor Huahine

Im Nordwesten Mooreas liegt die Insel Huahine, die wir als nächste ansteuerten. Vor der Einfahrt durch das Riff spritzte das Wasser auffallend hoch auf. „Schau mal, die hohe Brandung! Die ist viel höher als normal", sagte Edi staunend.

Er hatte den Satz noch nicht ganz ausgesprochen, als er dort Wale erkannte, die nur etwa fünfzig Meter vor uns spielerisch aus dem Wasser sprangen. Beim Eintauchen sahen wir als Letztes ihre großen horizontalen Schwanzflossen majestätisch abtauchen. Buckelwale! Was für ein großartiges Erlebnis!

Leider konnten wir uns diesem Schauspiel nur halbherzig widmen, da wir bereits die Peilmarken für die Fahrt durch das Riff anvisiert hatten und wir unseren Kurs nicht mehr ändern wollten.

Die Wale tummelten sich genau auf „unserem" Weg. Daher stoppten wir, um sie nicht zu stören. Jetzt hätten wir Zeit gehabt, sie weiter zu beobachten, doch so plötzlich wie sie aufgetaucht waren, verschwanden sie auch wieder, und wir hatten freie Fahrt.

Wir ankerten in der langgestreckten Bucht auf der Westseite Huahines und verbrachten dort einige gemächliche Tage, in denen wir unsere Seelen baumeln ließen.

Raiatea – Aufregende Ankunft

Bald hatten wir wieder genug der Ruhe und verließen voller Tatendurst die ruhige, malerische Bucht. Von dort war es nicht weit zur westlich gelegenen Insel Raiatea, die unser nächstes Ziel war. Wir beabsichtigten, zu einer kleinen Werft im Nordwesten der Insel zu fahren, um dort frisches Wasser aufzunehmen.

Unsere Seekarte zeigte zwar genau den Pass durch das Riff, nicht jedoch die beträchtliche Strecke innerhalb des Riffs vom Pass zu besagter Werft. Vorsichtig tasteten wir uns unbeschadet bis zu einer freien Boje vor, die ganz in der Nähe der Werft lag. Erfreut machten wir dort fest – kein Ankermanöver erforderlich.

Wir hatten gerade Ankerkugel und Ankerlicht für die Nacht ausgebracht, erfrischten uns wie üblich mit einem Ankerdrink und ließen den Tag Revue passieren, als wir unverhofft vernahmen, dass wir über Funk gerufen wurden. „Was wollen die bloß?", fragten wir uns und antworteten.

Eine männliche Stimme teilte uns freundlich mit, dass in etwa einer Stunde ein großes Charterboot an dieser, jetzt noch unserer, Boje festmachen würde und wir sie freimachen müssten. Seufz. Ich war froh, an einem sicheren Ort zu liegen, und jetzt sollten wir nochmal los und einen Ankerplatz suchen.

Es war beinahe siebzehn Uhr; die Sonne stand bereits tief, die Dämmerung in den Tropen ist sehr kurz, und die Korallen waren schon jetzt nicht mehr zu erkennen. „Besser jetzt ankern als in der Dunkelheit!", sagte Edi pragmatisch wie immer. Also lösten wir uns schweren Herzens von der sicheren Boje und suchten erneut einen Platz, an dem wir bleiben konnten.

Beim ersten Versuch hielt der Anker nicht. Zufällig entdeckten wir hocherfreut eine weitere freie Boje und steuerten darauf zu. Ich konnte sie zwar mit unserem Bootshaken ergreifen, doch die SINGLE MALT hatte noch Fahrt drauf, und bis Edi aus dem Cockpit geklettert war, das Vordeck erreicht hatte und helfen konnte, hatte ich sie bereits wieder fallen lassen müssen.

Wenn unsere SINGLE MALT mit ihren etwa 10 Tonnen noch in Bewegung ist, habe ich definitiv keine Chance, sie zu halten. Und auch Edi dürfte da nicht viel mehr Glück haben. Also starteten wir einen zweiten Versuch: eine enge Kurve nach links und ... plötzlich ein fürchterliches, kratzendes Geräusch und ein wirklich beunruhigendes „Rrrrums"! Zweimal erbebte die SINGLE MALT.

Uns sträubten sich die Haare, und wir wurden kreidebleich. Grundberührung! Wir waren soeben über einen für uns völlig unsichtbaren Korallenstock geschrammt! Immerhin hatten wir Glück im Unglück und waren wieder frei. War ein Schaden am Kiel entstanden? Sicherlich hatten wir nun eine Schramme im Kiel, doch wie tief die war, wussten wir nicht.

Zumindest drang kein Wasser ein. Also beruhigten wir uns, denn es war nichts Schlimmeres passiert. Wir ignorierten die Boje und fanden nach weiterem „Herumtasten" endlich einen Platz, an dem unser Anker hielt und wir in sicherer Entfernung zu den anderen Schiffen lagen.

Schlussendlich war alles gutgegangen, und nachdem sich die Aufregung gelegt hatte, überkam uns eine angenehme Zufriedenheit. Nun konnten wir uns unserem Nachtessen widmen.

Die Tücken des Staubsaugens

„Eigentlich müsste ich mal wieder staubsaugen", dachte ich und holte den handlichen kleinen Staubsauger hervor, der sich wahlweise mit zwölf und zweihundertdreißig Volt betreiben ließ. Eine tolle Sache, die ich vorher noch nicht gesehen hatte.

Natürlich saugte das Gerät mit zweihundertdreißig Volt bedeutend kräftiger als mit 12 Volt, weshalb ich unseren Stromumwandler einschaltete, der unsere zwölf Volt aus den Batterien in zweihundertdreißig Volt wandelte. Sorgfältig kontrollierte ich, ob der Umschalter am Staubsauger auch auf die richtige Voltzahl eingestellt war. Ja, alles paletti.

Ich schloss das Kabel an, steckte den Stecker in die Steckdose und schaltete das Gerät ein. Es tat sich – nichts!?!? „Schnell wieder ausschalten!", dachte ich alarmiert. Was war bloß nun schon wieder los? Hatte ich etwas übersehen?

Edi ist ausgesprochen aufmerksam. Er hatte meine plötzliche Ratlosigkeit anscheinend gespürt und kam mit einem freundlichen „Ist etwas nicht in Ordnung?" zu mir. „Hmm, ja, ER bleibt stumm", antwortete ich mit einem bedeutungsschwangeren Blick auf den Staubsauger.

Nun nahm Edi das schweigende „Corpus Delicti" in die Hand und kontrollierte es. Schnell hatte er das Problem gefunden: Ich hatte das falsche Kabel, also das für zwölf Volt Gleichstrom eingesteckt, anstatt das für 230 Volt Wechselstrom. Durch den daraus entstandenen Kurzschluss war der Umwandler durchgebrannt.

Edi äußerte sich nicht dazu. Kein Schimpfen, kein Vorwurf. In einer Kiste suchte er nach einer neuen Sicherung für den Umwandler. Die jedoch erweckte das Gerät auch nicht wieder zum Leben. Offensichtlich war mehr im Argen als eine durchgebrannte Sicherung.

Mit derart fatalen Folgen hatte ich nicht gerechnet. „Wie konnte das nur passieren?", überlegte ich. Die beiden offensichtlich sehr verschiedenen Kabel sahen für mich vollkommen gleich aus. Daher hatte ich einfach eines davon gegriffen, ohne mir Gedanken darüber zu machen, dass sie sich unterscheiden könnten.

Jetzt, wo es zu spät war, ließ ich mir von Edi den Unterschied zeigen, und weil ich mir den nicht merken konnte, markierte ich das Kabel für 230 Volt mit einem roten Bändsel, das andere mit einem grünen. So konnte ich die beiden problemlos unterscheiden.

Der Schaden war wesentlich weitreichender, als er auf den ersten Blick aussah. Edi wollte wichtige Arbeiten mit der 230-Volt-Bohrmaschine und dem entsprechenden Lötkolben erledigen, was nun nicht mehr möglich war. Der Vorfall war mir so peinlich, dass ich da schon am liebsten im Boden versunken wäre.

Aber es kam noch schlimmer: Erst als wir eines Tages Deutschland besuchten, konnten wir herausfinden, ob eine Reparatur unseres Umwandlers möglich war. War sie nicht. Wir mussten ein neues Gerät kaufen.

Edi behauptete mit einem Augenzwinkern, ich würde mir immer wieder etwas Neues einfallen lassen, um ihn zu ärgern. Zerknirscht musste ich im Stillen zugeben, dass er irgendwie recht hatte.

Begegnungen in Uturoa

Per Anhalter fuhren wir nach Uturoa, dem Hauptort Raiateas, um einige Besorgungen zu machen. (Öffentliche Verkehrsmittel gab es keine.) Dort am Ufer entdeckten wir einen modernen Anlegesteg für etwa vier bis sechs Boote. „Das wäre doch auch eine Möglichkeit für uns", dachten wir und sprachen einen Segler an, der dort lag. Man dürfe hier bis zu zwei Nächte kostenlos liegen, und wenn niemand reklamiere, auch länger, teilte er uns mit.

Die Vorstellung, mitten im Ort zu liegen, gefiel uns so gut, dass wir uns nach unserer Rückkehr zur SINGLE MALT direkt auf den Weg machten. An der Werft füllten wir noch schnell unseren Frischwassertank und segelten anschließend um die Nordspitze der Insel herum nach Uturoa, wo wir an besagtem Steg festmachten.

Ein Kreuzfahrtschiff war nach Uturoa gekommen und hatte die „Kreuzritter" (wie wir die Kreuzfahrttouristen scherzhaft nannten) „ausgespuckt". Der Name erschien uns passend, denn für den Betrachter sah es wirklich so aus, als fielen sie über den Ort her.

Unter diesen „Kreuzrittern" befand sich ein amerikanisches Ehepaar, das bei seinem Landgang an unserem Boot vorbeischlenderte. Als die beiden uns an Deck sahen, sprachen sie uns an und wollten wissen, wie das Leben an Bord sei. Sie konnten sich unser Seglerleben überhaupt nicht vorstellen und wollten mehr darüber wissen.

Gerne erzählten wir ihnen, was unser Bordleben von einem Leben an Land unterschied, und selbstverständlich berichteten wir auch von einigen unserer Abenteuer. Natürlich unterschieden sich unsere Erlebnisse extrem von dem Urlaub der beiden auf dem großen Passagierschiff.

Sie konnten von unseren Geschichten nicht genug bekommen. Am folgenden Tag standen sie erneut vor unserem Boot und brachten uns von ihrem schwimmenden Hotel eine Tüte voller wunderschöner Früchte mit sowie viel Zeit, um weitere Erzählungen von uns zu hören.

Auf eine ähnliche Art gerieten wir mit Monsieur Eri in ein Gespräch. Wir erfuhren, dass er in heimischen Zeitungen derart kritische Artikel schrieb, dass die Zeitungen seine Artikel nicht mehr drucken wollten. Monsieur Eri besuchte uns täglich und erzählte viel. Allerdings verstand nur Edi ihn, da ich leider nicht genug Französisch konnte.

Obwohl Uturoa die Hauptstadt Raiateas ist, ist sie ein kleiner Ort. So war es nicht verwunderlich, dass wir Monsieur Eri in den folgenden Tagen zufällig wiedertrafen, wobei mir war, als hätte er uns gesucht, denn er hängte uns mehrreihige Muschelketten um und erwähnte beiläufig, er habe uns einige Früchte an Deck gelegt.

Wie aufmerksam von ihm! Wir wollten ihn an Bord zu einem Essen einladen. Doch bedauernd lehnte er mit der Begründung ab, sein Bruder sei verstorben und er habe daher leider keine Zeit.

Zurück an Bord fanden wir sechs große Pampelmusen, sechs Trink-Kokosnüsse und einen ganzen Bund Bananen an Deck vor. „Lecker, noch mehr Früchte!", freuten wir uns. Da wir jedoch wussten, dass die Bananen alle gleichzeitig reif werden würden und wir unseren Reichtum nicht allein aufessen konnten, verschenkten wir viele an die Segler, die mit uns am Steg lagen. An dem Rest „arbeiteten" wir noch lange.

Amateurfunker und solche, die es werden wollen

Es war nur natürlich, dass wir mit den anderen Seglern am Steg Kontakt hatten. Die meisten waren Amerikaner. So auch Louie und Lauri von der SY AWESTRUCK. Mit ihnen verstanden wir uns besonders gut, weshalb wir viel Zeit miteinander verbrachten, in der wir uns alles Mögliche erzählten.

Wie ich waren sie Amateurfunker. Wir erfuhren, dass sie auf Tonga die notwendigen Prüfungen für den Erhalt einer Amateurfunklizenz abnahmen und noch Interessenten suchten.

Edi hegte schon lange den Wunsch, Amateurfunker zu werden, hatte jedoch nie Zeit fürs Lernen gefunden. Und für eine solche Lizenz muss man wirklich einiges büffeln. Mit meinem Rufzeichen kamen wir zwar gut zurecht, doch wollte Edi gern eine eigene Lizenz haben, um auf den für Amateurfunk zugelassenen Frequenzen sprechen zu dürfen.

Somit war es entschieden: Edi würde die Prüfung auf Tonga mitmachen. Er besorgte sich das Material zum Lernen auf verschiedenen Wegen. Ein Programm zum Üben des Morsens erhielt er von befreundeten Seglern. Die vielen Prüfungsfragen lud er in einem Internet-Café auf eine Diskette. Weitere Unterlagen wurden ihm sonstwie zugespielt, als Leute wussten, dass er Amateurfunker werden wollte.

Als er alles Nötige zusammen hatte, meldete er sich eines Morgens bei Louie und Lauri zur Prüfung auf Tonga an. Er hatte seinen letzten Satz noch nicht beendet, als ich dazwischenrief: „Ich will auch ein amerikanisches Rufzeichen haben! Melde mich bitte auch an!" Das tat Edi, ohne das Warum zu hinterfragen. Ich besaß zwar bereits die höchste deutsche Lizenz und das Rufzeichen DK5BF, doch ich hatte einfach intuitiv gehandelt.

Im Nachhinein gefiel mir die Idee immer besser, weil ich dadurch nicht nur meinen Kopf trainierte, sondern auch meine Englischkenntnisse verbesserte. Außerdem dachte ich mir, dass das Lernen zu zweit sicher anregend sein würde. So kam es, dass wir in der folgenden Zeit beim Segeln und auf den Inseln gemeinsam lernten.

Und das nahmen wir ernst. Von nun an begannen wir unsere Tage – vor Anker wie auf dem Meer – um 06:45 Uhr mit einer Lerneinheit, bei der wir zunächst Morsen übten, dann Technik und Gesetze folgen ließen. Das beanspruchte mindestens zwei Stunden, und je näher der Termin für die Prüfung rückte, desto verbissener lernten wir.

Aber zurück nach Raiatea: Obwohl wir die Zeit mit den anderen Menschen auf der Insel genossen, war es doch ungewohnt, nach einer langen Zeit der Stille und Einsamkeit so eifrig Kontakte zu pflegen. Wir sehnten uns danach, für uns zu sein und verabschiedeten uns bald mit der Aussicht auf ein Wiedersehen mit unseren amerikanischen Funkerfreunden spätestens auf Tonga.

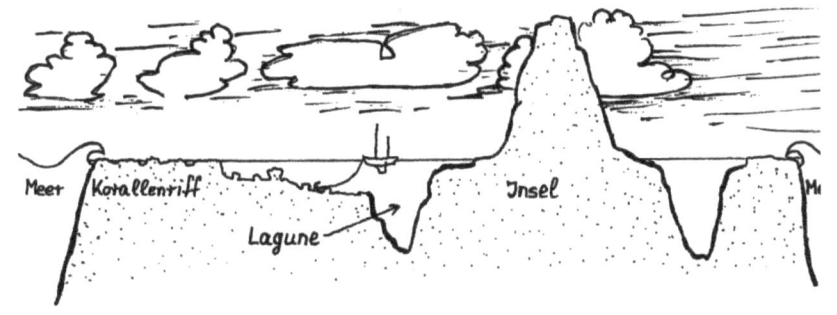

Meer Korallenriff Lagune Insel M...

Bora Bora, wir kommen!

Zur Nachbarinsel Tahaa, nördlich von uns, konnten wir bei leichtem Wind segeln. Dort ankerten wir in einer tiefen Bucht für eine Nacht, ehe wir die sechzig Meilen nach Bora Bora bei schönstem Segelwetter zurücklegten. Der Pass durch das Riff war bestens markiert.

Innerhalb des Riffs suchten wir uns einen Ankerplatz, wofür ich mal wieder am Bug stand und ins Wasser schaute, um mögliche Korallen rechtzeitig zu entdecken. Edi rief mir regelmäßig zu, wieviel Wasser wir noch unter dem Kiel hatten: „Drei Meter. Dreieinhalb. Zwei Meter."

Wolken hatten den Blick ins Wasser für einen kurzen Moment getrübt. Gleich darauf war die Sicht wieder besser. Plötzlich sah ich vor dem Bug knapp unter der Wasseroberfläche Korallenstöcke. „Stopp, zurück, zuuurüüück!", schrie ich aus Leibeskräften, dass es über die ganze Bucht hallte. „Warum hält Edi nicht an?", fragte ich mich verzweifelt, denn wir bewegten uns langsam weiter vorwärts.

Aber ein Boot ist nun einmal kein Auto, und im Wasser dauert das Bremsen und Anhalten eben ein wenig länger als auf der Straße. Das gilt natürlich besonders bei einem Boot wie der SINGLE MALT, die mit ihren über neun Tonnen Gewicht ordentlich Masse mitbrachte, die es zu bremsen galt. Mit Vollgas zurück kam die SINGLE MALT nach einer gefühlten Ewigkeit zum Stehen, und es erschien mir wie eine weitere Ewigkeit, ehe sie sich langsam rückwärts aus der Gefahrenzone bewegte.

Edi steuerte sie in eine andere Richtung, ließ die Korallenköpfe „links liegen" und wir tasteten uns erfolgreich zu unserem neuen Ankerplatz vor. Ich atmete auf. Aufregung soll jung halten, sagt man …

Mal wieder hatten wir eine wunderschöne Bucht erwischt, und obwohl wir gerade vor zu vielen Kontakten geflüchtet waren, freuten wir uns, hier einige alte Bekannte vor Anker zu sehen. Der deutsche Katamaran DIAETHYL, den wir von den Marquesas her kannten, sowie die SY ALUMINE, der wir schon bei Gibraltar und Cubagua begegnet waren, lagen in unmittelbarer Nähe.

Da Edi an Bord zu tun hatte, tauchte ich ins erfrischende Nass, schaute nach, ob der Anker auch wirklich gut eingegraben war und schwamm zur DIAETHYL hinüber. Spontan luden Margrit und Werner mich zum Kaffee ein, was ich gerne annahm. Beim gemütlichen Zusammensitzen gab jeder von uns seine Pannen, Pleiten und Kümmernisse zum Besten, über die wir inzwischen ausgelassen lachten.

Frohgelaunt brachte Werner mich mit ihrem Dingi zurück zu Edi, der mich mit der Hiobsbotschaft überfiel, dass wieder einmal zwei Umschläge mit wichtiger Post nicht angekommen seien. Ich fühlte mich von Edis Ärger wie vor den Kopf geschlagen, doch hörte ich Verzweiflung aus seinem Zorn heraus, weshalb ich stumm blieb.

Wir hatten die Adresse des hiesigen Yachtclubs für anfallende Briefe angegeben, und Edis Schwager Theo hatte uns gemailt, er habe zwei Umschläge mit Rechnungen und wichtigen Papieren an uns aufgegeben. Nach Edis Berechnungen hätten die schon längst da sein sollen.

Einen Werktag später stellte sich heraus, dass wegen des Wochenendes und eines Feiertages die Post nicht zugestellt worden war. Am folgenden Arbeitstag konnte Edi seine erwartete Post im Yachtclub in Empfang nehmen. Nun war die Welt wieder in Ordnung. Edi konnte die Rechnungen umgehend begleichen und musste sich keine Sorgen mehr darüber machen, dass ein Gerichtsvollzieher vor seiner Wohnungstür warten könnte.

Gib Gas!

Wieder einmal weckte uns nachts der heulende Lärm des Windes in den Wanten. Strömung und Wind waren entgegengesetzt. Da jedes Schiff je nach Form und Gewicht anders auf solche Bedingungen reagiert, hingen alle Boote in der Bucht in anderer Richtung an ihren Ankern.

Die SY ALUMINE schwojte vor uns hin und her und lag kurz darauf viel zu nah quer vor unserem Bug. Ihr Anker schleppte! Das Boot driftete rasch auf uns zu. Obwohl eben erst aus dem Schlaf gerissen, rief Edi geistesgegenwärtig hinüber: „Gib Gaaaaas, Günther, fahr vorwärts, sonst liegst du in unserer Ankerkette!"

Tatsächlich reagierte Günther in Sekundenschnelle, startete den Motor und fuhr los – nur fort aus der Gefahrenzone! Er schaffte es buchstäblich in letzter Sekunde bevor die Schiffe sich berührten. Wir waren alle heilfroh, dass wir einen Zusammenprall hatten verhindern können.

Doch waren wir nach dieser Aufregung zu aufgewühlt, um zu schlafen und kochten uns daher eine Brühe, die unsere Gemüter beruhigte. Danach sah alles gut aus; der Wind legte sich, woraufhin auch wir uns legten, allerdings in unsere Kojen.

Yachtclubfreuden

Das Schnorcheln an unserem Ankerplatz in dem klaren, türkisfarbenen Wasser war eine Freude. Auch unsere Seglerfreunde in der Nähe zu haben war angenehm. Doch die Fahrt mit dem Beiboot zum Yachtclub, von wo wir sorglos in den Ort spazieren konnten, und wo das Boot sicher vor Diebstahl lag, war jedes Mal nicht nur weit, sondern auch ziemlich unangenehm.

Der Wind blies wie verhext jedes Mal von vorne, peitschte die Wellen hoch, und wir wurden durchnässt. Da vor unserer Weiterfahrt noch einiges zu erledigen war, entschlossen wir uns, zum Yachtclub zu verlegen, sobald dort eine Boje frei würde. Von dort aus war die Fahrt kürzer und vor allem trockener.

Es dauerte eine Weile, doch unsere Geduld zahlte sich aus. Eine Boje wurde frei und wir verlegten. Die Nutzung war gratis, doch der Club, dem die Boje gehörte, erwartete, dass man im Restaurant des Yachtclubs aß. Das Clubhaus lag malerisch am Ufer und besaß ein Dach aus Palmenblättern, das von dicken Palmenstämmen getragen wurde. Es gefiel uns.

Eines Abends nahmen wir also an einem der frisch gedeckten Tische Platz, freuten uns über den weiten Blick auf die Lagune und verbrachten angenehme Stunden bei recht guten Speisen, die künstlerisch auf riesig großen Tellern angerichtet waren – ein toller Anblick, doch die Portionen waren winzig.

Nach den drei geplanten Gängen schauten wir uns an und wussten ohne Worte, das wir das Gleiche dachten: „War ja ganz nett, aber satt sind wir nicht." „Was solls", sagten wir uns, „wir haben sowieso das eine oder andere Kilo zu viel auf den Hüften. Das Ambiente war wunderschön. Die Speisen waren so kunstvoll zu herrlichen Monumenten aufgebaut, dass ich sie kaum anzurühren wagte. Das war es uns wert!"

Aber das dicke Ende kam erst noch. Zwar mit knurrendem Magen, aber glückselig, da ein wenig angeheitert, bestellten wir die Rechnung. Die fiel weit höher aus, als wir erwartet hatten. Ich schluckte. Wir trösteten uns damit, dass wir normalerweise für die Boje hätten bezahlen müssen, und so hatten wir für unser Geld zumindest in malerischer Umgebung erlaucht gespiesen.

Um eine Erfahrung reicher, kehrten wir halb gesättigt auf unser schwimmendes Heim zurück und ließen den Abend gemütlich mit einem Glas Wein ausklingen.

In die Irre geführt und trotzdem angekommen

Auf einer nahegelegenen Anhöhe sollten Kanonen aus dem Zweiten Weltkrieg stehen. Wir fragten Einheimische nach dem Weg dorthin. Die Antworten waren entweder ein bedauerndes Schulterzucken oder eine Beschreibung, die uns – wie wir später herausfanden – in die falsche Richtung schickte.

Die Temperatur lag um die 30 °C, die Luft war schwer und schwül und die Sonne brannte erbarmungslos vom Himmel. Wir waren schon eine Weile herumgeirrt, und ich litt sehr unter der Hitze, weshalb ich jeden Schatten nutzte, den ich finden konnte. Es gab nicht viele.

Wir versuchten es mit Logik: Es musste ja bergan gehen, überlegten wir, und schlugen einen Weg ein, der nach oben führte. Und tatsächlich fanden wir auf der so erklommenen Anhöhe irgendwann die alten Geschützstellungen – dort standen wirklich gewaltige Kanonen, die die Bucht einst vor Eindringlingen schützen sollten.

Der Blick von dort oben auf die Lagune entlohnte uns für das lange Suchen und den anstrengenden Aufstieg in der sengenden Hitze.

Adieu, Französisch-Polynesien

Die nötigen Arbeiten an Bord hatten wir innerhalb weniger Tage erledigt. Wir wollten auf zu neuen Ufern und lösten unsere Leine von der Boje. „Die ist ja komplett durchgescheuert!", stellten wir erschrocken fest. Wir hingen nur noch – wie an einem seidenen Faden – an einer zweiten, dünnen Leine, die Edi beim Festmachen zur Sicherheit angebracht hatte.

Mit Mühe hatte ich damals eine Bemerkung unterdrückt, wozu denn die dünne Leine gut sein solle. Wie gut, dass ich nichts gesagt hatte und Edi gewähren ließ, denn ohne diese Leine wären wir auf dem Riff gelandet.

Für uns war es Zeit, Französisch-Polynesien zu verlassen. Unser nächstes Ziel waren die Cook-Inseln, genauer gesagt, das Palmerston-Atoll, etwa 660 nautische Meilen westlich von Bora-Bora. Die Fahrt dorthin war wechselhaft, durchsetzt mit heftigen Böen und Regenschauern, und dauerte sechs Tage.

Unterwegs stellten wir fest, dass die Windsteueranlage den Kurs nicht mehr hielt. „Was ist denn jetzt schon wieder los?", fragten wir uns genervt. Der Schaft zum Hilfsruder war gebrochen. Es reichte mir, immer wieder Probleme zu haben! Aber es half nichts, da mussten wir durch.

49. Das Palmerston-Atoll

September 2000

Wie üblich übermittelten wir täglich über Amateurfunk an Freunde und Bekannte unsere „progress and position reports" (Fortschritts- und Lageberichte). Dieses Mal ließen wir unsere interessierten Freunde raten, wie das von uns angesteuerte Atoll wohl hieße. Wir wollten dadurch erfahren, ob überhaupt jemand unsere Route verfolgte.

Tatsächlich erhielten wir einige Vorschläge. Die lustigsten darunter erreichten uns von Heinz, der z. B. schrieb, wir sollten es „Keck-Atoll" nennen; ein anderer Vorschlag war „das Mystische Atoll". Theo, Edis Schwager, gab uns schließlich den richtigen Hinweis: „Palmerston-Atoll!"

Obwohl es von diesem Gebiet keine genauen Seekarten gab, hatten wir uns das Palmerston-Atoll ausgesucht, weil es abseits der üblichen Routen lag und wir daher auf ursprünglichere Zustände hofften.

Dieses Atoll misst von Nord nach Süd etwa sieben Meilen, von Ost nach West vier Meilen. Nur ein kleines Motu, Palmerston, ist bewohnt. Alle anderen Inselchen am Rand des Palmerston-Atolls wie z. B. „North Island", „Leicester Island", „Primrose Island", „Tom's Island" usw. sind zu klein, um darauf leben zu können.

Die Cook-Inseln

Die Cook-Inseln bestehen aus 15 Atollen, die sich zwischen 09°S bis 22°S und 157°W bis 166°W über ein riesiges Seegebiet erstrecken. Sie werden in die südliche und nördliche Gruppe aufgeteilt. Das Palmerston-Atoll (auf etwa 18°S) gehört zwar administrativ zur südlichen Gruppe, befindet sich allerdings zwischen der nördlichen und südlichen Gruppe, weit weg von den anderen Inseln, einsam im weiten Ozean.

Die ersten Polynesier dürften hier zwischen 500 und 1300 n. Chr. angekommen sein. Vermutlich zogen einige von hier weiter nach Neuseeland sowie Hawaii, wo sie sich niederließen.

Die moderne Geschichte beginnt um 1595, als der Spanier Álvaro de Mendaña de Neyra Pukapuka, die nordwestlichste der Cook-Inseln, sichtete und sie Danger Island taufte. 1606 näherte sich Quiros (ebenfalls ein Spanier) Rakahanga, einem Atoll, das sehr weit nördlich von Palmerston liegt. Erst 1773 wurden diese Inseln richtig entdeckt, und zwar durch Captain Cook.

1862 siedelte sich auf Palmerston der englische Seemann William Masters zusammen mit drei polynesischen Frauen an. Er produzierte Kopra, zeugte 26 Kinder, teilte die Insel in drei „Familien" auf, führte diese patriarchalisch und war sehr darauf bedacht, dass keine Inzucht stattfand.

Heute leben etwa 50 Menschen auf dem Palmerston-Atoll, die alle Masters heißen. Eine große Zahl der Masters-Nachkommen ist über die ganze Erde verteilt und unterstützt die Bewohner auf dieser Insel finanziell. Da es auf Palmerston keine Schulen gab, wurden schulpflichtige Kinder nach Rarotonga geschickt, einer Insel der südlichen Gruppe, wo sich auch der Sitz der Regierung der Cook-Inseln befindet. Hier lebten die Kinder bei Verwandten.

Die meisten der Atolle können von Yachten nicht angelaufen werden, da die Pässe in die Lagunen zu wenig tief sind. Außerhalb der Riffe sind Ankerplätze so rar wie Trüffel in einem Wald.

Empfang mit Walgesang

Am Morgen des sechsten Tages auf See sichteten wir unser Ziel Palmerston. James, ein Einheimischer, der unsere Annäherung anscheinend beobachtet hatte, kam uns in seinem Aluminiumboot in flotter Fahrt entgegen und zeigte uns, wo sich ein winziger Sandfleck zwischen den Korallen befand. Dort setzten wir den Anker auf etwa zehn Meter Wassertiefe.

Der Grund fiel hier so steil ab, dass wir nach dem Auslassen von siebzig Meter Ankerkette bereits achtzig Meter Wasser unter dem Kiel hatten. Wenig weiter fiel das Riff direkt auf drei- bis viertausend Meter ab. James erklärte: „Ruht euch erst einmal aus. Um die üblichen Formalitäten kümmern wir uns morgen." Und schon war er wieder weg. Das war uns recht.

Nach unserem Abendessen fiel ich todmüde in die Koje, weil wir in der vorangegangenen Nacht auf See kaum geschlafen hatten. Edi wollte trotz Müdigkeit in unseren Amateurfunk-Briefkasten schauen – ohne Erfolg. Stundenlang versuchte er, Verbindung zu bekommen, auch um unseren Positionsbericht abzusetzen.

Endlich, um etwa drei Uhr früh klappte es. Unterdessen glaubte er, jaulende Hunde zu hören und schaute hinüber zur Insel. Die lag hingegen viel zu weit entfernt, als dass Hunde von dort zu hören gewesen wären. Dazu kam das laute Rauschen der Brandung, das alles übertönte.

Wieder unten in der Kabine drangen diese merkwürdigen Geräusche erneut an sein Ohr, während im Cockpit nichts davon zu hören war. Plötzlich ging ihm ein Licht auf: Wale! Das sollte auch ich erleben, weshalb er mich weckte.

„Was gibt es wohl so Wichtiges, dass du mich mitten in der Nacht weckst, obwohl wir sicher vor Anker liegen?", sammelte ich verschlafen meine Gedanken. Unzufrieden wegen der gestörten Nachtruhe krabbelte ich aus der Koje.

Nun hörte auch ich diesen fremdartigen Gesang und lauschte: wie röhrende Hirsche, jaulende Hunde, ganz unterschiedliche Stimmen. Meine Unzufriedenheit war stillem Staunen gewichen.

In den darauffolgenden Tagen konnten wir immer wieder Wale beobachten, oft ganz in unserer Nähe, nur wenige Meter vom Schiff entfernt. Ich konnte es kaum fassen, dass ich diese wunderbaren, majestätischen Tiere aus solcher Nähe betrachten durfte.

Einklarieren und haarsträubende Fahrten durchs Riff

Am folgenden Morgen erschien James mit zwei Männern in seinem Boot, die höflich auf Englisch fragten, ob sie zum Einklarieren zu uns an Bord steigen dürften. Das bejahte Edi natürlich, sagte jedoch in festem Ton: „Ohne Schuhe bitte!" (An Schuhen befinden sich immer kleine Steine oder Sand, die unser empfindliches Deck zerkratzen könnten.)

Barfuß kletterten die Männer an Bord und stellten sich vor: David, der „Health Officer" (Gesundheitsbeauftragter) und Goodly, der „Agriculture Officer" (Landwirtschaftsbeauftrager).

Der Health Officer schaute uns nur kurz an und attestierte: gesund. Der Agriculture Officer, Goodly, sagte: „Bringt bitte kein Gemüse und keine Früchte auf die Insel, um nicht irgendeine Pest einzuschleppen." Damit war der erste Teil des Einklarierens erledigt. Alles Weitere sollte an Land erfolgen.

James, der unterdessen im Boot gewartet hatte, erklärte, dass wir unser eigenes Beiboot hier nicht benötigten, sondern er uns auf Wunsch jederzeit auf die Insel hole und zurückbringe.

Ausgerüstet mit unseren Pässen und Schiffspapieren fuhr James uns alle Richtung Insel. Schon bevor wir den Pass erreichten, war uns klar, dass wir diesen mit unserem empfindlichen, aufblasbaren Dingi niemals hätten bewältigen können.

Die Fahrt war haarsträubend! Reißende Strudel trieben ihr Unwesen, und überall verbargen sich Korallen unter der Wasseroberfläche, um die James sein Aluminiumboot mit einer Sicherheit herumsteuerte, die mich staunend den Atem anhalten ließ. Selbst später auf der Rückfahrt in finsterer Nacht berührte er keines der gefährlichen Hindernisse.

Anfänglich klammerte ich mich ängstlich an die Bootskante, das Schlimmste befürchtend. In meinem Kopf lief ein imaginärer Film ab, in dem der Rumpf mit lautem Krachen auf die Korallen traf, wir kenterten und ins Wasser katapultiert wurden. Erst nach mehreren Fahrten mit James entspannte ich mich. Edi ging es ähnlich, und wir hatten buchstäblich erfahren, dass auf James Verlass war.

Als wir die kleine Palmerston-Insel erstmals betraten, entpuppte sich David, der Health Officer, auch als Immigration Officer (Einwanderungsbeamter) und stempelte in seiner niedrigen Hütte unsere Pässe ab. Die Größe des Stempels war umgekehrt proportional zur Größe des Atolls: Er füllte eine ganze Seite in unseren Pässen aus. Allerdings war er auch wirklich etwas Besonderes, denn er zeigte eine hübsche Grafik des Palmerston-Atolls mit den Namen all der kleinen Motus!

Wir erfuhren bei dieser Gelegenheit auch, dass David zusätzlich als Arzt, Zahnarzt, Funker der kleinen Radiostation und zu all dem auch noch als Vizebürgermeister fungierte. Der Chef weilte seit Monaten auf Rarotonga.

Adoptiert auf Palmerston

Es war bereits später Nachmittag, als wir unsere Formalitäten erledigt hatten und James uns seiner Familie vorstellte. Wir wurden herzlich aufgenommen, was uns sehr freute, aber richtig erstaunt waren wir, als James verkündete: „Jetzt seid Ihr adoptiert und Teil meiner Familie, den Masters."

Wir fühlten uns gleichzeitig überrumpelt und geehrt. Diese „Adoption" brachte auch mit sich, dass wir täglich zum Abendessen eingeladen waren. Ein Privileg, das wir sehr gern in Anspruch nahmen.

Vorerst führte James uns in „seinem Reich" herum und zeigte uns stolz drei schwarze Schweine und viele Hühner mit ihren Küken, die er sein Eigen nannte. Die Tiere liefen frei herum und wurden mit Kokosnüssen gefüttert, die es reichlich auf diesen kleinen Motus gab.

In einem Winkel außerhalb des Gebäudes lagen als unerwarteter Kontrast zu dieser einfachen Idylle große, frisch gegossene Zementquader. „Was haben die denn hier zu suchen?", wollten wir wissen. „Die hab ich selbst gemacht. Ich versenke sie demnächst, um sichere Mooringe für Segler zu machen", erklärte James betont lässig, um seinen Stolz darüber nicht zu zeigen.

Seine Frau Noorea, die jeder No nannte, lernten wir als eine stille Frau kennen, wahrscheinlich, weil sie kein Englisch sprach. Sie begrüßte uns in ihrer geräumigen Hütte mit Trink-Kokosnüssen.

Gerne genoss ich den erfrischenden Saft, während No das Essen für ihre Familie bereitete, zu der wir jetzt ja auch gehörten: Fisch in einer Curry-Zwiebel-Sauce, gegrillten Fisch, gebratenen Fisch, Reis, Bananenbrot und zum Abschluss Mango-Reis-Pudding. (Das meiste davon waren Raritäten auf dieser Insel, da viele der Zutaten mit dem Versorgungsschiff eingeführt werden mussten.)

Welche Fülle! Wer sollte das alles essen? Wir ließen es uns schmecken, während eine muntere Unterhaltung floss. Zum Abschluss wurde uns Kaffee angeboten, zu dem James sich auf einen Hocker setzte und seine kleine, zarte Tochter auf den Schoß nahm. Das Bild rührte mich, denn James war ein rechter Brocken von Mann, auf dessen Schoß seine zierliche Tochter, die gerade laufen gelernt hatte, zerbrechlich wirkte.

Ähnlich verlief es von nun an jeden Abend. Regelmäßig brachte James uns in dunkler Nacht zurück zu unserer SINGLE MALT, und wir fragten ihn bei der ersten Fahrt, wie er denn trotz Dunkelheit an den Riffen vorbeisteuere. Die Antwort war so einfach wie verblüffend: Er fahre nach Gefühl.

Eines Tages erzählte unsere Gastfamilie, das Versorgungsschiff für die Insel käme üblicherweise etwa alle vier Monate. Doch inzwischen seien fünf Monate verstrichen, und sie wüssten nicht, wann das nächste einträfe. Lebensmittel, Dieselöl, Benzin usw. würden knapp. Das konnten wir doch nicht verantworten, dass unsere Gastfamilie verhungern würde!

Zurück an Bord fragten wir am Ende der täglichen Funkrunde, ob eine Yacht in Rarotonga beabsichtige, nach Palmerston zu segeln und bereit wäre, Reis, Mehl, Zucker und Öl, sowie einen Karton Bier hierher zu bringen. Tatsächlich meldete sich jemand! Doch diese Yacht würde sicher einige Tage brauchen, ehe sie Palmerston erreichen würde. Also kramten wir in unserer Kiste und brachten unseren Gastgebern einen Teil unseres Proviants.

Knapp dem Tode entronnen!

Es war mir mehrmals dringend abgeraten worden, allein im offenen Ozean zu schnorcheln, weil es zu gefährlich sei. Doch ich versuchte es trotzdem, da ich eine geübte Schwimmerin war und Edi bekanntlich das Wasser scheute, wie der Teufel das Weihwasser.

Als Erstes wollte ich sehen, wie das Meer in der Tiefe aussah, dort, wo das Korallenriff steil abfiel. Ich schwamm zum Ende des Riffs und blickte unvermittelt in die schier unendliche, schwarze Meerestiefe. Uiiihhhh, wirkte das unheimlich! Mir wurde ganz mulmig in der Magengegend, obwohl ich genau wusste, dass das Wasser mich trug und ich nicht in die Tiefe stürzen konnte.

Mich zog es fort von der Tiefe des Ozeans, zurück zum ansteigenden Riff. An einer Stelle, an der das Wasser immer noch zwischen sieben und zehn Meter tief war, beobachtete ich viele bunte, verschiedenartige Fische, die zwischen Korallen herumschwammen, und das mulmige Gefühl verschwand.

Nach einer Weile rief Edi: „Almuth, ist alles in Ordnung?" „Ja. Mir wird kalt, und ich komme bald zurück!" Ich winkte fröhlich, drückte die Schnorchelbrille leicht an mein Gesicht und blickte wieder ins Wasser. Dort wartete die nächste Überraschung auf mich: Ein Hai! Mir sträubten sich die Haare, denn nur wenige Meter unter mir schwamm er, um einige Meter länger und bedeutend dicker als ich.

Ich traute meinen Augen nicht und hielt vor Schreck den Atem an. „Das ist das Ende meines Lebens! Der frisst mich!", schoss es mir durch den Kopf. Kurz schaute ich auf und rief Edi zu: „Ein Hai, ein Hai!", um ihn darauf vorzubereiten, dass es mich bald nicht mehr geben würde. Edi glaubte wohl, ich würde scherzen, denn er hampelte im Cockpit herum, wedelte mit den Armen und schien sich zu amüsieren.

„Das ist doch sonst nicht seine Art! Nimmt der mich nicht ernst?", dachte ich empört. „Na, du wirst schon sehen!" Doch blieb mir keine Zeit, beleidigt zu sein. Mühsam bot ich all meine Willenskraft auf, um mich zur Ruhe zu zwingen. Schließlich wollte ich nicht durch Herumzappeln die Aufmerksamkeit des Tieres auf mich ziehen.

Mit ruhigen, kräftigen Zügen schwamm ich zum Schiff, was mir selbst mit meinen Schwimmflossen viel zu langsam ging. Als ich endlich die Badeleiter erreicht hatte, kletterte ich blitzartig hinauf – so schnell wie noch nie zuvor!

Noch nach Luft schnappend stand ich vor Edi, der mich lachend fragte: „Mit welchem Auge hat er dich denn angeschaut?" Das fand ich, gerade dem Tode entronnen, gar nicht lustig! Ich war empört! Was hätte er gesagt, wenn ihm das passiert wäre? Verärgert über seine Reaktion trocknete ich mich ab. Es dauerte den Rest des Tages, mich von der Angst, gefressen zu werden, zu erholen.

Inzwischen hatten wir neue Nachbarn bekommen. Die amerikanische SY SOJOURNER hatte in unserer Nähe geankert, und die Besatzung, Jenifer und Steve, wurde ebenso wie wir von James' Familie adoptiert. Das bedeutete, dass wir uns beim Abendessen auf der Insel trafen – eine Gesprächsbereicherung.

Die beiden tauchten mit Taucherausrüstung und fotografierten und filmten die Unterwasserwelt für „National Geographic". Um sensationelle Aufnahmen von Haien zu bekommen, fütterten sie diese, wie sie berichteten. Mir standen allein bei der Schilderung erneut die Haare zu Berge, und ich berichtete von „meinem" Hai.

Da war ich mit Jenifer und Steve an die Richtigen geraten. Sie erklärten: „Wenn Haie sich ein Opfer ausgesucht haben, stupsen sie es einige Male mit der Nase an, um es auf „Fressbarkeit" zu prüfen. Wenn dir das geschieht, versetze dem Hai bei seinem zweiten Test einen kräftigen Fußtritt auf die Nase. Dann macht der sich schleunigst von dannen."

Später zeigte Steve uns seine Unterwasserkamera. Diese wies eine tiefe Schramme auf, die ihr ein angreifender Hai verpasst hatte, als Steve sich damit verteidigte … Nein danke! Ich verzichtete gerne auf weitere Begegnungen mit Haien! Eine schwere „Waffe" wie die Unterwasserkamera hatte ich nicht. Außerdem bot das Wasser einen derartig starken Widerstand, dass ich niemals einen starken Faustschlag oder Fußtritt hätte ausführen können …

Außergewöhnlicher Besuch auf der Insel

Während unseres Aufenthaltes auf Palmerston erlebten wir eine außerordentliche Begebenheit, die die gesamte Bevölkerung (also die drei Familien) dieser Insel in eifrige Betriebsamkeit versetzte. David, der Funker, Arzt, Zahnarzt usw., empfing die Nachricht, dass die englische Fregatte HMS SOUTHERLAND zusammen mit ihrem Versorgungsschiff der Insel einen Besuch abstatten würde.

Es war der erste Besuch eines englischen Schiffes mit einem White Ensign (Flagge der Royal Navy) seit 1977. (Damals war es die königliche Yacht BRITANNIA, die ebenfalls unter einem White Ensign fuhr.)

Für diejenigen unter Ihnen, die genauso neugierig sind wie meine Lektorin, hier eine kleine Zusatzinformation: Eine Fregatte ist ein eher kleines, jedoch schnelles Kriegsschiff, das für das Kämpfen ausgelegt ist und nicht für den Transport von Gütern.

Auf einer derart langen Ausbildungsreise um die Erde wie die, auf der sich die HMS SOUTHERLAND befand, ist es auf ein eigenes Versorgungsschiff angewiesen, das ihm auf See Treibstoff, Munition, Lebensmittel usw. übergeben kann. Auch ist seine medizinische Ausrüstung umfangreicher als die einer Fregatte.

In der Nacht vor der Ankunft der HMS SOUTHERLAND fuhren die Männer der Insel mit ihren Booten hinaus und fischten die ganze Nacht, was das Zeug hielt, um die erwarteten Besucher mit einem Festmahl empfangen zu können.

Wer nicht fischte, war mit anderen Vorbereitungen beschäftigt, wie z. B. dem Herrichten eines riesigen, improvisierten Grills und entsprechend vieler Sitzgelegenheiten sowie der Zubereitung von Speisen. Wir wurden gefragt, ob wir beim Empfang der Seeleute helfen würden. Welche Frage! Natürlich waren wir dabei.

Die HMS SOUTHERLAND erschien bereits am nächsten Morgen. Da sie mangels eines passenden Ankerplatzes nicht vor der Insel ankern konnte, kreuzte sie gemächlich auf und ab. Aufgeteilt in Gruppen wurden die Seeleute mit Booten der Fregatte in die Nähe des Atolls gebracht, wo sie in die drei Aluminiumboote der Masters umstiegen, um an Land gebracht zu werden.

Gegen Mittag traf die erste „Schicht" auf der Insel ein, darunter der Kapitän, der Schiffsarzt und einige weitere Offiziere. Die Seeleute wurden mit allem, was die Bewohner der Insel an kulinarischen Köstlichkeiten zu bieten hatten, verwöhnt: jede Menge von verschieden zubereiteten Fischen, Kokosnüssen und anderen lokalen Produkten.

Dicht an dicht aneinandergereiht wurden in unglaublichen Mengen Fische gegrillt. Wir halfen mit dem Verteilen der reichlich gefüllten Teller, was glücklicherweise ohne bemerkenswerte Vorkommnisse vonstattenging.

Für die Besatzung war dieser Landgang etwas ebenso Einmaliges wie für uns, und die Seeleute suchten das Gespräch. Da wir nicht wie die Inselbevölkerung aussahen, sprach der Kapitän Edi sofort an: „Was macht ihr denn hier?" Edi zeigte in Richtung unserer SINGLE MALT und erzählte, dass wir zwei auf diesem kleinen Segelschiff unterwegs seien.

Die Zuhörenden waren gleich noch etwas erstaunter, als sie von Edi erfuhren, dass er vor vielen Jahren einige Kurse bei der Royal Navy absolviert hatte. Dieses Gespräch hätte noch lange weitergehen können, doch schon nahte die nächste Gruppe. Bis spät abends wurden Seeleute hin und her transportiert und reichlich verpflegt.

Mir fiel das höfliche und auch ansonsten ausgesprochen gute Benehmen der Seeleute auf. Dabei gefiel mir besonders, dass alle laut und deutlich sprachen, sodass ich keine Mühe hatte, sie zu verstehen.

Am folgenden Tag bedankte sich das Kriegsschiff mit Benzin, Dieselöl und Lebensmitteln für den freundlichen Empfang. Außerdem stand für die Besatzung an diesem Tag auch das Tauchen auf dem Programm, denn das Riff bot hier, mitten in der Südsee, mit seiner Vielfalt an Fischen, der bizarren Unterwasserwelt und den Höhlen ein Paradies für Taucher.

Wie tags zuvor, wurden die Männer in kleine Gruppen eingeteilt, zum einen wegen der Bootsgröße, zum anderen, um die Bewohner des Riffs zu schonen. Geduldig wartete jeweils eine Gruppe
im Beiboot der Fregatte, bis eine andere mit Tauchen fertig war.

Der Wind wehte stark, und dann begann es auch noch zu regnen. Unter Wasser machte das ja nichts, aber die im Boot war-
tenden Männer taten uns leid. Wir luden sie zu uns an Bord zu
einem Kaffee ein, wo sie geschützt im Cockpit warten konnten.

Gerne nahmen sie das Angebot an, freuten sich, einmal auf
einer Segelyacht sitzen zu dürfen und interessierten sich für
unsere Art zu leben. Noch viele Fragen hätten sie gehabt, aber
sie waren bald mit dem Tauchen an der Reihe, bedankten sich
überschwänglich für den Kaffee und brachen auf.

Das Insel-Versorgungsschiff

Mit den Ereignissen um die HMS SOUTHERLAND hatten wir
zwei interessante Tage erlebt. Nun, nachdem die Fregatte mit
ihrem Versorgungsschiff weitergesegelt war, hatten wir mal
wieder Zeit, an Bord dem Alltagsleben nachzugehen.

Nicht so die Masters auf der Insel. Das langersehnte Insel-
Versorgungsschiff hatte sich angekündigt und sollte neben
Versorgungsgütern auch etwa zwanzig der hiesigen Inselbewohner von Rarotonga wieder zurückbringen. Sie waren dort
zu Besuch gewesen, konnten aber nur mit dem Versorgungsschiff hin- und zurückfahren.

So war es ein ausgedehnter Besuch gewesen, und die Freude über ihre Rückkehr umso größer. Deshalb war wiederum Fischen angesagt, um die Ankömmlinge gebührend zu empfangen.

Außerdem war tags zuvor auf Palmerston ein alter Onkel
verstorben. Wegen der herrschenden Hitze muss ein Verstorbener hier in den Tropen innerhalb von vierundzwanzig Stunden beerdigt werden. Daher waren die Inselbewohner zeitgleich
mit der Vorbereitung des Empfangs, der Trauerfeier und der
Beerdigung beschäftigt.

Das Versorgungsschiff traf gegen Morgen noch bei Dunkelheit ein. Das Ankermanöver zu beobachten, war für uns mal wieder eine interessante Abwechslung. Der Kapitän hatte zwar gefährlich nahe von uns den Anker gesetzt, doch das Schiff schien fest zu liegen.

Bereits mit dem ersten Büchsenlicht wurde mit dem Entladen begonnen. Starker Wind ließ das Schiff heftig hin und her schwojen, wodurch es uns immer wieder bedenklich nahekam. Beunruhigt beobachteten wir, wie es wieder einmal weit zur Seite schwang. Und dann ... trieb es aufs offene Meer hinaus! Der Anker hatte sich losgerissen! Welch ein Glück, dass es uns nicht getroffen hatte!

Das Versorgungsschiff fand einen sicheren Ankerplatz weit östlich von uns. Für die Einheimischen bedeutete dies allerdings eine längere Transportstrecke und daher mehr Treibstoffverbrauch. Jeder Liter Benzin für die Außenbordmotoren, Dieselöl für den Generator, alle wichtigen Lebensmittel, Baumaterialien usw. wurden innerhalb der nächsten Stunden mit den kleinen Booten der Einheimischen durch das Riff auf die Insel gebracht.

Am Nachmittag war der Spuk vorbei, und das Versorgungsschiff fuhr davon. Es würde wohl wieder vier bis fünf Monate dauern, bis es zurückkehrte.

Adieu Palmerston

Für uns wurde es mal wieder Zeit, Anker zu lichten. Zum Abschied überlegten wir uns etwas Besonderes für unsere Gastgeber, vor allem für No, die tagtäglich fleißig für uns gekocht hatte. Sie sollten einmal frei haben, dachten wir uns. So luden wir sie an unserem letzten Abend zu einem Essen an Bord ein. Gerne sagten sie zu, denn bisher war ihnen das nur höchst selten passiert.

Bei Salat und Spaghetti mit Tomatensauce erlebten No und James bei uns im Cockpit einige entspannte Stunden. Allerdings mussten wir ihnen erklären, wie Spaghetti auf die Gabel aufgerollt werden, wozu einige Fingerfertigkeit gehört.

Die beiden meisterten diese Kunst mit Humor und schafften es nach einer Weile bravourös, einige Spaghetti in den Mund zu befördern. Auch das niedliche Töchterchen schaute interessiert zu und wurde offensichtlich zum ersten Mal mit Spaghetti gefüttert. Dunkelheit hatte sich bereits ausgebreitet, als sie zurück auf ihre Insel fuhren.

James war am nächsten Morgen zur Stelle, als wir unseren Anker lichteten, und wünschte: „Gute Fahrt!" Über Funk bedankten wir uns noch einmal bei No und David, zu dieser Gegebenheit in seiner Funktion als Immigration Officer, und setzten Segel Richtung Westen.

Das Beveridge-Riff

Damals, als wir dieses Seegebiet befuhren, war es noch wenig zuverlässig kartografiert. Riffe, die sich kaum aus dem Wasser erheben, wie z. B. das „Albert Meyer Riff", das „Harrans Riff", „Schwere Brecher", das „Beveridge Riff" usw., wurden vielen Schiffen zum Verhängnis.

Wir entschieden uns, das Beveridge Riff, etwa 20°02′S; 167°46′W, vorsichtig anzulaufen und zu erkunden. Ausgerüstet mit einer einfachen Handskizze, die wir bei einem anderen Segler kopiert hatten, versuchten wir es.

Wir fanden dieses Riff aufgrund der gewaltigen, weiß hochspritzenden Brandung. Wie bei jeder Fahrt durch den Pass eines unbekannten Riffes, war die Durchfahrt für uns aufregend, und ich schwitzte vor Anspannung. Doch als wir in der kreisrunden Lagune ankerten, war es rund um uns herum wunderbar ruhig, und wir lagen sicher wie in Abrahams Schoß.

Hier verbrachten wir zwei geruhsame Tage mit Lesen, Schreiben und – in meinem Fall – Schnorcheln. Hübsche Fische, die ich zuvor noch nicht gesehen hatte, fielen mir bei meinen Ausflügen auf. Auf dem Grund der Lagune lagen riesige Muscheln, deren Öffnungen wie Rüschen gewellt waren und in phosphoreszierenden Farben das Licht reflektierten. Unglaublich schön und schillernd!

Ich konnte mich nicht sattsehen an dieser Seltenheit. Derartigen Muscheln, die übrigens den passenden Namen „Riesenmuscheln" tragen, begegneten wir in der übernächsten Inselgruppe Vava'u immer wieder. In jenem Gebiet kamen sie häufig vor, und man verwendete ihre Schalen dort, natürlich gereinigt, als Schüsseln.

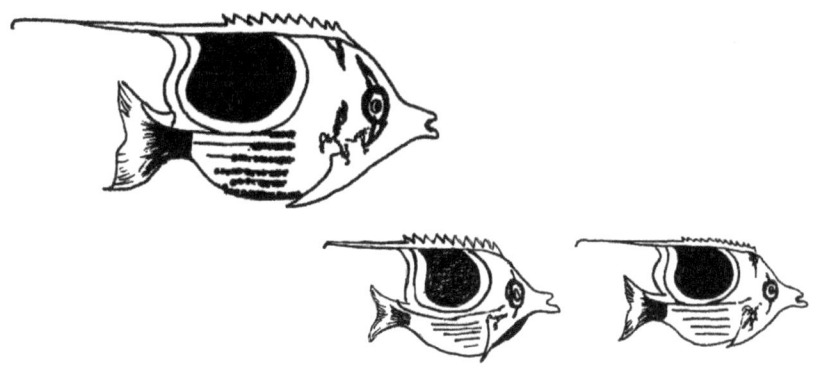

Bald schon zog es uns weiter. So wie sich bei der Einfahrt in die Lagune das Meer, die Wellen und Strömung schlagartig geändert hatten, erlebten wir es auch bei der Ausfahrt. Kaum hatten wir das Riff passiert, erfasste uns das wogende Meer, und weniger als eine Meile entfernt war vom Beveridge-Riff nichts mehr zu erkennen. Bei flottem Wind legten wir Kurs an in Richtung Niue.

50. Niue

September 2000

Bewohner, wütend wie Wildschweine

Ungefähr mittig zwischen dem Palmerston-Atoll und Tonga liegt der Inselstaat Niue. Nach der Entstehung der Insel vulkanischen Ursprungs, bildete sich auch hier vor ewig langer Zeit ein Korallenriff. Die vulkanische Insel versank langsam, während das Korallenriff weiterwuchs.

Dann passierte etwas Neues: Das Korallenriff wurde emporgehoben. Die höchsten Gebiete der Insel liegen heute um sechzig bis siebzig Meter über dem Meeresspiegel, und mit der Zeit konnte sich dort eine äußerst reiche Fauna entwickeln.

Captain Cook sichtete 1774 als erster Europäer diese Insel. Er nannte sie Savage Island wegen des ausgesprochen unfreundlichen Empfangs der Bevölkerung, die ihn „so wütend wie Wildschweine" angriff. Dies hat sich unterdessen völlig geändert, und die Bewohner sind heutzutage liebenswürdig.

Ankern mit Hindernissen

Bereits am frühen Morgen des Tages, nachdem wir das Beveridge-Riff Richtung Westen verlassen hatten, kam Niue in Sicht. Es war schwierig, auf der Leeseite der Insel vor dem Hauptort einen Platz zum Ankern zu finden, insbesondere, weil wir – mal wieder – nur eine Handskizze des Gebietes hatten.

Inselwärts drohten die Brandung und die Korallen, an denen wir zerschellen konnten, falls der Anker nicht hielt. Deshalb suchten wir nach einem möglichst sicheren Ankerplatz. Am Nachmittag fanden wir endlich einen einzigen Sandflecken zwischen den Korallen, der uns geeignet schien. Immerhin, das hatten wir geschafft. Wir genossen einen ruhigen Abend und eine erfreulich angenehme Nacht.

Doch das Glück war uns nicht hold, denn schon morgens um sechs Uhr hörten wir ein kräftiges Horn ganz in unserer Nähe. Verdutzt sprangen wir aus den Kojen und schauten nach, wer uns da so unhöflich aus dem Schlaf riss.

Es war ein Versorgungsschiff, das genau diesen Flecken Sand für seinen Anker beanspruchte, um mit dem Heck am Betonkai festzumachen. Es war stärker als wir und hatte Gewohnheitsrecht! Also kleideten wir uns blitzschnell an und lichteten Anker.

Wenigstens hatten wir eine ruhige Nacht hinter uns. Doch jetzt waren wir wieder auf der Suche nach einem derartigen Sandflecken. Leider zeigte uns der Tiefenmesser zu große Tiefen für unsere SINGLE MALT an. Über Funk hörten wir, dass zwei Yachten heute im Laufe des Tages weitersegeln wollten und damit die einzigen beiden Bojen frei würden.

Wir überlegten: Wollten wir uns das antun? Den ganzen Tag auf- und abkreuzen und warten? Den ganzen Tag auf Pieke sein? Oder sollten wir einfach weiterfahren? Doch dann würden wir diese außergewöhnliche Insel verpassen. Nie wieder würden wir die Gelegenheit haben, sie zu besuchen.

Also nahmen wir das Auf- und Abkreuzen in Kauf, segelten langsam mit gerefften Segeln die langgezogene Bucht entlang, wendeten nach etwa einer Stunde und wiederholten das Manöver wieder und wieder.

Zwischen den Wendemanövern lernten wir Funktechnik und übten Morsen für unsere bevorstehende Amateurfunkprüfung auf Tonga, wodurch die Zeit relativ schnell verging.

Immer wieder schauten wir aus und erwarteten Bewegung mindestens auf einer der Yachten. Doch außer den flatternden Flaggen bewegte sich nichts. Zweifel kamen auf, ob sie wirklich heute loswollten. Ja, kam die Antwort über Funk, aber sie seien noch nicht bereit. Also kreuzten wir weiter.

Unsere Geduld wurde auf eine harte Probe gestellt. Endlich, gegen 17:30 Uhr kam Bewegung in eines der Boote. Die Leinen wurden von der Boje gelöst und das Segelboot nahm seinen Kurs auf. „Na, endlich", seufzten wir, und machten schleunigst an der freigewordenen Boje fest.

Anlanden einmal anders

Die folgende Nacht war ruhig, erholsam und ganz ohne unliebsame Überraschungen am Morgen. Wir erwachten frisch, ausgeruht und bereit für Neues.

Mit dem Fernglas untersuchten wir das Ufer und entdeckten eine Treppe, die auf der südlichen Seite des Betonkais eingelassen war. Oberhalb dieser Treppe befand sich ein undefinierbares Gestänge. Wofür das wohl gut war? Während wir noch rätselten, näherte sich ein Beiboot mit zwei Leuten an Bord dieser Treppe, und wir beobachteten, wie es anlandete – außergewöhnlich!

Nun wussten wir Bescheid und fuhren ebenso mit unserem Dingi zum Pier an die Treppe. Das undefinierbare Gestänge entpuppte sich als ein Kran. Die Prozedur des Anlandens war allerdings dank der ständigen Dünung von etwa zwei Metern ganz schön abenteuerlich und erforderte sehr schnelles Handeln.

Ich musste aus dem Dingi springen, die Treppe hinaufeilen und den Kran bedienen. Letzteres war einfach: Mit Druck auf einen Knopf bewegte sich neben der Treppe ein Haken an einem Seil hinab, den Edi im richtigen Moment ergreifen, das Beiboot daran anhängen und dann blitzschnell auf die Treppe springen musste, um nicht von der Dünung erwischt zu werden.

Wenn eine Welle auf die Treppe schwappte, floss das Wasser wie ein Sturzbach die Treppe hinunter und füllte, wenn es das Pech wollte, das Dingi. Glücklicherweise gelang es uns, das zu vermeiden. Mit dem Kran konnte ich unser Dingi mühelos per

Druck auf einen anderen Knopf aus dem Wasser heben und es oben mit Muskelkraft zur Seite schwenken.

Inzwischen kam Edi zu mir. Er schob einen der niedrigen Wagen herbei, der eigentlich nur eine Plattform mit vier Rädern war und auf dem Pier für Dingis bereitstand. Darauf ließ ich unser Dingi hinab. Nun war die Last leicht zu handhaben, und wir konnten sie an den Rand des Platzes rollen, wo sie nicht störte.

„Tagteuer" auf Niue

Ursprünglich wollten wir uns für den Tag einen Motorroller mieten. Jedoch entschlossen wir uns wegen vorausgesagter heftiger Regenfälle kurzfristig zu einem Auto. Es war nur noch ein altersschwacher Pickup zu haben, der uns lieber war als nichts. Mit diesem Gefährt hatten wir immerhin ein Dach über dem Kopf, trösteten wir uns. Später stellte sich heraus, dass dieses Dach undicht war, doch zumindest blieben wir weitgehend trocken.

Diese wild zerklüftete Insel bestand aus emporgehobenen Korallen, die wie steile Felsen hoch aus dem Meer ragten. Das Plateau in der Höhe stelle man sich nicht als ebenes, begehbares Gelände vor, sondern als eine unbegehbare Wildnis.

Vielartige Bäume und andere Pflanzen hatten sich hier angesiedelt, und im Laufe der Jahrtausende konnte sich eine Humusschicht bilden, die enge Zwischenräume langsam ausfüllte. Dennoch bargen tiefe, dank der lockeren Humusschicht unsichtbare Spalten Gefahren für einen Wanderer.

Die Straße, auf der wir fuhren, führte oben am Rande des Plateaus um die Insel herum. Gerne wollten wir mit unserem Auto einen Abstecher zum Meer machen, doch endete jede Abzweigung an einem Trampelpfad.

Irgendwann stellten wir unser Auto ab und folgten neugierig einem dieser Pfade über abenteuerlich scharfkantige Korallenfelsen hinab. Zu unserer Überraschung führte er in eine Höhle, die wir zunächst für eine Endstation hielten. Doch unverhofft öffnete sich das Gewölbe nach wenigen Schritten wieder, und der Pfad ging in unzählig viele Stufen über, hinab Richtung Meer.

Wir stiegen weiter hinunter, bis die Treppe abrupt endete. Die Brandung hatte das untere Ende der Treppe weggerissen, und die letzten noch verblieben Stufen waren unterhöhlt. Es war zu gefährlich, sie zu betreten. Daher stiegen wir wieder hinauf, zurück zu unserem Auto.

Unser Forscherdrang war erwacht. Wir fuhren weiter und parkten am Ende einer anderen Sackgasse in einem Wäldchen, wo ein weiterer Pfad Richtung Meer führte. Nach nur wenigen Schritten auf diesem Pfad öffnete sich ein Abgrund vor uns. „Oh Gott, wie tief es da runtergeht!", dachte ich mit tiefem Unbehagen.

Eine unendlich lang wirkende, solide Holzleiter stiegen wir hinunter in eine enge Schlucht. Viele schwarze Schmetterlinge mit weißen Flecken umflatterten uns. Der Wald zu beiden Seiten war so dicht, dass nur selten ein Sonnenstrahl seinen Weg hierher fand.

Am oberen Ende der Leiter war das Rauschen des Meeres kaum zu hören gewesen, doch während des Hinabkletterns in die Tiefe wurde es lauter und lauter. Schon fast unten in der Schlucht passierten wir auf „unserer" Leiter eine kleine, sandbedeckte Ebene, auf der sich zwei hohe Palmen nach oben zum Licht reckten.

Von dort aus kletterten wir noch ein kleines Stück weiter hinunter und erreichten ein Korallenriff, das während der Ebbe trockengefallen war. Von dort gingen wir auf den Korallenfelsen am Meer entlang. In den zurückgebliebenen Wasserlachen tummelten sich Fische und Krebse. Hops, hops, hüpften die Krebse seitwärts von einer Pfütze zur anderen. Wie lustig das aussah!

Wir erreichten eine mit Wasser gefüllte Höhle, zu der man zu Fuß nur bei Ebbe gelangen konnte. Im Wasser spiegelten sich der blaue Himmel und die Felsen. Wir hatten zwar kein Badezeug mit, doch es war weit und breit kein Mensch zu sehen. So streiften wir unsere Kleidung ab und stiegen in das erfrischende Nass. Ja, sogar Edi!

Uns fielen kleine, leuchtendblaue Fische auf, die ganz zutraulich um uns herumschwammen. Wahrscheinlich beäugten sie uns ebenso neugierig wie wir sie. Der kleine See, der bei Flut eins mit dem Meer war, erstreckte sich in eine zweite Höhle hinein, die wir natürlich sofort schwimmend erkunden mussten.

Hier hatten sich zwischen verschiedenartigen Korallen Seeigel angesiedelt. So interessant es war, befanden wir uns jetzt im Schatten, abseits der wärmenden Sonne, wo sich das Wasser kühl anfühlte. Wir begannen zu frösteln und kehrten bald zum Ausgangspunkt zurück, wo wir hinaus an die warme Luft und in unsere Kleider stiegen.

Erfrischt machten wir uns auf den Rückweg. Die Flut hatte die Ebbe abgelöst und das Wasser stieg. Bei mir schrillten innerlich die Alarmglocken. Ich kannte die Gefahr des auflaufenden Wassers vom Watt in der Nordsee her und wusste, dass das Wasser je nach Gegebenheit manchmal schneller als vorstellbar einläuft und einem nur zu schnell den Rückweg abschneiden kann.

Schnell kletterte ich zu einer Stelle, von der ich sah, wie hoch das Meer war. Es war noch niedrig, sodass wir genug Zeit hatten, unseren Rückweg in Ruhe anzutreten. Oben angekommen stiegen wir wieder in unser klappriges Auto und folgten weiter der Rundstraße, die uns durch Wäldchen und kleine Siedlungen führte.

„Siedlungen" ist fast zu viel gesagt, denn sie bestanden aus nur wenigen Häusern. Darunter fielen uns immer wieder leerstehende Häuser auf, deren Türen und Fenster mit Brettern vernagelt waren. Einige Siedlungen lagen wie ausgestorben da. Ein traurig stimmendes Bild.

So mancher Einheimische wanderte nach Neuseeland aus, in der Hoffnung, dort Arbeit zu finden und genug Geld zu verdienen, um ein besseres Leben führen zu können. Nur einige wenige kehrten wieder zurück. Manche der leerstehenden Häuser wurden genutzt, um Fasern zu trocknen, aus denen Fächer, Hüte und Matten geflochten wurden.

Am Straßenrand, manchmal in nur kurzen Abständen, oft unmittelbar neben den Häusern lagen große Betonplatten, die jeweils mit einem farbig gemusterten Tuch geschmückt waren: Gräber. Die Einheimischen begruben ihre Verstorbenen auf dem eigenen Grundstück, denn einen Friedhof gab es nicht.

Eines der Gräber war uns besonders aufgefallen, weil darauf ein Kinderwagen, ein Dreirad, Spielzeug und ein einsamer Teddybär liebevoll aufgestellt waren. Stumm fuhren wir daran vorbei, und ich ahnte, dass ein tragisches Ereignis damit verbunden war.

Kurz darauf stiegen wir aus dem Auto, um uns nach dem Weg zu einem bestimmten Aussichtspunkt zu erkundigen. In einer Haustür hatten wir eine Frau sitzen sehen, waren zu ihr gegangen und standen zufällig der weinenden Mutter des verstorbenen Kindes gegenüber.

Sie habe am Hauseingang gesessen und um ihr totes Baby getrauert, erzählte sie schluchzend. Ihr ältester Sohn, etwa neun Jahre alt, habe vor wenigen Tagen mit der Flinte des Vaters hantiert und dabei unglücklicherweise seinen kleinen Bruder erschossen. Erschüttert hörten wir uns die Geschichte an und sprachen der Mutter unser Mitgefühl aus.

Den Aussichtspunkt fanden wir mühelos, doch er war nicht bemerkenswert. Der Weg zurück führte uns am selben Haus vorbei. Wir stoppten davor und bedankten uns bei der Frau für die gute Wegbeschreibung. Ihre Schwiegermutter hatte sich unterdessen zu ihr gesellt, und nun luden die beiden uns zu einem Tee ein.

Tee ist ja wirklich nicht mein Lieblingsgetränk, aber aus Höflichkeit lasse ich mich manchmal dazu überreden. Dieser Anlass war eine seltene Gelegenheit, und ich ließ mich darauf ein. Wir hatten ja Zeit.

Das Wasser wurde aufgesetzt und bald hielten wir heiße Becher in den Händen. Überrascht schnupperte ich an dem Getränk. Das war doch kein Tee! Nein, es war Kakao, den die beiden Tee nannten. Hmm, ja, Kakao liebe ich.

Die Schwiegermutter erzählte, sie habe soeben Bananen und Maniok gekocht, und reichte uns davon Kostproben auf einem Teller. Dazu brachte sie Kekse, die sie mit einer Art Marmelade bestrichen hatte. Welch seltsamer Geschmack, und welch fremdartige Zusammenstellung. Andere Länder, andere Sitten, stellten wir wieder einmal fest.

Nach einer Weile des Plauderns brachen wir auf. Zum Abschied drückten die Frauen uns zwei selbstgeflochtene Fächer und eine Papaya in die Hand. Wir sollten doch bald wiederkommen. Wie rührend sie sich um uns Fremde bemühten, dachte ich bewegt. Ich wäre tatsächlich gerne noch einmal auf diese Insel zurückgekehrt, aber aufgrund der Windrichtung war das für uns praktisch unmöglich. Bedauerlich.

Es gab noch viele Pfade, Höhlen und Abgründe zu erforschen. Daher fiel es uns schwer, unsere Leinen von der Boje zu lösen. Doch die Zyklonzeit näherte sich unbarmherzig und trieb uns voran. Deshalb segelten wir mit der SINGLE MALT am 23. September munter bei gutem Wind und unter vollen Segeln Richtung Tonga weiter.

Nur einen Tag später, um zwölf Uhr Schiffszeit, überquerten wir die Datumsgrenze, die hier nicht bei 180°, sondern bei 172°30' W liegt, damit Tonga und Neuseeland dasselbe Datum haben. Damit waren wir allen in Europa um 24 Stunden voraus. Schmunzel!

51. Im Königreich Tonga

Oktober 2000

VAVA'U
GRUPPE

NEIAFU

TONGA
INSELN

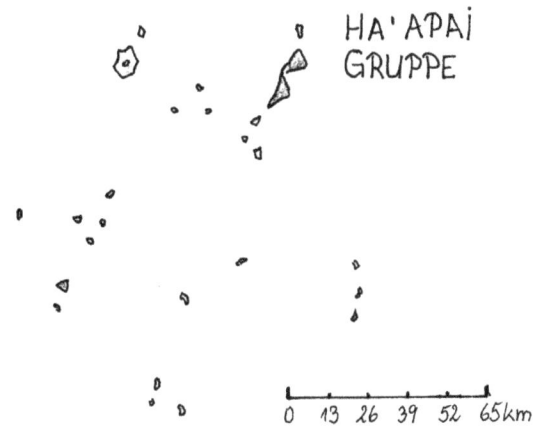

HA'APAI
GRUPPE

0 13 26 39 52 65 km

TONGA

NUKU'ALOFA

Das Königreich Tonga

Tonga besteht aus vielen kleinen Inseln, die in drei Gruppen eingeteilt werden; im Norden liegt die Vava'u-Gruppe, im Süden die Tongatapu-Gruppe und dazwischen die Ha'apai-Gruppe mit den Inseln Lulunga, Nomuka, Otu Tolu und vielen weiteren kleinen Inseln und Riffen. Die Nord-Süd-Ausdehnung des Königreichs beträgt etwa 300 nm.

Vulkanische Aktivitäten, insbesondere in der Ha'apai Gruppe (wie im Januar 2022), verändern laufend die geografischen Gegebenheiten. Zudem sind die Vermessungen dieses Gebietes sehr alt. Deshalb sind hier die Seekarten noch heute mit Vorsicht zu genießen. Oft findet man Bemerkungen wie: „Untiefe gemeldet 1992" und „Neues Riff zwei Fuß über Wasser, gemeldet 1995". Alle Positionen sind als ungenau zu betrachten.

Zur Zeit unseres Aufenthaltes waren nur 36 der insgesamt 169 Inseln des Königreichs dauernd bewohnt. Insgesamt lebten etwa 100.000 Menschen auf diesen Inseln, die seit etwa zweieinhalb Jahrtausenden besiedelt sind. Die ersten Europäer, die die Tongagruppe besuchten, waren Holländer, darunter 1643 der bekannte Abel Tasman, nach dem heute z. B. Tasmanien benannt ist.

Bereits am dritten Tag auf See, noch bei Dunkelheit, umrundeten wir die im Norden gelegene Vava'u-Gruppe Tongas und erreichten Neiafu, den Hauptort, wo wir um acht Uhr an einem Pier zum Einklarieren festmachten. Die Behörden kamen zu uns an Bord, und schneller als gedacht war das Administrative erledigt, sodass wir uns schon bald eine Boje suchten, an der wir festmachten.

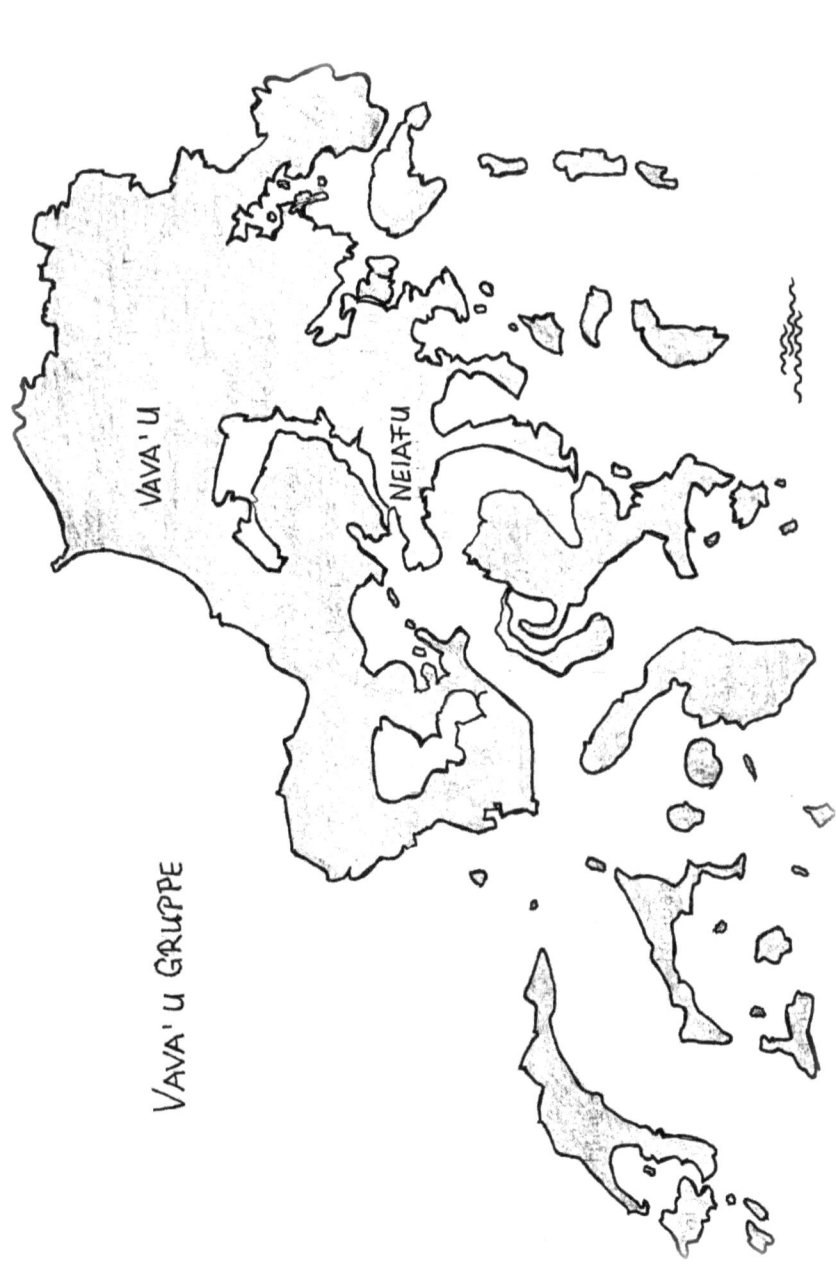

VAVA'U GRUPPE

VAVA'U

NEIAFU

Amateurfunkprüfung mit Schreckmoment

Nicht nur wegen des Einklarierens hatten wir Neiafu angelaufen. Hier sollte auch die Prüfung für das amerikanische Amateurfunkzeugnis stattfinden, für die wir so lange jeden Tag gebüffelt hatten. Die Büffelei führten wir auch hier jeden Morgen fort, bevor wir Ausflüge unternahmen.

Bisher hatten wir das Morsen immer auf die gleiche Art geübt: Ein Programm gab Buchstaben und Zahlen in zufälliger Reihenfolge als Tonfolgen aus. Während ich die entsprechenden Zeichen per Hand auf Papier schrieb, saß Edi am Laptop und drückte die entsprechenden Tasten.

Drei Tage vor der Prüfung wechselten wir die Stellung, sodass Edi zur Abwechslung mal die gehörten Zeichen aufschreiben und ich die Tasten drücken sollte. Doch wir kamen nicht weit. Schon nach dem ersten als Morsezeichen ertönten Buchstaben kam Edis erstaunte Stimme: „Was ist denn das für ein Zeichen?" Nach dem nächsten: „Habe ich noch nie gehört!"

Ich hatte den Eindruck, er würde scherzen und begann zu lachen. Doch nein, es war bitterer Ernst. Die Tatsache, dass er nun mit einem Stift vor einem Blatt Papier anstatt vor einer Computertastatur saß, hatte die Aufgabe für ihn anscheinend so verändert, dass er keines der Zeichen mehr wiedererkannte. Wir waren entsetzt! Sollte alles umsonst gewesen sein?

„Das kann doch nicht wahr sein!", erwachte Edis Kämpfergeist. Eigentlich hatten wir einen Tagesausflug unternehmen wollen, doch unter diesen Umständen strichen wir unser Programm und übten fast den ganzen Tag. Es regnete sowieso.

Am Ende des Tages erkannte Edi noch immer keinen einzigen Buchstaben und wollte sich sogar von der Prüfung abmelden! Nur mit Mühe konnte ich ihn davon abhalten und ihm Hoffnung machen, dass wir ja noch zwei Tage zum Üben hätten. Und die Anstrengung lohnte sich: Im Laufe der nächsten beiden Tage lernte Edi die Zeichen wieder zu erkennen.

Dann war es soweit: Prüfungstag, 4. Oktober! Mit Bangen trafen wir am Prüfungsort ein, und schon bald ging es los. Erst mussten wir die Prüfungen für die verschiedenen Lizenzklassen („Novice", „Technician" und die höchste Stufe „General Class") ablegen. Als letztes folgte die Morseprüfung.

Genau in der Zeit, in der die Morsezeichen gegeben wurden (60 pro Minute), fuhr ein schwerer Lastwagen an dem Gebäude vorbei, in dem wir saßen und übertönte mit seinem Lärm die Morsezeichen. Das war wie verhext! So ein Pech!

So gut wir hörten, schrieb jeder für sich die Zeichen auf. Es wurde uns wegen des störenden Lärms angeboten, einen zweiten Durchgang zu machen. Doch Edi war sich sicher, die Prüfung bestanden zu haben. Er hatte genug und lehnte das Angebot ab. Ich ebenso.

Gespannt warteten wir auf die Resultate. Wir waren die einzigen, die alle vier Prüfungen am selben Tag abgelegt hatten. Und – wir hatten alle bestanden! Wir waren vor Freude ganz ausgelassen! Ich tanzte trotz Regens auf der Straße im Kreis, sodass mir schwindelig wurde und ich fast umgekippt wäre. Also war es doch besser, nicht so albern herumzutanzen, und ich beherrschte mich.

Die Prüfer hatten offenbar unseren Ehrgeiz erkannt und schlugen uns vor, eine zusätzliche Ausbildung in Angriff zu nehmen, um dann selbst Prüfungen zu organisieren und für die „US Federal Communications Commission" durchzuführen; doch das war nichts für uns.

Ohne Morsen üben und Lernen kamen uns die Tage darauf fast leer vor. Doch fanden wir schnell Ersatz: Ausflüge, Einkäufe auf dem Markt und das Anfertigen von Handzeichnungen von Seekarten anderer Segler.

Zudem hatten wir die SINGLE MALT während der letzten Zeit vernachlässigt. Nun entfernte ich das festsitzende Salz von der Reling, wachste und polierte die glatten Stellen am Fiberglas, während Edi sich um technische Angelegenheiten kümmerte.

Beim Segeln hatte eine der Winschen so entsetzlich geknirscht, als würden die Zahnräder darin in Stücke zermahlen. Es war höchste Zeit, sie auseinanderzunehmen, zu reinigen und zu fetten. Danach lief sie – im wahrsten Sinne des Wortes – wieder wie geschmiert.

Ein Erdofen und ein Festmahl

In der Vava'u-Gruppe besuchten wir unter anderem die Bucht Port Maurelle, nicht nur, weil diese Bucht ruhig war, sondern weil hier 1701 der spanische Entdecker Francisco Antonio Maurelle mit seiner LA PRINCESSA ankerte, um Wasser aufzunehmen. Wie üblich zog es uns an geschichtsträchtige Orte.

Maurelle schrieb damals in sein Logbuch: „Gegen 8 Uhr morgens war unsere Fregatte von mehr als hundert Kanus umgeben; ... das Schreien der Einheimischen war derart schrill und laut, dass es an Bord unmöglich war, miteinander zu sprechen ..." Doch heute zeigte sich uns eine ruhigere Bucht; ab und zu paddelte ein Fischer in seinem Kanu vorbei, und am Strand tummelten sich Rinder und Schweine.

Bei einem unserer Landgänge spazierten wir zur nächsten Bucht, der „Barnacle Bay", die auf den Seekarten als Kakautaumi-Bucht verzeichnet war und die ursprünglich „Vakautaumi" hieß, was etwa bedeutet „dort wo Boote anlanden".

Wir schlenderten an einigen Hütten vorbei und blieben vor einer Mulde stehen, in der Laub und Äste angesammelt waren. Während wir spekulierten, ob es sich um eine Art Kompostbereitung handele, trat ein Ehepaar aus einer der Hütten heraus.

Die beiden stellten sich als Tali und Naida vor und hießen uns in ihrer Bucht willkommen. Offensichtlich hatte Tali unsere interessierten Blicke auf die Mulde bemerkt, denn er erklärte bereitwillig in gebrochenem Englisch: „Dies ist unser Erdofen – der Umu. Wenn er in Betrieb genommen werden soll, wird hier die lose Erde ausgehoben."

Mit Händen und Armen deutete er an, wie tief und wie breit etwa das Loch gegraben wurde. „Darin entfachen wir ein Feuer mit besonders ausgewähltem Holz. Sobald die Flammen erlöschen und eine gute Glut entstanden ist, legen wir Steine darauf, die durch die Glut erhitzt werden. Die Vorbereitung dauert etwa einen Tag, und erst gegen Abend sind die Steine derart erhitzt, dass wir darauf kochen können."

Nun fuhr Naida fort: „Die Speisen bereite ich im Laufe des Tages vor und wickle sie in Bananenblätter ein. Diese Päckchen lege ich, wenn es so weit ist, auf die glühend heißen Steine, decke sie wiederum mit Bananenblättern ab, damit die Hitze gehalten wird und die Feuchtigkeit darin bleibt, und zum Abschluss schaufelt Tali als weitere Isolierung Erde darauf."

„Dann warten wir, bis die Speisen gar sind", beendeten die beiden ihre Erklärung, und wir hofften, sie richtig verstanden zu haben. „Das klingt ja interessant!", dachten wir beide stumm. Sie mussten uns unser Interesse an den Gesichtern abgelesen haben, denn sie schlugen uns vor, am folgenden Tag ihren Erdofen anzuheizen und für uns darin lokale Gerichte zuzubereiten.

Eine derartige Gelegenheit würde uns nicht wieder geboten, dachten wir uns und stimmten begeistert zu. Wir handelten einen Preis aus und staunten, dass sie für einen ganzen Tag Arbeit mit relativ wenig Geld zufrieden waren. Noch am selben Tag verlegten wir unsere SINGLE MALT in die Barnacle Bay, um mit dem Dingi einen kurzen Weg zum Strand zu haben.

Am folgenden Tag gingen wir bereits vor der verabredeten Zeit an Land, da wir sehen wollten, wie dieser fremdartige Erdofen unsere Speisen freigeben würde. Tali und Naida halfen uns, das Dingi den Strand hochzutragen und führten uns zu einem einfachen Tisch mit einer Holzbank unter einem Dach aus geflochtenen Palmenblättern, dem wir tags zuvor keine Beachtung geschenkt hatten.

Wir wurden gebeten, Platz zu nehmen, um zu warten, und genossen den weiten Ausblick auf die palmengesäumte Bucht und die Südseeatmosphäre. Der Tisch war bereits festlich mit Bananenblättern als Tischdecke geschmückt. Wie originell.

Vom Boot aus hatten wir schon am Morgen Qualm aufsteigen sehen und waren neugierig, wie die Zeremonie wohl ablaufen würde. Gelegentlich gingen wir zum Umu, von dem nur die Abdeckung aus Ästen und Erde zu sehen war und der inzwischen auch nicht mehr qualmte. Irgendwann öffneten Tali und Naida vorsichtig Schicht für Schicht ihren Umu.

Der Duft, der uns in die Nase stieg, war so gut, dass uns das Wasser im Mund zusammenlief. Sie baten uns erneut, Platz zu nehmen, da sie servieren wollten. Erst jetzt offenbarte sich uns, wieviel Mühe sich die beiden mit diesem Festmahl gegeben hatten!

Sie servierten Brotfrucht, Kassava (Maniok) und Kape (eine Wurzelart) auf Palmenblättern, sowie Salat aus rohem Fisch mit Zitronensaft und Kokosnussmilch. In die großen Muschelschalen, die vor uns auf dem Tisch standen, verteilten unsere Gastgeber Säckchen aus Bananenblättern aus dem Umu, die sorgfältig zusammengebunden und in denen verschiedene Speisen verborgen waren.

Wie kleine Geschenke packten wir die Speisen aus. Und was für Geschenke das waren: Gegarter Fisch, eine Art warmer Fruchtsalat aus Bananen, Papaya und Melone in Kokosnussmilch, Kassava-Klöße, Muschel- und Meeresschneckenragout und Langustenfleisch. Der Tisch brach fast unter der Fülle und sah exotisch festlich aus.

Wir ließen es uns ausgiebig schmecken und wurden, als wir schließlich satt waren, genötigt, noch dies und das zusätzlich zu probieren. Am Ende waren wir so gesättigt, dass wir fast platzten, und bedankten uns mit der Bemerkung: „Ihr hab uns so feierlich und so gut bewirtet, als seien wir eure Königin und euer König." Vor Freude über dieses Lob umarmten sie uns zum Abschied.

An einem Sonntagnachmittag galt es, wieder einmal Anker zu lichten. Die SINGLE MALT nahm Fahrt auf, segelte gemütlich zwischen den vielen Inseln der Vava'u-Gruppe hindurch in südlicher Richtung und erreichte bei Einbruch der Nacht das offene Meer.

Ha'apai – „Freundliche Inseln"

Bei Tagesanbruch näherten wir uns dem nördlichen Teil der Ha'apai-Gruppe. Trotz mangelhafter Informationen und schlechter Sicht wagten wir uns in das Labyrinth der Inseln und Riffe hinein und ankerten am Vormittag vor der kleinen Ortschaft Pangai auf der Insel Lifuka, der Hauptinsel dieser Gruppe. Mal wieder war es eine abenteuerliche Anfahrt gewesen.

Freundliche Inseln

Im Gegensatz zur Vava'u-Gruppe sind die Inseln der Ha'apai-Gruppe flach, erheben sich kaum aus dem Wasser und erschweren dadurch die Navigation durch die labyrinthartigen Wasserwege.

Der erste Europäer, der diese Inselgruppe besuchte, war Abel Tasman, dessen Namen wir schon von der Vava'u-Gruppe her kannten. 1643 verbrachte er fast zwei Wochen vor Lifuka (wo wir gerade lagen). Weil sich die Bevölkerung ihm gegenüber sehr freundlich verhielt, taufte er die Inseln „Friendly Islands" (Freundliche Inseln).

Während seiner zweiten und dritten Fahrt in den Pazifik (1773 und 1777) ankerte auch Kapitän James Cook mit seiner HMS RESOLUTION in der Ha'apai-Gruppe bei Nomuka (im südwestlichen Teil dieser Gruppe), um frische Lebensmittel aufzunehmen.

Ebenso unterbrach Kapitän William Bligh seine Reise mit der HMS BOUNTY vor der Insel Nomuka, und nur fünf Tage später, am 28.04.1789, fand die berüchtigte Meuterei zwischen den Inseln Lifuka, Uoleva und Tofua statt, bei der er mit seinen treuen Gefährten in einem offenen Boot ausgesetzt wurde.

Auf seiner folgenden abenteuerlichen Fahrt gelangte er zur Insel Tofua, wo er nicht so freundlich empfangen wurde wie die Besucher auf den anderen beiden Inseln. Das anlandende Boot wurde von den Eingeborenen angegriffen, wobei John Norton, ein Matrose, getötet wurde.

Erstaunlicherweise erreichte Bligh mit seinen Gefährten in ihrem offenen Boot die Stadt Batavia auf „Holländisch Westindien", von wo die Besatzung nach England transportiert wurde. Wenig bekannt ist, dass Kapitän Bligh nach seiner Rückkehr nach England und den Gerichtsverhandlungen wiederum ein Schiff befehligte und sich unter Admiral Nelson anlässlich der Seeschlacht von Trafalgar auszeichnete.

An dem naheliegenden Pier entdeckten wir das kleine Versorgungsschiff TAU TAHI. Es erinnerte uns sehr an „Das Totenschiff" von B. Traven – sprich: Es machte einen ausgesprochenen abgewrackten Eindruck. Ein echter Seelenverkäufer. Sofort machten wir das Dingi bereit, und Edi suchte den Kapitän der TAU TAHI auf, um sich dessen Detailkarten anzusehen und entsprechende Notizen zu machen.

Doch es kam noch besser: Der junge Kapitän besaß noch zwei zerfledderte, mit Kaffee- und anderen Flecken dekorierte und ausrangierte Seekarten, die er Edi stolz überreichte. Diese Karten ermöglichten es uns später, uns auf einen trickreichen Zick-Zack-Kurs zwischen Inseln und Korallenriffen hindurchzuwagen. Ohne diese Karten wäre das für uns unmöglich gewesen.

Ebenso wie im Norden Tongas trafen wir auf Lifuka auf eine freundliche Bevölkerung. Unsere SINGLE MALT schlossen wir schon längst nicht mehr ab, wenn wir von Bord gingen, und dass dem Dingi etwas passieren könnte, war höchst unwahrscheinlich. (Manchmal ließen wir sogar einen kleinen Kanister mit Reservebenzin darin, ohne dass er gestohlen wurde.)

In einem kleinen Laden im Dorf wurden vor allem Konserven feilgehalten. Mit dem erwähnten Seelenverkäufer waren einige Frischwaren wie Tomaten, Gurken und sogar schöne, grüne Paprikaschoten hertransportiert worden. Gerne kauften auch wir einige davon.

Hier auf Lifuka konnte man Fahrräder mieten. Die Gelegenheit nahmen wir wahr und mieteten uns zwei, mit denen wir die Insel erkundeten. Allerdings waren die Naturwege mit Schlaglöchern übersät. Dazu kam, dass wir auf die hiesigen Schweine aufpassen mussten, eine kleine, fast schwarze Rasse, die immer wieder unverhofft unseren Weg kreuzte und dabei lautstark quietschte.

„Wieso laufen die hier frei herum?", fragten wir uns und stellten fest, dass die Bevölkerung offenbar wegen dieser Schweine ihre Gärten mit Zäunen aus Brettern und alten Wellblechen schützte. Das gab den Straßenrändern zwar einen wüsten, jedoch malerischen Anblick.

Aus einer der Hütten ertönte ein lauter, stampfender Lärm. Neugierig geworden hielten wir an und trafen in der Hütte zwei Männer bei der Arbeit. „Wir zerstampfen getrocknete Kavawurzeln zu Pulver", erklärten sie uns. Dabei zeigten sie stolz auf ihre alte, lärmende Maschine, die ihnen die Arbeit abnahm.

„Mit diesem Pulver wird das Kavagetränk hergestellt, das bei keinem Fest fehlen darf." Doch meist würde es nur von alten Leuten getrunken, fügten sie noch hinzu. Diese Erklärung nahmen wir so hin und hinterfragten sie nicht weiter, da das Englisch dieser Leute gebrochen war und wir ihre Sprache (Tongaisch) nicht verstanden.

Dieser Tag bescherte uns einen schönen Ein- und Überblick über die nähere Umgebung, war aber dank der Wegverhältnisse etwas kräftezehrender, als wir uns das vorgestellt hatten. Am Ende des Tages gaben wir die beiden gemieteten Räder daher zufrieden über diesen Ausflug wieder ab.

Nomuka und der Wind

Früh am Morgen des 20.10. lichteten wir wieder Anker und wagten uns mit Hilfe der für uns neuen Seekarten hinein in das unübersichtliche Labyrinth von Riffen und Untiefen. Die alten Seekarten des „Seelenverkäufers" waren von der Besatzung während ihrer Fahrten etwas ausgebessert worden, sodass wir uns relativ sicher fühlten.

Schon nach etwa zwölf Stunden erreichten wir sicher die offene Reede vor der Insel Nomuka, wo wir geschützt durch ein Riff ankerten. Unsere Ruhe währte nicht lange, denn während der Nacht drehte der Wind, weshalb das Riff uns keinen Schutz mehr bot. Ungebrochen rollten die Wellen in unsere Richtung, so dass wir auf und ab tanzten.

Wir mussten Ankerwache schieben, denn falls der Anker nicht hielt, würden wir sonst auf einem dieser drohenden Riffe aufwachen. Gegen Tagesanbruch legte der Wind derart zu, dass es noch ungemütlicher wurde und wir den Motor starteten, um mit der Motorkraft den Zug am Anker zu verringern.

Wir hatten genug. Ruhig wollten wir liegen und verlegten daher kurze Zeit später in ein hufeisenförmiges Korallenriff bei der Nachbarinsel Nomuka Iki, wo wir sicher wie in Abrahams Schoß lagen.

Zwei Tage später wagten wir uns auf einen längeren Ausflug mit dem Beiboot zurück zur Insel Nomuka. Ein Spaziergang führte uns durch dicht bewaldetes Gebiet mit einigen Lichtungen für Pflanzungen der wenigen Einheimischen.

Mühsam arbeiteten wir uns durch wildes Gestrüpp zur höchsten Erhebung vor, um von dort einen Rundblick zu genießen. Vergebens: Die dichten Bäume und Büsche waren viel zu hoch, als dass wir darüber hätten hinwegsehen können.

Als wir zurück zum Dingi spazierten, hatten die Schulkinder gerade Mittagspause. Sie rannten mit fröhlichem Gejohle auf uns zu und umringten uns – es war fast wie ein Überfall. Zufällig hatten wir Kekse bei uns, die wir an sie verteilten. Begeistert halfen sie, unser Dingi zum Wasser zu tragen, und noch lange winkten sie uns auf unserer langen Fahrt zurück zum Schiff nach.

Wieder begann der Wind zu drehen und versprach uns erneut eine unruhige Nacht. Wie lästig! „Nicht noch einmal", dachten wir. Da wäre es draußen auf dem offenen Wasser doch besser.

So verließen wir noch am selben Abend mit dem letzten Büchsenlicht unseren Ankerplatz und tasteten uns vorsichtig hinaus. Endlich kam brauchbarer Wind zum Segeln auf, und – für die unbekannten Gewässer fast zu schnell – näherten wir uns bei Tagesanbruch der Tongatapu-Gruppe.

Tongatapu, erfreuliche Entwicklungen und ein seltsames Geschenk

Wie immer waren wir zum Fahren durch ein Riff beide auf Wache. Nach der Durchfahrt stand uns ein langer Weg durch wenig markierte Fahrrinnen bevor. Schließlich ankerten wir am späten Vormittag etwas müde vor Nuku' Alofa, der Hauptstadt des Königreichs Tonga auf der Insel Tonga.

Bald stellte sich heraus, dass im kleinen Hafenbecken Platz für uns war, wobei wir vorn den Anker setzen und das Heck mit langen Leinen zum Land festmachen mussten. Um von Bord zu gehen, galt es, uns nun im Dingi sitzend an den Heckleinen an Land zu ziehen. Eine neue Variante für uns.

Gerade in dem Moment, als wir an Land gehen wollten, meldete sich auf unserem VHF-Gerät die Stimme des Stützpunktleiters von Trans-Ocean, Paul. Anscheinend hatte er uns im Hafen gesehen. Hätten wir das Schiff eine Minute früher verlassen, hätten wir ihn verpasst.

Schon von unterwegs hatten wir mit ihm über Kurzwelle Kontakt aufgenommen. Nun teilte er uns mit, es würde Post für uns vorliegen. Das letzte Mal hatten wir auf Bora-Bora Post erhalten. Jetzt im Oktober, viele Monate später, warteten endlich wieder Briefe aus der Heimat auf uns. Ich konnte es kaum erwarten zu sehen, wer uns da schrieb.

Der zweite Teil seiner Nachricht gefiel uns dagegen weniger: Das neue Ruder für die Windsteuerung, das auf der Fahrt nach Palmerston gebrochen war, sei noch nicht eingetroffen. Doch wir mussten nicht lange warten, denn wenige Tage später konnten wir auch dieses Teil in Empfang nehmen.

Der Hersteller empfahl, das Ruder mit Antifouling zu behandeln. Das klang einfach, doch diese schützende Farbe gab es nur in großen 2,5-Kilo-Dosen. Das war deutlich mehr, als wir brauchten, und wir durften den Rest nicht nach Neuseeland, unserem nächsten Ziel, einführen.

Da war guter Rat teuer, wie man so schön sagt, doch in unserem Fall traf genau das Gegenteil zu: Der Besitzer einer Malerwerkstatt bot sich an, das Ruder für uns drei Mal zu streichen und uns nur die verbrauchte Farbe in Rechnung zu stellen. Das ließen wir uns nicht zweimal sagen, ersparte uns dies doch außer der überschüssigen Farbe auch noch die Arbeit.

Schon bald konnten wir das frisch gestrichene Stück in Empfang nehmen, und das Anbringen des neuen Ruders ging leichter als gedacht. Die Windsteuerung erstrahlte in neuem Glanz und war einsatzbereit.

In Nuku' Alofa verlebten wir eine angenehme Zeit, während der uns Paul und seine Frau zusammen mit anderen Seglern zu einem Abendessen zu sich einluden. In großer Runde, mit dreizehn Personen, erlebten wir kurzweilige Stunden und lernten Segler persönlich kennen, mit denen wir bereits seit Langem über Funk Kontakt gehabt hatten. Auch verlängerten wir unsere Visa für Tonga und beantragten Visa für Neuseeland.

Es war tropisch heiß, und die Sonne prallte mit ihrer ganzen Kraft auf das Königreich und unsere Köpfe nieder. Daher nahmen wir während unserer Ausflüge häufiger eine Erfrischung in dem deutschen Lokal „Siuliana" zu uns. (Den Namen Juliana konnten die Einheimischen nicht aussprechen, weshalb die Wirtin aus der Not eine Tugend machte und das Restaurant in die tongaische Variante ihres Namens, Siuliana, umtaufte.)

So kam es, dass wir uns mit Juliana anfreundeten, was uns auch einige gute Tipps bescherte. Zum Beispiel konnte sie mir eine gute Schneiderin empfehlen, die mir nicht nur meine äußerst mitgenommenen Shorts reparierte, sondern mir auch gleich ein paar neue schneiderte.

Als ich einmal allein an Land ging, kam ich mit einem freundlichen Herrn ins Gespräch, was für mich nicht bemerkenswert war, da wir nur allgemeine Themen besprachen. Er sagte zu mir: „Morgen werde ich Ihnen etwas schenken."

Ich nahm das nicht weiter ernst, bis Edi mir am folgenden Tag ein kleines Paket brachte, das ihm ein Herr für mich gegeben hatte. Der Inhalt entpuppte sich als eine Mormonen-Bibel. Sprachlos schaute ich sie an. Edi, der dieses Buch vor vielen Jahren einmal diagonal gelesen hatte, fragte mich zweifelnd: „Interessiert dich das wirklich?"

Ich las ein wenig darin, um mir ein Urteil über den Inhalt bilden zu können, und legte es bald zu anderen Büchern, die Segler abgelegt hatten. Von Seglern gelesene Bücher werden in den Marinas bei den Duschanlagen abgelegt, und wer mag, sucht sich dort eines davon zum Lesen aus.

Während eines Ausflugs über die Insel faszinierten uns besonders die sogenannten „Blowholes" (Blaslöcher) an der Küste. Wie aus Geysiren schoss das Wasser in Fontänen mit lautem Fauchen viele Meter hoch, fiel in sich zusammen, um mit der nächsten Woge erneut fauchend hochzuspritzen. Ein Schauspiel, dem ich ewig hätte zuschauen können.

Von der Sonne geblendet tasteten wir uns in eine Höhle hinein und konnten trotz Taschenlampen zuerst nicht viel sehen. Mit der Zeit gewöhnten sich unsere Augen an die Dunkelheit, und wir erkannten viele kleine Fledermäuse, die gespenstisch um unsere Köpfe herumflatterten.

Wesentlich größere Vertreter dieser Fledertiere, Flughunde mit einer Spannweite von weit über einem Meter, entdeckten wir in Bäumen, die einst dem König von Tonga als Geschenk aus Samoa überreicht worden waren. Dort

hingen die Tiere tagsüber herum, bis sie in der Abenddäm-
merung in riesigen Gruppen ausschwärmten, um sich leckere
Früchte zu suchen. Ein beeindruckender Anblick, wenn auch
ein bisschen gruselig.

Eine Gedenktafel erinnerte an Kapitän Cook, der diese Insel
einst betreten und sich dem König vorgestellt hat. Nicht weit
davon befand sich vor langer Zeit der Hauptort, von dem heute nicht mehr viel zu sehen ist außer dreier riesiger, behaue-
ner Korallenfelsen, die zu einer Art Torbogen zusammengefügt
worden waren, dem sogenannten Ha'Amonga-Trilithon. Wie
diese Felsen dorthin transportiert und aufgestellt wurden, ist
bis heute ein Rätsel.

Bevor wir wieder Segel setzten, wollten wir noch den Rest unserer tongaischen Währung verbraten. Wir entschieden uns für ein Essen beim Chinesen, was sich als eine ausgesprochen gute Wahl herausstellte. Wir schwelgten in Genüssen, die ihresgleichen suchte: knusprige Frühlingsrollen, Riesengarnelen an Knoblauchsauce, gebratene Nudeln mit Meeresfrüchten, Languste mit Cashewkernen und als Nachspeise gemischtes Eis.

In Deutschland oder in der Schweiz hätten wir das Lokal als arme Leute verlassen; nicht so hier. Noch immer hatten wir etwas Tongageld übrig, das uns andere Segler mit Dollar abkauften.

52. Durch die „Wetterküche"
des Süd-Pazifiks

November 2000

Die Wetterkarten zeigten für den nächsten Tag Flaute an, doch für die darauffolgenden Tage sollten die Bedingungen für uns günstig werden. Wir beabsichtigten, Tauranga, eine kleine Stadt in der Bay of Plenty, südlich von Auckland anzulaufen, obwohl die meisten Segler Opua, Whangarei oder Auckland ansteuerten. Wir hatten jemanden von dort kennengelernt, der diesen Ort als besonders schön pries, und wollten ihn dort treffen.

Gegenwind und andere Widrigkeiten

Die Etappe durch die Wetterküche des Süd-Pazifiks nach Neuseeland bot uns viel Abwechslung. Anfangs war das Meer glatt. Wir erlebten schönstes Segeln, kamen bestens voran und freuten uns über die guten Bedingungen. Doch dann drehte der Wind auf Südsüdwest, blies uns also fast auf die Nase.

Für uns bedeutete das, vorerst entweder Richtung Ost oder Richtung West aufzukreuzen. Leider bedeutete dies auch, dass wir zwar gute Etmale erreichen würden, unserem Ziel jedoch kaum näherkämen. Da unser Ziel Neuseeland war, blieb uns nichts anderes übrig, als in diesen sauren Apfel zu beißen. Wir hofften natürlich, dass der Wind irgendwann zu unseren Gunsten drehen würde.

Anstatt zu drehen, legte der Wind erst einmal weiter zu (Beaufort 7 – etwa 55 km/h). Da er den ganzen langen Weg von der Antarktis her ungestört über das Meer streichen konnte, baute sich bald eine beachtliche See auf. Dazu kam eine Gegenströmung, die uns fast zum Verzweifeln brachte.

An einem Tag hatten wir über hundert Meilen hinter uns gebracht, doch gerade mal fünfundzwanzig Meilen in Richtung

Neuseeland geschafft. Einmal wurde Edi beim Dichterholen der Genua so heftig herumgeworfen, dass er aus dem Gleichgewicht geriet und mit voller Wucht mit dem Brustkasten gegen eine Winsch geworfen wurde.

Anscheinend hatte er sich dabei einige Rippen angeknackst, denn er hatte gut zwei Wochen lang Schmerzen und Mühe beim Atmen. Ich litt mit ihm, aber es half ja nichts. Wir mussten weitermachen. Ohne zu klagen ging das Leben an Bord weiter.

Nur wenn er sich in der Koje ausstreckte und seinen wohlverdienten Schlaf holte, hörte ich unterdrücktes Stöhnen, da die Koje ja samt Schiff in Bewegung war und Edi darin hin- und hergerollt wurde.

Inzwischen hatten wir – wie beim Kreuzen gegen den Wind üblich – unseren Kurs Richtung Osten geändert, was uns leider Neuseeland auch nicht näherbrachte. Edi ließ seinem Ärger freien Lauf: „Wenn wir so weitermachen, erreichen wir Neuseeland nie, sondern kommen möglicherweise in Chile an oder werden unterwegs verhungern."

Zwischendurch traten zu all dem auch noch Computerprobleme auf; natürlich passierte das, als ich den Laptop einschalten wollte, um über Kurzwelle eingegangene E-Mails zu lesen. Nur einen Bruchteil einer Sekunde erschien das erste Bild, dann wurde der Bildschirm schwarz.

Was war denn jetzt schon wieder los? Was hatte ich wohl diesmal falsch gemacht? Enttäuscht, meine Briefe nicht lesen zu können, ging ich auf Wache. Ab sofort nannte ich den Laptop Ilsebill, weil er nicht so will, wie ich gern will!

Erst am Ende von Edis Wache, als er sich gerade seinem „Matratzenhorchdienst" widmen wollte, erwähnte ich beiläufig meine Enttäuschung, meine Briefe nicht lesen zu können. „Konntest du das nicht früher sagen? Dann hätte ich heute Morgen nicht gelesen, sondern mich darum gekümmert!", bekam ich zu hören.

Anstatt zu schlafen, prüfte Edi allerlei Parameter und stellte schließlich fest, dass der Akku des Laptops nicht mehr geladen wurde, weil der Umwandler von 12V auf 19V defekt war – auch das noch! Wenigstens war ich dieses Mal unschuldig.

Um wenigstens eine letzte Positionsmeldung und Mitteilung abzusetzen, dass wir Probleme mit der Stromversorgung hätten, gruben wir den Hilfsgenerator aus den tiefsten Tiefen der Backskiste unter all den verstauten Segeln hervor und starteten ihn. Und das, während die SINGLE MALT wie wild auf und abtanzte.

Nur kurz ließen wir dieses kleine Aggregat laufen, damit wir noch einmal senden konnten, denn es war uns in unserem Cockpit bei den herrschenden Bedingungen im Weg. Als letzte E-Mail-Meldung versendete Edi über Kurzwelle die knappe Mitteilung an Familie und Freunde, dass während der weiteren Überfahrt bei uns Funkstille herrschen würde.

Während unserer Mahlzeiten saßen wir, wenn möglich, im Cockpit und hielten zwischendurch regelmäßig Ausschau nach Schiffen. Was huschte denn dort am Fenster? Sahen wir richtig? Eine kleine Echse auf Futtersuche. Gab es bei uns an Bord überhaupt etwas, wovon sie leben konnte? Offenbar fand sie etwas, denn wir waren bereits viele Tage unterwegs, und sie lebte noch.

Wo hatten wir sie bloß aufgegabelt? War sie in Tonga irgendwie an Bord gekommen? Das werden wir nie erfahren. Wir freuten uns jedenfalls über ihre Anwesenheit, und bei jedem Aufenthalt im Cockpit schauten wir, ob wir sie irgendwo entdeckten. Schließlich erhielt sie von uns den Namen Lizzy (als liebevolle Kurzform von Lizard – Eidechse).

Es war gerade Wachwechsel, als es laut knallte. Die Genuaschot war gerissen, und das Segel flatterte wie wild. Schnell einrollen, das Decklicht einschalten und die Lage beurteilen! Nach erfolgter Kontrolle meinte Edi zu meiner Erleichterung: „Kein Problem, wir nehmen die Luvschot auf die Leeseite und benutzen diese als Schot, bis es hell wird."

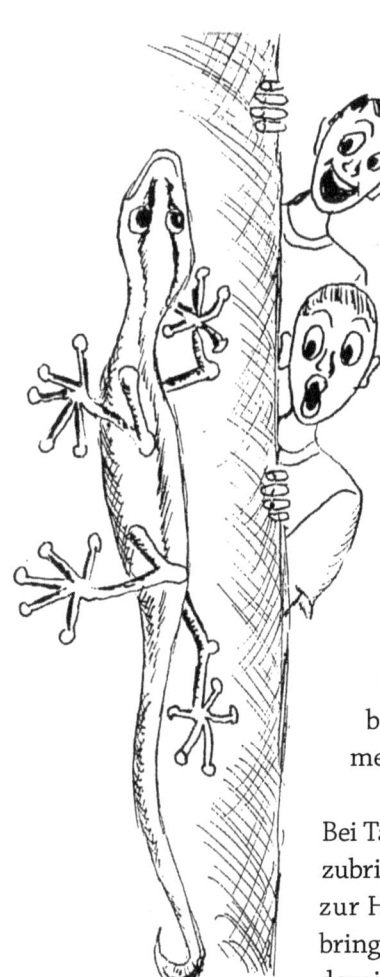

Nachdem die Schot auf die Backbordseite verlegt war, stellten wir mit Schrecken fest, dass sich ein Teil der gerissenen Schot in der Schiffsschraube verheddert hatte, die während des Segelns unseren Wellengenerator antrieb und uns somit Strom lieferte. Nun saß sie fest. Welch eine Bescherung. Was nun?

Während wir im Cockpit saßen und ratschlagten, was zu tun sei, stellten wir erstaunt fest, dass sich das Ende der stramm gezogenen, zerrissenen Schot wie durch ein Wunder von der Schiffsschraube gelöst hatte, denn sie hing lose im Wasser, und wir konnten sie, etwas beschädigt, einholen. Erleichtert atmeten wir auf.

Bei Tageslicht galt es, eine neue Schot anzubringen. Eine Reserveleine war schnell zur Hand, aber wie sollten wir die anbringen? Wenn die Genua eingerollt war, damit sie Edi nicht um die Ohren oder ihn über Bord schlagen würde, lag das Schothorn mit der Öse für die Schot zu hoch, als dass er es erreichen konnte.

Also mussten wir das Segel gerade eben so weit herauslassen, dass wir das Schothorn erreichen konnten. Es war Geschwindigkeit beim Einfädeln der provisorischen Leine gefordert, mit der ich das wie wild schlagende Schothorn bändigte, damit Edi die Schot anbringen konnte. Beides gelang!

Keiner von uns war über Bord katapultiert worden. Uns fiel ein Stein vom Herzen und wir gingen wieder auf Kurs.

Immerhin gab es zur Abwechslung mal wieder gute Nachrichten: Nach gut einer Woche drehte der Wind zu unserer Freude auf SE, sodass wir nicht mehr Chile, sondern, wie gewünscht, Neuseeland ansteuern konnten. Zwar wurden wir weiterhin unfreundlich hin- und hergeworfen, doch wir kamen gut voran, und das zählte.

Wegen der ganzen Aufregung war uns fast entgangen, dass unser Ziel, dem wir uns so lange nahezu vergeblich zu nähern versucht hatten, nun endlich direkt vor uns lag. Einmal in der Abdeckung der nördlichsten Landzunge Neuseelands, drehte der Wind auf West, wodurch wir kaum noch Wellen hatten.

Mit etwa acht Knoten preschte die SINGLE MALT durchs Wasser und fuhr dabei so ruhig, dass wir uns fragten, ob wir überhaupt noch Fahrt machten. Wie angenehm.

TEIL VIII

Neuseeland
Landurlaub

Dezember 2000

53. Ankunft in Neuseeland

Nach vierzehn Tagen auf See, am 22. November 2000, näherten wir uns in der Morgendämmerung der Ansteuerungstonne für Tauranga. Die Einfahrt war eng, jedoch gut betonnt. Links wurde sie durch den eindrücklichen Mount Manganui bewacht, während rechts Untiefen lauerten. In der ruhigen Bucht meldeten wir uns über Funk bei der Marina an.

Vor der Tauranga-Bridge-Marina wurden wir freundlich von einem Marinero (Mitarbeiter einer Marina, die den Seglern beim An- und Ablegen helfen) in einem Schlauchboot der Marina begrüßt, der uns beim Anlegen half.

Noch waren wir, etwas müde, mit dem Festmachen der SIN-
GLE MALT beschäftigt, als schon drei Beamte an Bord kletterten und uns nach Früchten, Gemüse, Hund oder Katze, Spirituosen, Wein, Waffen usw. an Bord fragten.

Noch vieles mehr wollten sie wissen. Nebenbei füllten wir
endlos Formulare aus. Zwei weitere Beamte kletterten an Bord,
die uns erklärten, dass sie kontrollieren würden, ob die drei
anderen ihre Arbeit richtig erledigen würden. Haha, sollte das
ein Witz sein?

Von unserer Übermüdung spürten wir nichts, beantworteten
Fragen, öffneten unseren kleinen Kühlschrank, zeigten unsere
Konserven und die leere Gemüsekiste, damit auch dort kontrolliert werden konnte. Zwei Vanillestängel, die wir in den Marquesas geschenkt bekommen hatten, wurden beschlagnahmt.

Schlussendlich nahmen sie auch unsere Abfallsäcke mit –
dagegen hatten wir definitiv nichts einzuwenden. Nach etwa
zwei Stunden hatten wir einklariert, den Zoll passiert und die
Gesundheitsbehörde sowie das Landwirtschaftsministerium
durchlaufen. Niemand hatte etwas auszusetzen. Das ging ja
diesmal verhältnismäßig schnell.

Obwohl wir hundemüde waren, gab es einen guten Grund für
uns, eine Ruhepause hintanzustellen. Gerade begann die Zyklonsaison, weshalb für uns eine längere Segelpause angesagt war.

Somit hatten wir Zeit, die wir für einen etwa zweimonati-
gen Heimaturlaub nutzen wollten. Damit wären wir rechtzeitig
zurück auf Neuseeland, um die SINGLE MALT für die nächste
Segelsaison (ca. ab April/Mai) bereit zu machen.

Allerdings stand die Weihnachtszeit bevor, zu der Flüge
schwer zu bekommen sein würden. Trotz schwerer Augenli-
der duschten wir also, begaben uns anschließend auf den langen Weg nach Tauranga und suchten ein Reisebüro, um noch
schnell Flugtickets zu ergattern. Doch wir kamen zu spät: Alle
Flüge waren bereits ausgebucht.

Nach langem, geduldigem Suchen fand die Dame des Reisebüros endlich doch noch zwei freie Plätze; nicht auf dem kür-

zeren Weg über Bangkok, sondern über Los Angeles und London. Sofort reservierte sie uns die Tickets.

Wir konnten unser Glück kaum fassen. Es hatte sich also gelohnt, um jede Meile nach Süden zu kämpfen, um so rasch wie möglich nach Neuseeland zu kommen.

Vor unserer Abreise musste unsere SINGLE MALT für unsere lange Abwesenheit bereit gemacht werden: Alle Segel abnehmen, nicht nur, um sie vor den UV-Strahlen zu schützen, nein, auch, um einige davon dem Segelmacher zum Überprüfen und Nachnähen der Nähte zu geben.

Das Ende der Schot des Besansegels wurde in einer Öffnung unterhalb des Besanmasts im Cockpit verstaut. Als Edi das lose Ende dieser Schot aus diesem Loch herauszog, hüpfte ihm plötzlich Lizzy entgegen. Verdattert saß das arme Tier im Cockpit, machte ein paar Sprünge und schien die Welt nicht mehr zu verstehen.

Auch wir schauten verdutzt drein, denn dort hatten wir sie am wenigsten erwartet und fürchteten, das zarte Tierchen mit den daumendicken, schweren Seilen verletzt zu haben. Um Lizzy zu schützen, stülpten wir ein durchsichtiges Gefäß über sie.

Dem Seil und ihrem schattigen Versteck heil entkommen, hatte sie eine dunkle Farbe gehabt. Nun, bei Tageslicht auf dem hellen Schiffsdeck wurde sie hell und durchscheinend. Nach unserer Arbeit entließen wir sie wieder in die Freiheit, und blitzartig verschwand sie wieder in der Öffnung, aus der sie herausgesprungen war.

Die SINGLE MALT lag bald sicher vertäut in der Marina, bereit für einen sogenannten „Sommerschlaf" (Zyklon-Saison), und wir flogen für eine kurze Zeit zu unseren Familien nach Europa.

54. Unterwegs auf Neuseeland

Mitte Februar waren wir zurück in Neuseeland. Die Zyklonsaison wollten wir nicht nur dazu nutzen, die SINGLE MALT mal wieder richtig auf Vordermann zu bringen, sondern auch Neuseeland auf dem Landwege zu erkunden.

Unsere Idee war, gemütlich durch Neuseeland zu tingeln und dabei alle paar Tage die Unterkunft zu wechseln. Bekanntlich ist das eine eher kostenintensive Art des Reisens, was mit Hinblick auf die kostenpflichtig in Tauranga liegende SINGLE MALT ziemlich an unserem Budget zehren würde.

Um die Kosten möglichst gering zu halten, hatten wir sowohl für unseren Transport als auch für die Unterkünfte einen Plan ersonnen. Wir kauften uns ein preiswertes, 13 Jahre altes Auto, einen Toyota Kombi.

Der sollte sich nicht nur als ein ausgesprochen zuverlässiges Transportmittel für unsere Neuseeland-Rundreise erweisen, sondern wir konnten ihn auch noch während der Instandsetzung unseres Bootes nutzen.

Um an Bord mehr Platz zum Arbeiten zu haben, mieteten wir nämlich einen kleinen Lagerraum, um diverse Dinge, die wir während dieser Zeit nicht brauchen würden, einzulagern. Darunter fielen Segel, die Rettungsinsel, das Beiboot, der Außenbordmotor und vieles mehr. Eine Menge Dinge also, die man definitiv nicht in Bus oder Taxi transportieren möchte.

Als wir unser Auto bei der Haftpflichtversicherung anmelden wollten, schien es zunächst, als sollte unser schöner Plan nicht aufgehen. Uns wurde mitgeteilt, dass die Versicherung für uns sehr teuer sei, weil Ausländer besonders viele Unfälle verursachten.

Doch dann erhielten wir eine sehr hilfreiche Information: Wenn man einen neuseeländischen Ausweis bzw. Führerschein habe, reduzierten sich die Kosten beträchtlich. Aus diesem Grund legte Edi die neuseeländische Fahrprüfung ab, woraufhin wir unser Auto mit einer akzeptablen Prämie versichern konnten.

Das Ganze hatte noch einen Vorteil: Neugierig, wie ich bin, hatte ich eifrig mit Edi für die Führerscheinprüfung gelernt. So waren wir beide bestmöglich auf den hiesigen Verkehr vorbereitet. Und das war auch nötig, denn die Verkehrsregeln wichen tatsächlich stark von den uns bekannten ab. Es herrschte nicht nur Linksverkehr; unter anderem war auch das Abbiegen völlig anders geregelt, als das bei uns üblich ist.

Was die Unterkünfte betraf, wagten wir es, in Backpacker-Herbergen zu übernachten. Wir entdeckten sehr bald, dass wir auf diese Art nicht nur Kontakt zu Einheimischen und zu vielen unternehmungslustigen Reisenden erhielten, sondern dass wir preiswerte, originelle und heimelige Unterkünfte mit der Möglichkeit fanden, selbst zu kochen und gelegentlich sogar die Wäsche zu erledigen.

Ausgerüstet mit der neusten Ausgabe des „Backpacker Accommodation" (ein Verzeichnis der Unterkünfte für Rucksacktouristen) konnten wir die Unterkünfte sogar reservieren. Absolut empfehlens- und nachahmenswert!

Ein interessantes Detail am Rande: In Neuseeland gab es fast keine Rucksackreisenden in dem Sinne, weil die Distanzen dafür viel zu groß und das öffentliche Verkehrsnetz damals viel zu mager ausgebaut waren. Alle jungen Leute reisten wie wir mit dem Auto herum. Trotzdem war der Ausdruck „Backpacker" geläufig.

Mit dem Auto auf Entdeckungstour in Neuseeland

Mitte März waren wir bereit, Richtung Südinsel aufzubrechen und für gut zwei Monate unterwegs zu sein. Weil hier auf der südlichen Hemisphäre im März/April der Herbst seinen Einzug hält, hofften wir, noch einigermaßen angenehmes Wetter vorzufinden. Und wir hatten Glück.

Sonnenschein begleitete uns auf der Fahrt von Tauranga in den Süden nach Wellington und ließ die Bäume in rotgoldenen

Herbsttönen erstrahlen. Erst führte unsere Straße durch eine üppig bewachsene, sanfte Hügellandschaft, bis wir die Desert Road (Wüstenstraße) erreichten, die durch eine Landschaft mit canyonartig eingekerbten Tälern führte.

Die Straße war gerade und einschläfernd lang, gesäumt von undurchdringlichem Dornengestrüpp, das in strahlendem Gelb blühte. Schier endlos erschien uns die Weite, bis die Straße wieder kurvenreicher wurde und wir Wellington erreichten. Auf der Landkarte wirkte die Nordinsel Neuseelands ziemlich klein, daher waren wir erstaunt, doch mehr als 500 km zurückgelegt und dafür den ganzen Tag gebraucht zu haben.

Die einzige Backpackerunterkunft, die wir in Wellington fanden, war ein ehemaliges Luxushotel, das für diesen Zweck umfunktioniert worden war. Es strahlte mit seinen Stuckarbeiten unter den Decken und den teuren Wasserhähnen aus poliertem Messing noch immer eine gewisse Eleganz aus.

Müde fielen wir dort in unsere Betten, schliefen fest und hörten den Lärm dröhnender Musik und das ausgelassene Singen der Gäste an den Billardtischen nicht.

Bereits früh am nächsten Morgen fuhren wir auf die Fähre, um uns samt Auto auf die Südinsel nach Picton übersetzen zu lassen. Eigentlich war Besuch auf der Brücke nicht erwünscht, doch der Kapitän machte eine Ausnahme; waren wir doch weit gereiste „Seefahrer". Angeregt unterhielten wir uns mit ihm und dem ersten Offizier, und interessiert fragten die beiden nach unseren Erlebnissen.

Wie angenehm empfand ich die Überfahrt mit der Fähre trotz etwa 35 kn Wind; bedeutend gemütlicher, als es auf unserer kleinen SINGLE MALT gewesen wäre.

In Picton angekommen, fuhren wir von der Fähre herunter und hielten uns gar nicht erst in dem Ort auf. Wir hatten geplant, gegen den Uhrzeigersinn entlang der Westküste der Südinsel nach Süden zu fahren, einen Abstecher nach Stuart Island zu unternehmen und an der Ostküste entlang wieder Richtung Norden zurück nach Picton zu fahren.

Viel gäbe es zu erzählen über Landschaften, Begegnungen mit der lokalen Bevölkerung und jungen Backpackern aus der ganzen Welt. Doch ich berichte ja über unser Fahrtenseglerleben und picke deshalb lediglich einige wenige Erlebnisse heraus.

Lauter „neue" Tiere

Gemütlich fuhren wir Richtung West, und ich staunte über den fremdartigen Vogel mit schwarzblau schillerndem Gefieder, der auf den Viehweiden herumstolzierte und dabei vorwitzig mit seinem Schwanz auf und ab wippte.

Es war der Pukeko, ein Rallenvogel ähnlich unserem Blesshuhn, jedoch deutlich größer und mit einem kräftigen Schnabel, welcher bis hinauf zum Scheitel in kräftigem Orange leuchtete. Der Vogel bot noch eine Überraschung: Wenn er seine Flügel ausbreitete, erschienen deren Unterseiten weiß. Ein prächtiger Kerl.

Auf den Straßen lagen hin und wieder überfahrene Tiere. Uns wurde erklärt, dass es Possums seien, Beuteltiere, die wegen ihres Pelzes Ende des 19. Jahrhunderts von Australien eingeführt wurden. Da sie auf Neuseeland keine natürlichen Feinde haben, vermehrten sie sich ebenso schnell wie Mäuse, Marder und Ratten.

Sie wurden zu einer Plage und sind heutzutage eine große Gefahr für die endemische Tierwelt. Zu den gefährdeten Tieren gehört z. B. der flugunfähige Kiwi (eine Art Laufvogel), da die Possums sich gern an dessen Eiern und Jungen gütlich tun.

Auf unseren Wanderungen hörten wir den Glockenvogel, dessen Gesang wie Glockengeläut klingt, was ihm sicher seinen Namen einbrachte. Seine schlichten Lieder und Tonfolgen sind kurz und werden von seinen Rivalen beantwortet.

Edi mischte sich in das Tongefecht ein, ahmte die Töne pfeifend nach und ... erhielt immer wieder Antwort – ein unterhaltsames Spielchen. Mit seinem oliv bis gelbgrün gefärbten Gefieder ist dieser Glockenvogel bestens getarnt und nur selten zwischen den Blättern auszumachen.

Ein anderer lustiger Geselle ist der Fächerschwanz, ein kleiner, finkenähnlicher Vogel, der seinen Schwanz wie einen Fächer spreizen kann. Er ist ein Insektenfänger, der gelernt hat, die von Spaziergängern aufgescheuchten Insekten zu jagen und sich gelegentlich dreist auf dem Kopf eines Wanderers auszuruhen.

Der Tui, ein Vogel aus der Familie der Honigfresser, ist bedeutend größer als der Fächerschwanz. Sein Federkleid ist dunkel gefärbt, schimmert grün und blau. Das Ausgefallene an ihm sind zwei aufgeplustert wirkende weiße Federbällchen unterhalb seiner Kehle, je eines auf jeder Seite, was ihn elegant wie einen Herrn mit Fliege wirken lässt.

Der Tui ist ein Tonkünstler, mischt in seinen Gesang Hustengeräusche, Schluckauftöne, Brummen sowie Jammern ein und ahmt andere Vögel nach. Schon wegen der Vögel mit ihren Gesängen waren unsere Wanderungen sehr unterhaltsam.

Originelle Unterkünfte und Kurioses aus der Natur

Unseren ersten Halt legten wir in dem kleinen Dorf Havelock am Pelorus Sound ein. Wir schlenderten durch den unscheinbaren Ort und erreichten unser Ziel, ein bescheidenes Schulhaus.

Hier hatte einst Ernest Rutherford die Schulbank gedrückt. Sein Dorfschullehrer hatte damals bemerkt, dass der junge Ernest ein helles Köpfchen war und hatte ihn gefördert. Tatsächlich wurde Ernest Rutherford Atomphysiker und erhielt einen Nobelpreis.

In dem kleinen Schulhaus hingen alte Fotos an einer Wand, die an die vergangene Zeit und die Menschen und Gebäude von damals erinnerten. Ein unscheinbares Schreiben weckte unsere Aufmerksamkeit.

Darin dankte der berühmte Mann, inzwischen Lord Rutherford, seinem alten Dorfschullehrer und überreichte ihm Geld für einen wohlverdienten Urlaub. Welch aufmerksame Geste. Beeindruckt über diese Art, sich zu bedanken, setzten wir unsere Fahrt fort und erreichten das Kap Farewell.

Wir stellten das Auto ab und spazierten hinauf auf eine lange schmale Landzunge aus hohen, steilen Klippen, von denen wir hinabschauten. Das Meer hatte lebensgefährliche Abgründe in die Felsen genagt. Das Gestein, das dem Element widerstanden hatte, bildete eine malerische Kulisse.

Wir schlenderten die wenigen Kilometer hinab zum Meer und gelangten über windverwehte Dünen zum Strand, in den der Wind wellenförmige Muster gezeichnet hatte. Es war fast zu schade, diese natürlichen Kunstwerke mit unseren Fußstapfen zu zerstören.

Weiter ging es wie geplant an der Westküste entlang über Westport nach Punakaiki. Wir unternahmen Wanderungen durch wilde Gegenden, kletterten über Geröll an Steilhängen entlang, sprangen von Stein zu Stein über Bäche hinweg und gelangten zum Franz-Josef-Gletscher.

Edi als Gletschererfahrener kümmerte sich nicht um das Verbot, hinaufzusteigen und ermutigte mich, ihm zu folgen. Doch oben angelangt blies uns ein derart eiskalter Wind um die Ohren und kühlte unsere verschwitzten Körper ab, dass wir schnellstens wieder hinabstiegen.

Bei Okarito fanden wir mit der Royal Lodge eine originelle Unterkunft. Hier trafen sich zufällig junge Leute aus aller Herren

Länder. Obwohl wir einige Lebensjahre mehr auf dem Buckel hatten als die meisten, waren wir ebenso willkommen.

Der Mittel- und Treffpunkt bestand aus einem ehemaligen Schuppen, der mit einem Sammelsurium von Sesseln, Tischen, Barhockern, einer Kochgelegenheit sowie einem altertümlichen Heißwassergerät ausgestattet war. An den Wänden bogen sich Regale unter der Last von Büchern, Biergläsern und Rugbysouvenirs.

Daneben hingen Plakate von wichtigen Rugbyspielen, sowie Pokale, Trikots und Mützen der Spieler, die das wilde Durcheinander der seltsamen Einrichtung abrundeten. Für die Allgemeinheit befand sich in einer Ecke ein alter Computer mit Internetzugang.

Meine Aufmerksamkeit zog ein lebensgroßer Fisch aus Plastik an der Wand auf sich. Er war auf einem Holzbrett befestigt, auf dem ein roter Knopf förmlich dazu einlud, darauf zu drücken. Dieser Einladung folgte ich natürlich. Vor Staunen blieb mir der Mund offenstehen, denn dieser künstliche Fisch begann, sich zu bewegen. Er öffnete und schloss sein Maul und sang dazu.

Beim Text „Bring mich zurück zum Fluss! Bring mich zurück ins Wasser!" wandte er unverhofft seinen Kopf in meine Richtung und schaute mich an. Er wirkte echt und vorwurfsvoll. Mich schuldig fühlend drehte ich mich um, aber nur Edi stand hinter mir und war offenbar ebenso verblüfft wie ich. Alle anderen kannten diesen singenden Fisch offenbar bereits, denn keiner kümmerte sich darum. Welch ausgefallene Idee!

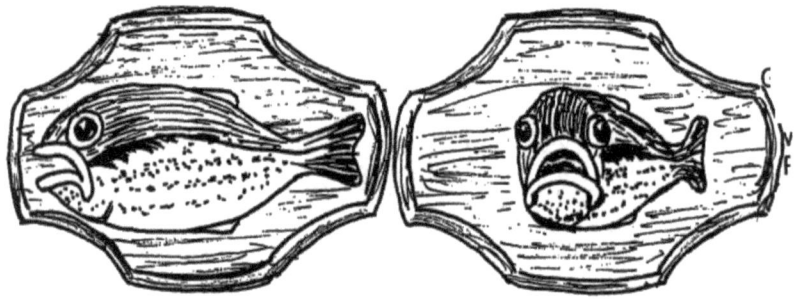

Nur langsam erholte ich mich von meinem Schuldgefühl, tröstete mich damit, dass es ja ein Plastikfisch war, der da sang. Ich bekam Durst. Für den Bierausschank benötigt jedes Restaurant und jede Bar in Neuseeland eine besondere Genehmigung, die unsere Gastgeber an diesem abgelegenen Ort nicht besaßen.

Sie hatten sich etwas anderes ausgedacht: Zu einem festgesetzten Preis konnte sich jeder ein Glas mieten, das er sich aus Zapfhähnen entweder mit Wasser, Saft oder Bier füllen konnte. „Welch eine Bauernschläue", dachten wir und staunten noch mehr, als sogar Polizeibeamte diese Scheune betraten und sich schmunzelnd auf diese Weise Gläser mieteten und füllten.

Etwas wehmütig nahmen wir Abschied von dieser amüsanten Herberge und fuhren in aller Frühe am nächsten Morgen weiter.

Auf einer unserer Wanderungen lud eine Kräuterfarm mit Bänken unter Bäumen zum Verweilen ein. Auf den Kräuterbeeten standen Holztäfelchen, die nicht etwa mit den Namen der Kräuter beschriftet waren, sondern mit eingeschnitzten Sprüchen und Weisheiten.

Einer davon gefiel uns besonders gut: „Age is a matter of mind; if you don't mind, it does not matter". (Alter ist eine Frage der Einstellung; wenn es dich nicht kümmert, spielt es auch keine Rolle.) Dieser Spruch sollte unser Leitsatz werden. Schmunzelnd machten wir uns zurück auf den Weg zu unserer Herberge.

Wie schon oft regnete es wieder einmal in Strömen. Das jedoch stört nicht, wenn man Höhlen besucht, also besuchten wir die Glühwürmchenhöhlen am Te-Anau-See. Mit einem Schnellboot mit Dach wurden wir über diesen See gebracht und in einem Ausstellungsraum über diese eigenartigen Glühwürmchen informiert.

Es ist doch erstaunlich, dass Tiere in immerwährender Dunkelheit leben können. Nur im Stadium des Glühwurms nehmen sie Nahrung auf. Dazu hat sich dieses Tier, das etwa wie eine Raupe aussieht, etwas Außergewöhnliches einfallen lassen:

Es spinnt herabhängende Fäden, die sie mit klebrigen Tropfen wie Perlen versieht.

Je hungriger dieses Würmchen ist, desto heller leuchtet sein Leib. Durch dieses Licht werden Insekten angezogen und verfangen sich in den klebrigen, herunterhängenden Tropfen – voilà, schon hat das Tierchen eine Mahlzeit. Wenn der Glühwurm genug gefressen hat, verpuppt er sich, und bald schlüpft ein flugfähiges, geschlechtsreifes Insekt aus. Nach der Paarung werden Eier gelegt.

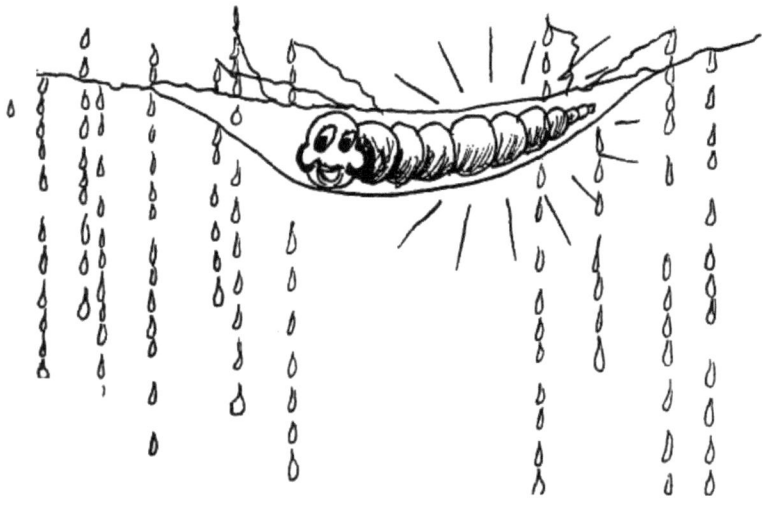

Um überhaupt durch die niedrige Öffnung zur Höhle schlüpfen zu können, mussten wir uns tief bücken. Ein Bach hatte sich ein Bett in die Höhle gegraben, den man dort gestaut hatte. Auf dem kleinen See standen Nachen für uns bereit, die wir bestiegen. Unser Fährmann hangelte sich vorsichtig durch die Dunkelheit an Seilen den Felswänden entlang.

Mucksmäuschenstill mussten wir uns verhalten, denn bei Geräuschen würden die Glühwürmchen nicht leuchten. Wie ein Sternenhimmel schimmerten die Tiere. Sie waren anscheinend sehr hungrig, denn sie leuchteten hell. Wunderschön!

Die bergige Fjordlandschaft verließen wir in südlicher Richtung und warfen noch einen Blick auf den ruhigen Manapourisee. Die Bergkuppen wurden runder, die Landschaft lieblicher. Um etwas Bewegung zu haben, spazierten wir durch einen Urwald und stießen auf einen mächtigen, 600 Jahre alten Teebaum, der vor etwa 100 Jahren von Holzfällern verschont geblieben worden war.

Wir erreichten die Südküste, an der ein steter Wind aus West wehte, der nicht nur den Ästen, sondern auch den Baumstämmen zusetzte, die infolgedessen schief wuchsen. Daher auch der Name: Windswept trees.

Auf der Stewart-Insel

Die Fahrt mit einer Fähre von Bluff, dem Hafen südlich von Invercargill, über die Foveauxstraße zur Stewart-Insel dauerte eine Stunde. Die einzige permanent bewohnte Ortschaft auf dieser Insel hieß Oban. Dies ließ Edi an den Ort Oban in Schottland denken, vor dem er mit der SINGLE MALT einmal vor Anker lag.

Dort wurde ein hervorragender, rauchiger Single-Malt-Whisky hergestellt, wie sich Edi lebhaft erinnerte. Auf den gleichnamigen Ort hier auf der südlichen Hemisphäre traf dies jedoch nicht zu. Allerdings gibt es etwas Besonderes über diesen Ort zu sagen: Es ist wohl das von Europa am weitesten entfernt liegende Dorf.

Hier wohnten wir in einer winzig kleinen Unterkunft, die für uns vollkommen genügte, und von der aus wir auf verhältnismäßig gut gepflegten Pfaden durch die wilde Landschaft wanderten. Wie schon oft ging es in dieser hügeligen Gegend unzählige Stufen hinauf und wieder hinunter, sodass meine Knie zu schmerzen begannen.

„Gutes Training", behauptete Edi und ermunterte mich: „Bald gibt es ein kühles Bier." Wir legten sogar noch einen kleinen Umweg ein, weil dort die Gegend mit den vielen Buchten so schön sei – Ansichtssache. Für mich war es nur noch hügeliger und noch mehr Stufen auf und ab, doch ein Bier gab es nirgends.

Oft raschelte es im nahen Gebüsch, und wir konnten die fast zutraulichen Wekarallen beobachten, eine in Neuseeland endemische, flugunfähige Vogelart. Andere Vögel, wie der Tomtit (Maorischnäpper), der Tui und der putzige Fächerschwanz flatterten um uns herum. Sogar ein papageienähnlicher Vogel, es muss ein Kakapo gewesen sein, krächzte von den Ästen auf uns nieder und beäugte uns kritisch.

In einer Broschüre, die wir irgendwo gefunden hatten, konnten wir nachlesen, welch seltene Bäume hier wuchsen: Rimu, Southern Rata, Kamahi, Hall's Totara und der Miro; Baumarten, die nur in Neuseeland wachsen und seltsam klingende Namen haben. Schon war der kleine Umweg vergessen.

Während unseres Picknicks näherte sich neugierig ein Weka. Wir waren bereits gewarnt worden, keine Lebensmittel unbeobachtet liegen zu lassen, da diese Vögel behände auf Tische und Bänke flattern, um Essbares zu rauben. „Nur Essbares?", fragte ich mich, denn am Abend vermisste ich einen Teelöffel.

Unweit von Oban liegt die kleine Insel Ulva, auf der Ratten, Mäuse, Possums und andere eingeschleppte Tierarten ausgerottet werden konnten. Vorsichtshalber werden weiterhin Fallen gegen diese Tiere aufgestellt. Auf Ulva können sich daher die endemischen Tiere und Pflanzen ungehindert entwickeln.

Auch hier verbrachten wir einen unvergesslichen Wandertag, an dem ich am Strand eine wunderschöne Paua-Muschelschale entdeckte, die ich hocherfreut als Andenken mitnahm.

Gefährliche Küste und kalte Nächte

Zurück auf der Südinsel kamen wir auf unserem Weg von Invercargill Richtung Osten zur Surat Bay am Waipapa Point vorbei, einer steilen Klippe. Hier strandete bei der Einfahrt in die Foveaux-Straße 1881 das Schiff SS TARARUA, wobei 131 Menschen ihr Leben verloren. Deshalb wurde auf dieser Klippe 1884 ein Leuchtturm errichtet.

In der Surat Bay, nahe von Owaka, tummelten sich direkt vor unserer Unterkunft am Strand riesige See-Elefanten (die größte der Robbenarten) und weckten uns früh morgens mit ihrem Gebrüll. Am Strand konnten wir den jungen Tieren bei ihren Spielen und Kämpfen aus nur wenigen Metern Entfernung zusehen.

Bei dem Treiben hatten wir nicht bemerkt, dass ein alter See-Elefant aus dem Wasser gestiegen war und sich uns von hinten näherte. Etwa zehn Meter hinter uns richtete er sich auf und brüllte uns drohend an. Erschrocken ergriffen wir die Flucht, denn mit so einem Koloss wollten wir uns nicht einlassen!

An der Ostküste der Südinsel fuhren wir in Richtung Norden, übernachteten an vielen außergewöhnlichen Orten, begegneten aufgeschlossenen Menschen und freuten uns an den sich immer wieder neu eröffnenden Landschaften.

Eine der Anzeigen in unserem Verzeichnis der Backpacker-Herbergen fiel uns besonders auf. Nördlich von Christchurch, in Waipara, konnte man offenbar in alten Eisenbahnwagen übernachten. So etwas Ausgefallenes zog uns natürlich an, und wir fuhren dorthin.

Tatsächlich fanden wir die Herberge, eine ehemalige Eisenbahnstation mit einigen alten Eisenbahnwagen. Wir sollten uns die Wagen ansehen und uns einen davon aussuchen. Neugierig gingen wir von einem zum anderen und entdeckten einen, der sich im Aussehen von den anderen abhob. An seinen beiden Seiten ragte eine Art Erker in Prismenform heraus.

Es war ein Guardvan (Aufsichtswagen), von dessen Erker die Aufsicht am Zug entlang schauen konnte. Das sah witzig aus! Mit viel Kraft drückte ich den Türgriff herunter, zog daran, und als er plötzlich nachgab und die Tür sich unverhofft öffnete, fiel ich fast vom hohen Trittbrett hinunter.

Doch ich fing mich, wir traten ein und stellten fest, dass der Wagen in zwei Hälften unterteilt war. Wir befanden uns in dem „Wohnzimmer" mit diesen Erkerfenstern, die zu beiden Seiten keilförmig hinausragten.

Vor den Fenstern befanden sich lederbezogene, leuchtend rote Sitze, und von der weiß gestrichenen Wand hob sich in frischer roter Farbe der Griff der Notbremse ab – wirklich einzigartig und zudem noch elegant rustikal wirkend.

Einladend stand ein Wasserkocher auf einem kleinen Kühlschrank, auf dem ebenso Teebeutel, Kaffee, Milch und Zucker für eine Selbstbedienung bereitstanden.

Durch eine derbe, klapprige Schiebetür gelangten wir in den zweiten Teil des Wagens, offenbar dem ehemaligen Gepäckraum, der mit einem altmodischen Doppelbett zu einem Schlafzimmer umfunktioniert worden war.

Das Bett, verziert mit hohen Eisenornamenten an Kopf- und Fußenden, war so groß, dass der enge Raum mit einem nur kleinen Waschbecken ausgestattet war, das an der Trennwand angebracht war und nostalgisch wirkte. Es gefiel mir dort so gut, dass ich gleich zwei Nächte buchte.

Als Erstes schalteten wir die elektrische Heizung ein, denn trotz Sonne war es empfindlich kalt, und kochten uns einen Kaffee. Genießerisch ließ ich mich auf einem der alten Sessel

nieder, schaute aus den Fenstern, und platzte fast vor Wohlbefinden. Herrlich! Nostalgisch und gemütlich!

Den ehemaligen Wartesaal der Eisenbahnstation hatte man in
eine geräumige Gemeinschaftsküche umfunktioniert, in dessen Mitte die elektrischen Kochherde standen, sodass man von
allen vier Seiten kochen konnte. Wir waren offenbar die einzigen Gäste, die dort ihr Essen zubereiteten.

Auch hier gab es, wie in unserem Wagen, eine elektrische
Heizung, die wir sofort einschalteten. Offenbar aus Sparsam-
keitsgründen war sie mit einer Zeitschaltuhr verbunden, wodurch nur jeweils fünfzehn Minuten geheizt wurde. Während
des Kochens mussten wir also gleichzeitig darauf achten, die
Heizung nach der abgelaufenen Zeit wieder einzuschalten.

Trotz der Wärmequelle und warmer Pullover empfanden wir den Raum als bitterkalt. Zitternd schalteten wir deshalb zusätzlich sämtliche elektrische Kochplatten ein, nicht nur zum Kochen, sondern auch, um den zugigen, nicht isolierten Wartesaal etwas aufzuwärmen.

Nach dem Essen begaben wir uns gesättigt und mit Rotwein gewärmt in unseren „Schlafwagen". Auch hier war es trotz der Heizung kalt, denn durch sämtliche Fugen und erstaunlich große Ritzen pfiff ein eiskalter Wind. Dagegen kommt die beste Heizung nicht an.

Nur mit dicken Pullovern, unterstützt mit einem wohl dosierten Nightcap und eng aneinander gekuschelt überstanden wir die kalte Nacht. Gegen Morgen erwachten wir fast zu Eiszapfen erstarrt.

So romantisch es hier auch war, so wunderbar wir am Morgen mit frisch gebackenem Brot verwöhnt wurden, packten wir nach zwei Nächten gerne unsere Siebensachen, um weiterzufahren und eine weniger zugige Unterkunft zu finden.

Ein Ende mit Schrecken?

Schließlich, wie geplant nach etwa zwei Monaten, ließen wir uns von Picton aus mit der Fähre wieder nach Wellington übersetzen und traten unsere Rückreise nach Tauranga und zu unserer SINGLE MALT an. Die Wüstenstraße zog sich wie bei der Hinfahrt in die Länge.

Inzwischen waren die gelben Blüten der Sträucher verblüht, die Straße war leicht vereist, und an den Straßenrändern hingen dicke Eiszapfen von den Felsen herunter. Edi verkürzte die Fahrt, indem er die von mir in den Kühlschränken der Unterkünfte vergessenen Lebensmittel aufzählte: Wunderschöne Paprikaschoten, grüner Salat, Brot und nicht zuletzt auch ein wunderbarer Blumenkohl.

Dann träumte er laut, dass er so gerne einen mit Käsesauce überbackenen Blumenkohl zubereiten und essen würde …

Schmunzelnd über seinen Humor tröstete ich mich damit, dass in den Kühlschränken viel Vergessenes lag, das die Herbergseltern als „Vergessenes! Für den allgemeinen Verbrauch!" ausschrieben.

Am späten Nachmittag erreichten wir gut gelaunt Tauranga. Wir freuten uns schon sehr darauf, die SINGLE MALT bereit zu machen und wieder Segel zu setzen. Gemeinsam suchten wir das Marinabüro auf, wo wir freundlich empfangen und nach unseren Erlebnissen gefragt wurden.

Verdutzt schaute ich drein, als Julie, die Sekretärin der Marina, mir ein Stapel Faxmeldungen überreichte. Alle waren an mich gerichtet! Na, das war eine Überraschung! Mühsam meine Neugier bezähmend kehrten wir zurück zur SINGLE MALT, und erst an Bord begann ich die Meldungen zu lesen.

Es ging um ein Familienproblem. Eine Anwältin drohte mir im Auftrag meiner Familie mit dem Gericht. Da ich während etwa zwei Monaten nicht darauf reagiert hatte, da ich ja auf Reisen war, folgte ein Fax nach dem anderen mit ähnlichen Androhungen, und es hatte sich ein erschreckend hoher Stapel angesammelt. Ich war entsetzt!

Ich war mir überhaupt keiner Schuld bewusst, hatte ich doch meiner Familie in einer unangenehmen Situation finanziell ausgeholfen, wir hatten uns in Frieden voneinander getrennt, uns kürzlich sogar noch gesehen. Und jetzt solche Drohungen?

Natürlich war ihnen auch bekannt, dass ich zwei Monate unterwegs war und die Meldungen nicht erhalten würde. Und außerdem war das Ganze schon ewig her! Das konnte doch nicht wahr sein! Ob dieser unerklärlichen Situation und der Anschuldigungen meiner Familie vergoss ich tagelang unhaltbare Tränen. Edi versuchte, mich mit Fragen auf eine Idee zu bringen, was ich falsch gemacht haben könnte. Völlig ohne Erfolg.

Nach einigen Tagen kam mir der Gedanke, sofort nach Deutschland zurückzufliegen. Die Anschuldigungen klangen derart ernst, dass ich für den Rest meines Lebens finanziell völlig ruiniert sein würde, wenn das Gericht meiner Familie recht geben würde. Ich dachte mir, dass ich das am besten vor Ort klären könnte, was immer es auch war.

Allerdings hatte ich keine Ahnung, ob ich unter diesen Umständen je wieder auf die SINGLE MALT würde zurückkehren können. In dieser Situation erst wurde mir bewusst, dass ich Edi an meiner Seite inzwischen als selbstverständlich genommen hatte, und wie sehr er mir ans Herz gewachsen war. Er war im schönsten Sinne des Wortes in meinem Herzen verankert.

Durch Stürme und Gefahren hatte er mich gebracht, immer gewusst, was zu tun war, sodass ich selbst in den schlimmsten Situationen nicht einmal Zeit hatte, Angst zu bekommen. Wir verstanden uns gut, schrieben über unsere Erlebnisse gemeinsame Briefe in die Heimat. Es lag eine unvergesslich schöne gemeinsame Zeit hinter uns.

Schon längst konnte auch ich über die Kartoffeln lachen, die da dick und dumm machen sollten, und über die Wortspiele, die Edi sich einfallen ließ. Er war einfach ein wunderbarer Kamerad, dem ich voll vertraute. Sollte unsere Beziehung ein derart abruptes Ende nehmen? Sollte mein Traum, um die Erde zu segeln, hier enden?

Nur wenige Tage später brachte Edi mich zum Flughafen in Auckland. Wir waren bedrückt, es fehlten uns die Worte, stumm nahmen wir Abschied. Was sollten wir auch sagen? Wie lange würde mich die Anwältin und vielleicht das Gericht hinhalten? Würden wir uns je wiedersehen? Würde es ein gemeinsames Weitersegeln geben? Wir wussten es nicht.

„Nun hau endlich ab!", sagte Edi in seiner schroffen Art, in der Absicht, unseren schmerzhaften Abschied nicht noch weiter in die Länge zu ziehen. Schweren Herzens drehte ich mich um und verschwand durch die Sicherheitskontrolle.

55. Epilog

Zwei Monate später stieg ich in Auckland aus dem Flugzeug und sog glücklich die frische Luft ein. Edi hatte mir geschrieben, dass er mich nicht abholen könne, mir aber stattdessen ein Taxi schicken wolle. Als ich aus der Zollabfertigung trat, suchte ich besagten Taxifahrer, der wie üblich ein Schild mit meinem Namen hochhalten würde.

Dabei übersah ich einen unscheinbar gekleideten Mann, der seine dunkelblaue Pudelmütze über beide Ohren und tief in die Stirn gezogen hatte. Schon hatte ich den Ausgang des Flughafengebäudes erreicht, als ich hinter mir jemanden meinen Namen rufen hörte. Ich drehte mich um.

Es war der unscheinbar Gekleidete, der sich als Edi entpuppte, bis zur Unkenntlichkeit getarnt! Schluck! Dieser Witzbold! Als er mich stürmisch in seine Arme schloss, erstickte ich fast. Beschwingt kehrten wir zurück zur SINGLE MALT.

Zu den Ereignissen in Europa nur so viel: Meine Familie und ich hatten einen Kompromiss gefunden, mit dem alle mehr oder weniger zufrieden waren. Ich eher weniger, doch für mich war das Wichtigste, dass ich zurück zu meinem Edi fliegen konnte. Und das hatte ich erreicht. Wir waren also auf der SINGLE MALT wieder glücklich vereint, und es konnte weitergehen.

Wir verbrachten noch mehrere Jahre in der Südsee, überquerten den indischen Ozean, umrundeten das Kap der Guten Hoffnung und segelten von dort zurück nach Europa. Vierzehneinhalb Jahre nach Beginn unserer abenteuerlichen Fahrten erreichten wir Ende Oktober 2012 zufrieden unseren Ausgangspunkt Kuşadasi in der Türkei.

Allerdings war damit noch lange nicht Schluss, denn bis heute leben wir auf der SINGLE MALT, lassen uns beim Segeln gerne den Wind um die Ohren wehen und treffen liebenswerte und interessante Menschen an verschiedensten Orten, denn wir nehmen uns noch immer

Zeit für zeitlose Törns.

Agadir, Dezember 2022

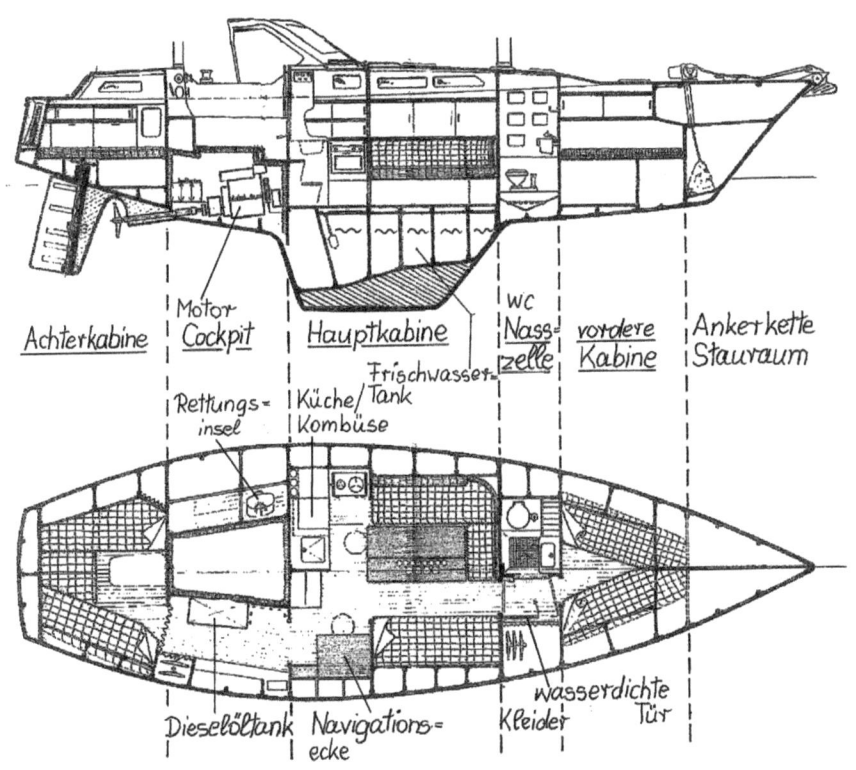

Achterkabine

Motor
Cockpit

Rettungs-
insel

Hauptkabine

Frischwasser
Tank

Küche/
Kombüse

wc
Nass-
zelle

vordere
Kabine

Ankerkette
Stauraum

Dieselöltank

Navigations-
ecke

Kleider

wasserdichte
Tür

SY SINGLE MALT Sharki von AMEL 39 Fuss / 11,95m

Baujahr 1988, Rumpf-Nr. 161

557

Glossar

Maße:

1 nautische Meile	= 1 nm	~ 1852 m
1 Knoten	= 1 kn	= 1 nautische Meile pro Stunde
1 Faden	= 6 Fuß	= 1,83 m

(Wassertiefen sind auf Seekarten z. T. noch heute in Faden und Fuß angegeben)

Einige nautische und an Bord übliche Begriffe:

Achtern	Hinten, bzw. der hintere Teil des Schiffes
Achterstag	Kräftiges Stahlseil zum Abspannen des Mastes nach hinten (siehe Stag)
Apéro	Auf der SINGLE MALT ein zeremonielles Zusammensitzen um 6 Glasen (während Vormittagswache um 11 Uhr) und 8 Glasen (Nachmittagswache um 16 Uhr) bei einem Gläschen Wein zur Lagebesprechung
Aufkreuzen	Im Zickzackkurs gegen den Wind segeln (mühsam)
Aufschießen	Das Tauwerk in Buchten zusammenlegen oder den Bug schnell in Richtung des Windes drehen
Ausklarieren	Abfertigung durch Immigration, Zoll, Hafen- und evtl. andere Behörden vor der Ausfahrt eines Schiffes (vgl. Einklarieren)
Autopilot	Elektronisches Gerät zur automatischen Steuerung des Schiffes – braucht viel Strom!

Babili	Edis Ausdruck für eine sauber aufgeschossene Leine (kommt aus dem Bergsteigerjargon)
Backbord	Links bzw. linke Seite des Bootes (siehe auch Steuerbord)
Beiboot	Auch: Dingi. In unserem Fall ein aufblasbares Gummiboot mit dicken Wülsten und kleinem Außenbordmotor
Besanmast	Der hintere, kürzere Mast auf einer Ketch
Bilge	Kielraum zuunterst im Schiff, wo sich vieles ansammelt; oft sumpfig und unerfreulich (wenn nicht gereinigt)
Blister	Leichtes, großflächiges, bauchiges Segel für schwachen Wind (kann vom Groß- wie vom Besanmast gesetzt werden)
Cockpit	Siehe Plicht
Davits	Einrichtung am Heck eines Bootes, um das Beiboot aus dem Wasser zu heben
Einklarieren	Abfertigung durch Immigration, Zoll, Gesundheits-, Hafen- und evtl. anderen Behörden bei Ankunft eines Schiffes (kann sehr mühsam sein; vgl. Ausklarieren)
Eisernes Segel	Motor (bei uns nur genutzt, wenn wir unter Segel nicht mehr weiterkommen)
Etmal	Zurückgelegte Strecke zwischen zwei Mittagspositionen
Fender	Luftgefüllter Schutzkörper, der Beschädigungen an der Außenhaut des Schiffes soweit möglich verhindert
Fock	Segel am Vorstag (auch: Vorsegel)
Genua	Großflächiges Segel am Vorstag

Glasen	Alte Zeitrechnung auf Schiffen, bei der die Zeit durch das Anschlagen einer Glocke bekannt gegeben wird; unsere Schiffsuhr erledigt das automatisch 1 Schlag: halb 1, halb 5, halb 9 Uhr 2 Schläge: 1 Uhr, 5 Uhr, 9 Uhr usw.
Heck	Hinterer Teil des Bootes
Isthmus	Eine Landenge z. B. zwischen dem Festland und einer Insel
Ketch	Segelboot mit Großmast (vorne) und kürzerem Besanmast (achtern)
Koje	Fest eingebautes Bett auf einem Schiff – wo wir uns hinlegen und schlafen, wenn es sich ergibt
Kombüse	Küche auf einem Schiff – dort, wo Edi kocht
Krängung	Schräglage des Bootes, z. B. beim Aufkreuzen
Leine	Jede Art von Tauwerk an Bord eines Schiffes, unabhängig von seiner Dicke
Lee	Die Richtung, in die der Wind geht; windabgewandte Seite; Eselsbrücke: Sagt der Wind „Ade"
Luv	Die Richtung, aus der der Wind kommt; windzugewandte Seite
Plicht	Offener, bei uns gut vor Wind und Wetter geschützter Steuerstand mit Sitzbänken
Reling	Ein Stahlseil oder (in unserem Fall) ein solides Rohr wie ein Geländer rund um das Schiff. Ein Segen!
Schieflage	Wenn der Schiffssegen nicht mehr gerade hängt
Schot	Leine zum Trimmen (Einstellen) eines Segels (Fockschot, Genuaschot, Großschot usw.)

Schott	Wasserdichte Trennwand in einem Schiff, bei uns deren zwei: eine zwischen dem Bug des Schiffes und der Vorderkabine sowie eine zwischen der Vorderkabine und der Hauptkabine
Schwojen	Das Hin- und Herschwingen eines Schiffes vor Anker bei Wind
Stag	Kräftiges Stahlseil zum Abspannen des Mastes nach vorne oder hinten (siehe Vorstag, Achterstag und auch Wanten)
Steuerbord	Rechts bzw. rechte Seite des Bootes (siehe auch Backbord)
Sturmfock	Kleines, schweres Vorsegel für Schwerwetter
Vorstag	Kräftiges Stahlseil zum Abspannen des Mastes nach vorne
Wante	Kräftiges Stahlseil zum Abspannen des Mastes zu den Seiten
Wasserscheide	Eine geografische Grenzlinie z. B. beim Isthmus von Panama. Fällt dort ein Regentropfen auf die eine Seite dieser Grenzlinie, landet er im Atlantik, fällt er auf die andere Seite, findet er sich im Pazifik wieder.
Wind	Scheinbarer: wie er durch die gemachte Fahrt erlebt wird Wahrer: Wind bei Boot ohne Fahrt
Windsteuerung	Mechanische Einrichtung am Heck, die mittels einer Windfahne und einer Mechanik das Schiff entsprechend des scheinbaren Windes steuert. (In unserem Fall „Windpilot Pacific Plus") Eine mechanische Alternative zum Autopiloten.

EIN HERZ FÜR AUTOREN A HEART FOR AUTHORS À L'ÉCOUTE DES AUTEURS MIA KAPΔIA ΓIA ΣYГГF
HJÄRTA FÖR FÖRFATTARE UN CORAZÓN POR LOS AUTORES YAZARLARIMIZA GÖNÜL VERELIM SZÍ
CUORE PER AUTORI ET HJERTE FOR FORFATTERE EEN HART VOOR SCHRIJVERS TEMOS OS AUTC
HERZÖINKÉRT SERCE DLA AUTORÓW EIN HERZ FÜR AUTOREN A HEART FOR AUTHORS À L'ÉCOU
RAÇÃO ВСЕЙ ДУШОЙ К АВТОРАМ ETT HJÄRTA FÖR FÖRFATTARE Á LA ESCUCHA DE LOS AUTO
EURS MIA KAPΔIA ΓIA ΣYГГPAФEIΣ UN CUORE PER AUTORI ET HJERTE FOR FORFATTARE EEN F
ARLARIMI VERA SZÍ ÖINKÉRT SERCE DLA AUTORÓW EIN HERZ FÜF
VOR SCHRI OS ÃO ВСЕЙ ДУШОЙ К АВТОРАМ ETT HJÄRTA FÖ

Die Autorin

Almuth Keck wurde am 31.10.1943 in Aussig an
der Elbe geboren. Anfang 1945 flüchtete ihre
Mutter kurz vor dem Einmarsch der Russen mit ihr
und ihrem Bruder nach Deutschland, wo sie zwei
Jahre als Flüchtlinge durch das Land reisten, bis
die Familie schließlich in Bremen ein Zuhause fand.
Nach ihrem Schulabschluss 1960 arbeitete Almuth
im Fernmeldeamt, half nach dem Mauerfall in Ost-
deutschland beim Wiederaufbau der Telefonver-
bindungen und wurde 1995 vorzeitig pensioniert.

Ihr Lebenstraum, einmal um die Welt zu segeln,
war fast in Vergessenheit geraten, als Almuth 1998
dem leidenschaftlichen Segler Edi begegnete. Kurzentschlossen half sie, die noch nie ein Segelboot
betreten hatte, Edis Boot für große Fahrt bereitzu-
machen, und stach mit ihm in See. Seither leben
die beiden an Bord und erkunden Meere, Kulturen
und Kontinente. Sie segelten in vierzehn Jahren um
die Welt und wurden 2000 „Commodores" der
„Seven Seas Cruising Association".